Armin Roßmeier

Das große Buch der leichten Küche

Schonkost für Magen, Darm, Leber und Gallenblase

Südwest

Artischocken wirken cholesterinsenkend.

Inhalt

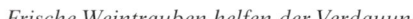

Frische Weintrauben helfen der Verdauung.

Es muss nicht immer Sahne sein.

Leichte Küche in der Praxis 68

Schonende Zubereitung erhält den Geschmack.

Gesunde Ernährung

Der menschliche Organismus ist, was die Ernährung angeht, relativ anpassungsfähig. Auf eine falsche Ernährungsweise reagiert der Körper oft nicht unmittelbar, langfristig aber wird er stark belastet. Diese Erkenntnis bringt glücklicherweise immer mehr Menschen dazu, ihr Essverhalten zu verändern.

Sich richtig zu ernähren, war tatsächlich noch nie so aktuell wie heute. In einer Zeit, in der Allergien zunehmen, Stress den Alltag bestimmt und seelische Probleme »auf den Magen schlagen«, ist eine ausgewogene und leichte Ernährung das richtige Gegenmittel.

Kennen Sie das unangenehme Völlegefühl nach einer üppigen Mahlzeit? Sodbrennen, Blähungen oder Magenschmerzen sind die am häufigsten genannten Beschwerden nach dem Essen. Wer oft eine Mahlzeit ausfallen lässt, hastig im Stehen frühstückt oder sich unausgewogen ernährt, belastet auf Dauer sein Verdauungssystem enorm.

Nicht nur äußere Umstände führen zu Störungen des Verdauungssystems. Ebensowenig sind Ernährungsfehler in der Regel die alleinige Ursache von Beschwerden, doch beeinflusst unser Essverhalten bestimmte Erkrankungen des Verdauungstraktes auf entscheidende Weise.

Dieses Buch will einen Weg zeigen, wie man sich ausgewogen – nach den Prinzipien der Leichten Vollkost – ernährt, mit Rezepten für bekömmliche Gerichte, die einfach zuzubereiten sind. Außerdem informiert es, wie Ernährung und Verdauung zusammenhängen, zeigt verschiedenste Krankheitsbilder des gesamten Verdauungstraktes auf und gibt Tipps und Hinweise für eine gesunde Lebensweise.

Leichte Vollkost – was ist das?

Leichte Vollkost ist weniger die Beschwörung einer bestimmten Ernährungsweise, als das selbst bestimmte Auswählen und Zusammenstellen gesunder Lebensmittel.

Vollkost ist nach einer Definition der Deutschen Gesellschaft für Ernährung (DGE) eine Ernährungsform, mit der sich gesunde Menschen vollwertig ernähren können. Sie wird seit Jahren von Ernährungswissenschaftlern als Grundlage für jeden Speiseplan empfohlen. Vollkost enthält in ihrer Zusammensetzung alle lebenswichtigen Nährstoffe, Vitamine, Mineralstoffe und bioaktiven Substanzen, die für die Gesunderhaltung unseres Körpers sowie das allgemeine Wohlbefinden erforderlich sind. Zudem berücksichtigt Vollkost den individuellen Energiebedarf und orientiert sich an anerkannten ernährungsmedizinischen Erkenntnissen.

Sich von lieb gewonnenen Gewohnheiten zu verabschieden, ist sicher nicht ganz einfach. Mit der Umstellung auf die Leichte Vollkost können Sie sich Zeit lassen, sie braucht nicht von heute auf morgen zu erfolgen. Wenn Sie schrittweise vorgehen, sind die Aussichten, dass Sie bei Ihrer neuen Essweise bleiben, größer.

Bestimmte Lebensmittel meiden

Leichte Vollkost schließt Lebensmittel aus, die bei vielen Menschen (mehr als fünf Prozent der Bevölkerung) zu Problemen führen können, z. B. Sodbrennen, Blähungen, Magendruck oder Völlegefühl. Auf der Grundlage zahlreicher Studien wurde eine Reihe von Lebensmitteln als »unbekömmlich« eingestuft. Da jeder Mensch unterschiedlich auf die aufgenommene Nahrung reagiert, ist diese Liste nicht verbindlich, sondern nur als Richtschnur zu betrachten.

Bei der Leichten Vollkost wird außerdem auf eine besonders schonende und fettarme Zubereitung der Speisen geachtet. Sie bezieht Lebensmittel ein, die nach dem Verzehr nur relativ kurz im Magen verweilen.

Störungen des Verdauungstraktes

Die Verträglichkeit von Lebensmitteln hängt in erster Linie von ihrer Verweildauer im Magen ab. Fett- und ballaststoffreiche Speisen bleiben vergleichsweise lange im Magen und werden nur langsam verdaut. Deshalb führen gerade diese häufig zu Magendruck, Blähungen und Völlegefühl. Aber auch Menge, Temperatur (zu heiß/zu kalt) und Konsistenz der Speisen (fest/flüssig) beeinflussen die Verträglichkeit.

Häufig eingenommene, kleinere Mengen werden besser vertragen als wenige, große Mahlzeiten. Ernährungswissenschaftler empfehlen ohnehin seit längerer Zeit, fünf Mahlzeiten pro Tag zu sich zu nehmen.

Ein weiterer Grund für Störungen des Magen-Darm-Traktes (z.B. Magenschmerzen) ist die vermehrte Säureproduktion im Magen, die durch bestimmte Lebensmittel wie Süßigkeiten, scharfe Gewürze, Fleischextrakte, Alkohol und erhitzte Fette hervorgerufen wird.

Hastiges Essen »zwischen Tür und Angel« kann ebenfalls Beschwerden zur Folge haben. Schon allein Zeitdruck kann sich auf den Magen auswirken. Auch wird das Kauen beim schnellen Essen vernachlässigt.

Daneben gibt es noch verschiedene spezifische Ursachen, die zu Magen-Darm-Störungen beitragen können. Beispiele hierfür sind die geringere Bekömmlichkeit bestimmter Speisen nach einer Operation und Krankheiten (wie z.B. Hepatitis, Pankreatitis), bei denen eine leichte und schonende Ernährung empfehlenswert ist.

Teilen Sie die Mahlzeiten des Tages in drei größere Haupt- und zwei kleinere Zwischenmahlzeiten ein. Wenn es in Ihren Alltagsablauf besser hineinpasst, können Sie stattdessen auch sieben kleine Mahlzeiten über den Tag verteilt zu sich nehmen.

Worauf besonders zu achten ist

- **Vielseitig essen, aber nicht zu große Mengen**
- **Fettarme Lebensmittel bevorzugen und fettarm kochen**
- **Mit Salz sparsam umgehen, dafür viele Kräuter verwenden**
- **Süßigkeiten nur in kleinen Mengen genießen**
- **Viele Vollkornprodukte in den täglichen Speiseplan einbauen**
- **Regelmäßig Gemüse, Kartoffeln und Obst essen**
- **Nicht jeden Tag Fleisch, Wurst und Eier essen**
- **Fisch und vegetarische Mahlzeiten bevorzugen**
- **Mindestens 2 Liter Flüssigkeit am Tag trinken**
- **Viele kleine Mahlzeiten (5 bis 7) über den Tag verteilt essen**
- **Das Essen schmackhaft und schonend zubereiten**

Was die Bekömmlichkeit beeinflusst

Verschiedenste Faktoren können Befindlichkeitsstörungen im Verdauungssystem hervorrufen. Neben der Auswahl der Lebensmittel und der Zubereitungsart sind richtiges Kauen sowie die psychische Verfassung Kriterien für ihre Bekömmlichkeit.

Auswahl der Lebensmittel

Mehrere Untersuchungen haben bestätigt, dass einige Lebensmittel eher Beschwerden hervorrufen als andere. Dies trifft natürlich nicht bei jedem zu. Wer jedoch unter Blähungen, Völlegefühl oder Sodbrennen nach den Mahlzeiten leidet, sollte durch Ausprobieren herausbekommen, was er schlecht verträgt.

Nach einer Befragung von ca. 2 000 Krankenhauspatienten wurde eine Liste von Lebensmitteln erstellt, die nach ihrer Verträglichkeit eingestuft sind. Je häufiger die Lebensmittel genannt wurden, desto höher ist ihr Rang. Hülsenfrüchte, verschiedene Kohlsorten, Zwiebeln und Paprikaschoten führen die Reihe der »unverträglichen« Lebensmittel an.

Die Art der Zubereitung

Gerichte, für die sehr fetthaltige Lebensmittel verwendet wurden, belasten den Magen. Hinzu kommt häufig die Zubereitung mit Fett, z. B. beim Braten, Dünsten oder Frittieren. Vor allem Brat- und Backfette mit einem hohen Anteil an gesättigten Fettsäuren wie Butterschmalz, Talg- und pflanzliche Plattenfette (Kokos-, Palmkernfett) sind für die Leichte Vollkost wenig geeignet. Sie sind schwerer verdaulich als Fette mit einem hohen Anteil an ungesättigten Fettsäuren, die in verschiedenen Ölen und anderen pflanzlichen Lebensmitteln vorkommen.

Weiterhin sind Speisen, bei denen Lebensmittel geröstet oder gebräunt werden, zu meiden. Röststoffe werden beispielsweise beim scharfen Anbraten von Fleisch gebildet. Sie fördern die Produktion saurer Magensäfte und führen bei Personen mit Neigung zu Magengeschwüren häufig zu Beschwerden. Auch auf scharfe Gewürze, zu süße Speisen und Fleischextrakte sollte – es wurde bereits erwähnt – verzichtet werden, da sie ebenfalls zu einer Übersäuerung des Magens führen.

Was die Bekömmlichkeit der Speisen angeht, so lässt sich folgende Faustregel aufstellen: Je fettärmer ein Essen zubereitet wird, umso verträglicher ist es im Allgemeinen. Vorausgesetzt, man nimmt auch das richtige Fett.

Gutes Kauen

»Gut gekaut ist halb verdaut« ist ein altbekanntes Sprichwort. Wer hastig isst und dabei das Kauen vernachlässigt, belastet seinen Magen. Bestimmte Nährstoffe werden bereits in der Mundhöhle verdaut bzw. auf die weitere Verdauung in Magen und Darm vorbereitet. Bleibt dies aus, muss der

Lebensmittel, die zu Unverträglichkeiten führen
(nach Häufigkeit der Nennungen)

1. Hülsenfrüchte	18. Kohlsalat	34. Spirituosen
2. Gurkensalat	19. Mayonnaise	35. Birnen
3. Frittierte Speisen	20. Kartoffelsalat	36. Vollkornbrot
4. Weißkohl	21. Geräuchertes	37. Buttermilch
5. Kohlensäurehaltige Getränke	22. Eisbein	38. Orangensaft
6. Grünkohl	23. Zu starke Würze	39. Vollmilch
7. Fette Speisen	24. Zu heiße und zu kalte Speisen	40. Kartoffelklöße
8. Paprikagemüse	25. Süßigkeiten	41. Bier
9. Sauerkraut	26. Weißwein	42. Schwarzer Tee
10. Rotkraut	27. Rohes Stein- und Kernobst	43. Orangen
11. Süße und fette Backwaren	28. Nüsse	44. Honig
12. Zwiebeln	29. Sahne	45. Speiseeis
13. Wirsing	30. Paniert Gebratenes	46. Schimmelkäse
14. Pommes frites	31. Pilze	47. Trockenfrüchte
15. Hart gekochte Eier	32. Rotwein	48. Marmelade
16. Frisches Brot	33. Lauch	49. Tomaten
17. Bohnenkaffee		50. Schnittkäse
		51. Camembert
		52. Butter

Magen »doppelte Arbeit« leisten. Gutes Kauen ist zudem notwendig für die Anregung der Verdauungssäfte, die sonst nur allmählich aktiviert werden. Die Nahrung liegt dann erst einmal einige Zeit im Magen, ohne dass sie in ihre Bestandteile zerlegt werden kann.

Entspannte Atmosphäre

Zeit, Ruhe und ein schön gedeckter Tisch haben ebenfalls Einfluss auf die Verträglichkeit der Gerichte. Wer sich innerlich ruhig und entspannt fühlt, isst meist auch langsam und genüsslich. Nehmen Sie sich deshalb immer Zeit zum Essen, machen Sie es sich gemütlich, und versuchen Sie, sich nicht ablenken zu lassen.

Wer langsam isst und gut kaut, nimmt in der Regel nicht zu viel zu sich. Es hat sich erwiesen, dass sich nach etwa 15 bis 20 Minuten ein Sättigungsgefühl einstellt und zwar unabhängig davon, wie viel man gegessen hat. Mit Muße eingenommene Mahlzeiten machen auch insgesamt ausgeglichener.

Leichte Vollkost gegen Erkrankungen

Grundsätzlich kann die Leichte Vollkost von jedem angewandt werden, ohne dass er Mangelerscheinungen befürchten muss. Sie ist nicht nur vollwertig, ausgewogen und gesund, sondern versorgt Sie mit allen lebenswichtigen Nährstoffen.

Wann Leichte Vollkost lindert

- **Entzündung der Speiseröhre (Ösophagitis)**

- **Funktionelle Magenbeschwerden (nervöser Magen)**

- **Chronische Magenschleimhautentzündung (Gastritis)**

- **Magen-/Zwölffingerdarmgeschwür (Ulkus)**

- **Chronische Leberentzündung (Hepatitis)**

- **Leberzirrhose im Anfangsstadium**

- **Gallenwegs- und Gallenblasenentzündung, Gallensteine**

- **Chronische Bauchspeicheldrüsenentzündung (Pankreatitis)**

- **Chronische Darmentzündungen (Morbus Crohn, Colitis ulcerosa)**

- **Unspezifische Lebensmittelunverträglichkeiten**

- **Allergische Reaktionen auf allgemeine Umweltbelastungen**

Zöliakie ist die häufigste chronische Darmerkrankung bei Kindern. Nähere Informationen kann man anfordern bei: Deutsche Zöliakie-Gesellschaft Filderhauptstraße 61 70599 Stuttgart Tel.: 0711/45 45 14

Die Leichte Vollkost wird bei zahlreichen Störungen und chronisch entzündlichen Erkrankungen des Verdauungssystems, die in obigem Kasten aufgelistet sind, empfohlen (immer vorausgesetzt, dass Ihr Arzt nichts anderes verordnet hat).

Wann Diäten sein müssen

Beachten Sie unbedingt, dass es bei bestimmten Erkrankungen des Verdauungssystems nicht genügt, sich nach den Prinzipien der Leichten Vollkost zu ernähren. Oft müssen spezielle diätetische Maßnahmen befolgt werden, z. B. bei einer akuten Magenschleimhautentzündung oder einer Magenblutung. Gleiches gilt bei Dumpingsyndrom, fortgeschrittener Leberzirrhose, Fettleber, bekannten Lebensmittelallergien und -unverträglichkeiten, Zöliakie (Sprue) und nach Magen-Darm-Operationen. Die Diätanweisungen bei diesen Erkrankungen müssen durch den Arzt erfolgen.

Wird bei einem Kind oder Erwachsenen eine Zöliakie (die Erwachsenenzöliakie nennt man auch Sprue) diagnostiziert, bedeutet dies, dass lebenslang bestimmte Nahrungsmittel gemieden werden müssen. Bei dieser Erkrankung ist es mit einer vorübergehenden Diät nicht getan. Es besteht eine Allergie gegen Gluten, das Klebereiweiß im Getreide. Weizen, Roggen, Gerste, Hafer und sämtliche Produkte, die aus glutenhaltigen Getreidesorten hergestellt sind (beispielsweise Brot und Gebäck), dürfen nicht verzehrt werden. Die Leichte Vollkost kann hier also nicht zur Anwendung kommen (siehe Seite 57).

Zusätzliche Maßnahmen

Da die Leichte Vollkost keine spezielle Diät ist, sind bei folgenden Erkrankungen noch einige spezifische Einschränkungen bei der Lebensmittelauswahl zu beachten:

▶ Bei Leber- und Bauchspeicheldrüsenerkrankungen sollten Sie alkoholhaltige Getränke meiden. Alkohol wird in der Leber abgebaut und belastet diese somit.

▶ Bei Gallenblasen- und Bauchspeicheldrüsenerkrankungen kommt es nach fettreichen Mahlzeiten häufig zu Beschwerden. Wenn Sie an Gallensteinen leiden, testen Sie, wie viel Fett Sie vertragen und in welcher Zubereitung es Ihnen bekommt.

▶ Gallenempfindliche Menschen sollten versuchen zu lernen, in Stresssituationen gelassener zu bleiben. Wenn Ärger und Aufregung besser abgefangen werden, kann das den positiven Nebeneffekt haben, dass man auch auf bestimmte Speisen weniger empfindlich reagiert.

▶ Bei Übersäuerung des Magens empfiehlt sich, auf Säure anregende Lebensmittel zu verzichten oder deren Verzehr stark einzuschränken. Dazu gehören: Bohnenkaffee, alkoholische Getränke, scharfe Gewürze (scharfer Senf, Meerrettich, Chili, Curry, Peperoni), stark Gebratenes, sehr süße Speisen, Milch und Fleischbrühe. Rauchen fördert ebenfalls die Magensäureproduktion.

▶ Bei Entzündungen der Speiseröhre können säure- und fettreiche Lebensmittel Beschwerden verursachen. Deshalb Rhabarber, Mayonnaise, Schokolade und Alkohol meiden. Und Nikotin natürlich sowieso.

Wer auf Bohnenkaffee nicht verzichten möchte, sollte es einmal mit einem Schonkaffee oder »magenfreundlichen« Kaffee probieren. Diese Kaffees müssen nicht koffeinfrei sein, ihnen sind meist lediglich die besonders magenreizenden Röststoffe entzogen worden. Und noch ein Tipp: Trinken Sie Ihren Kaffee nicht auf nüchternen Magen. Nach einer Mahlzeit und maßvoll genossen ist er besser bekömmlich.
Auch zum Thema »Bier« noch eine Bemerkung: Zwar ist auch in der alkoholfreien Variante noch eine kleine Menge Alkohol enthalten (und deswegen für Alkoholkranke tatsächlich strikt untersagt), im Allgemeinen ist aber alkoholfreies Bier gut verträglich. Problematisch kann die Trinktemperatur sein. Auf zu kalte Getränke reagiert der Magen gereizt.

Wer morgens einen Muntermacher braucht, sollte es einmal mit Rosmarintee probieren. Rosmarin ist gut verträglich, regt den Kreislauf an und hilft bei niedrigem Blutdruck. 1 Teelöffel Rosmarinnadeln mit 1 Tasse siedendem Wasser überbrühen und 5 Minuten zugedeckt ziehen lassen.

13

Bausteine einer vollwertigen Ernährung

Vollwertige Getreideprodukte zählen zu einem der Grundbausteine der Leichten Küche.

Eine vollwertige Ernährung enthält alle Nährstoffe, die unser Organismus benötigt, in einem ausreichenden und ausgewogenen Mengenverhältnis. Eiweiß, Kohlenhydrate, Fett sowie Vitamine, Mineralstoffe, bioaktive Substanzen und Ballaststoffe gelten als die grundlegenden Bausteine unserer Nahrung. Sie halten die körperlichen Funktionen gesund und in sich ausgewogen.

Außer der richtigen Ernährung trägt auch Bewegung zur Steigerung des Wohlbefindens entscheidend bei. Spaziergänge, leichte Gymnastik, Rad fahren und Schwimmen bieten sich hier an. Und einmal täglich sollten Sie so richtig aus der Puste kommen.

Die Fitnesspyramide

Die Grundprinzipien einer vollwertigen Ernährung, auf denen die Empfehlungen für die Leichte Vollkost beruhen, werden in der Fitnesspyramide (siehe Seite 16) sehr anschaulich vermittelt. Die einzelnen Stufen enthalten alle wichtigen Nahrungskomponenten in jeweils unterschiedlicher Gewichtung. Ihr großes Plus: Sie berücksichtigt, dass Lebensmittel nicht einfach nach ihren Hauptbestandteilen Kohlenhydrate, Fett und Eiweiß eingeteilt werden können, weil sie meist aus einer Mischung aller Komponenten bestehen. Milch beispielsweise enthält neben Milcheiweiß auch Milchfette sowie Kohlenhydrate in Form von Milchzucker. Mit der Fitnesspyramide wissen Sie deshalb auf einen Blick, welche Lebensmittel Sie in welchen Mengen benötigen.

Power durch Kohlenhydrate

Die größte Gruppe der Fitnesspyramide wird aus Brot, Getreideprodukten, Gemüse und Gemüsesäften gebildet. Diese Lebensmittel geben Ihnen die Kraft (Power), die Sie den ganzen Tag über fit hält. Sie bestehen zum größten Teil aus Kohlenhydraten, die etwa 60 Prozent unserer täglichen Nahrung ausmachen sollten. Kohlenhydrate zählen zu den wichtigsten Energielieferanten unseres Körpers. Sie werden für die Muskelarbeit, das Gehirn und eine gute Verdauung benötigt. Die wichtigsten Vertreter der Kohlenhydrate sind Zucker, Stärke und Ballaststoffe.

Die kleinsten Bausteine der Kohlenhydrate sind entweder Traubenzucker (= Glukose), Fruchtzucker (= Fruktose) oder Galaktose. Der so genannte weiße Haushaltszucker besteht aus zwei, während Stärke oder Ballaststoffe aus hunderten von einzelnen Elementen zusammengesetzt sind. Einfache Kohlenhydrate, wie sie z. B. in Weißmehlgebäck oder Limonaden enthalten sind, werden vom Körper sehr rasch verwertet und sind arm an Vitaminen und Mineralstoffen.

Möglichst wenig Zucker

Man sollte Kohlenhydrate also vor allem in Form von Stärke oder Ballaststoffen aufnehmen. Denn diese werden aufgrund ihres komplexeren Aufbaus wesentlich langsamer im Darm abgebaut. Dadurch wird über einen vergleichsweise längeren Zeitraum Energie zur Verfügung gestellt und ein schnell wiederkehrendes Hungergefühl vermieden. Eine solche Art von Kohlenhydraten ist z. B. in Gemüse, Kartoffeln, Getreide und dessen Produkten zu finden.

Weißer Zucker ist das Produkt eines langen Verarbeitungsprozesses. Aus den zerkleinerten Zuckerrüben wird ein Saft gewonnen, aus dem durch Eindicken eine Zuckerkristall-Sirup-Mischung entsteht. In Zentrifugen wird der Sirup abgetrennt. Übrig bleibt der braune Rohzucker, der so lange gereinigt und bearbeitet wird, bis er schneeweiß ist. Weil er weder Ballaststoffe, noch Vitamine oder Mineralstoffe enthält, ist Zucker ein leerer Energieträger. Bei Übergewicht spielt das Zuviel an Zucker fast immer eine Rolle (100 Gramm liefern fast 400 Kilokalorien). Einfache Kohlenhydrate, die der Körper nicht benötigt, werden in Fett umgewandelt und in den Fettdepots gespeichert. Nicht vergessen darf man, dass Zucker Karies verursacht, der Zahngesundheit also ausgesprochen abträglich ist.

Honig als Alternative?

Generell sollte man – das gilt auch für Honig – sparsam mit Süßmitteln umgehen. Und natürlich greift auch Honig die Zähne an. Dennoch ist er dem Zucker vorzuziehen, weil in ihm auch Mineralstoffe und Enzyme enthalten sind.

Zucker ist ein idealer Nährboden für Bakterien, die den Zahnschmelz angreifen. Wenn überhaupt, dann sollten Süßigkeiten immer direkt im Anschluss an eine Mahlzeit gegessen werden. Die Reinigungswirkung des Speichels ist dann am größten. Anschließend die Zähne putzen.

15

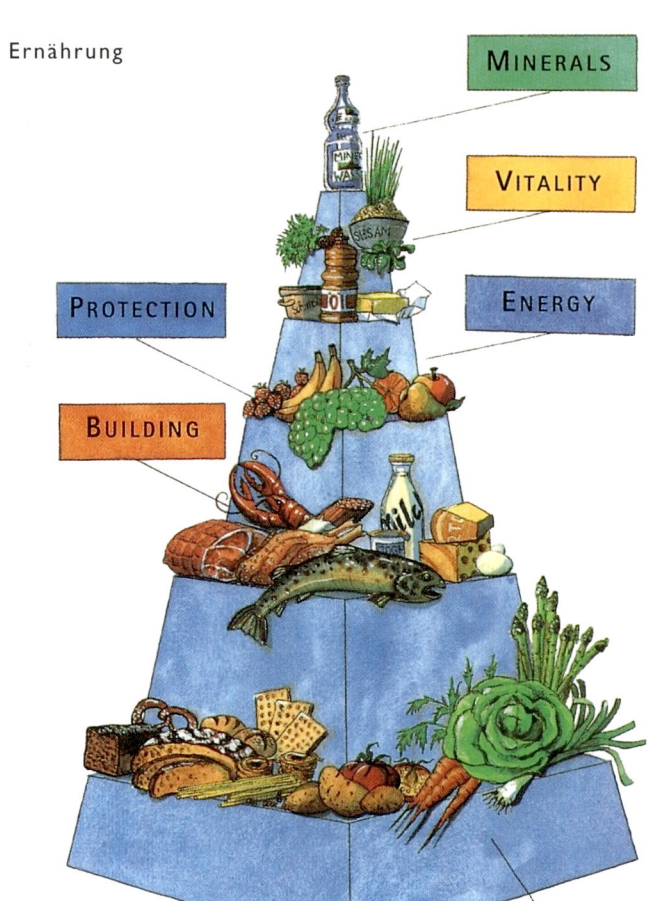

MINERALS

VITALITY

PROTECTION

ENERGY

BUILDING

POWER

**Die prozentualen
Anteile der ein-
zelnen Stufen der
Fitnesspyramide
sehen so aus:
Power: 55 Prozent
Building: 30 Prozent
Protection: 10 Prozent
Energy: 5 Prozent
Vitality und Minerals
als Nahrungser-
gänzung**

Die Fitnesspyramide

Pyramidenstufe	Aufbau	Wirkung
Minerals	Mineralstoffe	Hohe Mineralstoffdichte, notwendig für eine funktionale Ernährung
Vitality	Bioaktive Stoffe	Vitamin- und mineralstoffreich, verdauungsfördernd, antibiotisch, konzentrationssteigernd
Energy	Brennstoffe	Energie für Wärme, Arbeit und Bewegung, Träger fettlöslicher Vitamine, enthält lebensnotwendige Fettsäuren
Protection	Schutzstoffe	Hohe Vitamindichte, enzymatische Wirkung, regulieren und steuern den Stoffwechsel
Building	Aufbaustoffe	Hochwertiges Eiweiß, Vitamine der B-Gruppe und Eisen, reich an Kalzium, Lezithin, Omega-3-Fettsäuren
Power	Kraftstoffe	Leistungs- und konzentrationssteigernd, verdauungsfördernd, konstanter Blutzuckerspiegel, vitamin- und mineralienreich

Aufgaben von Ballaststoffen

Der Begriff »Ballaststoffe« ist etwas unglücklich gewählt. Er stammt aus einer Zeit, als diese pflanzlichen Nahrungsbestandteile vonseiten der Ernährungsphysiologie tatsächlich noch als unnötiger Ballast, als überflüssig für die Aufrechterhaltung der Körperfunktionen angesehen wurden. Heute weiß man, dass man mit einer ballaststoffreichen Ernährung einer Reihe von Zivilisationskrankheiten vorbeugen kann. Ballaststoffe bestehen überwiegend aus Kohlenhydraten und sind unverdaulich. Die Verdauungsenzyme können Ballaststoffe nicht abbauen, der Körper scheidet sie also komplett aus. Im Verdauungsprozess erfüllen sie zahlreiche Aufgaben:

▶ Wegen ihrer groben Faserstruktur müssen Ballaststoffe sehr gut gekaut werden. Dies fördert die Speichelausscheidung in der Mundhöhle und wirkt Karies entgegen. Außerdem wird der Zahnhalteapparat durch die kräftigen Kaubewegungen gestärkt.

▶ Ballaststoffe besitzen eine hohe Quellfähigkeit. Sie nehmen viel Wasser auf und erhöhen das zu verdauende Volumen, wodurch ein hoher Sättigungsgrad erreicht wird.

▶ Ballaststoffe verweilen besonders lange im Magen und verhindern, dass das Hungergefühl schnell wiederkehrt.

▶ Ballaststoffe verkürzen die Zeit, die die Nahrung braucht, um den Verdauungstrakt zu passieren. (Mit Roter Bete lässt sich die Passierzeit kontrollieren, sie färbt den Stuhl rot.)

▶ Ballaststoffe regen die Darmtätigkeit an. Sie ermöglichen einen regelmäßigen Stuhlgang und verringern Verstopfungsgefahr.

▶ Ballaststoffe können Stoffe wie Cholesterin oder andere Krebs erregende Substanzen an sich binden, so dass diese dem Körper entzogen und ausgeschieden werden können.

Die optimale Menge

Empfohlen wird, täglich 30 bis 40 Gramm Ballaststoffe zu sich zu nehmen. Ballaststoffe sind in Gemüse, Obst, Hülsenfrüchten und Kartoffeln enthalten. Besonders empfehlenswert für die Regulierung der Darmtätigkeit sind Getreideballaststoffe. Bereits in drei bis vier Scheiben Roggenvollkornbrot sind etwa 15 Gramm enthalten, die gleiche Menge liefern 100 Gramm Knäckebrot. Bei den Hülsenfrüchten liegen die weißen Bohnen an der Spitze. 100 Gramm davon decken bereits die Hälfte des täglichen Ballaststoffbedarfs.

Der Ballaststoffanteil in der Ernährung sollte allmählich gesteigert werden, weil der Darm ansonsten mit Umstellungsproblemen reagieren könnte. Probieren Sie auch aus, welche ballaststoffreichen Lebensmittel Ihnen am besten bekommen. Das kann individuell verschieden sein.

Besonders ballaststoffreich sind auch alle Kohlsorten, vor allem Knollensellerie, Brokkoli, Rotkohl, Rosenkohl und Wirsing. Damit Ballaststoffe optimal wirken können, sollten Sie täglich mindestens zwei Liter Flüssigkeit trinken.

Eiweiße – Baustoffe des Lebens

Die Aufbaustoffe (Building) bilden die nächste Stufe der Fitnesspyramide, die sich aus Fleisch, Milch und Milchprodukten, Fisch sowie Eiern zusammensetzt. Hauptnährstoff dieser Gruppe sind die Eiweiße. Sie erfüllen zahlreiche lebensnotwendige Funktionen im Körper und müssen in ausreichenden Mengen mit der Nahrung aufgenommen werden. Ein- bis zweimal pro Woche Fleisch und Fisch, täglich Milch oder Milchprodukte (Käse, Joghurt, Quark) und zwei Eier in der Woche genügen, um den Bedarf zu decken.

Eiweiße sind Bestandteile von Enzymen, Hormonen und Muskelmasse. Sie dienen als Gerüstsubstanzen, unterstützen die Blutgerinnung sowie Abwehrreaktionen des Körpers und gewährleisten, dass unser Stoffwechsel funktioniert. Eiweiße bestehen aus vielen einzelnen Aminosäuren, welche die kleinsten Bausteine des Eiweißes bilden. Diese können zum Teil durch Umwandlung aus anderen, vom Körper selbst produzierten Aminosäuren hergestellt werden. Einige müssen jedoch über die Nahrung aufgenommen werden, man nennt diese deshalb auch essenzielle Aminosäuren.

Auch mit einer rein vegetarischen Ernährung lässt sich eine optimale Versorgung mit biologisch hochwertigem Eiweiß sicherstellen. Kombiniert man Getreide und Hülsenfrüchte miteinander, kann auf Fleisch verzichtet werden.

Die richtige Dosierung

Die richtige Eiweißzusammensetzung ist das A und O in der Ernährung, denn das körpereigene menschliche Eiweiß kann aus der zugeführten Nahrung nur aufgebaut werden, wenn sie alle dafür notwendigen Aminosäuren enthält. Dies erreichen Sie am besten mit einer ausgewogenen Mischkost, bestehend aus tierischen und pflanzlichen Lebensmitteln, da sich deren Eiweißbestandteile ideal ergänzen und in Kombination alle lebensnotwendigen Aminosäuren aufweisen.

Eiweiß muss täglich gegessen werden, denn sonst kann es zu Mangelerscheinungen kommen. Allerdings sollten Sie darauf achten, auch nicht zu viel Eiweiß zu sich zu nehmen, da es unter Umständen zu einer Überlastung der Nieren kommen kann. Dies gilt insbesondere für Diabetiker oder Menschen mit Nierenerkrankungen.

Eiweiß ist sowohl in pflanzlichen als auch tierischen Lebensmitteln enthalten. Pflanzliches Eiweiß finden Sie in Getreideerzeugnissen, Kartoffeln, Gemüse und Hülsenfrüchten. Besonders reich an hochwertigem tierischem Eiweiß sind z. B. mageres Fleisch, Fisch, Milch und Milchprodukte sowie Eier. Sie sollten darauf achten, dass Sie etwa jeweils die Hälfte des Eiweißbedarfs über tierische und pflanzliche Lebensmittel decken.

Alle notwendigen Aminosäuren enthalten beispielsweise die folgenden Kombinationen:
- **Kartoffeln mit Ei, Quark, Fleisch oder Fisch**
- **Müsli mit Milch**

Vitamine bieten Schutz

Obst und Gemüse sorgen für den notwendigen Schutz (Protection) der Zellen und gewährleisten ein reibungsloses Funktionieren des Stoffwechsels, denn sie enthalten viele Vitamine und Mineralstoffe, die am Stoffwechselgeschehen aktiv beteiligt sind. Diese schützen unseren Körper vor fremden Stoffen und Krankheiten.

Vitamine sind hochaktive Substanzen, die in Pflanzenteilen synthetisiert werden. Weil der menschliche Körper sie nicht selbst herstellen kann, müssen sie mit der täglichen Nahrung aufgenommen werden. Über den Darm gelangen sie ins Blut und von dort aus in die Körperzellen.

Vitamine werden in fettlösliche und wasserlösliche Vitamine unterteilt. Zu den fettlöslichen Vitaminen zählen die Vitamine A, D, E und K. Sie benötigen Fette, um vom Körper aufgenommen werden zu können, und werden im Körpergewebe, vor allem aber in der Leber, gespeichert. Alle anderen Vitamine wie Vitamin C, B1, B2, B6, B12, Pantothensäure, Niazin, Folsäure und Biotin sind wasserlöslich. Sie werden mit Ausnahme von Vitamin B_{12} nicht in größeren Mengen vom Organismus gespeichert und müssen somit regelmäßig zugeführt werden.

Ausreichende Zufuhr gewährleisten

Wenn Sie sich mit einer gesunden, vollwertigen Mischkost ernähren, die auch Fleisch und Fisch in Maßen einschließt, und auf eine schonende Vor- und Zubereitung der Lebensmittel achten, müssen sie keine Vitaminmangelerscheinungen befürchten. In der vegetarischen Ernährung kann Vitamin B12 fehlen, da es in der Hauptsache in Fleisch und Fisch vorkommt. Ein Ausgleich über Eier und Milchprodukte ist möglich.

Ist die Vitaminzufuhr über einen längeren Zeitraum hinweg unzureichend, kann es zu Symptomen wie Konzentrationsschwäche, Müdigkeit, Abgeschlagenheit und allgemeinem Leistungsabfall kommen. Die Infektanfälligkeit erhöht sich ebenfalls. Einem Vitaminmangel durch die Einnahme von Vitaminpräparaten aus der Apotheke begegnen zu wollen, ist wenig sinnvoll. Oft tut man des Guten zu viel, und es kommt zu Überdosierungen, die sich ebenfalls negativ auswirken können. Nimmt der Körper beispielsweise zu viel Vitamin E auf, kann es zu Darmfunktionsstörungen, Übelkeit, rissigen Lippen und Entzündungen der Mundschleimhaut kommen.

Ein erhöhte Vitaminzufuhr kann erforderlich sein bei:
- **Verdauungsstörungen aufgrund von Krankheiten**
- **Lebererkrankungen**
- **Schwangerschaft und Stillzeit**
- **Wachstumsphasen**
- **Einnahme bestimmter Medikamente (siehe Beipackzettel)**

Der Vitamingehalt von Lebensmitteln ist großen Schwankungen unterworfen und von vielen Faktoren abhängig. Es kommt darauf an, wie sie erzeugt, gelagert und verarbeitet wurden. Bei Obst und Gemüse ist wichtig, dass der Anbau mit möglichst geringem Einsatz an chemischen Düngern und Pflanzenschutzmitteln erfolgte und dass sie frisch sind.

Vitamine und ihre Aufgaben

Vitamin	Vorkommen	Aufgaben	Täglicher Bedarf	Mangel
A **(Retinal)**	Spinat, Brokkoli, Grünkohl, Milch, Milchprodukte, Fisch, Lebertran, Eier, Möhren, Leber von Rind, Geflügel und Schwein	Am Sehvorgang beteiligt, Aufbau und Funktionser-haltung von Haut und Schleimhäu-ten, Wachstum	Erwachsene: 0,8 – 1,0 mg Kinder: 0,6 mg	Nachtblindheit, Lichtscheu, Haut-schäden, Wachs-tumsstörungen, Austrocknen der Schleimhäute
D **(Chole-kalziferol)**	Fisch, Eier, Leber-tran, Steinpilze, Avocados	Am Knochenauf-bau beteiligt, Kal-zium- und Phos-phatstoffwechsel	Erwachsene: 5 µg Kinder: 5 – 10 µg	Rachitis bei Kin-dern, Knochener-weichung bei Er-wachsenen
E **(Toko-pherol)**	Pflanzenöl, Fen-chel, Schwarzwur-zeln, Nüsse, Hafer-flocken, Ei, frische Salate, Grünkohl, rote Paprika	Schutz von unge-sättigten Fettsäu-ren vor Sauerstoff, Arterienschutz, »Krebsprophylaxe«	Erwachsene: 12 mg Kinder: 6 – 12 mg	Störungen im Fett-stoffwechsel, dar-aus resultieren Mangelerscheinun-gen wie Muskelab-bau, Hautschäden, Herzbeschwerden etc.
K **(Phyllo-chinon)**	In grünen Pflan-zenteilen wie Blatt-gemüse und Salat, Sauerkraut, Geflü-gelherz und -fleisch, Kohlsorten. Wird vom Darm selbst gebildet	Blutgerinnung	Erwachsene: 60 – 80 µg Kinder: 15 – 50 µg	Blutgerinnungs-störungen, Neigung zu Blutungen
B1 **(Thiamin)**	Getreide, Hefe, Nüsse, Milch, Soja-bohnen, Erbsen, mageres Schweine-fleisch	Wichtige Funktio-nen im Kohlenhy-dratstoffwechsel und des Nervensys-tems	Erwachsene: 1,3 mg Kinder: 1 mg	Müdigkeit, Ge-reiztheit bis hin zu Muskelschwäche und Nervenent-zündungen
B2 **(Riboflavin)**	Getreide, Hefe, Innereien, Fleisch, Pilze, Fisch, Mol-keprodukte	Bestandteil vieler Enzyme und somit wichtig für den Fett-, Kohlenhy-drat- und Eiweiß-stoffwechsel	Erwachsene: 1,6 mg Kinder: 1,2 mg	Wachstumsstörun-gen, Wundhei-lungsstörungen, Mundwinkelrha-gaden, Schleim-hautentzündungen

Vitamine und ihre Aufgaben

Vitamin	Vorkommen	Aufgaben	Täglicher Bedarf	Mangel
B3 (Niazin)	Getreide, mageres Fleisch, Fisch, Gemüse, Hefe, Nüsse, Pilze	Kohlenhydrat-, Eiweiß- und Fettstoffwechsel, für Hautfunktionen	Erwachsene: 15 – 18 mg Kinder: 9 – 15 mg	Hautentzündungen, Durchfall, Kopfschmerzen, Schwindel
B5 (Pantothen- säure)	Fisch, Weizen, Mais, Grüngemüse, Leber, Hefe, Bananen	Eiweiß-, Fett- und Kohlenhydratstoffwechsel, Blutbildung	Erwachsene: 6 µg Kinder: 4 – 5 µg	(Sehr selten: Hautentzündungen, Nervenstörungen, Blutmangel)
B6 (Pyridoxin)	In allen Nahrungsmitteln, vor allem Innereien, Pilzen, Wassermelonen, Fisch	Wichtige Funktionen im Fettstoffwechsel, Schutzfunktion für Haut und Haare	Erwachsene: 1,8 µg Kinder: 0,9 – 1,6 µg	(Sehr selten: Kopfschmerzen, Müdigkeit, Haarausfall, Muskelkrämpfe)
B7 (Biotin)	Leber, Hefe, Pilze Ei, Sojabohnen; wird vom Darm selbst gebildet	Bestandteil zahlreicher Enzyme, damit wichtig für den Fett- und Kohlenhydratstoffwechsel und Hautschutz	Erwachsene: 50 – 200 µg Kinder: 20 – 100 µg	(Selten, nur durch übermäßigen Verzehr von Hühnereiweiß: Hautentzündungen und Haarausfall)
B9 (Folsäure)	Blattgemüse, Hefe, Leber, Milch, Fenchel, Rote Bete, Spargel, Brokkoli, Mango	Zellneubildung, beteiligt an der Blutbildung, wichtig in der Schwangerschaft	Erwachsene: 400 µg Kinder: 120 – 300 µg	Blutarmut, Schleimhautentzündungen, Sterilität, Hautpigmentbildung, Missbildungen beim Embryo
B12 (Kobalamin)	In allen tierischen Lebensmitteln wie Fleisch, Milch, Milchprodukte, Eier sowie Fisch	Für die Zellbildung verantwortlich, beteiligt an der Blutbildung und -zellreifung	Erwachsene: 5 µg Kinder: 1 – 3 µg	Blutarmut, Schleimhautentzündungen, Nervenschädigungen, Wachstumsstörungen
C (Askorbin- säure)	Frisches Obst und Gemüse (besonders Paprika, Zwiebeln, Zitrusfrüchte, Johannisbeeren), Kartoffeln, Kohlgemüse	Stärkung des Immunsystems, Bildung und Funktionserhaltung von Bindegewebe und Knochen, wichtig für Verdauung, Zellschutz	Erwachsene: 75 mg Kinder: 55 – 75 mg	Erhöhte Infektionsanfälligkeit, Müdigkeit, Skorbut (= Brüchigkeit der Blutgefäße, Zahnausfall bei starkem Mangel)

Fette – so schlecht wie ihr Ruf?

Energie (Energy) liefern Fette und Öle, die in einer ausgewogenen Ernährung unentbehrlich sind. Sie gewährleisten die Versorgung mit fettlöslichen Vitaminen, sind wichtige Aromaträger und Zellbaustoff. Fette haben heute zwar einen schlechten Ruf, doch ohne Fett kann unser Körper nicht funktionieren. Nur der Genuss zu großer Mengen führt zu Übergewicht und belastet dadurch den Organismus.

Das ernährungsphysiologisch besonders wertvolle Leinöl hat den Nachteil, dass es schnell verdirbt. Innerhalb weniger Wochen wird es ranzig. Deshalb sollte man sich nur mit kleinen Mengen dieses goldfarbenen Öls bevorraten. Beliebt und sehr gesund ist die Kombination Leinöl, Quark und Kartoffeln.

Gesättigte und ungesättigte Fettsäuren

Wie Sie vielleicht wissen, ist Fett nicht gleich Fett. Man unterscheidet gesättigte und ungesättigte Fettsäuren. Die einfach und mehrfach ungesättigten Fettsäuren wie Ölsäure, Linolsäure und Linolensäure sind für den menschlichen Organismus besonders wichtig und dienen als Prophylaxe bei Herz-Kreislauf-Erkrankungen.

Linolsäure findet man z. B. in Sonnenblumenöl, Distelöl oder Maiskeimöl. Linolensäure ist vor allem in Leinöl enthalten. Diese beiden Fettsäuren sind u. a. am Aufbau der Zellmembranen (Zellwände) beteiligt. Ein Mangel führt zu vermindertem Wachstum, gestörter Wundheilung, Blutarmut und einer steigenden Infektanfälligkeit.

In tierischen Fetten wie Butter oder Butterschmalz findet man hauptsächlich gesättigte Fettsäuren. Diese enthalten zudem Cholesterin und sollten deshalb nur in geringen Mengen verzehrt werden.

Wichtig für eine gesunde Ernährung ist eine ausgewogene Zufuhr aller drei Fettarten im Verhältnis 1:1:1, d. h. jeweils ein Drittel gesättigte, einfach ungesättigte und mehrfach ungesättigte Fettsäuren. Dies gelingt, wenn Sie z. B. für Salate Olivenöl, zum Dünsten von Gemüse Sonnenblumenöl und zum Braten von Fleisch Butterschmalz verwenden.

Fett in Maßen genießen

Ein zu hoher Konsum an Fett führt dazu, dass der Körper es in seinen Fettdepots speichert. Ein Teil des eingelagerten Fetts ist notwendig, z. B. als Energiereserve während der Schwangerschaft oder als Kälteschutz. Der übermäßige Verzehr von Fett führt jedoch zu Übergewicht.

Eine Reduzierung Ihrer Fettzufuhr können Sie z. B. durch bewusstes Abmessen von Fettmengen oder das Entfernen von Fetträndern an Schinken oder Schweinebraten erreichen. Auch fettsparende Garmethoden sind zu empfehlen. Schwieriger wird es allerdings bei den Lebensmitteln, die keine sichtbaren Fette enthalten, sondern in denen die Fette »versteckt« sind. Dies ist beispielsweise bei Käse, Wurst, Salatdres-

Cholesterinhaltige Lebensmittel	
Lebensmittel	Cholesterin
100 g Kalbshirn	2000 mg
1 Eigelb	315 mg
100 g Innereien vom Schwein	340 mg
100 g Innereien vom Kalb	360 mg
100 g Innereien vom Rind	270 mg
100 g Leberwurst	252 mg
100 g Butter	240 mg
100 g Cremeeis	240 mg
100 g Krabben	150 mg
100 g Emmentaler	110 mg

sings, Schokolade, Nüssen, Kartoffelchips, Kuchen und Gebäck der Fall. Essen Sie deshalb vor allem fettarme Wurst- und Käsesorten und verwenden Sie fettreiche Lebensmittel nur sparsam.

Cholesterin – ein notwendiges Übel?

Cholesterin, ein fettähnlicher Stoff, ist ein wichtiger Baustein für die Körperzellwände und Bestandteil von Vitamin D (siehe Seite 20). Cholesterin ist Ausgangsprodukt für Hormone und Gallensäuren, die für bestimmte Verdauungsvorgänge benötigt werden. Es wird vom Körper in ausreichenden Mengen hergestellt. Wird Cholesterin über die Nahrung zugeführt, drosselt unser Organismus die Eigenproduktion, um den Blutcholesterinspiegel auszugleichen. Allerdings wird mit der täglichen Ernährung meist zu viel Cholesterin aufgenommen. Ist der Stoffwechsel gestört, kann er die Mengen nicht mehr ausreichend regulieren, und ein Teil des Cholesterins lagert sich in der Arterienwand ab. Verengungen und Versteifungen der Blutgefäße sowie Herz-Kreislauf-Erkrankungen sind die Folge.
Cholesterin ist in tierischen Lebensmitteln wie Fleisch, Innereien, Eigelb, Milch und Milchprodukten enthalten. Generell ist eine cholesterinarme Ernährung empfehlenswert, um mögliche Schäden zu vermeiden. Sie sollten deshalb bei der Auswahl der Fette und Öle darauf achten, dass es sich um pflanzliche Produkte handelt. Die meisten Pflanzenfette und -öle enthalten nämlich – im Gegensatz zu den tierischen Fetten – überwiegend ungesättigte Fettsäuren, die Herz-Kreislauf-Erkrankungen sogar vorbeugen können.

Weil sich hohe Blutfettwerte körperlich nicht bemerkbar machen, ist es wichtig, den Cholesterinspiegel von Zeit zu Zeit feststellen zu lassen. Es werden zwei Werte gemessen, das LDL- und das HDL-Cholesterin. Der LDL-Wert im Blut sollte unter 150 mg/dl liegen, der HDL-Wert über 40 mg/dl.

23

Vitalstoffe für ein langes Leben

Vitalstoffe (Vitality) – Kräuter, Samen, Sprossen, Nüsse – bereichern durch ihren hohen Vitamin- und Mineralstoffgehalt die tägliche Ernährung optimal und könnten deshalb auch als Nahrungsergänzungsstoffe bezeichnet werden. Sie enthalten bioaktive Substanzen, die Ihren Körper vor Infekten schützen, die Konzentration steigern und die Verdauung fördern. Frisch sind sie für die Küche am besten geeignet, denn dann ist ihr Gehalt an Vitaminen und Mineralstoffen besonders hoch. Auf Würzen mit Salz kann weitestgehend verzichtet werden, es ist in vielen Lebensmitteln (Wurst, Käse etc.) bereits enthalten. Zusätzlicher Salzbedarf besteht nicht.

Kräuter

Kräuter sind nicht nur würzig duftende oder gut schmeckende Gewächse. Schon im Mittelalter schrieb man ihnen auch Heilwirkungen zu. Wissenschaftliche Forschungen haben bewiesen, dass vor allem von den ätherischen Ölen in den Kräutern eine heilsame Wirkung ausgeht. Sie regen den Stoffwechsel an, fördern die Verdauung und steigern den Appetit. Einige lindern Magenbeschwerden, Blähungen und Verdauungsstörungen, anderen wiederum wird nachgesagt, dass sie bei Kopfschmerzen und Erkältungskrankheiten helfen.

Samen

Samen, z.B. Sonnenblumenkerne oder Leinsamen, eignen sich vor allem als Backzutaten für Brot und Brötchen. Auch in Müslimischungen sind sie oft enthalten. Bei Sonnenblumen ist vor allem ihr hoher Gehalt an zahnschützendem Fluor hervorzuheben, Leinsamen schließlich verfügt über Schleimstoffe, die die Schleimhäute des Verdauungstraktes schonen.

Sprossen

Vor allem im Winter, wenn das Gemüseangebot wenig reichhaltig ist, kann man mit frischen Sprossen, beispielsweise aus Sojabohnen, die Vitaminversorgung gewährleisten. Es gibt sie fertig zu kaufen, man kann die Sprossen aber auch problemlos selbst ziehen.

Nüsse

Nüsse enthalten viel Fett (zum überwiegenden Teil ungesättigte Fettsäuren) und, je nach Sorte, bis zu 30 Prozent Eiweiß. Mit Rosinen und anderen Trockenfrüchten gemischt, eignen sie sich gut als nahrhafter Snack für zwischendurch.

Kräuter schmecken am intensivsten, wenn sie erst kurz vor der Verwendung geerntet werden. Sie sind anspruchslos und brauchen kaum Pflege, vielleicht haben Sie Lust auf ein Minikräuterbeet am Küchenfenster oder auf dem Balkon. Selbstverständlich kann man auch tiefgefrorene oder getrocknete Kräuter verwenden.

Wasser – Quelle des Lebens

Wasser wird in seiner Bedeutung häufig unterschätzt. Allzu oft vergessen wir, wie wichtig eine regelmäßige und ausreichende Zufuhr von Flüssigkeit ist. Wir trinken (meist zu wenig), weil wir Durst haben, weil uns ein Getränk schmeckt oder ein bestimmter Anlass gegeben ist.

Mineralwasser weist eine hohe Mineralstoffdichte auf und versorgt den Körper mit notwendigen Mineralstoffen und Spurenelementen (Minerals). Diese sind für den Aufbau und die Funktion des Körpers unentbehrlich. Sie werden für wichtige Stoffwechselvorgänge im menschlichen Organismus benötigt. Unser Körper besteht zu 60 Prozent aus Wasser, das wichtige Aufgaben erfüllt:

▶ Wasser, Bestandteil aller Zellen, dient als Lösungsmittel für biochemische Reaktionen und transportiert Nährstoffe und Abbauprodukte zu den entsprechenden Organen. Zudem sorgt es für einen ausgeglichenen Säure-Basen-Haushalt.

▶ Der Wärmehaushalt wird durch Wasser reguliert. Unsere Muskulatur erzeugt bei körperlicher Anstrengung sehr viel Wärme, die durch das Verdunsten von Wasser (Schwitzen) wieder abgegeben wird. Sonst würde sich unser Körper auf über 50 °C erwärmen und die Körperfunktionen könnten nicht mehr aufrechterhalten werden.

Sie können aus Ihrem Leitungswasser auch selbst Trinkwasser herstellen. Seit einiger Zeit sind Geräte auf dem Markt, mit denen man Trinkwasser mit Kohlensäure versetzen kann. Sie arbeiten mit einer austauschbaren Patrone, die Kohlensäure lässt sich nach Bedarf dosieren.

Fit durch Trinken

Zudem werden Sie merken, dass Sie sich viel besser fühlen, wenn Ihre Wasserspeicher aufgefüllt sind. Der Kreislauf stabilisiert sich und man fühlt sich kräftiger. Ihr Verdauungsapparat profitiert ebenfalls von einer ausreichenden Wasserzufuhr, da gerade ballaststoffreiche Lebensmittel sehr viel Flüssigkeit benötigen, um quellen zu können und die Verdauung zu fördern. Damit Ihre Zellen und Ihr Stoffwechsel optimal arbeiten können, sollten Sie täglich mindestens zwei Liter Wasser, möglichst in Form von kalorienfreien Getränken, zu sich nehmen. Bei Mineralwasser ist die Angebotsfülle enorm. Probieren Sie so lange, bis Sie ein Wasser gefunden haben, das Ihnen wirklich schmeckt. Achten Sie auf den Natriumgehalt. Auch das Wasser aus der Leitung ist häufig von guter bis sehr guter Qualität. Erkundigen Sie sich beim zuständigen Wasserwerk, ob man es bedenkenlos trinken kann. Geschmackliche Abwechslung bringen Kräutertees. Sie entfalten außerdem noch sanfte Heilwirkungen. Für den Dauergebrauch geeignet sind beispielsweise Tees aus Himbeer- oder Brombeerblättern, Hagebutten, Hibiskus oder Malven.

Kräuter in der Küche und der Hausapotheke

Kräutername	Für den Küchengebrauch	Heilende Eigenschaften
Anissamen	Süßlich, aromatisch; für Backwaren und Süßspeisen	Blähungslindernd, verdauungsfördernd, krampflösend, schleimlösend
Basilikum	Pfeffrig kühler, leicht scharfer und säuerlicher Geschmack; für so gut wie alle Gerichte geeignet: Fisch, Fleisch, Quark, Rohkost, Gemüse	Blähungslindernd, verdauungsfördernd, krampflösend, schweißtreibend, hustenlindernd
Beifuß	Herb-bitterer Geschmack; als Würze für fette Geflügel- und Fleischspeisen	Appetitanregend, verdauungsfördernd, wirkt antibakteriell
Bohnenkraut	Würziger Duft mit leicht pfeffrigem Geschmack; für Bohnengerichte, Salate, Suppen, Saucen, Fleisch	Krampfstillend, magenstärkend, verdauungsfördernd, blähungslindernd
Borretsch (Gurkenkraut)	Frischer, leicht scharfer Geschmack; für Salate, Gemüse, Fleisch	Schleimlösend, herz- und nervenstärkend, fiebersenkend
Brunnenkresse	Scharf schmeckend; als Salat oder Würze zu Fleischgerichten	Blutreinigend, bei Blähungen, Erbrechen, Schlafstörungen
Dill	Frisches, würziges Aroma; für Salate, Saucen, Marinaden, Fischgerichte, zum Einmachen von Gurken	Regt die Magensäfte an, gut für die Haut, harntreibend, bei Osteoporose, Schlafstörungen
Estragon	Süßlicher Geruch bei leicht würzig-bitterem Geschmack; für eingelegtes Gemüse, Essig, Fisch, Eierspeisen	Harntreibend, appetitanregend, blähungslindernd, verdauungsfördernd, bei Blutarmut
Fenchel	Anisähnlich, warm, duftend; für Fisch, Fleisch, Marinaden, Salate, Gemüse	Blähungslindernd, schleimlösend, krampfstillend, auswurffördernd
Ingwer	Starkes Aroma mit brennend scharfem Geschmack; für Fisch, Fleisch, Süßspeisen, Backwaren	Blähungslindernd, verdauungsfördernd, krampflösend, appetitfördernd, gegen Müdigkeit, Übelkeit
Kardamom	Süßliches, kräftig brennendes Aroma; für Backwaren, Süßspeisen, Currys, Gemüse	Blähungslindernd, verdauungsfördernd
Kerbel	Süßliches Aroma, kräftig-würziger, anisähnlicher Geschmack; für Kräutersuppen, Fisch, Fleisch, Gemüse	Blutreinigend, magenstärkend
Koriander (getrocknet)	Würzig, leicht brennend; für Lebkuchen, Saucen, Gemüsegerichte	Schleimlösend, hustenlindernd

Kräuter in der Küche und der Hausapotheke

Kräutername	Für den Küchengebrauch	Heilende Eigenschaften
Kresse (Gartenkresse)	Würzig, scharf; für Eierspeisen, Saucen, Fisch, Fleisch	Sehr Vitamin-C-haltig: Immunsystem stärkend, bei grippalen Infekten
Kreuzkümmel	»Pfefferersatz«, schweres Aroma, leicht bitterer Geschmack; für Currys	Appetit- und durchblutungsfördernd, blähungslindernd, schleimlösend
Kümmel	Warmer Duft mit leicht bitterem, beißendem Geschmack; für Backwaren, Gemüse, Suppen, Liköre	Verdauungsfördernd, blähungslindernd, krampflösend, magenstärkend
Kurkuma (Gelbwurz)	Pfeffrig frisches Aroma, scharfer, bitterer Geschmack; für Currys aller Art	Herz- und kreislaufstärkend, Arterienschutz, antibiotisch
Liebstöckel (Maggikraut)	Intensives Aroma; Verstärkungsgewürz, »Salzersatz« für Ragouts, Suppen, Salate, Saucen, Gemüse	Krampflösend, harntreibend, gegen Kropfbildung und Blutarmut, bei rheumatischen Beschwerden
Majoran	Herb, pfeffrig; für deftige Fleisch- und Kartoffelgerichte sowie Eintöpfe	Appetitfördernd, blähungslindernd, bei nervösem Magen, Durchfall
Muskatnuss	Feurig würziger, leicht bitterer Geschmack; für Suppen, Saucen, Gemüse, Fleisch, Gebäck	Innerlich: schleimlösend, leicht antibiotisch; äußerlich: gegen Muskelzerrungen, Gelenkentzündungen
Oregano	Scharf schmeckend, äußerst aromatisch; für Tomatensaucen, Pizza, Fleisch, Kartoffeln, Suppen, Bohnen	Appetitfördernd, verdauungsfördernd, schleimlösend, hustenstillend, gegen grippale Infekte
Petersilie	Würzig bitter, sehr aromatisch; für so gut wie alle Speisen verwendbar	Appetitanregend, harntreibend, blutreinigend, blutbildend
Pfeffer	Kräftig würzig mit brennender Schärfe; für fast alle Speisen verwendbar	Erwärmend, damit stoffwechselanregend, speichelfördernd
Rosmarin	Kampferartiger Geschmack; bei Fisch-, Fleisch- und Gemüsegerichten	Durchblutungsfördernd, herzkräftigend, kreislaufstabilisierend
Salbei	Leicht brennender, sehr aromatischer Geschmack; Fleisch, Wild, Gemüse	Entzündungshemmend, antiseptisch, durchblutungsfördernd, bei Hals-, Magen- und Darmentzündungen
Thymian	Bitter-würziger Geschmack, starkes Aroma; für fast alle Speisen verwendbar – dosiert verwenden!	Schleim- und krampflösend, antibiotisch, gegen Blutarmut, Erkältungskrankheiten, Verdauungsstörungen
Wacholder	Balsamduft, süßlich würziger, harziger Geschmack; Fleisch, Fisch, Kohl	Antibiotisch, harntreibend, bei Blasen- und Nierenleiden

Aufgaben der wichtigsten Mineralstoffe

Mineralstoffe	Vorkommen	Aufgabe	Täglicher Bedarf	Mangel
Natrium	Kochsalz (Natriumchlorid)	Regulation des Wasserhaushalts und damit des Blutdrucks, aktiviert Enzyme und Muskelzellen	0,7 g Natrium (entspricht 1,5 g NaCl)	Äußerst selten; eine Überversorgung (Kochsalz) kann zu Bluthochdruck führen
Kalium	Trockenfrüchte, Bierhefe, Hülsenfrüchte, Spargel, Kartoffeln, Sojabohnen	Regulation des Wasserhaushalts, Bestandteil von Verdauungssäften, wichtig für Herz-, Muskel- und Nerventätigkeit	2 – 3 g	Muskelschwäche, Herzfunktionsstörung
Magnesium	Bohnen, Naturreis, Fleisch, Fisch, Milch und Milchprodukte	Beteiligt an Enzymreaktionen, für die Erregbarkeit von Muskelzellen verantwortlich, reguliert die Zellversorgung	Erwachsene: 300 mg Kinder: 120 – 300 mg	Übererregbarkeit der Muskulatur, Stoffwechselstörung
Kalzium	Milch, Milchprodukte, Gemüse, Vollkornerzeugnisse	Baustoff von Knochen und Zähnen, Stoffwechsel von Muskeln und Nerven, kann allergische Reaktionen verhindern	Erwachsene: 800 – 1 000 mg Kinder: 700 – 900 mg	Entkalkung von Knochen und Zähnen, Übererregbarkeit von Muskeln und Nerven
Phosphor	Milch, Milchprodukte, Eier, Fleisch, Wurst, Fisch, Sojabohnen, Grünkern	Baustoff von Knochen und Zähnen, Energiegewinnung und -verwertung der Nährstoffe	Erwachsene: 800 mg Kinder: 600 – 700 mg	(sehr selten: Wachstums- und Herzstörungen, Skelettverformung, Muskelschwäche)
Chlorid	Kochsalz (Natriumchlorid)	Erhält die Gewebespannung, Bestandteil der Salzsäure im Magen und damit wichtig für die Verdauung	Erwachsene: 800 mg Kinder: 600 – 700 mg	Nur durch starkes Erbrechen

Funktion der wichtigsten Spurenelemente

Spurenelemente	Vorkommen	Aufgabe	Täglicher Bedarf	Mangel
Eisen	Innereien, Muscheln, Spinat, Schwarzwurzeln, Kohlsorten	Baustein der roten Blutkörperchen und damit essenziell für den Sauerstofftransport, für Schilddrüsen- und Nervensystemfunktionen	Frauen: 12 – 16 mg Männer: 14 – 18 mg Kinder: 10 – 15 mg	Blutarmut, d.h Erschöpfungszustände, Krankheitsanfälligkeit, Haarausfall, Blässe
Fluor	Fisch, schwarzer und grüner Tee, Mineralwasser	Stabilität von Knochen und Zähnen (härtet z. B. den Zahnschmelz), verbessert in der Schwangerschaft die Eisenaufnahme	Erwachsene: 1 – 4 mg Kinder: 1 – 2,5 mg	Karies, Osteoporose
Jod	Fisch, Meeresfrüchte, jodiertes Salz	Aufbau von Schilddrüsenhormonen, steuert Stoffwechselvorgänge	Erwachsene: 200 µg Kinder: 120 – 200 µg	Vergrößerung der Schilddrüse (Kropf), Wachstumsstörungen, verminderter Stoffwechsel
Mangan	Heidelbeeren, Grünkern, schwarzer Tee, Haferflocken, Rote Bete, Beeren allgemein, Bohnen, Getreide	Aufbau von Knochen, Zähnen und Bindegewebe, steigert die Aufnahme des Vitamins B1, unterstützt die Leberentgiftung	Erwachsene: 2 – 5 mg Kinder: 1,5 – 5 mg	Ein Mangel wurde bisher noch nicht beobachtet; eventuell Wachstumsstörungen und Skelettveränderungen
Selen	Pilze, Fisch, Meeresfrüchte, Kohlrabi, Rosenkohl, Mandarinen, Kartoffeln	Für den Zellschutz verantwortlich, das Immunsystem stärkend, unterstützt die fettlösliche Funktion des Vitamin E	Erwachsene: 20 – 100 µg Kinder: 15 – 80 µg	Herzmuskelerkrankungen, eventuell auch rheumatische Beschwerden
Zink	Innereien, Fleisch, Fisch, Hülsenfrüchte, Milch- und Milchprodukte	Bestandteil von ca. 160 Enzymen, beteiligt an der Insulinproduktion, abwehrstärkend	Erwachsene: 12 – 15 mg Kinder: 10 – 15 mg	Verzögerte Wundheilung, Hauterkrankungen, Haarausfall, Sehstörungen

Lieber Fünf statt Drei

Mehrere Mahlzeiten über den Tag verteilt führen zu einer geringeren Belastung des gesamten Verdauungsapparates und des Kreislaufs, und der Körper wird immer gleichmäßig mit Nährstoffen versorgt. Außerdem verhindert regelmäßiges Essen ein plötzliches Absinken des Blutzuckerspiegels und den damit verbundenen Leistungsabfall. Frühstück, Mittag- und Abendessen sollten zwar nach wie vor die Hauptmahlzeiten sein, aber auch die Zwischenmahlzeiten sind sehr wichtig. Eine regelmäßige Nahrungsaufnahme, auf kleinere Portionen verteilt, hilft Heißhunger zu vermeiden.

Das mit der Nahrung aufgenommene Eisen kann vom Körper besser verwertet werden, wenn eine ausreichende Versorgung mit Vitamin C gegeben ist. Deshalb empfiehlt es sich beispielsweise, zu den Mahlzeiten frisch gepressten Orangensaft zu trinken. Bei Eisenmangel steht im Knochenmark zu wenig Eisen zur Bildung des Blutfarbstoffs zur Verfügung.

Die Wochenbilanz muss stimmen

Da es aufgrund vieler Umstände (Beruf, Reisen, Schule) nicht immer ganz leicht ist, sich entsprechend der Fitnesspyramide zu ernähren, sollte man regelmäßig zum Wochenende (oder bei abweichendem Arbeitsrhythmus zu Beginn jeder Freizeitphase) überlegen, welche Lebensmittel in der letzten Zeit bevorzugt gegessen wurden. Beim Blick auf die Fitnesspyramide fällt Ihnen bestimmt sofort auf, welche Gruppe in den Tagen zuvor vernachlässigt wurde. Sie brauchen keine Angst zu haben, dass Sie irgendwelche Defizite oder Mangelerscheinungen erleiden, wenn Sie das Prinzip der Fitnesspyramide für ein oder zwei Tage nicht einhalten können. Spätestens durch den Wochenausgleich lässt sich das Gleichgewicht wiederherstellen.

Die gemischte Kost macht's

Eine Mischkost, die Fleisch, Gemüse, Brot, Getreide, Obst, Milch und Milchprodukte enthält, versorgt Sie ideal mit den wichtigsten Nährstoffen und gewährleistet, dass diese auch optimal vom Körper aufgenommen werden.

Tierische Produkte wie Milch und Milchprodukte, Fleisch, Fisch und Eier enthalten viele Vitamine und Mineralstoffe und vor allem das für zahlreiche Funktionen lebenswichtige Eiweiß. Fleisch versorgt den Körper zudem sehr gut mit dem Spurenelement Eisen, das besonders bedeutsam für die Blutbildung und das Immunsystem ist. Außerdem fördert Fleisch die Aufnahme von Eisen, Zink, Selen und Vitamin A aus pflanzlichen Lebensmitteln in den Organismus und unterstützt auf diese Weise zusätzlich die Versorgung mit Vitaminen und Mineralstoffen.

Aus einer gesunden Ernährung sind ebenso wenig die pflanzlichen Lebensmittel wegzudenken, die Sie am besten täglich und in all ihren Variationen in den Ernährungsplan einbauen sollten. Pflanzliche Lebensmittel,

Die Qualität der Produkte ist entscheidend, denn nur in frischen Lebensmitteln, die entsprechend aufgezogen wurden – d.h. ohne Zusatzstoffe in der Nahrung – sind die für den Körper wichtigen Stoffe enthalten.

wie z.B. Gemüse, Obst, Getreide und Kräuter enthalten viele Vitamine und Mineralstoffe und sorgen durch ihren hohen Ballaststoffgehalt für eine gute Verdauung.

Wenn Sie sich mit einer gesunden, vollwertigen Mischkost ernähren und auf eine schonende Vor- und Zubereitung von Lebensmitteln achten, nehmen Sie in der Regel alle notwendigen Nährstoffe auf.

Auf Produktqualität achten

In der Leichten Vollkost spielen Fleisch und Fisch keine zentrale Rolle. Sie kommen nicht täglich, sondern nur ein- bis zweimal in der Woche auf den Tisch. Wenn Sie auf Fleisch und Fleischprodukte nicht verzichten wollen, sollten Sie, um sicher zu gehen, dass Sie einwandfreie Qualität erhalten, zu einem Metzger Ihres Vertrauens gehen. Nachweisbar ökologisch erzeugte Ware erhalten Sie zudem in Reformhäusern und Naturkostläden. Zwar ist der Preis für Fleisch von artgerecht gehaltenen und gefütterten Tieren deutlich höher, dafür hat man aber die Sicherheit, dass es gesundheitlich unbedenklich ist. Bei Fisch ist man mit Tiefkühlprodukten gut bedient, weil gewährleistet ist, dass der Fisch fangfrisch filetiert und sofort eingefroren wurde. Wer seinen Fisch frisch kaufen möchte, sollte darauf achten, dass er von gleichmäßiger Farbe ist, nicht trocken aussieht und nur einen leichten Fischgeruch verströmt.

Seien Sie auch beim Einkauf von Obst und Gemüse kritisch. Manchmal sind die Produkte, die in den Gemüsetheken der Supermärkte so ansprechend präsentiert und durch eine entsprechende Beleuchtung »ins rechte Licht« gerückt werden, nicht mehr so frisch wie sie aussehen. Einen Teil ihrer wertvollen Inhaltsstoffe haben sie dann bereits eingebüßt. Zudem können sie oftmals mit Pestiziden gespritzt sein.

Das Angebot an kontrolliert biologisch angebautem Obst und Gemüse ist in den letzten Jahren immer größer geworden. Viele Erzeuger haben – besonders in größeren Städten – Lieferdienste eingerichtet. Man kann mitunter Obst und Gemüse sogar »abonnieren« und bekommt pro Woche eine Kiste mit Produkten der Saison ins Haus gebracht.

Wege der Verdauung

Gut für die Verdauung und ein Genuss für den Gaumen – frische Weintrauben haben einen hohen Ballaststoffgehalt. In Form von Traubensaft helfen sie gegen Durchfall.

Um den Nährstoff- und Energiebedarf unseres Körpers zu decken, müssen wir Nahrung zu uns nehmen, die im Mund gekaut, in Magen und Darm gespalten und anschließend vom Körper aufgenommen wird. Unverdauliche und nicht verwertbare Bestandteile werden ausgeschieden. Jede einzelne Verdauungsstation übernimmt eine wichtige Aufgabe.

Der Mund

Auf der Zunge befinden sich warzenartige Gebilde. Diese enthalten Geschmacksknospen, die vier Geschmacksempfindungen unterscheiden können. Süß wird an der Zungenspitze geschmeckt, sauer und salzig an den Seiten und bitter hinten an der Zungenwurzel.

Der Mund, besser die Mundhöhle, ist das oft unterschätzte erste Verdauungsorgan. Genau genommen muss man auch das Gebiss zu den Verdauungsorganen rechnen, weil die Zähne die Verdauung in Gang setzen. Sie verarbeiten die Nahrung mechanisch, wobei die verschiedenen Zahngruppen unterschiedliche Aufgaben übernehmen. Die Schneide- und Eckzähne (Frontzähne) schneiden die Nahrung, die vorderen, kleinen Backenzähne zerkleinern sie, während die hinteren, großen Backenzähne (Mahlzähne) für das Kauen und Zermahlen zuständig sind. Im Speichel sind Enzyme enthalten, die mit der Kohlenhydratverdauung beginnen. Feste Nahrungsmittel werden im Mund mit den Zähnen zerkleinert, wobei die Bissen mit Speichel aus den Speicheldrüsen gemischt werden. Die Verdauungsenzyme des Speichels (Speichelamylase = Ptyalin) spalten Stärke in kleinere Kohlenhydratbestandteile, in Malzzucker und Oligosaccharide, und leisten Vorarbeit für die Hauptverdauung im Darm. Je besser die Nahrung eingespeichelt und gekaut wird, desto leichter geht die eigentliche Verdauung in Magen und Darm vonstatten.

Gut gekaute Nahrung kann leicht geschluckt und weitertransportiert werden, außerdem ist dies die Voraussetzung für die chemische Freisetzung der Nährstoffe.

Der Speichel wirkt als Bindemittel für die zerkaute Nahrung. Er wird in den Speicheldrüsen gebildet, die beidseitig jeweils in Ohrnähe (Ohrspeicheldrüse), am Unterkieferwinkel sowie im Mundbodenbereich liegen.

Auch die Zunge spielt hier eine wichtige Rolle. Ihre Geschmacksorgane vermitteln nicht nur, wie eine Speise schmeckt, sie aktivieren gleichzeitig auch die übrigen Verdauungsdrüsen, indem sie einen Impuls aussenden. Die Verdauungsdrüsen in Magen und Darm produzieren daraufhin Verdauungssäfte.

Die Speiseröhre

Das Bindeglied zwischen Mund und Magen ist die Speiseröhre (Ösophagus). Der eingespeichelte Speisebrei wird über sie in den Magen transportiert. Die Speiseröhre ist ein rund 30 Zentimeter langer, muskulöser Schlauch, der hinter Luftröhre und Herz liegt. Sie verläuft durch eine Lücke im Zwerchfell, der Muskelplatte, die Brust- und Bauchraum voneinander trennt. Zum Rachen hin ist sie mit einer Art Schließmuskel versehen, der beim Schlucken bewegt wird.

Auch die Speiseröhre ist, wie alle Verdauungswege, innen mit einer Schleimhaut ausgekleidet. Zusammen mit der kräftigen Muskulatur, die sich rhythmisch und wellenförmig zusammenziehen kann, sorgen in die Schleimhaut eingebettete Schleimdrüsen dafür, dass die Nahrung gut rutscht. Sobald diese den Magen erreicht hat, schließt sich ein Ringmuskel, der verhindert, dass der Speisebrei in die Speiseröhre zurückfließen kann.

Die Speiseröhre kann nur im oberen Teil Berührungs- und Temperaturempfindungen wahrnehmen. Weiter unten fehlen ihr die dafür notwendigen Nerven. Wenn Speisen und Getränke beim Schlucken sehr heiß sind, wird die Speiseröhre quasi überbrüht, sie spürt dies aber nicht. Deshalb: Nicht zu heiß essen und trinken, es ist gesünder.

Der Magen

Der Magen ist ein sackförmiges Nahrungsspeicherorgan mit einem Fassungsvermögen von 1,5 bis 2,5 Liter. Er besteht aus Magenmund, Magenkörper und Magenausgang und liegt im linken Oberbauch unter dem Zwerchfell. Seine Muskulatur ist weniger kräftig als die der Speiseröhre, auch ist die Magenwand dünner. Die Schleimhaut des Magens ist in viele Falten gelegt. So kann sie sich der jeweils im Magen befindlichen Nahrungsmenge anpassen, ohne dass es zu einer Änderung des Mageninnendrucks kommt, was sich in einem unangenehmen Druckgefühl äußern würde. Zum Zwölffingerdarm hin ist der Magen wiederum mit einem Ringmuskel, dem Magenpförtner, ausgestattet. Der Pförtner öffnet und schließt sich regelmäßig und ermöglicht auf diese Weise den dosierten Weitertransport in den Zwölffingerdarm.

Im Magen befinden sich Drüsenzellen, die den Magensaft abgeben. Der Magensaft besteht im Wesentlichen aus Wasser, eiweißspaltenden Enzymen, Schleim und Salzsäure. Der Magenschleim schützt die Schleimhaut vor Eigenverdauung durch den Magensaft. Die Salzsäure im Magensaft bewirkt die Vernichtung von Bakterien und das Quellen von Eiweißfasern. Im Magen geht der in der Mundhöhle begonnene Abbau von Stärke weiter. Die Hauptaufgabe des Magens liegt allerdings in der Vorverdauung von Eiweiß durch die so genannten Pepsine. Sie zerlegen Eiweiße in kleinere Bestandteile.

Die Ausschüttung des Magensaftes wird durch verschiedene Mechanismen bewirkt. Schon der Geruch oder Geschmack einer Speise kann die Bildung von Magensaft hervorrufen. Auch die Sehnerven sind dazu in der Lage, indem sie beim Anblick einer Speise Informationen ans Gehirn weiterleiten. Gelangt Nahrungsbrei in den Magen, führen chemische und mechanische Sensoren, die auf Dehnungsreize der Magenwand reagieren, zur Magensaftabsonderung. Wenn die Nahrung vom Magen an den Darm abgegeben worden ist, kann dort die zentrale Verdauungsarbeit geleistet werden. Die Verweildauer im Magen ist von der Zusammensetzung der Nahrung abhängig. Schwer verdauliche Speisen bleiben lange im Magen liegen, leichte Speisen passieren ihn schnell.

Die Bauchspeicheldrüse

Die Bauchspeicheldrüse (Pankreas) liegt direkt hinter dem Magen. Sie produziert die Hormone Insulin und Glukagon, die für die Regulierung des Blutzuckerspiegels notwendig sind. Weiterhin stellt sie Verdauungsenzyme her, die über den Pankreasgang in den Zwölffingerdarm geleitet werden. Die Bauchspeicheldrüse ist die wichtigste Verdauungsdrüse. Sie ist in der Lage, täglich etwa eineinhalb Liter Verdauungssaft zu produzieren. Die Bildung von Bauchspeichel wird über das vegetative Nervensystem und durch die bei der Verdauung in der Darmwand gebildeten Stoffe angeregt. Er enthält fettspaltende Enzyme, die durch Gallensäuren aktiviert werden und Amylase, ein Enzym, das zur Verdauung von Stärke benötigt wird. Zudem liefert der Pankreassaft die für die Eiweißverdauung notwendigen Stoffe.

Die kurze, starke Vene, in der sich die obere Eingeweidevene und die Milzvene vereinigen, wird als Pfortader bezeichnet. Sie hat die Aufgabe, nährstoffhaltiges Blut aus den Verdauungsorganen zur Leber zu leiten.

Die Leber

Die Leber ist das größte Verdauungsorgan und die größte Drüse im menschlichen Körper. Sie wiegt knapp eineinhalb Kilogramm und ist in zwei Leberlappen unterteilt. Als wichtigstes Stoffwechselorgan steuert die Leber nicht nur den Eiweiß-, Fett- und Kohlenhydratstoffwechsel unseres Körpers. Auch Mineralstoffe, Vitamine und Hormone unterliegen den vielfältigen Steuerungs- und Umbauprozessen in der Leber. Die Leberzellen nehmen u. a. Nährstoffe aus dem Pfortaderblut auf und bauen sie um. Anschließend werden sie gespeichert und bei Bedarf über das Blut an andere Organe weitergegeben. Ein Beispiel ist die Umwandlung von überschüssigen Kohlenhydraten und Eiweißstoffen zu Glykogen, das als Energielieferant bei aufkommendem Hungergefühl zur Verfügung steht. Die

Leberzellen stellen außerdem aus kleinsten Eiweißbausteinen wichtige Stoffe selbst her, so z.B. das lebenswichtige Bluteiweiß Albumin oder Blutgerinnungsfaktoren. Auch bestimmte Zucker, Fettsäuren und Cholesterin werden in der Leber produziert. Sie speichert als eine Art Stoffwechseldepot Nährstoffe wie Zucker und Vitamine.

Darüber hinaus filtert die Leber giftige Substanzen aus dem Blut, die entweder mit der Nahrung aufgenommen wurden oder beim Nahrungsstoffwechsel entstehen. Sie sorgt dafür, dass die Schadstoffe über Galle und Darm oder über die Nieren ausgeschieden werden können. Die Leber liefert auch die für die Verdauung notwendige Gallenflüssigkeit, die über die Gallenwege in die Gallenblase gelangt.

Die Gallenblase

An der vorderen Unterseite des rechten Leberlappens liegt die Gallenblase. Sie ist der Vorratsbeutel, in dem die von der Leber kontinuierlich und unabhängig von einer Nahrungsaufnahme hergestellte Gallenflüssigkeit eingedickt, aufbewahrt und bedarfsgerecht in den Dünndarm abgegeben wird. Gallenflüssigkeit wird im Darm nur dann benötigt, wenn fetthaltige Speisen verdaut werden müssen, also im Anschluss an eine Mahlzeit. Sie sorgt auch für die Aufnahme der fettlöslichen Vitamine A, D, E und K. Dieser Gallensaft besteht aus mehreren Stoffen. Er setzt sich aus Gallensalzen, Cholesterin, Fettstoffen (Phospholipiden), dem Gallenfarbstoff Bilirubin sowie Eiweißen und Elektrolyten zusammen. Entscheidend ist die richtige Kombination der einzelnen Bestandteile der Gallenflüssigkeit. Deshalb ist eine ausgewogene Ernährung von großer Bedeutung. Sind z.B. zu wenig Phospholipide vorhanden, bilden sich aus Gallensalzen, Bilirubin und Cholesterin Steine, die Krankheiten hervorrufen können.

Die Gallenblase ist ein kleiner, dünnwandiger Schleimhautsack in Form einer Birne, der mit glatter Muskulatur durchsetzt ist. Das Speicherorgan für die Gallenflüssigkeit hat ein Fassungsvermögen von rund 50 Milliliter.

Artischocken enthalten den Bitterstoff Zynarin, der den Gallenfluss anregt und cholesterinsenkend wirkt.

35

Der Dünndarm

Der Dünndarm ist der erste Abschnitt des Darmtraktes. Er ist fünf bis sechs Meter lang und ein außen glatter, innen gefalteter Schlauch, der bis zum Dickdarmeingang führt. Der Dünndarm gliedert sich in mehrere Unterabschnitte: Zwölffingerdarm (Duodenum), Leerdarm (Jejunum) und Krummdarm (Ileum).

Nachdem der Speisebrei den Magenausgang passiert hat, gelangt er in den etwa 30 Zentimeter langen, C-förmig verlaufenden Zwölffingerdarm. Er liegt an der hinteren Bauchhöhlenwand und trägt seinen Namen, weil er etwa zwölf Fingerbreit lang ist. So klein dieser Darmabschnitt auch ist, so wichtig ist seine Funktion für den Verdauungsprozess, da hier die Gallenwege und die Gänge der Bauchspeicheldrüse münden. Im Zwölffingerdarm werden keine eigenen Verdauungsenzyme gebildet. Die Aufspaltung der Nährstoffe erfolgt durch Enzyme aus der Bauchspeicheldrüse und der Leber.

Im nächsten Dünndarmabschnitt, dem Leerdarm, wird die Verdauung der Nahrungsbestandteile fortgesetzt. Er nimmt knapp die Hälfte der gesamten Länge des Dünndarms ein. Durch die Schleimhaut des Leerdarms kann der Organismus bereits Nährstoffe aufnehmen. Im Inneren ist die Schleimhaut stark gefaltet, wodurch ihre Oberfläche um ein Vielfaches vergrößert wird. Die Schleimhautfalten sind von Millionen Zotten bedeckt, die Nährstoffe in die größeren Blut- und Lymphgefäße pumpen. Während sich der Nahrungsbrei im Dünndarm befindet, wird er von Längs- und Ringmuskeln gemischt und transportiert. Durch rhythmisches Vor- und Zurückbewegen entsteht ein intensiver Kontakt zur Schleimhaut.

Der Dünndarm enthält eine Reihe von Enzymen, die die vollständige Aufspaltung der Nahrung ermöglichen. Fette werden durch die Lipase in Glyzerin und Fettsäuren zerlegt, das Kohlenhydratenzym Amylase spaltet Mehrfachzucker wie Oligosaccharide und Disaccharide (Haushalts-, Milch- und Malzzucker) in seine Einzelbestandteile. Erepsin ist für die Auflösung von Eiweiß in seine kleinsten Einheiten, die Aminosäuren, zuständig.

Über die Schleimhäute von Leerdarm und Krummdarm werden die zerlegten und verflüssigten Nährstoffe vom Organismus aufgenommen (resorbiert). Sie treten ins Blut über, werden zu verschiedenen Organen transportiert und dort weiterverwertet. Durch eine Abwärtsbewegung der Ringmuskulatur wird der Dünndarminhalt weiter in den Dickdarm befördert.

Im Bereich des rechten Unterbauchs geht der Dünndarm in den Dickdarm über. An dieser Stelle befindet sich ein blindes Ende, der Blinddarm, dessen etwa zehn Zentimeter langer Wurmfortsatz sich entzünden kann und dann operativ entfernt werden muss (Blinddarmentzündung).

Darmzotten kann man sich als längliche Ausstülpungen vorstellen, die ins Innere des Dünndarms ragen. Diese sind ihrerseits wiederum mit vielen kleinen Ausstülpungen versehen, den so genannten Mikrovillis. Pro Quadratmillimeter verfügt die Schleimhaut über etwa 40 Zotten mit 200 Millionen Mikrovillis.

Der Dickdarm

Der Dickdarm ist etwa eineinhalb Meter lang. Auch der Dickdarm ist mit Querfalten ausgestattet und kann sich zum Transport seines Inhalts in Wellen rhythmisch zusammenziehen. Zwar verfügt er nicht über Verdauungsdrüsen, dennoch vollziehen sich in ihm chemische Prozesse. Bakterien (Darmflora) schließen die Verdauungsvorgänge ab und produzieren Vitamine. Befindet sich die Darmflora im Gleichgewicht, können örtliche Krankheitserreger wirksam bekämpft werden.

Der Dickdarm dient der Vorbereitung des Darminhalts zur Ausscheidung. Bei seinem Eintreten in den Dickdarm ist er noch sehr flüssig. Die gesamte Flüssigkeit, die sich aus mehreren Liter Verdauungssäften sowie Wasser aus der Nahrung zusammensetzt, muss im Dickdarm entzogen und an das Blut zurückgegeben werden. Auf diese Weise entsteht eingedickter Stuhl, der in den Mastdarm, die letzte Station des Verdauungssystems befördert wird.

Der Mastdarm

Der Mastdarm ist meist leer. Füllt sich ein Teil des Dickdarms, gibt er eingedickten Stuhl an den Mastdarm ab. Wenn eine bestimmte Menge in den Mastdarm gelangt ist, wird Stuhldrang ausgelöst. Der Afterschließmuskel befördert den Stuhl aus dem Körper. Er ist der einzige Verdauungsmuskel, der über den Willen gesteuert werden kann, alle anderen Verdauungsvorgänge sind vom vegetativen Nervensystem gesteuert.

Bei deutlich übergewichtigen Personen wird verstärkt Druck auf den Mastdarmbereich ausgeübt. Kommt eine ballaststoffarme Ernährung hinzu, so dass beim Stuhlgang häufig stark gepresst werden muss (Verstopfung), kann dies unter Umständen zu Hämorrhoidalleiden führen.

Was geschieht wo im Verdauungstrakt?	
Mund	Beginn der Verdauung durch den Speichel
Speiseröhre	Transport in den Magen
Magen	Stärkeabbau und Vorverdauung von Eiweiß
Bauchspeicheldrüse	Herstellung von Verdauungsenzymen
Leber	Umbau von Nährstoffen
Gallenblase	Regulierung der Gallenflüssigkeitsabgabe
Zwölffingerdarm	Erste Aufspaltung der Nahrung
Dünndarm	Vollständige Zerlegung der Nährstoffe
Dickdarm	Vorbereitung des Stuhlgangs
Mastdarm	Sammlung des Stuhlgangs
After	Ausscheidung

37

Krankheitsursachen – Speiseröhre und Magen

Salate enthalten wichtige Ballaststoffe. In Kombination mit Fetten, also einem Dressing mit Öl, entfalten sie ihre Inhaltsstoffe.

Der gesunde Körper ist fähig, Nahrung aufzunehmen, zu verdauen und dabei deren Nährstoffe zu verwerten. Überflüssige Stoffwechselprodukte werden abtransportiert und über den Stuhl ausgeschieden. Mit Hilfe verschiedener Regulationsmechanismen können Körpergewicht und die Zusammensetzung der Blut- und Gewebeflüssigkeit in der Regel auf gleich bleibendem Niveau gehalten werden. Unterschiedliche Nährstoffmengen werden vom Verdauungsapparat ebenso gut toleriert wie wechselnde Nährstoffrelationen.

Erst wenn zu einseitige Ernährung, psychische Faktoren oder Erkrankungen einzelne Funktionen des Verdauungstraktes negativ beeinflussen, zeigen sich Auswirkungen auf den Organismus. Diese können von einem allgemeinen Krankheitsgefühl bis hin zu massiven Mangelerscheinungen reichen. Schmerzen sind zusätzlich häufige, unangenehme Begleiterscheinungen von Verdauungsstörungen.

Zwischen dem Brustbein und der Wirbelsäule liegt das so genannte Mittelfell. In ihm haben außer der Luft- und der Speiseröhre auch die Hauptbronchien, bestimmte Nerven, Drüsen sowie Lymph- und Blutgefäße ihren Platz.

Komplexes Zusammenspiel

Die einzelnen Organe des Verdauungssystems haben zwar unterschiedliche und teilweise hochspezialisierte Aufgaben, bilden jedoch ein untrennbares Ganzes. Auch wenn nur ein Organ erkrankt ist, wirkt sich das häufig auf die gesamte Verdauungsfähigkeit aus. Die Folgen für das Wohlbefinden sind weit reichend.

Wo geschluckt wird – die Speiseröhre

Die Speiseröhre dient ausschließlich dem Transport der Nahrung. Sie befördert das Essen in den Magen, wo es weiterverarbeitet wird. Störungen am Mageneingang, die auf einen zu niedrigen Druck zurückzuführen sind, können Sodbrennen und Entzündungen der Schleimhaut in diesem Bereich hervorrufen.

Sodbrennen

- **Brennende Schmerzen hinter dem Brustbein**
- **Aufstoßen von saurem Mageninhalt**

Sodbrennen wird durch den sauren Mageninhalt verursacht, der aufgrund einer Störung des Ringmuskels im unteren Bereich der Speiseröhre nach oben gedrückt wird.

Meist kann Sodbrennen mit Hilfe einfacher Maßnahmen (z.B. Ernährungsumstellung, autogenes Training) entgegengewirkt werden. In chronischen Fällen oder bei einer angeborenen Überfunktion der Drüsen in den Magenwänden sollte der Rat eines Arztes eingeholt werden. Häufiges Aufstoßen kann zu einer Entzündung der Schleimhäute führen, die unter Umständen andere Organe in Mitleidenschaft zieht.

Übergewichtige Menschen leiden sehr häufig an Sodbrennen, da der relativ hohe Druck im Magen die Nahrung wieder nach oben befördert. Linderung schafft oft eine Normalisierung des Körpergewichts. Das Hochlagern des Oberkörpers während der Nacht hilft ebenfalls.

Sodbrennen kann aber auch durch bestimmte Lebensmittel ausgelöst werden. Schokolade, Kaffee sowie eine erhöhte Zufuhr von Fetten, Alkohol und Zucker verhindern bei empfindlichen Menschen den normalen Ablauf der Verdauung und führen ebenfalls zu unangenehmem Aufstoßen.

Wenn Sie an Sodbrennen leiden, sollten Sie besser mehrere kleine Mahlzeiten zu sich nehmen, damit der Magen nicht zu voll wird. Um nächtliches Aufstoßen zu verhindern, sollte die letzte Mahlzeit nicht zu opulent sein. Machen Sie am besten nach dem Essen einen kleinen Abendspaziergang.

Ernährungstipps

▶ Verzichten Sie auf Schokolade und Kaffee. Das darin enthaltene Methylxanthin senkt den Druck am Mageneingang und begünstigt einen Rückfluss von saurem Mageninhalt.

▶ Fettreiche Lebensmittel sollten Sie von Ihrem Speiseplan streichen. Eiweißreiche Nahrung und Lebensmittel mit hohem Ballaststoffgehalt verhindern das Aufstoßen.

▶ Alkohol und Zucker können ebenfalls Sodbrennen verursachen.

▶ Viele kleine Mahlzeiten sind besser als wenige große. Das Abendessen sollte eher »klein« ausfallen.

Der Magen als »Sammelstelle«

Im Magen sammelt sich die gesamte aufgenommene Nahrung. Noch sind in ihr alle schädlichen Substanzen enthalten, mit der sie möglicherweise belastet war. Magenerkrankungen können viele Ursachen haben. Man weiß heute, dass sie in den Rahmen übergreifender Störungen des Gesamtorganismus einzuordnen sind und keine ausschließlich lokalen Beschwerden darstellen. Insbesondere seelische Faktoren spielen eine wichtige Rolle, denn Probleme »schlagen oft auf den Magen«. Hast, Stress und Unruhe führen zu Fehlsteuerungen des vegetativen Nervensystems und können Magenerkrankungen fördern. Andere auslösende Faktoren sind lokale Durchblutungsstörungen der Magenschleimhaut, eine verringerte Schleim- oder eine gesteigerte Säurebildung.

Völlegefühl und Erbrechen

- **Übelkeit und Magendrücken**
- **Unwillkürliches Zusammenziehen von Magenmuskulatur, Bauch und Zwerchfell**
- **Entleerung des Mageninhalts durch den Mund**
- **Bei virusbedingtem Brechdurchfall begleitet von wässrigem Durchfall**

Erbrechen ist ein von unserem Körper kontrollierter Vorgang, der überlebenswichtig sein kann. Gifte oder schleimhautschädigende Substanzen werden auf diese Weise ausgeschieden, damit sie keinen Schaden in unserem Organismus anrichten können. Der Brechreiz wird vom Nervensystem ausgelöst, erfolgt unwillkürlich und sollte nicht unterdrückt werden. Abscheu, Ekel oder Ängste können ebenfalls Erbrechen verursachen.

Unbedenklich ist Erbrechen, das durch die Reizung des Gleichgewichtsorgans ausgelöst wird, z.B. bei Reisen im Auto, mit dem Flugzeug oder Schiff. Ebenso wie bei der morgendlichen Übelkeit während der ersten Monate einer Schwangerschaft geht diese Art von Brechreiz nicht vom Magen aus. Ursache sind weder verdorbene Speisen noch Giftstoffe. Hormonell bedingte Stoffwechselveränderungen oder Reize auf das Brechzentrum im Gehirn sind verantwortlich für derartiges Erbrechen. Hier genügen Ruhe und leichte Kost, um den Magen zu beruhigen.

Mitunter ist Erbrechen auch ein Zeichen dafür, dass der Organismus überfordert ist. Der Körper soll auf diese Weise zur Ruhe gezwungen werden – etwa bei Migräne, der monatlichen Regelblutung, schlimmen Stresssituationen oder Angstzuständen.

Wann Vorsicht geboten ist

Begleitet Blut das Erbrochene (rote oder bräunlich schwarze Färbung), sollte auf jeden Fall ein Arzt konsultiert werden. Dies kann auf eine Geschwürbildung im Magen mit lebensbedrohlicher Blutung deuten. Fieber ist ebenfalls ein Hinweis auf eine ernst zu nehmende Erkrankung. Mädchen und junge Frauen führen Erbrechen häufig willkürlich herbei, um nicht dick zu werden. Die Ess-Brech-Sucht (Bulimia nervosa) ist eine schwere Krankheit, die unbedingt behandelt werden muss. Im Vordergrund dieser Erkrankung stehen psychische Probleme, die mit therapeutischer Hilfe aufgearbeitet werden sollten. Wiederholtes Erbrechen führt langfristig zu Mangelerscheinungen, Zahnproblemen sowie Reizungen und Entzündungen der Speiseröhre durch den sauren Mageninhalt.

Ernährungstipps

▶ Gönnen Sie Ihrem Magen ein bis zwei Tage Ruhe, und essen Sie nur wenig. Zwieback, Tee oder Haferschleimsuppe beruhigen den Magen.

▶ Trinken Sie unbedingt reichlich, anfangs in kleinen Schlucken, nach einigen Stunden können Sie wieder normal trinken. Die Getränke sollten Zimmertemperatur haben.

▶ Essen Sie leicht verderbliche Lebensmittel möglichst frisch. Fisch, Fleisch, Wurst und rohe Eier sind besonders anfällig für Erreger und können bei falscher Lagerung und Zubereitung eine Lebensmittelvergiftung auslösen.

Generell gilt, dass der Magen nicht mit einem Zuviel an Nahrung überlastet werden sollte. Essen Sie nicht mehr, als Ihnen gut tut und respektieren Sie Ihr persönliches Sättigungsgefühl – auch wenn der Teller noch nicht leer ist.

Reizmagen

- **Dumpfes Gefühl im Oberbauch, bohrende Schmerzen, gelegentlich Krämpfe im Magen**
- **Druck- und Völlegefühl, Sodbrennen, Appetitlosigkeit und Übelkeit begleiten die Magenstörungen**
- **Reizbeschwerden treten vor allem bei seelischen Belastungen auf**

Ein Reizmagen ist in erster Linie Ausdruck von psychischen Belastungen, die bei empfindlichen Menschen buchstäblich auf den Magen schlagen. Prüfungsangst, Krisensituationen wie z. B. Verlust des Partners oder Berufswechsel kommen als Auslöser infrage.
Die Beschwerden äußern sich meist als dumpfes Gefühl im Oberbauch, können aber auch bis zu bohrenden Schmerzen und zu Krämpfen der Magenwandmuskulatur reichen.
Bei wiederholten Beschwerden oder lang anhaltenden Magenschmerzen empfiehlt sich, einen Arzt aufzusuchen, um zu verhindern, dass sich eine Magenschleimhautentzündung oder ein Geschwür entwickelt. Zur Therapie des Reizmagens eignen sich gezielte Entspannungstechniken, bei gravierenden psychischen Belastungen sollte man professionelle Hilfe in Anspruch nehmen.

Ernährungstipps

▶ Da der Reizmagen nicht unbedingt auf die Ernährung zurückzuführen ist, gilt hier: Erlaubt ist, was vertragen wird.

▶ Um einer Magenschleimhautentzündung vorzubeugen, empfiehlt sich eine säurearme Ernährung (siehe auch nächster Abschnitt).

▶ Magenberuhigende Haferschleimsuppe: Kochen Sie 20 Gramm Haferflockenbrei oder Haferschleim in 1/4 Liter Wasser auf. Mit etwas Jodsalz oder Gemüsebrühe gewürzt, schmeckt die magenschonende Suppe besonders gut.

Akute und chronische Magenschleimhautentzündung

• **Magenschmerzen und Oberbauchbeschwerden**
• **Krampfartiges Zusammenziehen der Magenmuskulatur**
• **Übelkeit und Erbrechen begleiten häufig die Entzündung**

Bei einer Magenschleimhautentzündung sind die gereizten Schleimhautfalten aufgequollen, und es wird vermehrt Magensaft und Magenschleimhaut gebildet. Die Entzündung kann so weit gehen, dass die Magenwand angegriffen wird.

Zu den häufigsten Magenerkrankungen zählen die akute und chronische Magenschleimhautentzündung (Gastritis) und das Magengeschwür. Eine Übersäuerung des Magens führt zu diesen Erkrankungen. Schädliche Faktoren sind neben psychischen Ursachen in erster Linie Kaffee, Alkohol und Zigarettenrauch, aber auch scharfe Gewürze oder Gebratenes können zu einer Entzündung der Magenschleimhaut führen. Wird eine Gastritis rechtzeitig erkannt und behandelt, ist die Entzündung nach drei bis vier Tagen abgeklungen.
Die chronische Form der Gastritis kann zu einem Magengeschwür führen, das durch diätetische Maßnahmen und Medikamente innerhalb von drei Wochen kuriert werden kann. Diäten haben die Aufgabe, den Magen zu schonen und zu entlasten. Es ist dabei unbedingt notwendig, die Mahlzeiten auf kleine Portionen gleichmäßig über den Tag zu verteilen, damit der Magen nie leer bleibt. Besonders wichtig ist langsames Essen und gutes Kauen. Blähende Nahrungsmittel sowie solche, die Röst- und Reizstoffe enthalten, sollten gemieden werden (Prinzip der Leichten Vollkost).

Ernährungstipps

▶ Ein bis zwei Tage Teefasten mit Teezubereitungen aus Kamille oder Fenchel tun dem gereizten Magen gut. Anschließend sollte man einen Tag ausschließlich Schleim- oder Suppenkost zu sich nehmen, z. B. Gersten-, Hafer- oder Reisschleim in Wasser gekocht.

▶ Meiden Sie fettreiche Lebensmittel, saures Obst und Gemüse, säurehaltige Obstsäfte, blähende Lebensmittel, scharfe Gewürze, Süßigkeiten, Zigaretten und Alkohol.

Magen- und Zwölffingerdarmgeschwür

- **Schmerzen im Oberbauch, manchmal zur linken Körperhälfte hin ausstrahlend**
- **Dumpfer, bohrender Schmerz, häufig in Zusammenhang mit der Nahrungsaufnahme**
- **Die Beschwerden werden oft von Völlegefühl, Brechreiz und Sodbrennen begleitet**

Ein Geschwür betrifft in vielen Fällen nicht nur die Magenschleimhäute, es kann bis in die Muskelschichten von Magen und Zwölffingerdarm reichen. Je nachdem, wo ein Geschwür lokalisiert ist, unterscheidet man das Magengeschwür (Ulcus ventriculi) oder das Zwölffingerdarmgeschwür (Ulcus duodeni). Geschwüre sind meist die Folge einer chronischen Gastritis. Falsche Ernährung, Stress und die Einnahme von Medikamenten tragen bei empfindlichen Menschen zusätzlich zur Geschwürbildung bei.

Inzwischen weiß man, dass auch der Helicobacter pylori – ein Bakterium, das die Schleimhäute infiziert und dort zu einer chronischen Entzündung führt – Magengeschwüre hervorrufen kann. Durch eine Behandlung mit Antibiotika und eine Umstellung der Lebensweise kann die Helicobacterinfektion dauerhaft geheilt werden.

Treten trotz Behandlung immer wieder Geschwüre auf, können sie Blutungen verursachen. Im Extremfall führt ein Magengeschwür – bei Nichtbehandlung – zu Magenkrebs oder zu einem Magendurchbruch, der lebensbedrohlich ist.

Ernährungstipps

▶ Da diätetische Maßnahmen nicht helfen, ist Leichte Vollkost die beste Ernährungsform.

▶ Milch, Röststoffe im Kaffee, scharfe Gewürze (insbesondere Knoblauch, Pfeffer, Meerrettich, scharfer Senf) und Alkohol sind äußerst geschwürfördernd.

▶ Viele kleine Mahlzeiten über den Tag verteilt puffern kontinuierlich hohe Säuregehalte ab.

▶ Magere, eiweißreiche Lebensmittel bevorzugen, fette, süße, scharf gewürzte und saure Speisen meiden.

▶ Auf besonders kalte oder heiße Lebensmittel und Getränke sollte man bei Geschwüren verzichten.

Antibiotika sind segensreich, weil mit ihnen gefährliche Infektionen wirkungsvoll bekämpft werden können. Ihr Nachteil ist, dass sie nicht nur die krankheitserregenden Bakterien abtöten, sondern auch die nützlichen im Darm. Im Anschluss an eine Antibiotikaeinnahme sollte die Darmflora mit Hilfe von sauren Milchprodukten wieder aufgebaut werden.

43

Leber, Gallenblase und Bauchspeicheldrüse

Die Nukleinsäure der Bohnen hilft, Zellen zu erneuern. Zudem binden ihre Ballaststoffe Gift- und Fettstoffe, die dann ausgeschieden werden. Grüne Bohnen gelten als unterstützend bei Lebererkrankungen.

Die Leber ist das wichtigste Stoffwechselorgan. Sie befreit unseren Körper von Giften und speichert einzelne Nährstoffe wie Glykogen, alle fettlöslichenVitamine sowie Vitamin B12. In der Leber werden bestimmte Fettsäuren und die für die Verdauung notwendige Gallenflüssigkeit hergestellt. Auch ist die Leber an der allgemeinen Immunisierung beteiligt. Da Leberentzündungen schwer wiegende Folgen haben können, sollten sie auf jeden Fall ärztlich untersucht werden.

Durch Schutzimpfungen kann Hepatitis gezielt vorgebeugt werden. Sie werden Angehörigen von Risikogruppen dringend empfohlen (HBV-Impfung für Krankenhauspersonal auf Dialyse- und Intensivabteilungen, HAV- Impfung z.B. für Personen, die Kontakt zu ausländischen Kindern haben, die aus Hepatitis-A-Gebieten kommen).

Hepatitis (Leberentzündung)

- **Abgeschlagenheit, leichtes Fieber**
- **Appetitlosigkeit**
- **Druckgefühl im rechten Oberbauch, gelegentliches Erbrechen**
- **Heftige Durchfälle, Darmkrämpfe und schweres Krankheitsgefühl**
- **Gelbfärbung der Haut**

Hepatitis entsteht in erster Linie durch eine Infektion mit Viren. Sie zählt weltweit zu den häufigsten Infektionskrankheiten. Folgende Erreger sind bekannt: Hepatitis-A-Virus (HAV), Hepatitis-B-Virus (HBV), Hepatitis-C-Virus (HCV), Hepatitis-D-Virus (HDV), Hepatitis-E-Virus (HEV) und das Hepatitis-G-Virus (HGV). Alle Leberentzündungen hervorrufenden Viren können mittels Blutanalysen identifiziert werden.

Hepatitisviren können sowohl durch den Mund als auch über den Blutweg in den menschlichen Organismus gelangen. In tropischen Ländern wird eine Infektion meist durch mit Hepatitisviren verseuchtes Wasser oder Lebensmittel hervorgerufen. In den westlichen Ländern sind nicht ausreichend sterilisierte Instrumente und Spritzen die häufigste Ansteckungsursache.

Während eine Infektion der Leber mit dem A- und E-Virus akut verläuft, können Hepatitis B und C chronisch werden. Die akute Leberentzündung, die auch infolge von kontinuierlichem Alkoholkonsum auftreten kann, äußert sich im Gegensatz zur chronischen Hepatitis meist durch grippeähnliche Symptome, begleitet von Appetitlosigkeit, Druckgefühl im rechten Oberbauch und gelegentlichem Erbrechen. Manchmal erhöht sich die Körpertemperatur leicht. Heftige Durchfälle und Darmkrämpfe bilden den »Höhepunkt« einer akuten Leberentzündung. Anschließend kommt es zu einer Gelbfärbung der Haut (Gelbsucht), die bei der chronischen Hepatitis nicht immer auftritt. Die Krankheit dauert durchschnittlich vier bis sechs Wochen.

Da Hepatitisviren gegen Hitze und Trockenheit relativ unempfindlich sind, breitet sich eine virusbedingte Leberentzündung häufig sehr schnell aus. Schutz bieten Impfungen gegen Hepatitis A und B, die für Risikogruppen empfohlen werden. Für die übrigen Formen der Hepatitis existieren noch keine Impfstoffe. Eine spezielle Leberdiät gibt es nicht. In erster Linie sollte bei einer Lebererkrankung die Leber geschont und mittels Leichter Vollkost der Energie- und Nährstoffbedarf gedeckt werden.

Von allen bekannten Heilpflanzen hat die Mariendistel die beste Heilwirkung auf das Lebergewebe. Sie stabilisiert die Zellmembranen und schützt die Leber vor Giften. Auch bei längerer Anwendung ist die Mariendistel völlig ungiftig. In Absprache mit dem Arzt kann Mariendisteltee zur Nachbehandlung von Hepatitis eingesetzt werden. Auch eine Verabreichung in Kapselform ist möglich.

Hepatitis A, Hepatitis E

Da die Hepatitis A meist auf Fernreisen in subtropische und tropische Länder eingefangen wird, nennt man sie auch Reisehepatitis. Die Zeit zwischen Infektion und ersten Krankheitszeichen beträgt zwischen zwei und sechs Wochen. Hepatitis-A- und -E-Viren werden durch verunreinigte Nahrungsmittel und insbesondere über das Trinkwasser übertragen.

Neben der Risikogruppe der Fernreisenden sind Berufsgruppen mit möglichem Stuhlkontakt wie Krankenhauspersonal, Kanal- und Klärwerksarbeiter ebenfalls gefährdet, an akuter Hepatitis-A-Infektion zu erkranken.

Vorbeugung gegen Hepatitis A und E bei Fernreisen

▶ Trinken Sie nur abgekochtes Wasser oder industriell hergestelltes Mineralwasser. Sie sollten, wenn Sie Getränke bestellen, immer auf Eiswürfel verzichten.

▶ Essen Sie nur geschältes Obst.

▶ Essen Sie Fisch oder Fleisch in Restaurants immer nur vollkommen durchgegart oder durchgebraten. Meiden Sie Salate, und verzichten Sie auf Muscheln und Schaltiere.

Die chronische Hepatitis führt zu einer Zerstörung der Leberzellen, die bei der »aggressiven« Form in eine Leberzirrhose übergeht. Die so genannte persistierende Hepatitis heilt beim Großteil der Betroffenen aus. Häufig zieht sich die Genesung jedoch über mehrere Jahre hinweg.

45

Hepatitis B, Hepatitis C, Hepatitis D

Die Übertragung der Hepatitis B erfolgt durch infiziertes Blut oder Körperflüssigkeiten. Besonders gefährdet sind Ärzte und Praxispersonal, Laborangehörige mit Kontakt zu Blut und infektiösem Material sowie Drogenabhängige. Auch durch Geschlechtsverkehr ist eine Ansteckung möglich. Im Gegensatz zur akuten Hepatitis bleiben Hepatitis B und C lange unbemerkt. Eine Gelbsucht tritt nur selten auf. Beide Formen verlaufen beim Großteil der Betroffenen chronisch, in sehr seltenen Fällen kann die Hepatitis B hochakut verlaufen und endet innerhalb von Tagen mit tödlichem Leberzerfall.

Die Hepatitis D tritt nur in Zusammenhang mit einer bereits bestehenden Hepatitis B auf, verläuft dann aber sehr schwer wiegend.

Ernährungstipps

► Achten Sie auf Unverträglichkeiten von Lebensmitteln in der Frühphase der Leberentzündung, und meiden Sie diese.

► Ernähren Sie sich vitamin- und mineralstoffreich.

► Verzichten Sie auf Alkohol – auch nach Abklingen der Symptome.

► Meiden Sie fettreiche, schwere Kost.

Fettleber

- **Druck- und Völlegefühl im rechten Oberbauch**
- **Dumpfe Schmerzen beim Liegen auf der rechten Körperseite**
- **Selten: krampfartige Schmerzen**
- **Neigung zu Blähungen**
- **Eingeschränkte Leistungsfähigkeit und Antriebslosigkeit**

Vor kurzem wurde ein weiteres Virus entdeckt, das Hepatitis-G-Virus. Es weist biologische Gemeinsamkeiten mit dem Hepatitis-C-Virus auf. Weil es vor allem bei Heroinabhängigen nachgewiesen wurde, geht man davon aus, dass die Übertragung über das Blut erfolgt.

Wenn mehr als 50 Prozent der Einlagerungen in der Leber aus Fett bestehen, bezeichnet man sie als Fettleber. Sie ist meist Folge einer fettreichen Ernährung oder hohen Alkoholkonsums. Weiterhin sind Zuckerkrankheit, Eiweißmangelernährung, verschiedene Drogen und seltene Nahrungsgifte als Ursache für Fettleber bekannt.

Wird überhöhtes Körpergewicht abgebaut bzw. die Alkoholzufuhr gestoppt, normalisiert sich der Zustand der Leber innerhalb von vier bis acht Wochen. Eine Fettleber kann auch von einer entzündlichen Reaktion begleitet sein. Wenn sich bei einer Leberverfettung Entzündungszellen in der Leber einlagern und eventuell ausbreiten, kann dies zu einer ernsten Fettzirrhose führen.

Ernährungstipps

▶ Übergewicht sollte mit Hilfe eines individuellen Diätplans abgebaut werden.

▶ Alkohol zerstört langfristig die Leber und ist deshalb unbedingt zu meiden.

▶ Falls Sie zuckerkrank sind, ist eine genaue Stoffwechseleinstellung wichtig.

▶ Da die meisten Medikamente die Leber passieren müssen und dort »gefiltert« werden, sind sie eine zusätzliche Belastung. Meiden Sie daher Schmerz-, Schlaf-, Beruhigungs- und Aufputschmittel.

Leberzirrhose

- **Appetitlosigkeit, Druck im rechten Oberbauch, aufgeblähter Bauch**
- **Rasche Ermüdung und eingeschränkte Leistungsfähigkeit**
- **Unverträglichkeit von fetthaltigen Speisen**

Bei fortschreitender chronischer Leberentzündung oder nicht behandelter Fettleber kann es zu einer Schrumpfung der Leber (Leberzirrhose) kommen. Chronisch verlaufende Gallenwegsentzündungen oder seltene Erbkrankheiten (Fett-, Eisen- oder Kupferstoffwechselstörungen) sind ebenfalls mögliche Ursachen. Daneben können aber auch Schimmelpilzgifte (z. B. Aflatoxine), die in tropischen Ländern häufig auf Nahrungsmitteln zu finden sind, Gifte von Parasiten und Pflanzengifte für eine Leberzirrhose verantwortlich sein. An der Stelle der zerstörten Leberzellen wächst funktionsloses, narbiges Bindegewebe nach, so dass die Leber ihre Aufgaben nicht mehr vollständig erfüllen kann. Die Leber verliert zunehmend an Elastizität; das verhärtete Gewebe blockiert den Blutfluss aus der Pfortader und der Leberarterie. Dieser Prozess ist nicht mehr rückgängig zu machen.

Da eine Leberzirrhose meistens bestimmten Vorerkrankungen folgt, ist ein rechtzeitiges Erkennen oftmals möglich. Bei Alkoholismus wird eine fortgeschrittene Leberzirrhose nicht immer rechtzeitig erkannt, zumal sich Alkoholkranke sehr häufig nicht zu ihrer Sucht bekennen.
Bei einer beginnenden Leberzirrhose ist eine eiweißdeckende Ernährung nach den Prinzipien der Leichten Vollkost empfehlenswert. Ist die Schrumpfung schon so weit fortgeschritten, dass Nahrungsgifte von der Leber nicht mehr vollständig abtransportiert werden können und Funktionen des Gehirns beeinträchtigt werden, muss der Arzt klären, welche Ernährungsmaßnahmen zu empfehlen sind.

Liegt eine Schrumpfung der Leber vor, ist die wichtigste Empfehlung, strikt auf Alkohol zu verzichten. Dieser »versteckt« sich auch in vielen Medikamenten sowie in so genanntem alkoholfreien Bier. Meiden Sie Lebensmittel, die Sie nicht vertragen, und achten Sie auf eine Ernährung, die fettarm, aber vitamin- und mineralstoffreich ist und viele Ballaststoffe enthält.

Gallenwegserkrankungen

In der Gallenblase wird der in der Leber produzierte Gallensaft eingelagert und bei Bedarf fein dosiert über den Gallengang in den Dünndarm abgegeben. Sind die Gallenwege beispielsweise aufgrund von Gallensteinen verstopft, kommt es zu einem Rückstau des Gallensafts. Der Druckanstieg in der Gallenblase macht sich durch kolikartige Schmerzen bemerkbar. Da Erkrankungen der Gallenblase gravierende Folgen haben können, sollten Sie bei Beschwerden auf jeden Fall einen Arzt aufsuchen.

Gallensteine

- **Kolikartige Schmerzen unterhalb des Rippenbogens begleitet von Schüttelfrost, Fieber und Erbrechen**
- **Druckempfindlichkeit des Oberbauchs**

Die häufigste Erkrankung der Gallenwege ist das Gallensteinleiden. Gallensteine entstehen durch ein Missverhältnis in der Gallensaftzusammensetzung. So muss z. B. die Relation zwischen Gallensäuren und Cholesterin in der Gallenblase ausgewogen sein. Die Gallensäuren sorgen für die Lösung des Cholesterins. Steigt die Cholesterinkonzentration in der Gallenflüssigkeit an, sind die Gallensäuren nicht mehr in der Lage, das gesamte Cholesterin zu lösen, und es kristallisiert aus. Es bilden sich Cholesteringallensteine. Sie sind die mit Abstand am häufigsten vorkommende Form von Gallensteinen. Doch auch andere Bestandteile der Gallenflüssigkeit können unter Umständen auskristallisiert werden. Pigmentsteine aus Bilirubin sowie gemischte Steine aus Cholesterin und Bilirubin, die im Lauf der Zeit Kalksalze einlagern können, sind weitere Arten von Gallensteinen.

Frauen leiden häufiger unter Gallensteinen als Männer, denn durch die Einnahme von Hormonpräparaten (Antibabypille, Östrogene gegen Wechseljahrebeschwerden) kann sich die Gallensaftzusammensetzung ebenso ändern wie infolge von Schwangerschaften.

Gallenblasenentzündung

- **Starker Druckschmerz im rechten Oberbauch**
- **Stuhlverfärbung, Schüttelfrost, Fieber**
- **Eventuell leichte Gelbsucht**

Nicht immer gehen Gallenblasenentzündungen mit Gallensteinen einher. Auch Menschen, die keine Gallensteine haben, können daran erkranken. Ursache ist eine Infektion. Nach schweren Unfällen oder Operationen besteht eine erhöhte Anfälligkeit. Weil die Gefahr besteht, dass die Gallenblase platzt und es zu einer eitrigen Bauchfellentzündung kommt, müssen Patienten mit Gallenblasenentzündungen im Krankenhaus behandelt werden. Mitunter muss die Gallenblase operativ entfernt werden.

Ernährungstipps

▶ Bei akuten Zuständen wird strenges Fasten verordnet. Der jeweilige Ernährungsplan muss mit dem behandelnden Arzt abgesprochen werden. Eine spezielle Gallenschonkost gibt es nicht.

▶ Bei Kolikschmerzen kann Wasser, in kleinen Schlucken getrunken, etwas Linderung verschaffen.

▶ Begleitend und nach ärztlicher Absprache können gallenwirksame Tees verabreicht werden. Die meisten Heiltees kommen jedoch oftmals erst in Betracht, wenn die akute Entzündung von Gallenblase und Gallenwegen abgeklungen ist. Zu den gallenwirksamen Heilpflanzen zählen Erdrauchkraut, Kurkuma und Rettich.

▶ Es ist günstig, auf fettreiche Speisen zu verzichten und ballaststoffreiche Kost zu sich zu nehmen.

▶ Wenn Sie einen erhöhten Cholesterinspiegel haben, sollten Sie auf eine cholesterinarme Kost achten. Auf diese Weise lässt sich der Steinbildung vorbeugen.

Akute Gallenbeschwerden treten häufig im Zusammenhang mit zu üppigen, fettreichen Mahlzeiten auf. Aber auch psychische Faktoren können eine Rolle spielen. Empfindlichen Menschen passiert es, dass ihnen bei Aufregung und Ärger förmlich »die Galle hoch kommt«.

Wann Gallensteine gefährlich werden

Gallensteine führen nicht immer zu Beschwerden und sind manchmal nur sandkorngroß. Sie können jahrelang in der Gallenblase liegen, ohne jemals zu einer Kolik oder anderen Beeinträchtigungen zu führen. Über die Hälfte aller Gallensteinträger haben keine Symptome. Diese sind nach Übereinkunft von Experten in der Regel nicht behandlungsbedürftig. Erst wenn die Gallensäuren bei chronisch beeinträchtigtem Gallenfluss die Leberzellen schädigen, ist eine Behandlung notwendig. In diesem Fall sind bestimmte Leberwerte im Blut erhöht.

Treten Gallenkoliken auf, muss ebenfalls ärztliche Hilfe eingeholt werden. Zu schmerzhaften Koliken kommt es, wenn Steine aus der Gallenblase wandern und auf dem Weg stecken bleiben. Die Gallenblase versucht, das Abflusshindernis zu beseitigen, indem sie sich krampfartig zusammenzieht. Die Stauung der Gallenflüssigkeit kann zu Gelbsucht oder einer bakteriellen Gallenwegsinfektion führen. Entzündet sich eine Gallenblase mehrfach akut, entwickelt sich daraus eventuell eine chronische Cholezystitis. Mögliche Folgen sind eine Schrumpfung der angegriffenen Gallenblase, eine Entzündung der Bauchspeicheldrüse oder sogar die Entwicklung eines bösartigen Tumors. Da eine lange andauernde Entzündung der Gallenwege zu Leberzirrhose führen kann, sollte sie rechtzeitig behandelt werden.

Entzündungen der Bauchspeicheldrüse

Die Bauchspeicheldrüse (Pankreas) besitzt zwei unterschiedliche Funktionen. Sie ist für die Aufrechterhaltung des Blutzuckerspiegels (inkretorische Funktion) und die Bildung von Verdauungssäften zuständig (exkretorische Funktion). Erkrankt die Bauchspeicheldrüse, können beide Funktionen beeinträchtigt sein.

Akute Pankreatitis

- **Heftige Schmerzen im Mittelbauch, die plötzlich auftreten**
- **Übelkeit, Erbrechen, Schweißausbrüche**
- **Blutdruckabfall, unter Umständen Schockzustände bis hin zu Nierenversagen oder Darmlähmung**

Die akute Bauchspeicheldrüsenentzündung (Pankreatitis) entsteht durch eine plötzlich einsetzende Selbstverdauung. Diese wird meist durch einen Verschluss der Pankreas- bzw. Gallengänge durch Steine ausgelöst, der einen Rückfluss des Pankreassafts in die Bauchspeicheldrüse bewirkt. Zum Glück ist diese Erkrankung selten. Sie kann im Anschluss an Gallenwegserkrankungen, Magen- und Zwölffingerdarmgeschwüre, Bauchraumoperationen und Infektionskrankheiten auftreten. Wird sie nicht rechtzeitig erkannt und behandelt, kommt es zu lebensbedrohlichen Zuständen. Freie Radikale, die über die Nahrung oder über Umwelteinflüsse in unseren Organismus gelangen, können ebenfalls an der Entstehung der akuten Pankreatitis beteiligt sein. Inwieweit der Konsum von Alkohol eine Entzündung begünstigt, ist noch nicht geklärt. Sicher ist jedoch, dass der Verzicht auf Alkohol Heilungsvoraussetzung ist.

Ernährungstipps

Wohltuend für die Bauchspeicheldrüse ist folgende Heilteemischung: je 15 Gramm Kamille, Pfefferminze, Löwenzahn, Baldrian und Arnika. Einen Aufguss bereiten (2 Teelöffel auf 1 Tasse Wasser), 10 Minuten zugedeckt ziehen lassen und 2-mal täglich 1 Tasse trinken.

▶ Nach Abklingen der Schmerzen und nach Beendigung der ärztlich angeordneten Diät kann mit einem langsamen Kostaufbau begonnen werden. Tee und kohlenhydratreiche Kost (Getreidebreie) verhindern anfangs eine erneute Reizung.

▶ Erst nach einigen Tagen und nur bei guter Verträglichkeit sollte man wieder mit eiweißreichen und fetthaltigen Lebensmitteln beginnen.

▶ Entsagen Sie dem Alkohol, bis die Entzündung ausgeheilt ist.

▶ Ist die akute Pankreatitis geheilt, muss keine Diät mehr eingehalten werden. Eine Leichte Vollkost empfiehlt sich dennoch.

Chronische Pankreatitis

• **Oberbauchschmerzen, Verdauungsstörungen mit Blähungen und Durchfall**
• **Fettiger Stuhl aufgrund ungenügender Fettverdauung**
• **Schnelle Gewichtsabnahme, die bei Nichtbehandlung zu einer hochgradigen Abmagerung führt**
• **Bei fortgeschrittener Pankreatitis entsteht Zuckerkrankheit (Diabetes mellitus)**

Im Gegensatz zur akuten wird bei der chronischen Bauchspeicheldrüsenentzündung das Drüsengewebe langsam und schleichend zerstört. Im fortgeschrittenen Stadium sind die zentralen Funktionen stark eingeschränkt. Massive Störungen des Verdauungssystems und die Entstehung von Diabetes mellitus sind die Folge. Da bei einer chronischen Pankreatitis die Fettverdauung gestört ist, sind wichtige fettlösliche Vitamine nicht mehr für den Organismus verfügbar. Es kann zu Nachtblindheit, Hautproblemen und einer Neigung zu erhöhtem Blutdruck kommen. Die kranke Bauchspeicheldrüse produziert zu wenig Verdauungsenzyme, weshalb man trotz fett- und eiweißreicher Ernährung abmagert.
Verursacht wird die chronische Pankreatitis hauptsächlich durch Alkoholmissbrauch. Wer regelmässig Alkohol trinkt und dabei über mehrere Jahre hinweg mehr als 50 Gramm Alkohol täglich zu sich nimmt, ist besonders gefährdet. Lange andauernde Gallenwegsinfekte können ebenfalls eine chronische Entzündung der Bauchspeicheldrüse begünstigen. Häufig gibt es keine andere Möglichkeit, als die erkrankten Teile der Bauchspeicheldrüse zu entfernen.

Wenn die Insulin bildenden Zellen in der Bauchspeicheldrüse ihre Produktion drosseln, entsteht Diabetes mellitus. Das Hormon Insulin hat die Aufgabe, den Blutzuckerspiegel zu regulieren. Wird es nicht oder in zu geringen Mengen gebildet, ist der Zuckerstoffwechsel nachhaltig gestört.

Ernährungstipps

▶ Solange die Bauchspeicheldrüse ihre Aufgaben noch einigermaßen erfüllen kann, ist auf eine ausgewogene Versorgung mit allen wichtigen Nährstoffen zu achten.

▶ Es gilt: Erlaubt ist, was bekommt.

▶ Alkohol sollte strengstens gemieden werden.

▶ Achten Sie auf eine vitamin- und mineralstoffreiche Ernährung. Essen Sie viel frisches Obst und Gemüse.

▶ Bewährte Heilpflanzen sind Artischocke und Mariendistel. Trinken Sie, nach Rücksprache mit dem Arzt, Tees aus diesen Pflanzen.

▶ Ansonsten sollten Sie viel Mineralwasser trinken, das mit einem Schuss Obstsaft geschmacklich variiert werden kann.

51

Wenn der Darm aus dem Lot gerät

Frische Feigen sind eine wahre Gaumenfreude, aber auch getrocknet sind sie sehr begehrt. Ihr süßer Geschmack harmoniert mit Käse, Schinken oder zu einer cremigen Süßspeise. Von gesundheitlicher Bedeutung ist ihre mild abführende Wirkung.

Unser Darm ist das wichtigste Glied in der Verdauungskette. Störungen seiner zahlreichen Funktionen sind möglicherweise mit einschneidenden Folgen für unser Leben verbunden. Falsche und einseitige Ernährung, mangelnde Bewegung, zu wenig Flüssigkeit, psychische Probleme u. v. m. beeinträchtigen die Aufgaben des Darms und können zu schwer wiegenden Krankheiten führen. Mangelernährung, Infektanfälligkeit, unangenehme Befindlichkeitsstörungen oder gar Krebs sind das Ergebnis eines beeinträchtigten Darms. Er sollte besonders pfleglich behandelt und sinnvoll »ernährt« werden.

Mögliche Anzeichen für die Entwicklung bösartigen Wachstums im Darm sind: Wechsel von leichter und erschwerter Darmentleerung, übel riechende Darmgase sowie vor allem Blutbeimischungen im Stuhl. In solchen Fällen unbedingt einen Arzt zurate ziehen.

Verstopfung (Obstipation)

Verstopfung ist das am weitesten verbreitete Verdauungsproblem mit vielfältigen Ursachen:

• **Die Ernährung enthält zu wenig Ballaststoffe oder es wird ungenügend getrunken, so dass die Ballaststoffe nicht ihre verdauungsfördernde Wirkung entfalten können.**
• **Man schwitzt sehr stark und gleicht die Flüssigkeitsverluste nicht mit reichlichem Trinken aus.**

- **Beruhigungsmittel dämpfen die Darmtätigkeit und haben Verstopfung zur Folge.**
- **Leider greifen Leidtragende auch immer wieder zu Abführmitteln. Doch hier ist große Vorsicht geboten. Denn wenn sich der Darm einmal an die abführenden Medikamente gewöhnt hat, wird er nur noch träger und verliert irgendwann einmal gänzlich die Fähigkeit, den Stuhl aus eigener Kraft weiterzutransportieren. Zudem führen Abführmittel zu Kaliumverlusten, die wiederum eine Darmträgheit bewirken.**

Falsche Ernährung und Stress

Akute Verstopfung entsteht meist durch einen Ortswechsel mit veränderten Lebens- und Essensgewohnheiten oder durch Stress. Außerdem können bestimmte Lebensmittel wie z. B. Bananen, Heidelbeeren, Schokolade oder die in schwarzem Tee und Rotwein enthaltenen Gerbstoffe den Darm verstopfen.

Chronische Verstopfung hingegen ist meist Ausdruck von falscher, ballaststoffarmer Ernährung, Bewegungsmangel, zu wenig Trinkflüssigkeit, Missbrauch von Abführmitteln oder psychischen Problemen. Sie sollte in jedem Fall vom Arzt abgeklärt werden, da auch lebensbedrohliche Krankheiten (z. B. Darmverschluss) die Ursache sein können.

Durch Hektik, Stress und Zeitdruck wird der normale Stuhlentleerungsdrang häufig unterdrückt. Der Stuhl bleibt länger als üblich im Enddarm, wo ihm immer mehr Wasser entzogen wird. Dadurch verliert er an Masse und wird hart. Die so genannten Dehnungsfühler des Enddarms sprechen auf die geringere Stuhlmasse nicht mehr an, und der Entleerungsreflex

Ältere Menschen sind in stärkerem Maß von Verstopfung betroffen als jüngere. Häufig trinken sie zu wenig, und auch die Zähne spielen eine Rolle. Aus Furcht, mit den dritten Zähnen nicht kräftig genug zubeißen und kauen zu können, wird allzu oft auf weiche, ballaststoffarme Lebensmittel zurückgegriffen.

Verdauungsfördernde Nahrungsmittel	
Weizenkleie, Leinsamen	Lockern den Stuhl, enthalten Schleimstoffe, die den Stuhl gleitfähig machen
Sauerkraut/Sauerkrautsaft, Rote-Bete-Saft, Gurkensaft	Roh essen bzw. auf nüchternen Magen trinken, erhöhen das Darmvolumen
Milchzucker, Fruchtzucker, Sorbit	Wirken abführend, Kaloriengehalt beachten!
Trockenfrüchte/Dörrobst	Regen durch den hohen Gehalt an Ballaststoffen die Verdauung an
Kieselsäure	Stärkt das Bindegewebe

bleibt weiterhin aus. Problematisch wird es vor allem, wenn der Stuhlgang gewohnheitsmäßig unterdrückt wird. Der Darm wird träge und bis zur chronischen Verstopfung ist es nicht mehr weit.

Hartnäckige Verstopfung kann schwer wiegende Folgen haben, es können beispielsweise Analfissuren (= schmerzhafte Schleimhauteinrisse am Darmausgang), Hämorrhoiden (= Krampfadern am Darmausgang), entzündliche Aussackungen in der Darmschleimhaut (= Divertikel), Dickdarmkrebs, Gallensteine oder Blinddarmentzündung entstehen. Allgemeines Unwohlsein, Mattigkeit, aber auch Gliederschmerzen, rheumatische Beschwerden oder Migräne können ebenfalls Konsequenz von Verstopfung sein.

Harmonische Verdauung

Als normal gilt, wenn die Entleerung zwischen dreimal täglich und zweimal wöchentlich stattfindet. Für eine geregelte Darmtätigkeit ist eine Umstellung der Ernährung auf Vollkost mit einem hohen Ballaststoffanteil genau das Richtige. Weißmehl, Zucker und polierter Reis können aufgrund von Ballaststoffmangel eine Verstopfung verursachen. Ersetzen Sie Auszugsmehl durch Vollkornmehl, essen Sie viel faserreiches Obst und Gemüse, und beginnen Sie den Tag am besten mit einem Müsli. Falls Sie nicht an Vollkorngetreide gewöhnt sind, sollten Sie langsam damit beginnen. Ballaststoffreiche Lebensmittel können in den ersten Wochen Blähungen verursachen, die aber wieder vergehen, sobald sich der Darm an die veränderte Nahrungszufuhr gewöhnt hat. Das Wichtigste an einer ballaststoffreichen Ernährung ist das Trinken. Ballaststoffe entfalten ihre Wirkung, indem sie in viel Flüssigkeit aufquellen, die Darmwand dehnen und dadurch die Darmbewegungen und den Stuhlgang anregen.

Angesichts der vielen einfach durchzuführenden und wirkungsvollen Maßnahmen gegen Verstopfung ist es erstaunlich und kaum nachzuvollziehen, wie viele Menschen Abführmittel einnehmen. Sie gehören zu den meistverkauften Medikamenten.

Abführmittel bewirken das Gegenteil

Obwohl immer wieder auf die Gefährlichkeit von Abführmitteln hingewiesen wird, sind sie häufig das Mittel der Wahl bei Verstopfung. Abführmittel führen allerdings nur kurzzeitig zum Erfolg. Man unterscheidet pflanzliche und chemische Abführmittel, wobei »pflanzlich« nicht immer mit »harmlos« gleichzusetzen ist. Rizinusöl reizt die Darmschleimhaut und regt zur verstärkten Darmbewegung an. Bestimmte Gleitmittel wie Paraffinöl machen die Darmwände geschmeidig, schwemmen aber gleichzeitig fettlösliche Vitamine aus. Laktulose, ein Zucker, der vom Körper nicht verdaut werden kann, bindet Wasser im Darm und führt dadurch zur Stuhlentleerung. Mineralsalze und Medikamente mit dem Wirkstoff Anthrachinon entziehen dem Körper ebenfalls Flüssigkeit und geben sie an den Darm weiter, mit dem Erfolg, dass sich der Darm dehnt und die Darmbewegungen einsetzen.

Die regelmäßige Einnahme von Abführmitteln führt zu einem Ungleichgewicht des Mineralstoffhaushalts und zu Darmträgheit, die natürlichen Darmbewegungen »schlafen ein«. Der Körper gewöhnt sich an die Mittel und die nächste Verstopfung lässt nicht lange auf sich warten.

Ernährungstipps

▶ Essen Sie viel Obst und Gemüse. Pflaumen, Feigen, Aprikosen, Birnen, Äpfel und Datteln (frisch oder getrocknet) sowie faserreiches Gemüse und Salate können die Verstopfung auf natürliche Weise beheben.

▶ Ein Glas warmes Wasser mit einigen Spritzern Obstessig, gleich morgens nach dem Aufstehen getrunken, wirkt bei manchen Wunder.

▶ Sauerkraut oder Sauerkrautsaft ist ebenfalls gut für die Verdauung, sollte aber nur bei guter Verträglichkeit angewendet werden.

▶ Und noch ein Getränk gegen Verstopfung: Kochen Sie junge Brennnesselblätter in Milch (morgens nüchtern trinken).

▶ Weizenkleie, Haferflocken oder Leinsamen täglich ins Müsli gestreut, bringen den Darm wieder in Schwung.

▶ Verzichten Sie auf stopfende Lebensmittel wie z. B. Schokolade, Bananen, Rotwein, schwarzen Tee.

▶ Essen Sie viel Joghurt und saure Milchprodukte, sie unterstützen die Darmflora.

Nach längerem Gebrauch von Abführmitteln kann es eine Weile dauern, bis sich die Darmtätigkeit wieder normalisiert. Diese Durststrecke gilt es zu überstehen. Es empfiehlt sich, die Abführmitteldosis langsam zu senken und gleichzeitig natürliche Maßnahmen zur Verdauungsregulierung zu ergreifen.

Die wichtigsten Regeln zur Vorbeugung

- **Geben Sie dem natürlichen Stuhldrang nach**

- **Lassen Sie sich Zeit für das »stille Örtchen«**

- **Ernähren Sie sich ballaststoffreich und ausgewogen**

- **Verzichten Sie auf zu viel Süßes**

- **Bewegen Sie sich täglich an der frischen Luft**

- **Trinken Sie viel, am besten 2 Liter Mineralwasser pro Tag**

- **Gönnen Sie sich regelmäßige Bauchmassagen**

Durchfall (Diarrhoe)

Wenn der Nahrungsbrei zu schnell durch den Verdauungskanal befördert wird, kommt es meist zu Durchfällen. Durchfälle treten häufig akut auf und sind recht harmlos, allerdings gibt es auch gravierend verlaufende, chronische Formen, die in ärztliche Behandlung gehören. In der Regel ist ein Durchfall vor allem lästig und ein Zeichen dafür, dass der Körper schädliche Substanzen abstoßen will.

Gefährlich sind bei länger anhaltendem Durchfall der Schwund an Mineralstoffen und die Austrocknung von Gewebe aufgrund der hohen Wasserverluste. Deshalb ist es wichtig, die verloren gegangenen Mineralstoffe und Flüssigkeit wieder zuzuführen.

Entgiftung und Abwehr

Akute Durchfälle werden vor allem durch Infektionen, die durch Bakterien oder Viren ausgelöst werden, verursacht. Die Darmschleimhaut reagiert gereizt auf die unliebsamen Eindringlinge und befördert sie nach draußen. Aber auch unverträgliche oder verdorbene Speisen will der Körper mit Hilfe von Durchfall schnell wieder loswerden. Weiterhin können bestimmte Medikamente, Nahrungs- und Genussmittel sowie psychische Belastungen Ursachen für Durchfälle sein.

Chronische Durchfälle sind meist die Folge von Allergien gegen bestimmte Nahrungsmittel. Gravierend wirkt sich vor allem die Unverträglichkeit von Getreideeiweiß (Gluten) aus. Angeborene Enzymstörungen (z.B. Laktasemangel) oder Erkrankungen von Leber und Bauchspeicheldrüse, die eine Verdauung bestimmter Nahrungsbestandteile verhindern, können ebenfalls Durchfälle verursachen. Auch bei chronischen Entzündungen des Darms (z.B. Morbus Crohn, Colitis ulcerosa) sind Durchfälle unangenehme Begleiterscheinungen.

Durchfälle, die längere Zeit (mehr als zwei Tage) anhalten, Blut beigemischt haben, von Fieber und Gliederschmerzen begleitet werden oder nach einer Auslandsreise spontan auftreten, sollten auf jeden Fall ärztlich behandelt werden.

Ohne Nebenwirkungen kann Durchfall mit natürlichen Trockenhefepräparaten (Apotheke) behandelt werden. Außerdem ist die Zufuhr von Flüssigkeit und Salzen notwendig. Zu diesem Zweck stehen fertige Elektrolytlösungen zur Verfügung.

Ernährungstipps

▶ Appetitmangel ist kein ernsthaftes Krankheitszeichen. Wenn Sie ein bis zwei Tage keinen Hunger verspüren, sollten Sie sich auch nicht zum Essen zwingen. Bei längeren Appetitstörungen einen Arzt konsultieren.

▶ Bei akuten Durchfällen sollten Sie den Darm nicht überstrapazieren. Essen Sie möglichst ein bis zwei Tage leicht Verdauliches, z.B. eine Hafer- oder Reisschleimsuppe, etwas Zwieback oder einen geriebenen Apfel.

Kartoffelbrei (ohne Milch) ist ebenfalls gut bekömmlich. Salzstangen sind gut verdaulich und ein willkommener Salzlieferant.

▶ Abhilfe durch stopfende Lebensmittel wie Heidelbeeren oder Bananen ist nicht unbedingt notwendig. Der Sinn des Durchfalls besteht ja in erster Linie darin, den schnellen Abtransport von Schadstoffen aus dem Körper zu ermöglichen.

▶ Nach dem Abklingen des Durchfalls eine Zeit lang auf Schokolade und andere Süßigkeiten verzichten.

▶ Trinken ist das A und O bei Durchfällen. Cola (ohne Süßstoff) und schwarzer Tee mit etwas Zucker sind bewährte Durchfallmittel. Leicht gesüßte Kamillen-, Melissen oder Hagebuttentees wirken ebenfalls beruhigend auf den Darm.

▶ Mineralwasser ist ein idealer Flüssigkeits- und Mineralstofflieferant. Allerdings sollte es bei Magen- und Darmstörungen ohne Kohlensäure und zimmerwarm getrunken werden.

▶ In der Aufbauphase empfiehlt sich die Leichte Vollkost, damit sich der Darm allmählich wieder an seine eigentlichen Aufgaben gewöhnen kann.

Ist der Durchfall von Schmerzen begleitet, verschaffen Ruhe und Wärme Linderung. Legen Sie sich eine Wärmflasche auf den Bauch. Das Wasser sollte nicht zu heiß sein, sondern so, dass es Ihnen angenehm ist. Auch warme Bauchwickel sind zu empfehlen.

Zöliakie

Bei der Zöliakie bzw. Sprue handelt es sich um eine Allergie gegen das Getreideeiweiß Gluten, welches in Weizen, Roggen, Hafer, Gerste, Grünkern und Dinkel enthalten ist. Gluten lässt Teig aus Getreidemehl und Wasser aufquellen und sorgt für ein gutes »Gerüst« beim Backen. Aufgrund seiner Fähigkeit, Wasser zu binden, wird Gluten in vielen Lebensmitteln zum Binden und Gelieren von Flüssigkeiten eingesetzt.
In der Regel wird Gluten fast unverdaut wieder ausgeschieden. Einige Menschen leiden jedoch an einer Glutenunverträglichkeit, die genetisch bedingt ist. Die Darmzotten werden zerstört, wodurch eine optimale Verdauung verhindert wird. Es kommt zu Mangelsymptomen, die sich bei den Betroffenen in einem allgemeinen Krankheitsgefühl mit Müdigkeit, Nervosität, Appetitlosigkeit und Gewichtsabnahme niederschlagen. Durchfall, Blähungen, Verstopfung oder Übelkeit sind weitere Symptome.
Eine Zöliakie kann nicht mit Leichter Vollkost behandelt werden. Um die Krankheit in den Griff zu bekommen, muss auf Gluteneiweiß vollständig verzichtet werden. Sinnvolle Alternativen sind Reis, Mais, Hirse, Buchweizen, Amaranth, Quinoa, Sesam oder Sojabohnen, aus denen sich ebenfalls schmackhafte Gerichte herstellen lassen.

Blähungen

- Gasbildung im Darm
- Aufgeblähter Bauch
- Druckgefühl im Magen

Wenn Sie sich nach dem Essen an der frischen Luft bewegen, kann die Luft aus dem Magen besser entweichen. Auch regelmäßige sportliche Betätigung wirkt sich bei Blähungen günstig aus: Der Blutkreislauf wird gefördert, wodurch sich auch der Gasaustausch verbessert.

Grundsätzlich sind Blähungen kein Grund zur Besorgnis, sondern eher ein lästiges Übel, sofern keine ernsthaften Erkrankungen die Verursacher sind. Blähungen werden meist durch einen hohen Anteil an unverdaulichen Kohlenhydraten (z. B. wasserlösliche Ballaststoffe), die vor allem in Kohlgemüse und Hülsenfrüchten vorkommen, ausgelöst. Für den Abbau von Kohlenhydraten wie Stachyose und Raffinose stehen im menschlichen Verdauungsapparat keine Enzyme zur Verfügung. Sie gelangen unverdaut in den Dickdarm und werden dort von Darmbakterien unter Gasbildung zerlegt.

Die für das Auftreten der Blähungen verantwortlichen Darmgase können auch durch Schlucken von Luft (z. B. bei hastigem Essen) oder kohlensäurehaltige Getränke gebildet werden. Wenn die Nahrung aufgrund einer Magenschleimhautentzündung, Pankreatitis oder anderer Störungen des Magen-Darm-Traktes nicht richtig verdaut werden kann, sind ebenfalls Blähungen möglich. Häufig sind sie, ebenso wie Durchfall, ein Anzeichen für bestimmte Lebensmittelunverträglichkeiten, beispielsweise eine Laktoseintoleranz.

Ernährungstipps

▶ Generell gilt: Erlaubt ist, was vertragen wird. Wenn Sie empfindlich reagieren, sollten Sie jedoch blähende Lebensmittel wie Hülsenfrüchte und Kohl meiden, und stille Mineralwässer ohne oder mit wenig Kohlensäure bevorzugen.

▶ Zwiebeln, Lauchgemüse, frisches Brot, Rohkostgemüse sowie grobkerniges Vollkornbrot führen bei manchen Menschen ebenfalls häufig zu Blähungen. Finden Sie selbst heraus, welche Lebensmittel bei Ihnen Blähungen verursachen, und reduzieren Sie deren Verwendung.

▶ Fenchel, Anis- und Kümmeltee oder ein Gemisch aus allen drei Tees haben sich bei akuten Blähungen bewährt.

▶ Die blähungshemmenden Wirkungen des Kümmels werden häufig bei der Zubereitung gastreibender Speisen genutzt. Gedünstetes Weißkohlgemüse, Wirsing und Sauerkraut werden beispielsweise meist mit Kümmel gewürzt.

58

Reizdarm

- **Dünndarm: Verdauungsstörungen (Blähungen, fettiger Stuhl, Unverträglichkeit von Speisen)**
- **Dickdarm: krampfartige Schmerzen, Stuhlunregelmäßigkeiten**

Das Krankheitsbild des Reizdarms ist geprägt von Bauchschmerzen sowie einem Wechsel von Verstopfung, Durchfall und Blähungen. Diese Störungen werden in erster Linie durch psychische Faktoren wie z. B. Stress, Ängste oder Überanstrengung ausgelöst. Der Körper rebelliert gegen die seelische Überforderung mit einem gereizten Darm. Organische Störungen liegen bei einem Reizdarm in der Regel nicht vor, dennoch sollte zur Klärung ein Arzt aufgesucht werden.

Bei einem Reizdarm ist es vor allem wichtig, das seelische Gleichgewicht wieder zu finden. Ruhe, Erholung und Wärme helfen dem Darm, sich zu beruhigen. Auch Entspannungsübungen aus dem Yoga oder Meditationen haben sich bewährt. Kaffee, alkoholische Getränke, Milch, rohes Obst, gebratene Speisen oder eine zu fettreiche Ernährung können den Darm ebenfalls reizen. Lebensmittel mit einem hohen Anteil an Fruchtzucker und Sorbit wie Apfel- und Birnensaft oder mit Fruchtzucker gesüßte Getränke lösen häufig Krämpfe im Darm aus.

Die wirksamste Ernährungstherapie besteht darin, unverträgliche Lebensmittel zu meiden, und entspricht somit den Prinzipien der Leichten Vollkost.

Unter Beschwerden, die auf einen Reizdarm deuten, leiden rund 15 bis 20 Prozent der Frauen und fünf bis zehn Prozent der Männer. Beim Reizdarm handelt es sich um eine funktionelle Störung, d. h. es sind keinerlei krankhafte Veränderungen festzustellen.

Ernährungstipps

▶ Finden Sie heraus, welche Lebensmittel bei Ihnen zu Unverträglichkeiten und Verdauungsproblemen führen (siehe Seite 52ff.).

▶ Ernähren Sie sich vollwertig, und trinken Sie viel.

▶ Nehmen Sie sich ausreichend Zeit zum Essen.

▶ Meiden Sie aufputschende Genussmittel wie Kaffee, schwarzen Tee, koffeinhaltige Getränke und Zigaretten.

Laktoseintoleranz

Das Fehlen des Enzyms Laktase (ein Disaccharid), das für die Spaltung von Milchzucker (Laktose) zuständig ist, führt beim Verzehr von Milch und Milchprodukten zu einer überhöhten Milchzuckeransammlung im Darm. Durchfall und Blähungen sind die Folge. Der Betroffene muss weitgehend auf Milch- und Milchprodukte verzichten.

Morbus Crohn und Colitis ulcerosa

- Wässrige, blutige und schleimige Durchfälle
- Schmerzen im Darm
- Mangelerscheinungen

Morbus Crohn und Colitis ulcerosa sind entzündliche Darmerkrankungen, die meist chronisch verlaufen und selbst nach medikamentöser Heilung häufig wiederkehren. Die Betroffenen sind oft in ihrer Lebensweise eingeschränkt und leiden besonders psychisch unter den Symptomen.

Während die Colitis ulcerosa ausschließlich den Dickdarm befällt, können die Entzündungen bei Morbus Crohn den gesamten Verdauungstrakt (von der Speiseröhre bis in den Enddarm) betreffen. Beide Erkrankungen zeichnen sich durch starke Entzündungen der Schleimhaut aus. Bei Morbus Crohn sind schmerzhafte Fisteln und Schleimhautrisse, bei Colitis ulcerosa Geschwürbildungen mit Blutungen die Folge. Weiterhin können die Entzündungen zu Narbenbildung mit starken Schmerzen und Stenosen (Verengungen) führen. Die Symptome werden von Durchfällen begleitet. Diese sind oft wässrig, blutig, schleimig und langwierig, Mangelerscheinungen mit Gewichtsabnahme und allgemeinem Krankheitsgefühl lassen nicht lange auf sich warten. Beide Darmerkrankungen sind nicht ansteckend. In der Hauptsache sind Menschen um die Dreißig von Morbus Crohn bzw. Colitis ulcerosa betroffen.

Genetische und emotionale Ursachen

Bei der Entstehung spielen sehr wahrscheinlich mehrere Faktoren zusammen, eine alleinige Ursache ist bislang nicht bekannt. Morbus Crohn und Colitis ulcerosa sind auf Veranlagung, Stress, psychische Probleme, Gefühlsschwankungen, möglicherweise auch auf den Einfluss von Viren und Bakterien zurückzuführen. Das Immunsystem des Darms ist herabgesetzt, wodurch sich die Empfindlichkeit gegenüber zahlreichen Krankheitserregern erhöht. Inwieweit die Ernährung eine Rolle spielt, ist nicht geklärt. Dennoch konnten Wissenschaftler zumindest feststellen, dass Kuhmilcheiweiß von den meisten Erkrankten nicht gut vertragen wird.

Während der akuten, von Durchfällen begleiteten Phase, empfiehlt sich eine ballaststoffarme, vitamin- und eiweißreiche Ernährung mit ausreichender Flüssigkeitszufuhr. Dann kann je nach Beschwerdebild in den meisten Fällen zur Leichten Vollkost mit normalem Ballaststoffanteil übergegangen werden. Sind bereits Verengungen des Darms durch Narbenbildung entstanden, löst jedoch eine hohe Zufuhr an Ballaststoffen häufig Schmerzen aus.

Mitunter kommt es sowohl bei Colitis ulcerosa als auch bei Morbus Crohn zu entzündlichen Veränderungen in anderen Organen. Auch die Gelenkinnenhäute können betroffen sein, was zu Rückenschmerzen sowie schmerzenden Arm- und Beingelenken führt.

Ernährungstipps

▶ Belasten Sie Ihren Darm nicht mit schwer verdaulichen Lebensmitteln. Halten Sie sich an die Regeln der Leichten Vollkost.

▶ Meiden Sie Zucker und zuckerreiche Lebensmittel. Ein Zusammenhang zwischen chronisch entzündlichen Darmerkrankungen und Zucker wird bereits seit längerem vermutet.

▶ Wenn Sie Kuhmilch nicht vertragen, sollten Sie Produkte aus Soja-, Ziegen- oder Schafsmilch bevorzugen.

▶ Achten Sie auf eine vitaminreiche Ernährung, und trinken Sie reichlich.

Da entzündliche Darmerkrankungen sehr häufig eine psychische Komponente haben, können psychotherapeutische Maßnahmen viel bewirken. Auch gibt es die Möglichkeit, sich in einer Selbsthilfegruppe zu engagieren. Der Gedanken- und Erfahrungsaustausch mit Betroffenen kann zu einer wichtigen Stütze werden.

Den Darm stärken

Eine gesunde Lebensweise mit vollwertiger Ernährung, ausreichender Bewegung und maßvollem Genussmittelumgang kräftigen den Darm und helfen ihm, mit schädlichen Einflüssen zurechtzukommen. Ruhe und Entspannung sind weitere wichtige Komponenten für ein gestärktes Immunsystem.

Pilze im Darm

- **Juckende, nässende Erkrankungen in Mund, Scheide und After**
- **Vermutet, aber nicht nachgewiesen:**

Allergien, Gemütsschwankungen, Übergewicht, Kopfschmerzen, Migräne, Verstopfung

Erst in jüngster Zeit begann man damit, Pilze im Darm als Ursache für zahlreiche Störungen zu betrachten. Allergien, Gemütsschwankungen, Übergewicht, Kopfschmerzen, Migräne, Verstopfung sind nur einige der zahlreichen Krankheitssymptome, die angeblich auch auf eine übermäßige Pilzbesiedelung im Darm zurückzuführen sind. Konkrete Nachweise konnten jedoch bisher nicht erbracht werden.

Hefepilze sind nicht nur im Darm, sondern nahezu überall zu finden: im Mund, auf der Haut und den Schleimhäuten. Erst bei Störungen der natürlichen Mikroflora im Darm können sich Pilze ungehindert vermehren. Häufig vorkommende Hefepilzerkrankungen sind juckende, nässende Erkrankungen der Haut sowie Mund- und Scheidensoor. Gefährlich werden die Pilze, wenn sie aufgrund einer Abwehrschwäche in die Blutbahn gelangen und sich in Organen ausbreiten. Dort lösen sie möglicherweise schlimme Infektionen aus.

Begünstigung des Pilzwachstums

Pilze fühlen sich in säurearmer und warmer Umgebung wohl. Erhalten sie zudem ihren Hauptnährstoff Zucker, vermehren sie sich besonders gut. Begünstigt wird das Pilzwachstum außerdem durch die Einnahme von Medikamenten wie Antibiotika, Säureblockern oder Hormonpräparaten. Medikamente gegen Pilzbefall helfen häufig nur kurzfristig, wenn nicht gleichzeitig die Lebensumstände geändert werden. Vernünftige Ernährung, Stärkung der Darmflora, viel Bewegung und ausreichend Ruhe kräftigen das Abwehrsystem und verhindern ein Ungleichgewicht im Darm.

Ernährungstipps

▶ Meiden Sie stark gesüßte Lebensmittel und Getränke.

▶ Helles Mehl und die Produkte daraus enthalten wenig Ballaststoffe, dafür leicht verdauliche, pilzfördernde Zucker. Wählen Sie »kernige« Alternativen.

▶ Stärken Sie Ihre Darmflora mit milchsäurereichen Lebensmitteln wie Joghurt, Dickmilch, Kefir oder Sauerkraut.

Unspezifische Nahrungsmittelintoleranzen

- **Blähungen, Völle- und Druckgefühl im Magen, Durchfall**
- **Übelkeit, allgemeines Unbehagen**
- **Durchfall**

Im Gegensatz zu Zöliakie oder Milchzuckerunverträglichkeit (siehe Seite 57 und 59) werden die Symptome einer unspezifischen Nahrungsmittelintoleranz nicht von einem bestimmten Lebensmittel ausgelöst. Vielmehr können unterschiedliche Lebensmittel Blähungen, Übelkeit, Durchfälle und allgemeines Unwohlsein auslösen.

Leichte Vollkost verschafft Linderung

Hülsenfrüchte, gewürztes Fleisch, warmes Brot, Kaffee, schwarzer Tee, Kohlgemüse, Bananen, Rosinen sowie Apfel-, Weintrauben-, Grapefruit- und Pflaumensaft führen u. a. zu einer erheblichen Mehrproduktion an Gasen. Auch der Zuckeraustauschstoff Sorbit, der in einigen Obstsorten enthalten ist, kann zu Durchfällen und Magenschmerzen führen. Welche Lebensmittel genau für die Verdauungsstörungen verantwortlich sind, lässt sich nicht beantworten. Jeder Mensch reagiert verschieden, auch in Abhängigkeit von Tagesform und persönlicher Verfassung.

Aufgrund einer Befragung von Personen, die unter nebenstehenden Symptomen litten, wurde eine Liste der Lebensmittel erstellt, die am häufigsten zu Beschwerden führen. Sie ähnelt der Ausschlussliste der Leichten Vollkost sehr (siehe Seite 11). Die Ernährung nach den Prinzipien der Leichten Vollkost bietet sich also an.

Ernährungstipps

▶ Saure Obstsäfte wie Apfel-, Weintrauben-, Grapefruit- und Pflaumensaft führen häufig zu Störungen im Verdauungstrakt.
Bananen und Rosinen können ebenfalls Auslöser für unspezifische Nahrungsmittelintoleranzen sein.

▶ Es empfiehlt sich, besonders Kohlgemüse, Hülsenfrüchte, warmes Brot, Kaffee und schwarzen Tee auf ihre Verträglichkeit zu prüfen.

Milchsäurebakterien als Darmhelfer

Gestillte Säuglinge, die über die Muttermilch infektionsverhütende Abwehrstoffe sowie große Mengen an Milchsäurebakterien aufnehmen, weisen eine deutlich niedrigere Infektionsrate auf als Kinder, die nicht gestillt werden.

Bereits Anfang des 20. Jahrhunderts wurde diskutiert, ob lebende Milchsäurebakterien, wie sie in sauren Milchprodukten vorkommen, Krankheiten vorbeugen bzw. heilen können. Heute wird ihre Wirksamkeit nicht mehr angezweifelt, und man findet zahlreiche Produkte mit den so genannten probiotischen Helfern.

Verbesserung der Milchzuckerverträglichkeit

Viele Menschen klagen nach dem Genuss von Milch über Blähungen oder Durchfall. Die Ursache liegt in einer Unverträglichkeit von Milchzucker, der im Darm nicht aufgespalten werden kann, weil das dafür zuständige Enzym – die Laktase – nicht ausreichend vorhanden ist. Die lebenden Milchsäurebakterien sorgen hier für Ausgleich, da sie selbst Laktase enthalten und somit die Funktion des fehlenden Enzyms übernehmen.

Günstige Beeinflussung von Darminfektionen

Milchsäurebakterien sorgen für eine gesunde Darmflora. Sie verdrängen schädliche Keime wie beispielsweise Salmonellen und Kolibakterien, die u. a. für Durchfallerkrankungen verantwortlich sind.
Auch Pilze werden in dem sauren Milieu in ihrem Wachstum gehindert, so dass viele durch den Pilz Candida albicans erkrankte Personen bei hoher Zufuhr von Milchsäurebakterien beschwerdefrei werden.

Steigerung der Immunkräfte

Milchsäurebakterien erhöhen die Widerstandskraft unseres Immunsystems. Bei Erwachsenen, die regelmäßig, d. h. täglich milchsaure Produkte verzehren, konnte eindeutig ein Anstieg an Immunstoffen nachgewiesen werden.

Die Leichte Vollkost in der Praxis

Eine der schonendsten Zubereitungsformen ist das Dämpfen. Es hält das Gemüse knackig und bewahrt die Vitamine und Mineralstoffe darin.

In den nächsten Kapiteln erfahren Sie, wie die Leichte Vollkost konkret aussieht, d.h. wie sich ihre Prinzipien in der Küche umsetzen lassen. Sie werden viele Rezepte für schmackhafte, gesunde und gut bekömmliche Gerichte finden, für Suppen, Saucen und Salate ebenso wie für leichte Haupt- und Nachspeisen und für kleine Zwischenmahlzeiten.

Der Einstieg in eine gesündere Ernährungsweise ist eine gute Gelegenheit, die Küche ein bisschen aufzuräumen. Sortieren Sie Ihre Vorräte durch, und trennen Sie sich von alt gewordenen Trockenkräutern und Gewürzen, die jedes Aroma verloren haben. So schaffen Sie Platz für Neues.

Küchentechnische Verfahren

Für die Gesundheit ist es wichtig, frische, qualitativ hochwertige und möglichst naturbelassene oder wenig verarbeitete Lebensmittel einzukaufen. Ebenso wichtig sind die richtige Verarbeitung und Zubereitung. Es geht dabei darum, alle wertvollen Inhaltsstoffe so weit wie möglich zu erhalten. Um das zu gewährleisten, steht eine Reihe schonender Verfahren zur Verfügung.

Wenn die wichtigsten Regeln beachtet werden, können Sie davon ausgehen, über Ihre Ernährung genügend Nährstoffe zu sich zu nehmen, ja mehr als das: Sie erzielen sogar einen kleinen Überschuss an Vitaminen und Mineralstoffen. Und eine Ernährung, die mit Fetten sparsam umgeht, ist nicht nur im Rahmen der Leichten Vollkost sinnvoll, sie beugt auch Krankheiten wie Arteriosklerose vor.

Tipps für die nährstoffschonende Vor- und Zubereitung

• Entfernen Sie beim Putzen und Schälen von Obst und Gemüse nur das Notwendigste.

• Zerkleinern Sie Obst und Gemüse nicht zu sehr, und bereiten Sie Salat, Gemüse und Obst erst kurz vor dem Verzehr zu, um Vitamine und Mineralstoffe zu erhalten.

• Waschen Sie Ihr Obst und Gemüse möglichst unzerkleinert, nicht zu ausgiebig, aber dennoch gründlich – zu langes Wässern schwemmt die Mineralstoffe aus. Um mögliche Rückstände von Pflanzenschutzmitteln oder Schwermetallen zu entfernen, hat sich die Gemüsebürste bewährt.

• Essen Sie Gemüse häufiger roh, z. B. mit einem Quarkdip.

• Halten Sie die vorgeschriebenen Garzeiten ein, zu langes Kochen schadet den Nährstoffen.

• Dünsten Sie Gemüse in wenig Wasser.

• Wählen Sie zum Kochen und Braten Butterschmalz oder Pflanzenfette, für Salat sind vor allem hochwertige Pflanzenöle wie Sonnenblumenöl, Maiskeimöl, Sojaöl oder Olivenöl geeignet.

• Grillen Sie kein gepökeltes Fleisch oder gepökelte Wurstwaren. Es entstehen schädliche Nitrite.

• Halten Sie zubereitete Speisen nur bis zu 15 Minuten warm.

• Gut geeignet zum schonenden Garen sind Schnellkochtöpfe, Dampfgeräte und Töpfe mit Dämpfeinsatz. Sie tragen dazu bei, die Nährstoffe weitestgehend zu erhalten.

Tipps für die fettarme Zubereitung

• Reiben Sie Ihre Pfanne mit einem ölbetupften (ein Teelöffel Öl) Papiertuch ein, oder verwenden Sie eine beschichtete Pfanne zum Anbraten von Fleisch etc.

• Entfernen Sie das sichtbare Fett von Fleisch, Geflügel oder Schinken vollständig.

• Wählen Sie Garverfahren, bei denen Lebensmittel im eigenen Saft zubereitet werden können (z. B. Braten in wenig Fett, Backen in der Folie, Dünsten, Dämpfen).

• Legen Sie Fleisch statt in Öl beispielsweise in Buttermilch ein. Auch dadurch wird es zart.

• Genießen Sie Ihr Schnitzel »natur«, also ohne Panade.

• Verdünnen Sie Sahnesaucen mit fettarmer Milch, oder versuchen Sie andere Varianten, beispielsweise Sauce aus Buttermilch.

• Verzichten Sie bei Salatmarinaden öfter ganz auf Öl bzw. Sahne, und verwenden Sie stattdessen Joghurt oder auch Gemüsebrühe.

• Schöpfen Sie sichtbare Fetttröpfchen von erkalteten Saucen, Suppen oder Eintöpfen ab.

• Lassen Sie die Mehlschwitze an Gemüse oder Suppen weg, und genießen Sie ohne zusätzliche Kohlenhydrate.

Vergessen Sie neben schonend und fettarm Gegartem die Rohkost nicht. Wenn Sie Salat und Obst aus der Hand essen, genießen Sie alle Nährstoffe unverfälscht. Machen Sie es sich zur Gewohnheit, zu jeder warmen Mahlzeit etwas Frisches zu sich zu nehmen. Bemessen Sie die Gemüsemengen beim Einkauf etwas großzügiger – dann können Sie während der Zubereitung einen kleinen Teil roh naschen.

Nahrungsmittel auf einen Blick

	Empfehlenswert	Nach individueller Verträglichkeit
Milch, Milch-produkte, Eier	Fettarme Milch und Milchprodukte (Trinkmilch, Joghurt, Kefir, Milchmixgetränke, Kakao, Sauer-rahm, Sauermilch, Kondensmilch, Quark, Buttermilch, Frischkäse); Schmelz-, Schnitt- und Weichkäse-sorten bis 30% F.i.Tr.; Sauermilch-käsesorten (Kochkäse, Harzerkäse); weich gekochte Eier, Rührei, Omelett	Fettreiche Milch- und Milchprodukte (Vollmilch, Sahnequark, Sahne, Voll-milchjoghurt, Sahne-Dickmilch etc.); Schmelz-, Schnitt- und Weichkäse-sorten über 30% F.i.Tr.; gereifte pikante Käsesorten; hartgekochte Eier, Rührei mit Speck, Spiegelei, Eiersalate
Brot, Gebäck	Fein geschrotete Vollkornprodukte; Mischbrot; Vollkorntoast; Vollkorn-brötchen; Brötchen/Baguette; Knäckebrot; Zwieback, Biskuit; fett-armer Kuchen, z.B. Sandkuchen	Frisches Brot; grobes Vollkornbrot; sehr frisches Hefegebäck; stark getoastetes Weißbrot; Pumpernickel; süßes und fettreiches Gebäck (Sahne- und Cremetorten, Blätterteig, Mürbe-teig, fettes Hefegebäck, Schmalz-gebackenes, Waffeln)
Kartoffeln, Nährmittel	Pell- und Salzkartoffeln; Kartoffeln in Folie gegart; Kartoffelbrei, Kartoffel-püree; Kartoffelklöße; Weizenmehl; Haferflocken, Hafermehl; Reis, Teig-waren, Grünkern; Speisestärke	Bratkartoffeln; Schweizer Rösti; Kartoffelpuffer; Pommes frites; Kartoffelbällchen; Müslimischungen; Dessertpulver
Gemüse, Hülsenfrüchte	Fast alle Gemüsesorten (Ausnahmen siehe rechte Spalte); gedünstetes, ge-dämpftes Gemüse; Salate aus gegar-tem oder blanchiertem Gemüse, fett-arm zubereitet, z.B. mit Joghurt	Grob blähende Gemüse, z.B. Hülsen-früchte, Rotkohl, Weißkohl, Rosen-kohl, Grünkohl, Zwiebeln, Pilze (außer Champignons), Paprika-schoten, Rettich; Sauerkonserven, z.B. Essiggemüse, Sauerkraut; in Fett ausgebackenes Gemüse im Teig; Gemüserohkostsalate mit fettreichen Saucen; Sojabohnen und Sojaproduk-te, z.B. Tofu
Fleisch, Wurstwaren	Fettarme Fleischsorten (bevorzugt Muskelfleisch), z.B. von Kalb, Rind, Huhn, Schwein, Kaninchen, Wild, Lamm; gedünstetes, gegrilltes, ge-schmortes und gekochtes Fleisch; fettarme Koch- und Brühwürste; gekochter Schinken (ohne Fettrand), Fleischsülzen	Fettreiche Fleischsorten, z.B. Bauch-fleisch vom Schwein, durchwachsene Fleischstücke; scharf angebratenes, paniertes Fleisch; Wurstsorten mit hohem Fettgehalt; geräuchertes und gepökeltes Fleisch/Wurst, z.B. Räu-cherspeck, Kasseler; Fleisch-, Wurst-, Geflügelsalate, fettreich zubereitet

Nahrungsmittel auf einen Blick

	Empfehlenswert	Nach individueller Verträglichkeit
Obst	Rohe und tiefgefrorene Früchte (Ausnahmen siehe rechte Spalte), bevorzugt ausgereifte Früchte, z. B. Äpfel oder leicht verdauliche Sorten, z. B. Bananen, Erdbeeren, Himbeeren; Fruchtmus, z. B. Apfelmus; Obstkompotte oder Obstkonserven (auch von Steinobst), leicht gezuckert, Obstsüßspeisen (Kaltschalen, Grützen)	Unreifes, besonders hartschaliges, rohes Stein- und Kernobst; rohes Obst mit reichlich Fruchtsäure, z. B. Johannisbeeren, Stachelbeeren; rohes Steinobst, z. B. Pflaumen, Pfirsiche, Kirschen
Fisch, Krustentiere	Fettarme Fischsorten (gedünstet, gekocht, gegrillt), z. B. Forelle, Kabeljau, Rotbarsch, Seelachs, Schellfisch, Scholle	Fettreiche Fischsorten (geräuchert, gepökelt, gebraten), z. B. Aal, Bückling, Sprotten, Schillerlocken; panierte Fischgerichte; Fischkonserven in Öl oder fetthaltigen Marinaden, z. B. Ölsardinen, Sahne- und Mayonnaisesaucen; Krabben, Shrimps
Fette, Öle	Butter, Margarine; hochwertige Pflanzenöle	Speck, Schmalz, Talg; Mayonnaise, Remoulade; Kokosfett, Palmfett; Kakaobutter, Erdnussbutter; gebräunte Butter
Kräuter, Gewürze	Frische, tiefgefrorene oder getrocknete Küchenkräuter; alle Gewürze (Ausnahmen siehe rechte Spalte)	Scharfe Gewürze, z. B. Chili, Peperoni, Senf, Knoblauch, Meerrettich, Ingwer, scharfer Pfeffer
Nüsse, Samen	Leinsamen, Kürbiskerne, Sesam, Sonnenblumenkerne	Nusskerne, Mandeln, Kokosnüsse in größeren Mengen (mehr als 50 Gramm)
Süßes	Haushaltszucker, Traubenzucker, Kandis, Honig; Süßwaren mit niedrigem Fettgehalt; Gelee, Konfitüre	Süßigkeiten mit hohem Fettgehalt, z. B. Nougat, Marzipan, Pralinen, Schokolade; Speiseeis
Getränke	Obstsäfte von säurearmen Früchten; Gemüsesäfte aus Tomaten oder Möhren; kohlensäurefreie und kohlensäurearme Mineralwässer; Kräuter- und Früchtetees; Milchkaffee/Malzkaffee; entkoffeinierter Bohnenkaffee, magenfreundlicher Kaffee	Stark kohlensäurehaltige, gezuckerte Getränke, z. B. Limonaden, Colagetränke; stark kohlensäurehaltige Wässer; eisgekühlte Getränke; Fruchtsaftgetränke; scharf gewürzte Gemüsemischsäfte; Bohnenkaffee; schwarzer Tee; alkoholhaltige Getränke

Leichte Küche
in der Praxis

Sie haben nun viel über die Funktion, das Zusammenspiel und die Erkrankungen der einzelnen Verdauungsorgane erfahren. Dieser Teil des Buches verbindet Theorie und die Praxis der täglichen Ernährung. Es liegt in Ihren Händen – ein Arzt wird die Einzelheiten weder genau beschreiben, noch kontrollieren können. Sie verantworten sowohl Auswahl, Menge, Zubereitung und Essenssituation, als auch die Konsequenzen etwaiger Fehler.

Der folgende Rezeptteil ist kein Spezialdiätenplan. Er bietet eine große Auswahl an möglichen Gerichten, die Ihnen Ihre auferlegte Diät angenehm werden lassen soll. Zudem zeigt er Ansätze und Hilfestellungen zur schrittweisen dauerhaften Ernährungsumstellung auf. Grundsätzlich sollten Sie sich immer wieder bewusst machen, was Sie in welcher Menge gegessen, und wie Sie es vertragen haben.

Denn Ziel ist es, über den Umgang mit Nahrung die Einstellung zum eigenen Körperbefinden zu verändern.

Frühstück

Beginnen Sie den Tag nicht mit einer Tasse Kaffee zwischen Tür und Angel. Ein leichtes Frühstück in Ruhe genossen wird Ihnen Ihr Magen danken.

Brot mit Aprikosencreme

Für 2 Portionen

40 g getrocknete Aprikosen • 50 ml Orangensaft
2 EL Haselnüsse • Honig
2 Scheiben Vollkornbrot
I TL Butter • Zitronenmelisse zum Garnieren

Pro Portion:
kJ/kcal 1114/267
Eiweiß 6 g, Fett 10 g
Kohlenhydrate 34 g
Ballaststoffe 8 g
Cholesterin 8 mg

1 Die Aprikosen etwa 30 Minuten im Orangensaft quellen lassen und dann pürieren.

2 Die Haselnüsse grob hacken, mit der Aprikosenmasse mischen und nach Geschmack mit etwas Honig süßen.

3 Die Brotscheiben mit Butter und Aprikosencreme bestreichen. Mit der Zitronenmelisse garnieren.

Frischer Erdbeerjoghurt

Für 2 Portionen

250 g Naturjoghurt • abgeriebene Schale von I unbehandelten Zitrone
I EL Zucker • I TL Vanillezucker
200 g Erdbeeren • 2 EL Haferflocken
2 TL gehackte Walnüsse

Pro Portion:
kJ/kcal 962/230
Eiweiß 8 g, Fett 7 g
Kohlenhydrate 29 g
Ballaststoffe 3 g
Cholesterin 15 mg

1 Den Joghurt mit etwas Zitronenschale, Zucker und dem Vanillezucker verrühren.

2 Die Erdbeeren putzen, waschen, vierteln und unter den Joghurt heben.

3 Den Erdbeerjoghurt in zwei Schälchen füllen.

4 Die Haferflocken mit den gehackten Walnüssen locker vermischen und über den Erdbeerjoghurt streuen.

Baguette mit Radieschenfrischkäse

Für 2 Portionen

180 g körniger Frischkäse • 2 EL Magerquark

2 EL gehackte Kräuter (Schnittlauch, Petersilie, Basilikum)

Jodsalz • Pfeffer aus der Mühle • 2 Minibaguettes

1 Bund Radieschen • 1/2 Schale Kresse

1 Den Frischkäse mit Quark und den fein gehackten Kräutern verrühren. Mit Jodsalz und Pfeffer abschmecken.

2 Baguettes in der Mitte längs halbieren, alle 4 Hälften mit der Frischkäsemasse bestreichen.

3 Die Radieschen putzen, waschen, trocknen und in Scheiben schneiden. Die Baguettes mit den Radieschenscheiben belegen.

4 Die Kresse mit der Schere abschneiden, waschen, trocknen und die Baguettes damit garnieren.

Pro Portion:
kJ/kcal 1083/259
Eiweiß 19 g, Fett 4 g
Kohlenhydrate 32 g
Ballaststoffe 2 g
Cholesterin 13 mg

Info: Mit den modernen Anbau- und Transportmethoden sind Radieschen mittlerweile ganzjährig frisch erhältlich. Da sie schnell welk werden, sollten sie möglichst gleich nach der Ernte verzehrt werden. Bei Freilandradieschen ist der typische, scharf-würzige Geschmack, für den das enthaltene Allylsenföl verantwortlich ist, deutlich stärker ausgeprägt.

Sättigende Köstlichkeit, die für einen guten Start in den Tag sorgt und alles beinhaltet, was nötig ist – Getreide, Milch und Früchte.

71

Radieschenquark auf Vollkornbrot

Für 2 Portionen

| 100 g Magerquark • 2 EL fettarme Milch • Kräutersalz |
| Pfeffer aus der Mühle • 1 Bund Radieschen |
| 4 Scheiben Roggenvollkornbrot • 1 TL Butter • 1 EL Schnittlauchröllchen |

Pro Portion:
kJ/kcal 1204/288
Eiweiß 15 g, Fett 5 g
Kohlenhydrate 42 g
Ballaststoffe 12 g
Cholesterin 10 mg

1 Den Magerquark mit der Milch glatt rühren, mit etwas Kräutersalz und Pfeffer aus der Mühle würzen.

2 Die Radieschen putzen, waschen, trocknen, raspeln und unter den Quark mischen. Mit Kräutersalz und Pfeffer aus der Mühle abschmecken.

3 Die Brotscheiben zuerst mit Butter, dann mit dem Radieschenquark bestreichen und mit Schnittlauchröllchen bestreuen.

Varianten: Quark lässt sich nicht nur mit Radieschen kombinieren, eine Vielzahl an Zutaten ist dafür geeignet. Kräuterquark z. B. erfreut sich großer Beliebtheit. Neben den bekannteren Varianten mit Petersilie, Schnittlauch, Dill, Zitronenmelisse und Kresse eignen sich auch Löwenzahn, Brennnessel und Sauerampfer und sorgen für interessante Abwechslung. Es sollten aber nur ganz junge Blätter dieser Pflanzen verwendet werden. Ebenfalls geeignet sind Rucolasalat, Rauke und Brunnenkresse für etwas mildere Geschmacksveränderungen.

Süßes Quarkbrot mit Trockenfrüchten

Für 2 Portionen

| 60 g getrocknete Feigen • 40 g getrocknete Aprikosen |
| 20 g geriebene Haselnüsse |
| 120 g Magerquark • 1 TL Honig |
| 4 Scheiben Roggenvollkornbrot • 1 TL Butter |

Pro Portion:
kJ/kcal 2057/492
Eiweiß 19 g, Fett 11 g
Kohlenhydrate 71 g
Ballaststoffe 17 g
Cholesterin 9 mg

1 Die Feigen etwa 30 Minuten in etwas warmem Wasser quellen lassen. Die Feigen mit den Aprikosen fein hacken.

2 Die geriebenen Haselnüsse zusammen mit dem Magerquark unter die vorbereiteten Früchte mischen. Nach Geschmack mit etwas Honig süßen.

3 Die Brote mit Butter bestreichen und dann mit dem Fruchtquark bedecken.

Brötchen mit Camembert

Für 2 Portionen

2 Brötchen • 1 TL Butter
4 Kopfsalatblätter
120 g Camembert • 2 kleinere Tomaten

1 Die Brötchen aufschneiden und die Hälften gleichmäßig mit der Butter bestreichen.

2 Die Salatblätter waschen, trocknen und auf die Brötchenhälften legen.

3 Den Camembert in sehr dünne Scheiben schneiden und auf die Salatblätter verteilen.

4 Die Tomaten waschen, in Scheiben schneiden und die Brötchen damit garnieren.

Pro Portion:
kJ/kcal 1541/368
Eiweiß 17 g, Fett 19 g
Kohlenhydrate 28 g
Ballaststoffe 3 g
Cholesterin 51 mg

Honigmüsli mit Orangen und Kiwi

Für 2 Portionen

80 g grobe Haferflocken • 1–2 EL Honig
120 g Joghurt • 100 g Kiwi
1 Orange • 1 EL geröstete Kürbiskerne

1 Die Haferflocken mit dem Honig unter den Joghurt rühren und etwa 10 Minuten quellen lassen.

2 Inzwischen die Kiwis schälen und das Fruchtfleisch klein würfeln. Die Schale von der Orange herunterschneiden, die Filets mit einem scharfen Messer aus den Zwischenhäuten herauslösen und vierteln. Zusammen mit den Kiwiwürfeln unter das Honigmüsli rühren.

3 Das Müsli mit den Kürbiskernen garnieren.

Pro Portion:
kJ/kcal 1227/294
Eiweiß 11 g, Fett 8 g
Kohlenhydrate 40 g
Ballaststoffe 6 g
Cholesterin 7 mg

Info: Mit der Kombination von Kiwi und Orange bekommen Sie schon eine gute Grundlage an wichtigen Inhaltsstoffen, die Sie für den Tag benötigen. Die Kiwi besticht durch ihren extrem hohen Vitamin-C-Gehalt, stärkt damit die Abwehrkräfte des Körpers und fördert die Konzentrationsfähigkeit. Die ebenfalls enthaltene Proleolytsäure hilft, das Cholesterin im menschlichen Körper abzubauen und die Blutzirkulation zu verbessern. Die Orange trägt ebenfalls zur Deckung des Vitamin-C-Bedarfs bei und bietet des Weiteren Vitamin A und einige Vitamine der B-Gruppe. Beide Früchte sind gut bekömmlich, wirken leicht harntreibend und fördern eine problemlose Verdauung.

Hirse-Melonen-Müsli

Für 2 Portionen

60 g Hirse • 200 ml Mineralwasser • 1 EL Rosinen
120 g Dickmilch • 1 EL Sanddornsaft
200 g Wassermelone • einige Walnüsse

Pro Portion:
kJ/kcal 828/198
Eiweiß 6 g, Fett 4 g
Kohlenhydrate 33 g
Ballaststoffe 4 g
Cholesterin 8 mg

1 Die Hirse zuerst mit kaltem, dann mit warmem Wasser waschen. Mit dem Mineralwasser erhitzen und bei schwacher Hitze etwa 10 Minuten zugedeckt kochen lassen.

2 Die Rosinen waschen und zur Hirse geben. Beides auf der ausgeschalteten Herdplatte weitere 10 Minuten quellen lassen.

3 Inzwischen die Dickmilch mit dem Sanddornsaft verrühren.

4 Das Melonenfruchtfleisch entkernen, in kleine Würfel schneiden und unter die Dickmilch heben.

5 Die Hirse mit einer Gabel auflockern, mit den Walnüssen vermischen und zur Dickmilch anrichten.

Info: Obwohl Hirse von allen Getreidesorten die härteste ist, allerdings auch die mit den kleinsten Körnern, hat sie nur eine kurze Garzeit und muss vorher nicht eingeweicht werden. Lange Zeit in Vergessenheit geraten, gewinnt sie in den letzten Jahren wieder an Bekanntheit, was sie wahrscheinlich ihrem Reichtum an Mineralstoffen und Spurenelementen wie Magnesium und Eisen und der Tatsache, dass sie leicht verdaulich und kleberfrei ist, zu verdanken hat.

Haferflocken mit Mango

Für 2 Portionen

80 g Haferflocken • 1/8 l fettarme Milch
150 g Mango • 40 g Haselnüsse
1 TL Honig

Pro Portion:
kJ/kcal 1401/335
Eiweiß 11 g, Fett 16 g
Kohlenhydrate 44 g
Ballaststoffe 5 g
Cholesterin 3 mg

1 Die Haferflocken in der Pfanne ohne Fettzugabe hell anrösten, in einer Schüssel mit Milch mischen.

2 Die Mango schälen, das Fruchtfleisch am Kern entlang ablösen und in kleine Würfel schneiden.

3 Die Haferflocken mit den Fruchtwürfeln und den gehackten Haselnüssen mischen, mit Honig süßen.

Vollkornbrot mit pikant angemachtem Hüttenkäse

Für 2 Portionen

150 g Hüttenkäse • 2 EL Gurkenwürfel
1 EL frische Kresse • 1 TL gehackte Petersilie
Jodsalz • Pfeffer aus der Mühle
1 Messerspitze Paprikapulver (edelsüß)
2 Scheiben Vollkornbrot • 1 TL Butter

1 Den Hüttenkäse mit den geschälten Gurkenwürfeln, etwas Kresse und gehackter Petersilie vermischen. Mit Jodsalz, Pfeffer aus der Mühle und Paprikapulver pikant abschmecken.

2 Die Vollkornbrotscheiben dünn mit Butter bestreichen und den pikant angemachten Hüttenkäse gleichmäßig darauf verteilen. Mit der restlichen frischen Kresse garnieren.

Pro Portion:
kJ/kcal 1020/244
Eiweiß 14 g, Fett 7 g
Kohlenhydrate 23 g
Ballaststoffe 4 g
Cholesterin 19 mg

Sonnenblumenbrot mit Mandelbutter und Fruchtaufstrich

Für 2 Portionen

20 g gehackte Mandeln • 40 g Butter • 1 TL Waldhonig
1 Birne • 60 g frische Himbeeren
Zitronensaft • Kardamom
gemahlener Piment • 1 TL Blütenhonig
2 Scheiben Sonnenblumenbrot

1 Die Mandeln in einer Pfanne ohne Fettzugabe rösten und abkühlen lassen.

2 Die Butter schaumig rühren, mit den gerösteten Mandeln und Waldhonig mischen.

3 Die Birne schälen, das Kerngehäuse entfernen, das Fruchtfleisch in kleine Stücke schneiden und zusammen mit den Himbeeren mit einem Mixer pürieren. Das Fruchtpüree mit Zitronensaft, Kardamom und Piment würzen; mit Blütenhonig süßen.

4 Die Brote mit der Mandelbutter und dem Fruchtpüree bestreichen.

Pro Portion:
kJ/kcal 1622/388
Eiweiß 6 g, Fett 23 g
Kohlenhydrate 34 g
Ballaststoffe 8 g
Cholesterin 48 mg

Variante: Es können anstatt der Mandeln Pinienkerne verwendet und die Birnen durch Aprikosen ersetzt werden.

Gemüsefrischkost mit Knäckebrot

Für 2 Portionen

4 Scheiben Vollkornknäckebrot • I TL Butter
2 EL saure Sahne • Zitronensaft nach Geschmack
Jodsalz • Pfeffer aus der Mühle
80 g Möhren • 80 g Kohlrabi • 2 EL Weizenkeimlinge
Zitronenmelisse zum Garnieren

Pro Portion:
kJ/kcal 778/186
Eiweiß 8 g, Fett 6 g
Kohlenhydrate 22 g
Ballaststoffe 7 g
Cholesterin 14 mg

1 Die Knäckebrote mit Butter bestreichen.

2 Die saure Sahne mit etwas Zitronensaft verrühren und mit Jodsalz und Pfeffer aus der Mühle würzen.

3 Die Möhren und den Kohlrabi putzen, schälen, fein in die saure Sahne reiben und alles gut mischen.

4 Mit Jodsalz und Pfeffer nochmals abschmecken und sofort auf den Knäckebroten verteilen.

5 Weizenkeimlinge waschen, trocknen und auf die Brote streuen. Mit Zitronenmelisse garnieren.

Variante: Ersetzen Sie die saure Sahne durch Joghurt oder die nährstoffreiche Buttermilch.

Wenn Sie Ananas oder Kiwis mit Milchprodukten kombinieren, mischen Sie die Zutaten kurz vor dem Verzehr. Beide Früchte enthalten das eiweißzersetzende Enzym Bromelain, das Milch und Milchprodukte zum Gerinnen bringt.

Kleines Müslifrühstück

Für 2 Portionen

---

60 g Flockenmüsli • 200 g Buttermilch

1 Äpfel • 4 EL fettarmer Joghurt

---

1 Das Müsli mit der Buttermilch mischen und etwa 15 Minuten quellen lassen.

2 Die Äpfel schälen, vierteln und entkernen. Das Fruchtfleisch in feine Würfel schneiden. Die Obststückchen mit dem Joghurt zum Müsli geben und gut durchmischen.

Pro Portion:
kJ/kcal 815/195
Eiweiß 8 g, Fett 5 g
Kohlenhydrate 27 g
Ballaststoffe 3 g
Cholesterin 5 mg

Frühstücksbrot

Für 2 Portionen

---

2 Salatblätter • 2 Scheiben Vollkornbrot

1 TL Butter • 2 Scheiben fettarmer Käse

2 Scheiben fettarme Truthahnwurst

---

1 Die Salatblätter waschen. Das Vollkornbrot mit Butter bestreichen, mit Salatblättern, Käse und Truthahnwurst belegen.

Pro Portion:
kJ/kcal 989/236
Eiweiß 12 g, Fett 10 g
Kohlenhydrate 21 g
Ballaststoffe 4 g
Cholesterin 34 mg

Ananasfrischkäse mit Keimlingen

Für 2 Portionen

---

200 g Ananasfruchtfleisch • 80 g körniger Frischkäse

1 TL Waldhonig • 80 g Dinkelkeimlinge

20 g gehackte Mandeln

---

1 Die Ananas am unteren Ende begradigen, an den Blättern festhalten und von oben nach unten mit dem Messer abschälen. Die Frucht der Länge nach halbieren, vierteln und den holzigen Kern ausschneiden.

2 Das Fruchtfleisch in Würfel von 1 Zentimeter Seitenlänge schneiden und mit dem Frischkäse mischen. Mit Waldhonig süßen. Den Ananasfrischkäse auf zwei Tellern anrichten.

3 Die Dinkelkeimlinge waschen, gründlich abtropfen lassen und zusammen mit den gehackten Mandeln über den Ananasfrischkäse streuen.

Pro Portion:
kJ/kcal 1338/320
Eiweiß 11 g, Fett 8 g
Kohlenhydrate 47 g
Ballaststoffe 3 g
Cholesterin 6 mg

Ogenmelone mit Blauschimmelkäse

Für 2 Portionen

Pro Portion:
kJ/kcal 552/132
Eiweiß 6 g, Fett 7 g
Kohlenhydrate 9 g
Ballaststoffe 2 g
Cholesterin 13 mg

1 kleine Ogenmelone (ca. 300 g) • 40 g Blauschimmelkäse
eingelegte Pfefferkörner zum Garnieren
4 schwarze Oliven • 1 Pfefferminzzweig

1 Die Melone halbieren, mit einem Löffel entkernen. Das Fruchtfleisch mit einem Kugelausstecher herauslösen und auf zwei Teller verteilen.

2 Den Blauschimmelkäse in kleine Würfel schneiden und über die Melonenkugeln verteilen. Mit Pfefferkörnern, entkernten Oliven und Pfefferminze garnieren.

Variante: Sollten Sie keinen Kugelausstecher haben, können Sie die Melone auch vierteln, entkernen und das Fruchtfleisch von der Schale schneiden. Längs in dünne Scheiben schneiden, fächerartig auf den Tellern anrichten und die Käsewürfel am spitzen Ende des Fächers darauf geben.

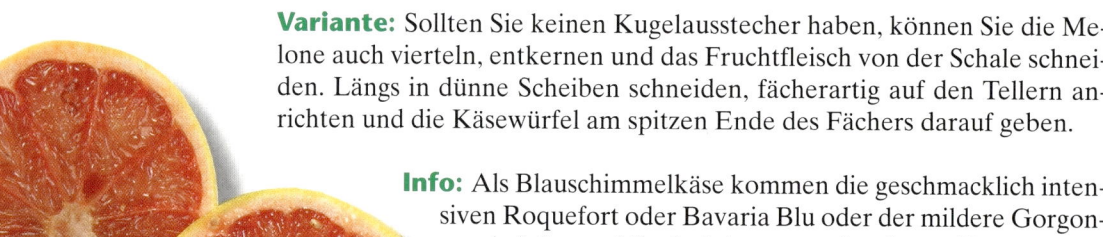

Info: Als Blauschimmelkäse kommen die geschmacklich intensiven Roquefort oder Bavaria Blu oder der mildere Gorgonzola infrage. Alle drei Arten werden den vollfetten Käsesorten zugerechnet. Roquefort, der vielfach als der König unter den Käsesorten bezeichnet wird, stammt aus dem gleichnamigen Ort im französischen Causse-Gebiet. Er wird aus Schafsmilch hergestellt und traditionell in Felshöhlen gelagert. Blauschimmelkäse reifen durch innere Schimmelbildung. Dieser Schimmel verleiht ihnen den scharfen, durchdringenden Geschmack sowie die blaugrünen Adern oder Sprenkel.

Rosa Grapefruitfilets mit Dattelmus

Für 2 Portionen

Pro Portion:
kJ/kcal 941/225
Eiweiß 4 g, Fett 2 g
Kohlenhydrate 42 g
Ballaststoffe 6 g
Cholesterin 0 mg

6 getrocknete Datteln • 2 EL Mineralwasser
2 EL gehackte Walnüsse • Honig • 2 rosa Grapefruits
Himbeeren zum Garnieren

1 Die Datteln entkernen, mit dem Mineralwasser in eine Schale geben und mit dem Mixer pürieren. Die Walnüsse unter das Mus mischen, mit wenig Honig süßen.

2 Die Grapefruits halbieren und mit einem Löffel das Fruchtfleisch herauslösen. Auf zwei Teller verteilen. Das Dattelmus und die Himbeeren darauf geben.

Kokosquark mit Bananen und Äpfeln

Für 2 Portionen

1 Banane • 1 Apfel
1 EL Kokosraspeln • 160 g Speisequark
2 EL Milch • 1 Päckchen Vanillezucker

1 Die Banane schälen und in Scheiben schneiden. Den Apfel schälen, vierteln, entkernen und ebenfalls in Scheiben schneiden. Die Früchte mit den Kokosraspeln mischen.

2 Quark und Milch glatt rühren, mit Vanillezucker abschmecken.

3 Die Früchte in den Quark geben und in zwei Schälchen portionieren.

Pro Portion:
kJ/kcal 1240/296
Eiweiß 9 g, Fett 14 g
Kohlenhydrate 30 g
Ballaststoffe 5 g
Cholesterin 17 mg

Sesamhörnchen mit Schinken

Für 2 Portionen

2 Sesamhörnchen • 2 TL Butter
80 g gekochter Schinken • 2 EL Kresse

1 Die Sesamhörnchen halbieren, mit Butter bestreichen und mit gekochtem Schinken belegen.

2 Die Kresse waschen und trocknen. Die Schinkenhörnchen damit bestreuen.

Pro Portion:
kJ/kcal 1110/266
Eiweiß 12 g, Fett 12 g
Kohlenhydrate 24 g
Ballaststoffe 1 g
Cholesterin 52 mg

Mandarinen-Dickmilch-Müsli

Für 2 Portionen

4 Mandarinen • 200 g Dickmilch
60 g Vollkornmüsli • 1 TL Waldhonig
2 TL Sonnenblumenkerne • Zitronenmelisse zum Garnieren

Pro Portion:
kJ/kcal 1344/322
Eiweiß 10 g, Fett 10 g
Kohlenhydrate 42 g
Ballaststoffe 6 g
Cholesterin 13 mg

1 Die Mandarinen schälen, das Fruchtfleisch filetieren, mit Dickmilch und Vollkornmüsli verrühren und mit Honig süßen.

2 Die Sonnenblumenkerne in einer Pfanne ohne Fettzugabe leicht bräunen und auskühlen lassen.

3 Das Mandarinenmüsli in zwei Schälchen füllen und mit den gerösteten Sonnenblumenkernen bestreuen.

4 Die Zitronenmelisse waschen, in feine Streifen schneiden und über das Müsli geben.

Weizen-Apfel-Müsli

Für 2 Portionen

Pro Portion:
kJ/kcal 1240/296
Eiweiß 8 g, Fett 6 g
Kohlenhydrate 46 g
Ballaststoffe 8 g
Cholesterin 9 mg

60 g getrocknete Apfelringe
60 g grob geschroteter Weizen
200 ml Mineralwasser • 125 g Joghurt
1 Apfel • Zitronensaft nach Geschmack
1 TL Waldhonig • 20 g gehackte Walnüsse

1 Die Apfelringe in kleine Stücke schneiden, mit dem Getreide im Mineralwasser über Nacht quellen lassen.

2 Getreide und Apfelstücke unter den Joghurt mischen.

3 Den Apfel schälen, das Fruchtfleisch grob raspeln und sofort unter das Müsli mischen.

4 Das Müsli mit etwas Zitronensaft und Honig abschmecken und mit den Nüssen garnieren.

Variante: Viele Liebhaber von Müsli schwören auf Ihre ganz persönliche Kombination. Eine Vielzahl von Alternativen bietet sich an. Anstatt der Weizenflocken können auch andere Getreideflocken, wie Hafer, Hirse oder Buchweizen, verwendet werden. Sowohl das Trocken- als auch das Frischobst kann variiert werden. Rosinen, getrocknete Aprikosen und frische Birnen passen ausgezeichnet. Das Ganze kann dann noch mit Sesamsamen, Sonnenblumen- oder Kürbiskernen und verschiedenen Nussarten angereichert und mit Milch, Joghurt, Quark oder Buttermilch abgerundet werden.

Erdbeeren und Bananen in Buttermilch

Für 2 Portionen

200 g Erdbeeren • 1 Banane
125 g Buttermilch
1 TL Honig • 80 g Weizenkeimlinge

Pro Portion:
kJ/kcal 1171/280
Eiweiß 14 g, Fett 4 g
Kohlenhydrate 41 g
Ballaststoffe 9 g
Cholesterin 2 mg

1 Die Erdbeeren putzen, waschen und halbieren, sehr große Früchte vierteln. Die Banane schälen, das Fruchtfleisch in dünne Scheiben schneiden und zusammen mit den Erdbeeren unter die Buttermilch ziehen. Mit dem Honig süßen.

2 Die Weizenkeimlinge gut waschen, abtropfen lassen und über die Buttermilch streuen.

Beeren mit Frischkäse und Buchweizenflocken

Für 2 Portionen

40 g Buchweizenflocken • 1 getrocknete Aprikose
80 g körniger Frischkäse
1 TL Honig • 60 g Rote oder Schwarze Johannisbeeren
100 g Himbeeren • Zitronenmelisse zum Garnieren

1 Die Buchweizenflocken in einer Pfanne ohne Fettzugabe leicht bräunen.

2 Inzwischen die Aprikose klein hacken, mit dem Frischkäse mischen und mit etwas Honig süßen.

Die Mischung auf zwei Teller verteilen, mit Beeren und Zitronenmelisse garnieren und den etwas abgekühlten Buchweizenflocken bestreuen.

Pro Portion:
kJ/kcal 742/177
Eiweiß 9 g, Fett 2 g
Kohlenhydrate 27 g
Ballaststoffe 7 g
Cholesterin 6 mg

Info: Buchweizen ist keine Getreideart, sondern ein Knöterichgewächs. Seine Samenkörner werden aber wie Getreide verarbeitet. Er wirkt sich positiv auf die Entgiftung des Körpers und die Bildung roter Blutkörperchen aus. Er wird als Körner, Flocken und Mehl angeboten.

Würziges Tomaten-Ei-Brot

Für 2 Portionen

2 Eier • 2 Salatblätter
2 Scheiben Vollkornbrot • 1 EL Kräuterfrischkäse
1 Tomate • Pfeffer aus der Mühle
Jodsalz • 2 Sardellenfilets

1 Die Eier in 10 Minuten hart kochen, kalt abschrecken, pellen und in Scheiben schneiden.

2 Die Salatblätter waschen und trocknen.

3 Die Brote dünn mit Kräuterfrischkäse bestreichen und mit je 1 Salatblatt belegen.

4 Die Tomaten waschen, in Scheiben schneiden und im Wechsel mit den Eierscheiben dachziegelartig auf die Brote legen.

5 Die Brote mit etwas Jodsalz und Pfeffer aus der Mühle würzen.

6 Die Sardellenfilets klein hacken und über die Brote streuen.

Pro Portion:
kJ/kcal 1564/374
Eiweiß 37 g, Fett 11 g
Kohlenhydrate 23 g
Ballaststoffe 6 g
Cholesterin 258 mg

Zwischenmahlzeiten

Die moderne Ernährung geht davon aus, dass es gesünder ist, mehrere kleinere Mahlzeiten über den Tag verteilt zu sich zu nehmen. Meistens wird von fünf Mahlzeiten pro Tag gesprochen, manchmal sogar von bis zu sieben. Zwar ist etwas mehr Aufwand damit verbunden, aber kleinere Mengen belasten die Verdauung weit weniger und die größere Anzahl sorgt für mehr Abwechslung.

Bandnudelsalat mit Gemüsestreifen

Für 2 Portionen

80 g Zucchini • 80 g Möhren • 80 g Lauch
80 g Bandnudeln • 80 g milder Edelpilzkäse
100 g Naturjoghurt • 2 EL Olivenöl
Jodsalz • Pfeffer aus der Mühle

Pro Portion:
kJ/kcal 1827/437
Eiweiß 18 g, Fett 23 g
Kohlenhydrate 34 g
Ballaststoffe 5 g
Cholesterin 68 mg

1 Das Gemüse waschen und putzen. Zucchini und Möhren längs in dünne Scheiben hobeln, beide Gemüse sowie den Lauch in bandnudelbreite Streifen schneiden.

2 Reichlich Wasser aufkochen lassen. Das Gemüse hineingeben, 5 Minuten blanchieren, eiskalt abschrecken und sehr gut abtropfen lassen.

3 Die Bandnudeln in reichlich Salzwasser nach Packungsanleitung bissfest kochen, in ein Sieb abgießen, 1 Minute unter kaltem Wasser abkühlen und abtropfen lassen.

4 Inzwischen den Edelpilzkäse zusammen mit Joghurt und Olivenöl glatt pürieren, mit Jodsalz und Pfeffer würzen.

5 Die Nudeln mit den Gemüsestreifen mischen und mit dem Dressing anmachen. Mit Jodsalz und Pfeffer nochmals abschmecken.

Spaghetti mit Rauke

Für 2 Portionen

---

50 g Raukesalat • 1 kleine Zwiebel

1 Knoblauchzehe • Jodsalz • Pfeffer aus der Mühle

200 g Spaghetti • 2 EL Olivenöl

2 TL geriebener Parmesankäse

Pro Portion:
kJ/kcal 2222/531
Eiweiß 16 g, Fett 13 g
Kohlenhydrate 81 g
Ballaststoffe 4 g
Cholesterin 98 mg

1 Den Raukesalat waschen, große Stiele abschneiden, den Salat abtropfen lassen und große Blätter in schmale Streifen schneiden.

2 Die Zwiebel und die Knoblauchzehe abziehen und fein würfeln bzw. hacken. Beides in einem großen Topf in Olivenöl bei mittlerer Hitze unter Rühren anbraten.

3 Inzwischen die Spaghetti in reichlich Salzwasser nach Packungsanleitung bissfest kochen.

4 Die fertigen Nudeln in ein Sieb gießen, kurz abtropfen lassen und mit dem Raukesalat in den Topf mit Zwiebeln und Knoblauch geben; mit Jodsalz und Pfeffer abschmecken. Alles gut mischen und mit Parmesankäse bestreuen.

Info: Nach dem Siegeszug des Rucolasalates gewinnt ein naher Verwandter aus dem südlichen Mitteleuropa und den Mittelmeerländern in letzter Zeit an Bekanntheit – die Rauke. Von diesem Salat werden vor allem die jungen Blätter verwendet, die einen angenehm kräftigen bis scharfen Geschmack haben.

Forellenfilet auf Weißbrot

Für 2 Portionen

---

4 Salatblätter

4 Scheiben Weißbrot • 1 TL Butter

2 Forellenfilets, à 120 g • 2 TL Crème fraîche

1 TL geriebener Meerrettich

---

1 Die Salatblätter waschen und trocknen.

2 Das Weißbrot mit etwas Butter bestreichen und mit den Salatblättern belegen.

3 Von den Forellenfilets die Haut abziehen. Die Filets halbieren.

4 Crème fraîche mit Meerrettich verrühren und auf den Forellenfilets verteilen.

Pro Portion:
kJ/kcal 1398/334
Eiweiß 32 g, Fett 8 g
Kohlenhydrate 27 g
Ballaststoffe 2 g
Cholesterin 45 mg

Bananen-Schinken-Sandwich

Für 2 Portionen

3 Scheiben Vollkorntoast • 2 Salatblätter
2 TL Crème fraîche • 2 Scheiben gekochter Schinken
1 Banane • Currypulver nach Geschmack

Pro Portion:
kJ/kcal 1238/296
Eiweiß 12 g, Fett 7 g
Kohlenhydrate 41 g
Ballaststoffe 8 g
Cholesterin 29 mg

1 Den Vollkorntoast hell toasten.

2 Die Salatblätter waschen und trocknen.

3 2 Scheiben Toast mit jeweils 1 Teelöffel Crème fraîche bestreichen und mit je 1 Salatblatt und Schinkenscheibe belegen.

4 Die Banane schälen, das Fruchtfleisch in Scheiben schneiden, auf den Schinken legen und mit Curry bestäuben.

5 Die beiden belegten Scheiben aufeinander stapeln, mit dem dritten Toast abdecken und diagonal durchschneiden.

Varianten: Weitere Möglichkeiten, Ihr Sandwich schmackhaft und abwechslungsreich zu belegen, sind z. B. eine Kombination von Birnenscheiben mit wenig Gorgonzola oder Camembert. Eine pikante Variante ist Parmaschinken mit getrockneten Tomaten und Rucolasalat.

Gefülltes Fladenbrot

Für 2 Portionen

2 Salatblätter • 60 g Gouda • 1 Tomate
1 kleine Zwiebel • 2 EL saure Sahne
Jodsalz • Pfeffer aus der Mühle
1 Pitafladenbrot (100 g)

Pro Portion:
kJ/kcal 1133/271
Eiweiß 12 g, Fett 9 g
Kohlenhydrate 30 g
Ballaststoffe 2 g
Cholesterin 24 mg

1 Die Salatblätter waschen und trocknen.

2 Den Käse und die Salatblätter in Streifen schneiden. Tomate in Scheiben schneiden. Zwiebel abziehen und würfeln.

3 Die saure Sahne in einer kleinen Schüs-

sel zu einer Creme verschlagen, mit Salz und Pfeffer würzen.

4 Das Fladenbrot am Rand auf einer Länge von ungefähr 10 Zentimeter einschneiden und zu einer Tasche öffnen. Käse, Salat, Tomate und Zwiebel abwechselnd mit der Sauerrahmcreme einfüllen.

5 Brot halbieren und auf zwei Tellern anrichten.

Maissalat mit Vollkornbrot

Für 2 Portionen

40 g Blattsalat • I Tomate
60 g Maiskörner (I kleine Dose)
4 schwarze, entkernte Oliven • I TL Keimöl • I EL Essig
I TL scharfer Senf • Jodsalz • Pfeffer aus der Mühle
2 Scheiben Vollkornbrot

1 Den Blattsalat waschen und in einer Salatschleuder trocknen. Salatblätter in kleinere Stücke zupfen. Die Tomate waschen und achteln.

2 Salat und Tomatenstücke in eine Schüssel füllen und mit Maiskörnern und Oliven mischen.

3 Keimöl mit Essig, Senf und 2 Esslöffeln Wasser verrühren, salzen und pfeffern. Das Dressing über den Salat gießen und etwas durchziehen lassen. Den Salat auf zwei Tellern verteilen. Dazu das Vollkornbrot reichen.

Pro Portion:
kJ/kcal 936/224
Eiweiß 7 g, Fett 5 g
Kohlenhydrate 34 g
Ballaststoffe 8 g
Cholesterin 0 mg

Roastbeefröllchen

Für 2 Portionen

1/2 Schale Kresse • I Becher Joghurt
Jodsalz • Pfeffer aus der Mühle • 2 Scheiben Vollkornbrot
120 g Stangenspargel (Dose)
6 Scheiben Roastbeef • I Tomate

1 Die Kresse mit einer Schere abschneiden, waschen, trocknen, mit dem Joghurt verrühren, mit Jodsalz und Pfeffer abschmecken. Mit 2 Esslöffeln der Mischung die Vollkornbrote bestreichen.

2 Die Spargelstangen abtropfen lassen, halbieren und in die Roast-beefscheiben einrollen. Die Röllchen auf den Broten anrichten.

3 Den Stielansatz der Tomate herausschneiden. Die Tomate halbieren, entkernen, fein würfeln, unter die restliche Kresse-Joghurt-Mischung heben und zu den Broten reichen.

Pro Portion:
kJ/kcal 1267/303
Eiweiß 23 g, Fett 7 g
Kohlenhydrate 31 g
Ballaststoffe 8 g
Cholesterin 46 mg

Tipp: Wenn Sie Ihr Roastbeef selbst zubereiten, müssen Sie besonders darauf achten, das Fleisch nicht zu lange zu braten. Der ideale Garpunkt ist erreicht, wenn das Roastbeef eine Kerntemperatur von 65 bis 70 °C hat. Sie können das mit einem Fleischthermometer oder nach einiger Erfahrung auch mit einem Fingerdruck überprüfen.

Pumpernickel mit Tatar

Für 2 Portionen

1 kleine rote Zwiebel • 200 g Tatar (mageres, geschabtes Rindfleisch)
Jodsalz • Pfeffer aus der Mühle
30 g Gewürzgurken • 8 Pumpernickelscheiben
2 TL Crème fraîche • 1 TL Butterschmalz

Pro Portion:
kJ/kcal 1906/456
Eiweiß 31 g, Fett 11 g
Kohlenhydrate 50 g
Ballaststoffe 13 g
Cholesterin 74 mg

1 Die Zwiebel abziehen und fein würfeln.

2 Das Tatar mit Jodsalz und Pfeffer aus der Mühle würzen, die Zwiebelwürfel mit einer Gabel untermischen.

3 Die Gewürzgurken ebenfalls in feine Würfel schneiden, zur Tatar-Zwiebel-Masse geben und darunter mischen.

4 Alle Pumpernickelscheiben mit Crème fraîche bestreichen. Das Tatar gleichmäßig auf den Brotscheiben verteilen.

5 Die Tatarbrote in erhitztem Butterschmalz kurz anbraten.

Varianten: Außer mit Zwiebel- und Gewürzgurkenwürfeln kann Tatar zusätzlich mit gehackten Kapern und Sardellenfilets oder einem mit etwas Dijonsenf verrührten Eigelb angemacht und mit gehackter Petersilie gewürzt werden.
Eine besondere Alternative ist Tatar aus Lachsfilet. Das Filet wird mit einem scharfen Messer fein gehackt und mit Schalottenwürfeln, Zitronensaft, Olivenöl, Dill, Jodsalz und Pfeffer vermischt. Der Lachs muss allerdings sehr frisch sein.

Schinkenbrot

Für 2 Portionen

2 Salatblätter • 2 Scheiben Vollkornbrot
2 TL Crème fraîche • 2 Scheiben Lachsschinken
2 Scheiben gekochter Schinken • 2 kleine Essiggurken

Pro Portion:
kJ/kcal 1601/383
Eiweiß 13 g, Fett 23 g
Kohlenhydrate 25 g
Ballaststoffe 5 g
Cholesterin 50 mg

1 Die Salatblätter waschen und trocknen.

2 Das Vollkornbrot mit Crème fraîche bestreichen und mit den Salatblättern belegen. Je 1 Scheibe Lachsschinken und 1 Scheibe gekochten Schinken einrollen und auf 1 Brot legen.

3 Die Essiggurken der Länge nach halbieren und fächerartig einschneiden. Die Schinkenbrote damit garnieren.

Putensalat

Für 2 Portionen

160 g gekochte Putenbrust • 2 Mandarinen
1 kleine Möhre • 4 Walnusshälften • 100 g Naturjoghurt
Jodsalz • Pfeffer aus der Mühle
Currypulver nach Geschmack • 2 Scheiben Vollkorntoast

1 Die Putenbrust in Würfel schneiden.

2 Die Mandarinen in Spalten teilen. Die Möhre raffeln oder mit einem Buntmesser in dünne Scheiben schneiden.

3 Die Walnüsse nach Belieben grob hacken oder im Ganzen mit den vorbereiteten Zutaten vermischen.

4 Den Joghurt mit Jodsalz, Pfeffer aus der Mühle und Curry abschmecken und über den Salat gießen.

5 Das Brot toasten und dazu servieren.

Pro Portion:
kJ/kcal 1290/308
Eiweiß 23 g, Fett 8 g
Kohlenhydrate 29 g
Ballaststoffe 3 g
Cholesterin 72 mg

Info: Putenfleisch überzeugt nicht nur im Geschmack, sondern auch durch seine Inhaltsstoffe: Es ist reich an Eiweiß, den Vitaminen B1 und B2 sowie an den Mineralstoffen Eisen und Zink. Aufgrung seines geringen Fettgehalts ist es leicht verdaulich und deswegen für die Leichte Küche besonders zu empfehlen.

Putensandwich

Für 2 Portionen

1 Kiwi • 1 große Tomate • 2 Salatblätter
3 Vollkorntoastscheiben • 2 TL Butter
80 g geräucherter Putenbrustaufschnitt • 80 g Edamer

1 Die Kiwi und die Tomate in Scheiben schneiden. Die Salatblätter waschen und trocknen.

2 Die Brotscheiben toasten. 2 Toastscheiben mit Butter bestreichen. Die beiden Scheiben mit je 1 Salatblatt belegen. Putenbrustaufschnitt, Edamer, Tomatenscheiben und Kiwischeiben gleichmäßig darauf verteilen. Die beiden belegten Toastscheiben übereinander stapeln und mit dem restlichen Toastbrot abdecken. Das Sandwich leicht zusammendrücken und diagonal halbieren.

Pro Portion:
kJ/kcal 1840/440
Eiweiß 27 g, Fett 15 g
Kohlenhydrate 40 g
Ballaststoffe 5 g
Cholesterin 57 mg

Krabben in Dilldressing

Für 2 Portionen

1 EL gehackter Dill • 4 EL saure Sahne • 2 EL Milch • Jodsalz
Pfeffer aus der Mühle • 100 g Spargelstangen (Dose) • 25 g Cornichons
100 g Nordseekrabbenfleisch • 4 Salatblätter • 1 Tomate
120 g Baguettebrot • 2 TL Butter

Pro Portion:
kJ/kcal 1425/341
Eiweiß 17 g, Fett 11 g
Kohlenhydrate 37 g
Ballaststoffe 3 g
Cholesterin 111 mg

1 Den Dill waschen, trocknen und fein hacken.

2 Die saure Sahne mit Milch und Dill verrühren, nach Belieben mit Jodsalz und Pfeffer aus der Mühle abschmecken.

3 Die Spargelstangen in Stücke schneiden. Cornichons würfeln. Spargel, Cornichons und das Krabbenfleisch unter das Dilldressing heben.

4 Die Salatblätter waschen und trocknen. Die Tomate waschen, trocknen und in Scheiben schneiden. Den Stielansatz dabei entfernen.

5 Eine Schüssel mit Salatblättern auslegen. Den Krabbencocktail auf den Salatblättern anrichten und mit den Tomatenscheiben garnieren.

6 Das Baguettebrot mit Butter bestreichen und dazu reichen.

Forellenfilet mit Tomaten-Apfel-Salat

Für 2 Portionen

1 Tomate • 1/2 Apfel
2 geräucherte Forellenfilets, à 120 g • 60 g Feldsalat
2 EL saure Sahne • 3 EL Apfelsaft • Jodsalz
Pfeffer aus der Mühle • Zucker

Pro Portion:
kJ/kcal 840/201
Eiweiß 29 g, Fett 4 g
Kohlenhydrate 8 g
Ballaststoffe 3 g
Cholesterin 83 mg

1 Die Tomaten waschen, halbieren und in Scheiben schneiden. Den Apfel waschen, schälen, vierteln, entkernen und das Fruchtfleisch in kleine Würfel schneiden.

2 Von den beiden Forellenfilets die Haut abziehen und die Filets auf zwei Teller verteilen.

3 Den Feldsalat putzen, gut waschen und trocknen.

4 Die saure Sahne mit Apfelsaft verrühren, mit Jodsalz, Pfeffer aus der Mühle und wenig Zucker süßsauer abschmecken.

5 Tomatenscheiben und Apfelwürfel vermengen und mit dem Sahnedressing anmachen. Anschließend den Feldsalat vorsichtig unterheben. Den Tomaten-Apfel-Salat neben den Forellenfilets auf den Tellern anrichten.

Tomatentortilla

Für 2 Portionen

2 Kartoffeln • 1/2 Zwiebel • 2 EL Keimöl
Jodsalz • gemahlener weißer Pfeffer • 2 Fleischtomaten
1 EL frisch gehackte Petersilie • 2 Eier

1 Die Kartoffeln waschen, schälen und in möglichst dünne Scheiben hobeln.

2 Die Zwiebel abziehen und in feine Würfel schneiden. Die Zwiebelwürfel in erhitztem Öl bei mittlerer Hitze glasig anbraten.

3 Bei schwacher Hitze die Kartoffelscheiben nebeneinander in der Pfanne verteilen. Mit Jodsalz und weißem Pfeffer würzen. Unter häufigem Wenden in etwa 10 Minuten weich braten.

4 Die Tomaten mit kochendem Wasser überbrühen, abziehen und in Scheiben schneiden. Die Petersilie waschen, trocknen und fein hacken.

5 Die Eier verquirlen, über die Kartoffeln gießen und die Pfanne schwenken, um die Masse zu verteilen. Die Tomatenscheiben darauf legen. Die Eier bei schwacher Hitze in etwa 15 Minuten stocken lassen. Die Tortilla halbieren, auf zwei Teller verteilen und mit der Petersilie bestreuen.

Pro Portion:
kJ/kcal 1200/287
Eiweiß 11 g, Fett 17 g
Kohlenhydrate 18 g
Ballaststoffe 5 g
Cholesterin 240 mg

Zwar benötigt man etwas mehr Zeit für diese Krabbenkomposition, aber der Aufwand lohnt.

Gemüsewaffeln

Für 2 Portionen

1 kleiner Kohlrabi • 1 Möhre • 60 g Lauch
1 Bund frische Petersilie • 120 g Weizenvollkornmehl
1/8 l Milch • 4 EL Sahne • 1 Ei
Jodsalz • gemahlener weißer Pfeffer
2 EL Rapsöl zum Ausbacken

Pro Portion:
kJ/kcal 1990/476
Eiweiß 15 g, Fett 23 g
Kohlenhydrate 45 g
Ballaststoffe 8 g
Cholesterin 149 mg

1 Den Kohlrabi und die Möhre waschen, schälen und auf der Gemüsereibe fein reiben.

2 Den Lauch putzen, längs bis zum Wurzelansatz einschneiden und waschen. Den Lauch quer in dünne Streifen teilen und dabei etwa 2/3 des Lauchgrüns mitverwenden. Die zerkleinerten Gemüse in ein Küchentuch geben und die Flüssigkeit vollständig auspressen.

3 Das Bund Petersilie waschen, trockentupfen, die Blätter abzupfen und fein hacken.

4 Das Weizenvollkornmehl mit der Milch, der Sahne, dem Ei, dem vorbereiteten Gemüse und der Petersilie verrühren. Die Masse mit Jodsalz und weißem Pfeffer würzen. Jeweils 2 bis 3 Esslöffel Teig in das erhitzte, mit Rapsöl gefettete Waffeleisen geben und jede Waffel etwa 3 Minuten backen.

Gefüllte Tomaten

Für 2 Portionen

2 Tomaten • 120 g Geflügelmortadella (Stück) • 80 g Gewürzgurken
2 TL Frischkäse • 1/2 Bund frische Petersilie
Jodsalz • Pfeffer aus der Mühle

Pro Portion:
kJ/kcal 853/204
Eiweiß 15 g, Fett 12 g
Kohlenhydrate 5 g
Ballaststoffe 3 g
Cholesterin 53 mg

1 Die Tomaten waschen, am Stielansatz einen Deckel abschneiden und mit einem Teelöffel vorsichtig aushöhlen. Das Fruchtfleisch durch ein Sieb streichen, um die Kerne zu entfernen.

2 Die Mortadella und die Gurken in kleine Würfel schneiden.

3 Den Frischkäse mit dem Tomatenpüree verrühren.

4 Die Petersilie waschen, trocknen, die Blätter abzupfen, fein hacken und mit dem Frischkäse vermischen.

5 Wurst- und Gurkenwürfel unter den Frischkäse heben, die Masse mit Jodsalz und Pfeffer aus der Mühle abschmecken. Den Mortadellasalat in die ausgehöhlten Tomaten füllen, den Deckel darauf setzen und servieren.

Rührei mit Sprossen

Für 2 Portionen

200 g beliebige Sprossen (Mungobohnen, Linsen, Weizen, Hafer)
I Schalotte • I EL Butter • 2 EL Crème fraîche
Jodsalz • gemahlener weißer Pfeffer
I EL Zitronensaft • I kleines Bund frischer Dill
I EL gehackte Petersilie • 4 Eier • I TL Butter

1 Die Sprossen waschen und abtropfen lassen.

2 Die Schalotten abziehen und in feine Würfel schneiden. In zerlassener Butter glasig anbraten.

3 Die Sprossen dazugeben und unter Rühren etwa 1 Minute mitbraten. Die Crème fraîche darunter mischen und die Sprossen in 2 Minuten fertig garen. Mit Jodsalz, weißem Pfeffer und Zitronensaft abschmecken.

4 Den Dill waschen, trockenschwenken, fein hacken und unter das Gemüse mischen. Auf vorgewärmte Teller geben und bis zum Servieren warm halten.

5 Die Petersilie waschen, trocknen und fein hacken.

6 Die Eier mit etwas Jodsalz, Pfeffer und Petersilie verquirlen. Die restliche Butter in einer Pfanne zerlaufen lassen. Die Eier in die Pfanne gießen und zugedeckt bei mittlerer bis schwacher Hitze auf der Unterseite stocken lassen. Dann mit einer Gabel durchrühren, bis die Masse zwar nicht mehr flüssig, aber noch saftig und weich ist. Das Rührei neben den Sprossen anrichten.

Pro Portion:
kJ/kcal 1639/392
Eiweiß 20 g, Fett 27 g
Kohlenhydrate 11 g
Ballaststoffe 1 g
Cholesterin 511 mg

Kresse-Schnittlauch-Brot

Für 2 Portionen

4 Scheiben Knäckebrot • 2 TL Butter
60 g körniger Frischkäse • I Bund frischer Schnittlauch
1/2 Schale frische Kresse • Pfeffer aus der Mühle

1 Das Knäckebrot mit der Butter und dem Frischkäse gleichmäßig bestreichen.

2 Den Schnittlauch waschen, trocknen und in Röllchen schneiden. Die Kresse mit der Schere abschneiden, waschen und trockenschleudern.

3 Schnittlauch und Kresse vermischen und über den Frischkäse streuen. Den Käse mit Pfeffer aus der Mühle leicht würzen.

Pro Portion:
kJ/kcal 734/176
Eiweiß 6 g, Fett 10 g
Kohlenhydrate 13 g
Ballaststoffe 3 g
Cholesterin 29 mg

Kartoffel-Möhren-Soufflé

Für 2 Portionen

150 g Kartoffeln • 100 g Möhren
2 EL Butter • 2 Eier • 80 g Sahne
1 Bund frische Petersilie • 1 EL Butter für die Form
1 EL Semmelbrösel • Jodsalz • Pfeffer aus der Mühle
frisch geriebene Muskatnuss
60 g frisch geriebener Emmentalerkäse

Pro Portion:
kJ/kcal 1998/478
Eiweiß 17 g, Fett 32 g
Kohlenhydrate 23 g
Ballaststoffe 5 g
Cholesterin 242 mg

1 Die Kartoffeln waschen und mit der Schale in etwas Wasser in 30 bis 40 Minuten weich kochen. Die Möhren schaben und ebenfalls in etwas Wasser garen. Die Kartoffeln pellen und mit den Möhren noch heiß durch die Kartoffelpresse drücken und lauwarm abkühlen lassen.

2 Inzwischen die Butter zerlassen. Die Eier trennen. Eiweiß und Sahne getrennt sehr steif schlagen.

3 Das Bund Petersilie waschen, trockentupfen und sehr fein hacken.

4 Den Backofen auf 220 °C (Gas Stufe 4–5) vorheizen. Eine Souffléform von etwa 3/4 Liter Inhalt mit reichlich Butter ausstreichen und sorgfältig mit Semmelbröseln ausstreuen.

5 Butter und Eigelbe nach und nach unter die Kartoffel-Möhren-Masse mischen, mit Jodsalz, Pfeffer aus der Mühle und Muskatnuss abschmecken. Sahne und Eischnee auf die Masse geben, den geriebenen Käse und die Petersilie darüber streuen. Alles mit einem Schneebesen vorsichtig mischen.

6 Den Teig in die vorbereitete Form füllen und in den heißen Backofen (mittlere Schiene) stellen. Das Soufflé etwa 25 Minuten backen, bis es an der Oberfläche gebräunt ist. Während des Backvorgangs die Backofentüre nicht öffnen, sonst fällt das Soufflé zusammen. Sofort servieren.

Tipp: Soufflés haben den Ruf, sehr schwierig zu sein. Das stimmt insofern, als dass bei der Zubereitung die Zeiteinteilung sehr wichtig ist. Sobald der Teig zubereitet ist, muss er in den Ofen und das fertige Soufflé muss sofort serviert werden. Bei der Zubereitung des Teigs ist zu beachten, dass die Eigelbe einzeln eingerührt werden sollten. Der Eischnee muss möglichst steif sein. Am besten ist es, erst einen Esslöffel davon unter den Teig zu heben, um ihn zu lockern. Danach verteilt sich der restliche Eischnee leichter und mehr Volumen bleibt erhalten. Soufflés sind während und auch nach der Zubereitung sehr zugempfindlich. Deshalb darf der Ofen während der Backzeit nicht geöffnet werden.

Scampi in Dillgelee

Für 2 Portionen

4 Blatt weiße Gelatine • 1/2 l Fischfond • Jodsalz
2 TL Zitronensaft • 6 – 10 gekochte Scampi
4 Dillzweige • 40 g Linsensprossen • 4 Salatblätter • 80 g Schmand
Obstessig • Pfeffer aus der Mühle • etwas Zucker • 40 g Forellenkaviar

Pro Portion:
kJ/kcal 1062/278
Eiweiß 32 g, Fett 10 g
Kohlenhydrate 8 g
Ballaststoffe 0 g
Cholesterin 238 mg

1 Die Gelatine in wenig kaltem Wasser einweichen.

2 Den Fischfond erhitzen, die Gelatine ausdrücken und darin auflösen. Mit Jodsalz und Zitronensaft würzen.

3 Die Scampi und den Dill waschen.

4 Etwas Gelatineflüssigkeit in ein Förmchen gießen und fest werden lassen. Scampi und Dill darauf geben und mit der übrigen Gelatineflüssigkeit auffüllen, 3 Stunden kalt stellen.

5 Die Sprossen abspülen, Salat waschen, beides trocknen und auf einem Teller arrangieren. Scampigelee auf diesen Teller stürzen.

6 Schmand mit Obstessig, Jodsalz, Pfeffer und etwas Zucker verrühren und einen Teil des Kaviars unterheben. Das Gelee damit zur Hälfte übergießen und mit dem restlichen Kaviar belegen.

Heringstopf

Für 2 Portionen

1 rote Zwiebel • 1 Apfel
2 Cornichons • 160 g Bismarckheringsfilet
6 EL saure Sahne • 2 EL fettarme Milch
Jodsalz • Pfeffer aus der Mühle • 4 Kopfsalatblätter
etwas Kümmel • 300 g Kartoffeln

Pro Portion:
kJ/kcal 1480/354
Eiweiß 15 g, Fett 14 g
Kohlenhydrate 36 g
Ballaststoffe 6 g
Cholesterin 63 mg

1 Die Zwiebel abziehen und würfeln. Den Apfel schälen, vierteln, entkernen und wie die Cornichons in Würfel schneiden.

2 Das Bismarckheringsfilet häuten und in mundgerechte Stücke teilen. Saure Sahne mit der Milch verrühren und Zwiebeln, Äpfel, Cornichons und Fisch unterheben, mit Jodsalz und Pfeffer aus der Mühle abschmecken.

3 Die Salatblätter waschen und trocknen. Den Heringssalat auf den Salatblättern anrichten und mit den in Kümmel-Salz-Wasser gekochten Kartoffeln servieren.

Himbeerquark mit Aprikosen

Für 2 Portionen

Pro Portion:
kJ/kcal 1672/400
Eiweiß 19 g, Fett 18 g
Kohlenhydrate 36 g
Ballaststoffe 8 g
Cholesterin 58 mg

200 g Himbeeren (frisch oder tiefgekühlt)
60 g getrocknete Aprikosen
300 g Speisequark • 4 EL fettarme Milch
1 Päckchen Vanillezucker • 2 EL Zucker

1 Tiefgefrorene Himbeeren auftauen lassen; frische Himbeeren nur bei Bedarf waschen und verlesen. Die Aprikosen klein würfeln.

2 Den Speisequark mit der Milch glatt rühren, mit Vanillezucker und Zucker süßen und nochmals zu einer cremigen Masse verschlagen.

3 Die Himbeeren und die vorbereiteten Aprikosenwürfel unterheben. Nach Geschmack mit Zucker nachsüßen.

Käsesalat mit Radicchio

Für 2 Portionen

1 kleiner Radicchiosalat • 100 g blaue Weintrauben
1 Mandarine • 160 g Edamer (in Scheiben)
2 EL Mineralwasser • 1 EL Balsamicoessig
1 EL Keimöl • Jodsalz
Pfeffer aus der Mühle • Zucker

Pro Portion:
kJ/kcal 1363/326
Eiweiß 22 g, Fett 18 g
Kohlenhydrate 13 g
Ballaststoffe 2 g
Cholesterin 30 mg

1 Den Radicchiosalat putzen, waschen und in der Salatschleuder trocknen. Die Salatblätter in Streifen schneiden.

2 Die Weintrauben waschen, trocknen, halbieren und die Kerne mit der Messerspitze entfernen.

3 Die Mandarine schälen, das Fruchtfleisch in Spalten teilen und diese halbieren.

4 Die Edamerscheiben in Streifen schneiden und mit Salat und Obst vermischen.

5 Das Mineralwasser mit Balsamicoessig und saurer Sahne verrühren, mit Jodsalz, Pfeffer aus der Mühle und Zucker mild abschmecken. Die vorbereiteten Zutaten mit dem Dressing anmachen, gut durchmischen und auf zwei Tellern anrichten.

Tipp: Radicchio kann unter Umständen recht bitter sein. Um den Bittergeschmack etwas zu mildern, kann man die Blätter für 30 Minuten in lauwarmes Wasser legen. Allerdings schadet das den enthaltenen Vitaminen und Mineralstoffen.

Selleriesalat mit Putenbrust

Für 2 Portionen

320 g Staudensellerie • 200 g Putenbrustaufschnitt

4 Kirschtomaten • 1 kleines Bund frischer Schnittlauch

8 EL Frischkäse mit Paprika

4 EL Naturjoghurt • Jodsalz • Pfeffer aus der Mühle

1 Den Staudensellerie waschen, putzen (bei den äußeren Stängeln eventuell die Fäden abziehen) und in feine Scheiben schneiden.

2 Den Putenbrustaufschnitt in Streifen schneiden.

3 Die Kirschtomaten waschen und vierteln. Den Schnittlauch waschen, trocknen und in feine Röllchen schneiden.

4 Den Paprikafrischkäse mit dem Naturjoghurt verrühren, mit Jodsalz und Pfeffer aus der Mühle pikant abschmecken. Die Salatzutaten vermischen und mit den Schnittlauchröllchen unter die Joghurtsauce heben.

Pro Portion:
kJ/kcal 1098/284
Eiweiß 34 g, Fett 10 g
Kohlenhydrate 8 g
Ballaststoffe 4 g
Cholesterin 84 mg

Tipp: Frischer Staudensellerie, auch Bleichsellerie genannt, ist eine Zuchtform des Selleries. Staudensellerie muss fleckenfrei, zartgrün und die Blätter dürfen nicht welk oder gelblich sein.

Gerade Früchte wie Trauben oder Mandarinen harmonieren vorzüglich mit dem eher bitteren Radicchio.

95

Salate & Vorspeisen

Salate sind aus der Leichten Küche nicht wegzudenken. Ihre Vielseitigkeit, sowohl bei den Zutaten als auch bei den Verwendungsmöglichkeiten, – ob als Vorspeise, Zwischengericht, Beilage oder auch Hauptspeise – ist eine große Hilfe bei der Gestaltung eines ausgewogenen und abwechslungsreichen Speiseplans.

Radicchiosalat mit Chinakohl in Orangendressing

Für 2 Portionen

1 EL gehackter Estragon
1 EL gehackte Zitronenmelisse
Jodsalz • 1 EL Zitronensaft • 4 EL saure Sahne
Meerrettich • Pfeffer aus der Mühle
1 EL Pinienkerne • 1 Orange
1 kleiner Kopf Radicchiosalat • 100 g Chinakohl

Pro Portion:
kJ/kcal 497/119
Eiweiß 4 g, Fett 6 g
Kohlenhydrate 10 g
Ballaststoffe 3 g
Cholesterin 11 mg

1 Die Kräuter waschen, trockenschütteln und fein hacken.

2 Etwas Jodsalz unter ständigem Rühren im Zitronensaft auflösen. Die saure Sahne, die Kräuter und den Meerrettich darunter rühren und die Sauce mit dem Pfeffer abschmecken.

3 Die Pinienkerne ohne Fettzugabe in einer heißen Pfanne leicht bräunen.

4 Die Orange schälen und die Filets aus den Zwischenhäuten schneiden; den dabei austretenden Saft unter die Sauce mischen.

5 Den Radicchiosalat in einzelne Blätter zerteilen, diese waschen, trockenschleudern und auf zwei Tellern dekorativ anrichten.

6 Den Chinakohl waschen, trocknen, in Streifen schneiden und mit den Orangenfilets auf den Radicchioblättern anrichten.

7 Die Sauce über den Salat geben, diesen mit den gerösteten Pinienkernen bestreuen.

Feldsalat in Walnussdressing

Für 2 Portionen

Jodsalz • 1 EL Rotweinessig • 1 EL Walnussöl
Pfeffer aus der Mühle • 1/2 Zwiebel • 1 Knoblauchzehe
100 g Feldsalat • 1 Tomate • 60 g Roggenkeimlinge
1 EL Schnittlauchröllchen • 1 EL saure Sahne

1 Etwas Jodsalz unter ständigem Rühren im Rotweinessig auflösen und das Walnussöl darunter schlagen. Die Sauce mit Pfeffer aus der Mühle würzen.

2 Die Zwiebel abziehen und in kleine Würfel schneiden. Die Knoblauchzehe abziehen und sehr fein hacken. Beides unter die Sauce mischen.

3 Den Feldsalat putzen, waschen und trockenschleudern. Die Toma-te vom Stielansatz befreien und das Fruchtfleisch fein würfeln.

4 Den Feldsalat mit den Tomatenwürfeln unter die Sauce mischen und auf zwei Tellern anrichten.

5 Die Roggenkeimlinge und den Schnittlauch waschen, den Schnittlauch in Röllchen schneiden. Beides auf den Salat streuen und mit einem Tupfer saurer Sahne verzieren.

Pro Portion:
kJ/kcal 961/203
Eiweiß 15 g, Fett 9 g
Kohlenhydrate 11 g
Ballaststoffe 6 g
Cholesterin 3 mg

Zucchinisalat mit Radieschenkeimlingen

Für 2 Portionen

1 mittelgroße grüne Zucchini • Jodsalz
etwas Zitronensaft • 120 g Naturjoghurt
1 EL Rapsöl • Pfeffer aus der Mühle
40 g Edamer 30% F. i.Tr. • 2 EL Radieschenkeimlinge

1 Die Zucchini waschen. Stielende und Blütenansatz entfernen, das Fruchtfleisch in Scheiben schneiden und auf zwei Teller verteilen.

2 Für die Sauce etwas Jodsalz in Zitronensaft auflösen. Den Joghurt und das Rapsöl darunter mischen, zu einer sämigen Sauce ver-rühren und mit Pfeffer aus der Mühle würzen. Die Sauce über die Zucchini gießen.

3 Den Edamer in kleine Würfel schneiden und über den Salat geben. Die Radieschenkeimlinge waschen, abtropfen lassen und den Salat damit garnieren.

Pro Portion:
kJ/kcal 702/168
Eiweiß 10 g, Fett 11 g
Kohlenhydrate 6 g
Ballaststoffe 1 g
Cholesterin 15 mg

97

Möhrenrohkost mit Chinakohl

Für 2 Portionen

125 g Naturjoghurt • Zitronensaft
1 EL Rapsöl • Pfeffer aus der Mühle
100 g Chinakohl • 1/2 Eichblattsalat
3 Möhren • 1 kleiner Apfel • Jodsalz

Pro Portion:
kJ/kcal 628/150
Eiweiß 4 g, Fett 8 g
Kohlenhydrate 13 g
Ballaststoffe 6 g
Cholesterin 8 mg

1 Den Joghurt mit etwas Zitronensaft und dem Rapsöl verrühren und mit Pfeffer würzen.

2 Den Chinakohl waschen, trocknen und sehr fein schneiden oder hobeln.

3 Den Eichblattsalat verlesen, waschen, trockenschleudern und die Blätter auf zwei Tellern anrichten.

4 Die Möhren und den Apfel schälen und grob raspeln. Zusammen mit dem Chinakohl unter die Sauce mischen. Nochmals mit Jodsalz und Pfeffer abschmecken und auf dem vorbereiteten Eichblattsalat anrichten.

Topinambur-Kürbis-Salat in Joghurtdressing

Für 2 Portionen

Pro Portion:
kJ/kcal 786/188
Eiweiß 6 g, Fett 12 g
Kohlenhydrate 12 g
Ballaststoffe 9 g
Cholesterin 8 mg

120 g Naturjoghurt • 1 TL Keimöl • etwas Zitronensaft
Jodsalz • Pfeffer aus der Mühle • 100 g Kürbisfruchtfleisch
100 g Topinambur • 1 kleiner Apfel
50 g Feldsalat • 20 g gehackte Haselnüsse

1 Den Naturjoghurt mit Keimöl und etwas Zitronensaft verrühren und mit Jodsalz und Pfeffer aus der Mühle abschmecken.

2 Das Kürbisfruchtfleisch und die Topinambur getrennt in wenig Salzwasser bissfest garen. Auskühlen lassen und grob raspeln.

3 Den Apfel schälen, entkernen und das Fruchtfleisch in kleine Würfel schneiden. Obst und Gemüse unter die Sauce heben und abschmecken.

4 Den Feldsalat putzen, waschen, trockenschleudern und auf zwei Teller verteilen.

5 Sämtliche Zutaten auf dem Feldsalat anrichten und mit den gehackten Haselnüssen garnieren.

Spinat-Brennnessel-Frischkost

Für 2 Portionen

I rote Zwiebel • I kleine Knoblauchzehe
2 TL Sonnenblumenöl • I EL Kräuteressig • Kräutersalz
Pfeffer aus der Mühle • I TL Körnersenf
150 g junger Blattspinat • 50 g Brennnesselspitzen

1 Die Zwiebel und die Knoblauchzehe abziehen und fein würfeln. Beides bei schwacher Hitze in etwa 1 Teelöffel Sonnenblumenöl glasig anbraten, mit Kräuteressig ablöschen. Mit wenig Kräutersalz und Pfeffer aus der Mühle würzen.

2 Das restliche Öl und den Körnersenf unter die Zwiebel-Knoblauch-Mischung rühren und nochmals mit Kräutersalz und Pfeffer abschmecken.

3 Den Spinat und die Brennnesselspitzen waschen, verlesen und trockenschleudern.

4 Den Blattspinat mit den Brennnesseln vermischen und das Dressing darunter heben. Den Salat auf zwei Teller verteilen.

Pro Portion:
kJ/kcal 447/107
Eiweiß 4 g, Fett 8 g
Kohlenhydrate 3 g
Ballaststoffe 3 g
Cholesterin 0 mg

Variante: 50 Gramm Brunnenkresseblätter zugeben.

Rucolasalat mit Schafskäse

Für 2 Portionen

100 ml weißer Traubensaft • I TL Senf • I EL Apfelessig
I TL Honig • 2 EL Distelöl • Jodsalz
Pfeffer aus der Mühle • 120 g Rucolasalat • 80 g Schafskäse
60 g Kirschtomaten • 2 EL gehobelte Haselnüsse

1 Für das Dressing den Traubensaft mit Senf, Apfelessig und Honig verrühren. Das Distelöl dazugeben und mit Jodsalz und Pfeffer abschmecken.

2 Den Rucolasalat waschen und putzen.

3 Den Schafskäse in Würfel schneiden. Die Tomaten waschen, die Stielansätze entfernen, das Fruchtfleisch halbieren und in Scheiben schneiden.

4 Den Rucolasalat, den Käse und die Tomatenscheiben auf zwei Tellern anrichten. Die gehobelten Haselnüsse darauf streuen und das Dressing kurz vor dem Servieren über den Salat verteilen und locker untermengen.

Pro Portion:
kJ/kcal 1363/326
Eiweiß 12 g, Fett 25 g
Kohlenhydrate 10 g
Ballaststoffe 4 g
Cholesterin 24 mg

*An den italienischen
Klassiker »Tomaten mit
Mozzarella und Basilikum«
erinnert diese Variation.*

Gemüsesalat auf Tomatenscheiben

Für 2 Portionen

1 kleine Knoblauchzehe • Kräutersalz
1 EL Obstessig • 2 EL Sonnenblumenöl • Pfeffer aus der Mühle
1 EL gehackte Basilikumblätter • 100 g frische grüne Erbsen
1/2 rote Zwiebel • 70 g Maiskörner • 2 Tomaten
Basilikumblätter zum Garnieren

Pro Portion:
kJ/kcal 882/211
Eiweiß 6 g, Fett 11 g
Kohlenhydrate 19 g
Ballaststoffe 6 g
Cholesterin 0 mg

1 Die Knoblauchzehe abziehen und mit etwas Kräutersalz zerdrücken, den Obstessig dazugeben und zu einer Paste verrühren; das Öl unterschlagen und die Marinade mit Pfeffer und Basilikum abschmecken.

2 Die Erbsen 1 Minute in kochendem Wasser blanchieren, kalt abschrecken und in der Marinade 30 Minuten durchziehen lassen.

3 Inzwischen die Zwiebel abziehen und fein würfeln. Die Maiskörner und die Zwiebelwürfel unter den marinierten Erbsensalat mischen.

4 Die Tomaten in Scheiben schneiden und auf zwei Teller verteilen. Den Salat nochmals abschmecken, auf den Tomatenscheiben anrichten und mit den Basilikumblättern garnieren.

Spargelsalat

Zutaten für 2 Portionen

Jodsalz • Zucker • 300 g weißer Stangenspargel
2 EL Sonnenblumenöl • I EL Apfelessig
I TL scharfer Senf • Pfeffer aus der Mühle
2 Frühlingszwiebeln • 4 Radieschen
I EL gehackte Petersilie • I Ei

1 In einem großen Topf reichlich Wasser mit Salz und etwas Zucker zum Kochen bringen.

2 Inzwischen die Spargelstangen schälen und die holzigen Enden abschneiden. Den Spargel im geschlossenen Topf bei schwacher Hitze etwa 15 Minuten garen. Den Spargel herausnehmen und abkühlen lassen.

3 Für das Dressing Sonnenblumenöl mit Apfelessig und scharfem Senf verrühren; mit Jodsalz und etwas Pfeffer aus der Mühle abschmecken.

4 Den Spargel in etwa 4 Zentimeter lange Stücke schneiden.

5 Die Frühlingszwiebeln putzen, waschen und in feine Ringe schneiden. Die Radieschen putzen, waschen und fein würfeln. Die Petersilie waschen, trockenschütteln und fein hacken.

6 Das Ei hart kochen, abschrecken, pellen und klein schneiden. Die Frühlingszwiebeln, das gehackte Ei und die Radieschenwürfel locker miteinander vermischen und beiseite stellen.

7 Die Spargelstücke in eine Schüssel geben, mit dem Dressing vermischen und auf zwei Tellern anrichten. Den Spargelsalat mit der Eier-Radieschen-Mischung sowie mit der Petersilie bestreuen.

Pro Portion:
kJ/kcal 828/198
Eiweiß 9 g, Fett 14 g
Kohlenhydrate 7 g
Ballaststoffe 3 g
Cholesterin 120 mg

Info: Spargel ist eine Staude, deren oberirdischer Teil im Herbst abstirbt und die im nächsten Frühjahr aus den Knospen des ausdauernden Wurzelstocks wieder austreibt. Diese mit feinen, schuppenförmigen Schutzblättern bedeckten Sprossen sind das, was wir als Stangenspargel ernten und als begehrtes Feingemüse verzehren. Solange sie noch in der Erde stecken, sind sie weiß. Um eine große Länge der Sprossen zu erreichen, kultiviert man sie in angehäufelten Hügelbeeten. Sobald die Sprossen aus der Erde brechen, werden sie »gestochen«. Unter Lichteinfluss verfärben sie sich violett oder blau und bei längerer Lichteinwirkung schließlich grün. Diese Verfärbung beeinträchtigt aber weder den Wert noch den Geschmack des Spargels. Nach Abschluss der Ernteperiode, traditionsgemäß am 24. Juni (Johanni), lässt man die Sprossen wachsen.

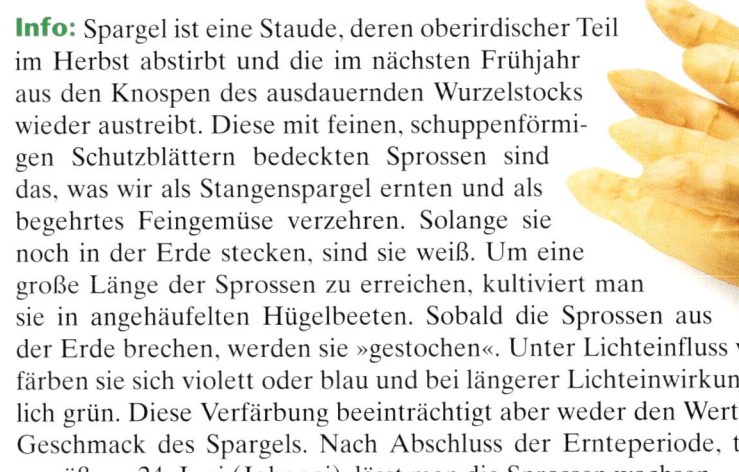

Zarter Sauerkrautsalat

Für 2 Portionen

50 g saure Sahne • I TL Honig
Jodsalz • Pfeffer aus der Mühle
200 g rohes Sauerkraut • I Apfel
I Gewürzgurke • I kleine Zwiebel

Pro Portion:
kJ/kcal 472/113
Eiweiß 3 g, Fett 3 g
Kohlenhydrate 15 g
Ballaststoffe 6 g
Cholesterin 9 mg

1 Die saure Sahne mit dem Honig verrühren, mit Jodsalz und Pfeffer aus der Mühle abschmecken.

2 Das Sauerkraut abtropfen lassen, grob zerkleinern und mit einer Gabel auflockern.

3 Den Apfel waschen, schälen, entkernen und das Fruchtfleisch ebenso wie die Gewürzgurke würfeln. Die Zwiebel abziehen und in feine Ringe schneiden.

4 Alle Salatzutaten in eine Schüssel geben und mit dem Dressing vermischen. Etwa 30 Minuten ziehen lassen und nochmals mit Salz und Pfeffer abschmecken.

5 Den Sauerkrautsalat auf zwei Tellern anrichten und mit den Zwiebelscheiben garnieren.

Möhrensalat mit Radieschensprossen

Für 2 Portionen

I Ei • I Orange • I EL Weißweinessig
Jodsalz • Pfeffer aus der Mühle • I TL Dijonsenf
2 EL Keimöl • 4 Möhren • 2 EL Kürbiskerne
50 g Feldsalat • 50 g Radieschensprossen

Pro Portion:
kJ/kcal 1054/252
Eiweiß 7 g, Fett 15 g
Kohlenhydrate 18 g
Ballaststoffe 8 g
Cholesterin 120 mg

1 Das Ei hart kochen, abschrecken, pellen und auskühlen lassen.

2 Die Orange auspressen. Den Saft mit Essig, Salz, Pfeffer und Senf verrühren. Das Öl mit einer Gabel unterschlagen. Das Ei fein hacken und unterrühren.

3 Die Möhren schälen, grob raspeln und mit der Marinade mischen.

4 Die Kürbiskerne in einer Pfanne ohne Fettzugabe goldgelb rösten.

5 Den Feldsalat waschen und trockenschleudern. Die Radieschensprossen mit kaltem Wasser abbrausen und gründlich abtropfen lassen. Den Feldsalat unter den Möhrensalat heben. Den Salat mit Jodsalz und Pfeffer abschmecken, mit Kürbiskernen und Sprossen auf zwei Tellern anrichten.

Marinierte Zuckerschoten

Für 2 Portionen

I Schalotte • 200 g Zuckerschoten • I EL Olivenöl
4 EL Mineralwasser • Jodsalz • gemahlener weißer Pfeffer
2 junge Möhren • I TL Butter
I kleines Stück frische Ingwerwurzel • etwas gemahlener Zimt
Saft von I Orange • I EL Rosinen • einige Pinienkerne

1 Die Schalotte abziehen und fein würfeln; Zuckerschoten putzen. Das Öl erhitzen, das Gemüse darin kurz andünsten. Mit Mineralwasser ablöschen und zugedeckt etwa 2 Minuten weiter dünsten. Mit Jodsalz und Pfeffer würzen.

2 Die Möhren waschen, schälen und in feine, nicht zu lange Stifte schneiden. Die Butter erhitzen, Ingwer und Möhren darin andünsten, mit etwas Jodsalz und Zimt würzen, dann mit Orangensaft ablöschen.

3 Die Rosinen waschen, abtropfen lassen und zu dem Gemüse geben. Alles zugedeckt etwa 1 Minute dünsten.

4 Die Pinienkerne in einer Pfanne ohne Fettzugabe goldbraun rösten.

5 Möhren, Zuckerschoten und Pinienkerne dekorativ anrichten.

Pro Portion:
kJ/kcal 828/198
Eiweiß 5 g, Fett 8 g
Kohlenhydrate 24 g
Ballaststoffe 5 g
Cholesterin 8 mg

Raukesalat mit warmen Austernpilzen

Für 2 Portionen

I Bund Raukesalat • 2 EL Balsamicoessig
2 EL Olivenöl • Jodsalz • Pfeffer aus der Mühle
100 g Austernpilze • I Schalotte
I TL Butter • 50 g Truthahnschinken

Pro Portion:
kJ/kcal 874/209
Eiweiß 8 g, Fett 16 g
Kohlenhydrate 5 g
Ballaststoffe 2 g
Cholesterin 29 mg

1 Den Raukesalat putzen, waschen und wie ein Bukett auf zwei Tellern anrichten.

2 Aus Balsamicoessig, Olivenöl, Jodsalz und Pfeffer eine Sauce rühren.

3 Die Austernpilze putzen und zerkleinern. Die Schalotte abziehen und fein würfeln. Die Butter erhitzen, Schalotte und Austernpilze darin etwa 5 Minuten bei starker Hitze braten.

4 Den Truthahnschinken zu kleinen Röllchen drehen und zusammen mit den warmen Austernpilzen auf die beiden Teller verteilen. Die Sauce darüber träufeln.

Spargelcarpaccio mit Pfeffererdbeeren

Für 2 Portionen

Saft und Schale von 1 unbehandelten Zitrone • 1 EL Weißweinessig

Jodsalz • Pfeffer aus der Mühle • Zucker

einige grüne Pfefferkörner (gefriergetrocknet)

einige rosa Beeren (gefriergetrocknet)

1 EL Haselnussöl • 1 EL Sonnenblumenöl

250 g weißer Stangenspargel • 100 g Erdbeeren

Pro Portion:
kJ/kcal 581/139
Eiweiß 3 g, Fett 10 g
Kohlenhydrate 7 g
Ballaststoffe 3 g
Cholesterin 0 mg

1 Für die Vinaigrette die Zitrone mit warmem Wasser waschen und trockentupfen. Die Schale abreiben, den Saft auspressen und beides in eine kleine Schüssel geben.

2 Mit Weißweinessig, Jodsalz, Pfeffer aus der Mühle und etwas Zucker verrühren. Die Pfefferkörner und rosa Beeren leicht zerdrücken und zugeben. Das Haselnussöl und Sonnenblumenöl mit einer Gabel kräftig unter die Vinaigrette schlagen.

3 Den Spargel gründlich schälen, mit einem scharfen Messer schräg in hauchdünne Scheibchen schneiden und auf zwei Tellern anrichten. Mit der Hälfte der Vinaigrette beträufeln und zugedeckt etwa 15 Minuten marinieren.

4 Die Erdbeeren putzen, vorsichtig waschen und in hauchdünne Scheiben schneiden. Auf den Spargel verteilen und mit der restlichen Vinaigrette beträufeln. Sofort servieren.

Info: Pfefferkörner sind die Früchte einer tropischen Kletterpflanze. Sie wachsen an acht bis zehn Zentimeter langen, ährenartigen Fruchtständen. Bei uns kennt man grünen, schwarzen, roten und weißen Pfeffer. Alle vier Arten stammen von der gleichen Pflanze, unterscheiden sich aber durch Reifegrad bei der Ernte und Behandlung danach. Der grüne Pfeffer wird unreif gepflückt und kommt meist eingelegt, aber auch gefriergetrocknet in den Handel. Der schwarze Pfeffer wird ebenfalls unreif geerntet und dann getrocknet, wodurch er sich schwarz verfärbt. Bei voller Reife nehmen die Pfefferkörner eine rote Farbe an. Weißer Pfeffer entsteht durch die Fermentierung und Trocknung dieser Körner. Während schwarzer Pfeffer eher mild ist, hat weißer einen schärferen, beinahe beißenden Geschmack. Rosa Beeren (Schinus terebinthifolius) hingegen gehören zu der Familie der Pfefferbaumgewächse, die rein biologisch nichts mit dem uns bekannten Pfeffer gemein haben. Neben ihrer aparten Farbe gibt ihr pikanter, leicht an Wacholder erinnernder Geschmack Gerichten eine aromatische Note.

Bunte Blattsalate mit Hähnchenfilet

Für 2 Portionen

200 g Blattsalate der Saison (z. B. Eichblattsalat, Römersalat, Radicchio)
1 frischer Rosmarinzweig • Jodsalz • gemahlener weißer Pfeffer
1 EL scharfer Senf • 1 EL Keimöl • 200 g Hähnchenbrustfilet
2 Schalotten • 2 EL Sherryessig
1 EL Apfelsaft • 1/2 TL Zucker • 2 EL Walnussöl

Pro Portion:
kJ/kcal 1279/306
Eiweiß 25 g, Fett 16 g
Kohlenhydrate 9 g
Ballaststoffe 2 g
Cholesterin 60 mg

1 Die Salate waschen, putzen, trockenschleudern und in mundgerechte Stücke zupfen.

2 Die Nadeln des Rosmarinzweigs abzupfen und fein hacken. Mit Jodsalz, Pfeffer, Senf und Öl verrühren. Die Hähnchenbrustfilets in eine Auflaufform legen und damit bestreichen. Zugedeckt 30 Minuten marinieren. Bei 150 °C (Gas Stufe 1) 15 Minuten backen.

3 Die Schalotten abziehen und fein hacken, mit Sherryessig, Apfelsaft, Salz, Pfeffer, Zucker und Walnussöl verrühren. Die Salate auf Tellern anrichten, und mit der Marinade beträufeln.

4 Die gebratene Hähnchenbrust schräg aufschneiden und über den Salat legen.

Rindfleischsalat

Für 2 Portionen

250 g mageres Rindfleisch • 1/2 Zwiebel • 3/4 l Gemüsebrühe
1 Lorbeerblatt • einige Pfefferkörner • 1 Knoblauchzehe
Jodsalz • 2 EL Weinessig • 1/2 TL Zucker • 2 EL Rapsöl
1 Bund Petersilie • Pfeffer aus der Mühle • 1/2 Kopf Eisbergsalat

1 Die Zwiebel abziehen, in Scheiben schneiden und in der Gemüsebrühe aufkochen. Das Rindfleisch dazugeben, mit Lorbeerblatt und Pfefferkörnern etwa 1 Stunde garen, aus der Brühe nehmen und abkühlen lassen.

2 Die Knoblauchzehe abziehen und zerdrücken. Aus Jodsalz, Weinessig, Knoblauch, Zucker und Rapsöl eine Marinade herstellen.

Das Rindfleisch in feine Streifen schneiden und mit der Marinade vermischen.

3 Die Petersilie fein hacken, zum Rindfleisch geben und mit Salz und Pfeffer abschmecken.

4 Den Eisbergsalat in Streifen schneiden und auf zwei Teller verteilen. Das Rindfleisch auf dem Salat anrichten.

Pro Portion:
kJ/kcal 1425/341
Eiweiß 29 g, Fett 20 g
Kohlenhydrate 5 g
Ballaststoffe 2 g
Cholesterin 75 mg

Römersalat mit Kräutercroûtons

Für 2 Portionen

1 Römersalat • 1 kleiner Thymianzweig
1 kleiner Rosmarinzweig • 2 Scheiben Weißbrot
2 EL Olivenöl • 1 EL Zitronensaft • 1 TL Weißweinessig
1 Knoblauchzehe • 1 TL scharfer Senf
1/2 TL Ahornsirup • Worcestersauce • Jodsalz
Pfeffer aus der Mühle • 80 g Hartkäse (z. B. Allgäuer Emmentaler)

Pro Portion:
kJ/kcal 1626/389
Eiweiß 15 g, Fett 23 g
Kohlenhydrate 25 g
Ballaststoffe 2 g
Cholesterin 37 mg

1 Den Römersalat putzen, waschen und trockenschleudern.

2 Die Kräuter abbrausen, und die Blättchen vom Stiel zupfen. Die Brotscheiben in Würfel schneiden, in Olivenöl knusprig bräunen, Thymian und Rosmarin zugeben und verrühren.

3 Für das Dressing Zitronensaft und Weißweinessig gut verrühren. Die Knoblauchzehe abziehen, zer-

drücken und dazugeben. Mit Senf, Ahornsirup und Worcestersauce sowie Jodsalz und Pfeffer abschmecken.

4 Den Käse fein raspeln, etwa 2 Esslöffel davon unter das Dressing rühren.

5 Die Salatblätter mit dem Dressing vermengen, den restlichen Käse und die Kräutercroûtons auf die Salatblätter geben.

Feldsalat mit Champignons und Feigen

Für 2 Portionen

Jodsalz • Saft und Schale von 1 Zitrone • 2 EL Olivenöl
Pfeffer aus der Mühle • Zucker • Waldhonig
2 große Champignons • 2 frische Feigen
100 g Feldsalat • Petersilie zum Garnieren

Pro Portion:
kJ/kcal 498/119
Eiweiß 2 g, Fett 10 g
Kohlenhydrate 4 g
Ballaststoffe 2 g
Cholesterin 0 mg

1 Aus Salz, Zitronensaft und -schale, Olivenöl, Pfeffer, Zucker und Waldhonig eine Sauce rühren.

2 Die Champignons putzen, waschen und in dünne Scheiben schneiden. Die Feigen waschen und in Spalten schneiden. Den

Feldsalat putzen, waschen und trockenschleudern. Die Petersilie waschen und fein hacken.

3 Die Champignons und die Feigen auf dem Feldsalat anrichten, die Sauce darüber verteilen. Mit der Petersilie garnieren.

Diese auch optisch aparte Kombination sollte nur mit frischen Feigen und Champignons bereitet werden.

Rote-Bete-Frischkost mit Ananas

Für 2 Portionen

100 g Dickmilch • 2 EL Orangensaft
1 EL Meerrettich • Jodsalz
Pfeffer aus der Mühle • 1 Rote Bete
2 Scheiben Ananas • 1 Orange
einige Salatblätter • 1 EL gehackte Walnüsse

1 Die Dickmilch mit dem Orangensaft und dem Meerrettich mischen, mit Jodsalz und Pfeffer aus der Mühle abschmecken.

2 Die Rote Bete waschen, schälen, grob raspeln und mit der Salatsauce mischen.

3 Die Ananasscheiben in kleine Stücke schneiden. Die Orange mit einem Messer schälen, dabei die weiße Innenhaut mit abschneiden. Die Filets aus den Zwischenhäuten herauslösen.

4 Die Salatblätter waschen, trockenschleudern und zwei Teller damit auslegen. Den Rote-Bete-Salat auf den Salatblättern anrichten und mit den Orangenfilets belegen. Zum Schluss mit den Walnüssen und den Ananasstücken garnieren.

Pro Portion:
kJ/kcal 717/171
Eiweiß 5 g, Fett 6 g
Kohlenhydrate 21 g
Ballaststoffe 6 g
Cholesterin 19 mg

107

Blattsalate mit Räucherlachsstreifen

Für 2 Portionen

I kleiner Bund Rauke
200 g gemischte Salate (z. B. Feldsalat, Eisbergsalat, Frisée, Radicchio)
1/4 rote Zwiebel • 4 Kirschtomaten • I EL Zitronensaft
I EL Balsamicoessig • 2 EL Walnussöl
einige Spritzer Ahornsirup nach Geschmack
I Messerspitze scharfer Senf
Jodsalz • Pfeffer aus der Mühle • 120 g Räucherlachs

Pro Portion:
kJ/kcal 1321/316
Eiweiß 20 g, Fett 22 g
Kohlenhydrate 4 g
Ballaststoffe 3 g
Cholesterin 27 mg

1 Den Raukesalat putzen, waschen, zu dicke oder zu lange Stiele abschneiden. Auch die übrigen Salate gründlich putzen und waschen, trockenschleudern und in mundgerechte Stücke zupfen. Den Salat auf zwei große Teller verteilen.

2 Die Zwiebel abziehen und würfeln. Die Tomaten abbrausen und vierteln. Den Salat mit Zwiebeln und Tomaten garnieren.

3 Für das Dressing Zitronensaft, Balsamicoessig, Walnussöl und Ahornsirup gründlich miteinander verrühren, mit scharfem Senf, Jodsalz und Pfeffer aus der Mühle abschmecken. Das Dressing kurz vor dem Servieren über den Salat träufeln.

4 Den Räucherlachs in feine Streifen schneiden und über den Salat verteilen.

Scampi mit Melone

Für 2 Portionen

200 g rohe Scampi ohne Schale • I Knoblauchzehe
I EL Olivenöl • Jodsalz • I Honigmelone
1/2 Bund Basilikum • Pfeffer aus der Mühle

Pro Portion:
kJ/kcal 957/229
Eiweiß 21 g, Fett 7 g
Kohlenhydrate 17 g
Ballaststoffe 2 g
Cholesterin 160 mg

1 Die Scampi säubern, unter kaltem Wasser abspülen, abtropfen lassen, die Darmfäden entfernen.

2 Die Knoblauchzehe abziehen und fein hacken.

3 Das Olivenöl in einer Pfanne erhitzen. Darin Scampi und Knoblauch etwa 5 Minuten von allen Seiten braten. Mit Jodsalz würzen.

4 Die Honigmelone halbieren, die Kerne mit einem Teelöffel herauslösen. Das Fruchtfleisch in Spalten schneiden, und diese fächerförmig auf die beiden Teller verteilen. Die warmen Scampi dazugeben.

5 Das Basilikum abbrausen, die Blättchen abzupfen und über die Scampi verteilen. Etwas frisch gemahlenen Pfeffer darüber streuen.

Endiviensalat in Nussdressing

Für 2 Portionen

1/2 Bund gemischte Kräuter • Jodsalz • 2 EL Rotweinessig
1 EL mittelscharfer Senf • 2 EL Orangensaft • 2 EL Rapsöl
Pfeffer aus der Mühle • 1/2 Kopf Endiviensalat • 1/2 rote Zwiebel
1 EL grob gehackte Haselnüsse • 50 g Gouda

1 Die Kräuter waschen und fein hacken.

2 Das Jodsalz in eine Schüssel geben und so lange mit dem Rotweinessig verrühren, bis es sich aufgelöst hat. Senf, Orangensaft und Kräuter dazugeben. Das Rapsöl unterrühren, so dass eine sämige Sauce entsteht, und das Dressing mit Pfeffer kräftig abschmecken.

3 Den Endiviensalat putzen, waschen, trockenschleudern und in mundgerechte Stücke zupfen. Die Zwiebel abziehen und in feine Würfel schneiden.

4 Den Endiviensalat mit der Zwiebel und den Haselnüssen mischen. Den Gouda in kleine Würfel schneiden und dazugeben. Den Salat mit der Sauce gut mischen und anrichten.

Pro Portion:
kJ/kcal 1011/242
Eiweiß 8 g, Fett 20 g
Kohlenhydrate 5 g
Ballaststoffe 2 g
Cholesterin 16 mg

Mozzarella mit Spargel

Für 2 Portionen

250 g grüner Spargel • Jodsalz • Zucker
1 TL Butter • 125 g Mozzarella • 50 g junger Blattspinat
1 TL Zitronensaft • 2 EL Balsamicoessig
Pfeffer aus der Mühle • 2 EL Keimöl

1 Vom grünen Spargel die holzigen Enden abschneiden, den Spargel waschen und in mundgerechte Stücke schneiden.

2 Diese in Salzwasser mit Zucker und Butter etwa 10 Minuten garen und in einem Sieb gut abtropfen lassen.

3 Den Mozzarella mit Küchenkrepp trockentupfen und in Scheiben schneiden.

4 Den Blattspinat verlesen, putzen, gründlich waschen und abtropfen lassen.

5 Aus Zitronensaft, Balsamicoessig, Jodsalz, Pfeffer aus der Mühle und Keimöl ein Dressing herstellen.

6 Die Spargelstücke, den Mozzarella und den Blattspinat auf zwei Tellern anrichten und mit dem Dressing beträufeln.

Pro Portion:
kJ/kcal 1376/329
Eiweiß 15 g, Fett 25 g
Kohlenhydrate 5 g
Ballaststoffe 3 g
Cholesterin 37 mg

Suppen

Heiß und nahrhaft sollten sie sein, zum Aufwärmen an kalten Wintertagen, als Vorspeise zu einem Menü oder als sättigendes Hauptgericht. Suppen haben ihren Ruf als langweilige Krankenkost abgestreift und sich zu schmackhaften und abwechslungsreichen Speisen entwickelt, die wie Salate eine wichtige Rolle in der Leichten Küche übernommen haben. Betrachten Sie folgende Rezepte als eine Einführung in die Vielseitigkeit der Suppenküche.

Chicoréesuppe

Für 2 Portionen

200 g Chicorée • I Bund Petersilie • 50 g Schinken
I TL Butterschmalz • I kleine Zwiebel
I EL Mehl • 1/2 l kalte Gemüsebrühe
gemahlene Muskatnuss • Jodsalz
I Eigelb • 2 EL Sahne

Pro Portion:
kJ/kcal 1062/254
Eiweiß 11 g, Fett 17 g
Kohlenhydrate 10 g
Ballaststoffe 4 g
Cholesterin 205 mg

1 Den Chicorée waschen, putzen, den Wurzelansatz herausschneiden. Den Chicorée in feine Streifen schneiden. Das Bund Petersilie waschen und trocknen.

2 Den Schinken würfeln und in Butterschmalz leicht anbraten.

3 Die Zwiebel abziehen, würfeln und mit dem klein geschnittenen Chicorée zum Schinken geben. Schinken, Chicorée und Zwiebel leicht dünsten (nicht bräunen), mit

Mehl bestäuben und umrühren. Mit der Gemüsebrühe aufgießen und etwa 7 bis 8 Minuten bei schwacher Hitze kochen. Mit Muskat und Jodsalz würzen und von der Kochstelle nehmen.

4 Das Eigelb mit der Sahne verrühren und in die nicht mehr kochende Suppe geben. Die Suppe kurz durchziehen lassen, umrühren, nochmals mit Jodsalz abschmecken und mit gehackter Petersilie bestreuen.

Klare Gemüsesuppe

Für 2 Portionen

1 kleine Zwiebel • 1 Möhre
80 g Knollensellerie • 80 g Lauch
50 g Petersilienwurzel • Liebstöckelblätter
1 Bund Petersilie • Jodsalz • weißer Pfeffer
gemahlene Muskatnuss

Pro Portion:
kJ/kcal 205/49
Eiweiß 3 g, Fett 0 g
Kohlenhydrate 7 g
Ballaststoffe 6 g
Cholesterin 0 mg

1 Die Zwiebel abziehen, halbieren und die Schnittflächen in einem Topf ohne Fettzugabe bräunen.

2 Inzwischen Möhre, Sellerie, Lauch und Petersilienwurzel putzen, eventuell schälen, waschen und in kleine Würfel schneiden. Das Gemüse zu den Zwiebelhälften geben, mit 1/2 Liter Wasser bedecken und 20 bis 30 Minuten bei schwacher Hitze kochen lassen.

3 Die Liebstöckelblätter und das Bund Petersilie waschen, trocknen und fein hacken. Beides nach etwa 15 Minuten Kochzeit zur Gemüsesuppe geben.

4 Die Suppe mit Jodsalz würzen und weiterkochen lassen, bis das Gemüse gar ist.

5 Die beiden Zwiebelhälften aus der Brühe entfernen. Die Brühe mit Jodsalz, etwas Pfeffer und Muskat abschmecken.

Spargelcremesuppe

Für 2 Portionen

200 g weißer Stangenspargel • 1 EL Butter • Jodsalz • 1 EL Weizenmehl
1/8 l Milch • 1/4 l Gemüsebrühe • 1/8 l Sahne
weißer Pfeffer • Muskatnuss • 1 EL frische Kresse

1 Den Spargel schälen, die Spitzen abschneiden und beiseite stellen. Den restlichen Spargel in etwa 2 Zentimeter lange Stücke schneiden, in erhitzter Butter andünsten, leicht salzen, mit Mehl bestäuben und anschwitzen. Mit Milch und Gemüsebrühe ablöschen und im geschlossenen Topf bei schwacher Hitze etwa 10 Minuten kochen.

2 Die Suppe mit dem Mixstab pürieren. Die Spargelspitzen sowie die Sahne hinzufügen und alles noch weitere 10 Minuten bei mittlerer Hitze garen.

3 Zum Schluss die Suppe mit den Gewürzen fein abschmecken. Die Kresse waschen, trocknen und darüber streuen.

Pro Portion:
kJ/kcal 742/178
Eiweiß 7 g, Fett 9 g
Kohlenhydrate 13 g
Ballaststoffe 3 g
Cholesterin 25 mg

Möhrensuppe mit Hirse

Für 2 Portionen

1 Schalotte • 2 Möhren • 1 TL Öl • 20 g Hirsemehl
Currypulver nach Geschmack • 1/2 l Gemüsebrühe
gemahlene Muskatnuss • Jodsalz
frischer Dill zum Garnieren • 1 TL saure Sahne

Pro Portion:
kJ/kcal 491/117
Eiweiß 3 g, Fett 5 g
Kohlenhydrate 14 g
Ballaststoffe 3 g
Cholesterin 3 mg

1 Die Schalotte abziehen und würfeln. Die Möhren putzen und in Scheiben schneiden. Beides bei schwacher Hitze in Öl andünsten.

2 Das Hirsemehl und etwas Currypulver darüber streuen und kurz anschwitzen. Mit der kalten Gemüsebrühe auffüllen und aufkochen lassen. Die Suppe bei schwacher Hitze etwa 10 Minuten kochen lassen. Dabei ab und zu umrühren.

3 Die Suppe mit einem Mixstab pürieren, durch ein Sieb streichen, nochmals kurz aufkochen lassen und mit Muskat und Jodsalz abschmecken.

4 Den frischen Dill waschen und trocknen.

5 Die Suppe in zwei vorgewärmte Suppenteller oder -tassen füllen, mit der sauren Sahne und den Dillspitzen garnieren.

Feines Kerbelsüppchen

Für 2 Portionen

1 kleine Zwiebel • 1 große Kartoffel • 1 TL Butter • 1/2 l Gemüsebrühe
1/4 Bund frischer Kerbel • Jodsalz • weißer Pfeffer
gemahlene Muskatnuss • 50 g Kefir

Pro Portion:
kJ/kcal 564/135
Eiweiß 3 g, Fett 6 g
Kohlenhydrate 16 g
Ballaststoffe 3 g
Cholesterin 12 mg

1 Die Zwiebeln abziehen und fein würfeln. Die Kartoffel schälen, waschen und in Würfel von 1/2 Zentimeter Kantenlänge schneiden.

2 Die Zwiebelwürfel in Butter anbraten, die Kartoffelwürfel hinzufügen und kurz mitanbraten. Die Gemüsebrühe dazugießen und alles zugedeckt in etwa 10 bis 15 Minuten weich kochen.

3 In der Zwischenzeit den Kerbel waschen, von den groben Stielen befreien und fein hacken.

4 Die Suppe mit dem Mixstab pürieren und nochmals aufkochen lassen.

5 Mit Jodsalz, Pfeffer und Muskatnuss würzen. Den Kefir unter die Suppe heben. Den gehackten Kerbel ebenfalls zugeben und verrühren.

Kürbis-Fenchel-Suppe

Für 2 Portionen

200 g Kürbisfleisch • 1/2 Fenchelknolle • 1 TL Butter
1 EL trockener Weißwein • 1 Messerspitze gemahlener Koriander
Pfeffer aus der Mühle • 1 Messerspitze gemahlener Anis
1/2 l Gemüsebrühe • 2 EL saure Sahne • Jodsalz

Pro Portion:
kJ/kcal 410/98
Eiweiß 3 g, Fett 6 g
Kohlenhydrate 6 g
Ballaststoffe 2 g
Cholesterin 14 mg

1 Das geschälte Kürbisfleisch in etwa 2 Zentimeter große Würfel schneiden.

2 Vom Fenchel das Grün entfernen und beiseite legen. Den Fenchel halbieren und in ganz feine Streifen schneiden. Die Fenchelstreifen bei schwacher Hitze in Butter anbraten, mit dem Weißwein ablöschen und bissfest dünsten. Das Gemüse aus dem Topf nehmen und warm halten.

3 Die Kürbiswürfel in den Topf geben und mit Koriander, Pfeffer und Anis würzen. Mit der kalten Gemüsebrühe aufgießen und in 10 bis 15 Minuten bei schwacher Hitze weich dünsten lassen.

4 Die Suppe mit dem Mixstab pürieren und nochmals aufkochen lassen. Die saure Sahne darunter ziehen. Mit etwas Jodsalz abschmecken, in zwei Suppentassen füllen und mit dem Fenchel und dem Fenchelkraut garnieren.

Kartoffelcremesuppe

Für 2 Portionen

2 Kartoffeln • 1/4 l Gemüsebrühe
1/2 Bund Dill • 100 g Salatgurke • 100 ml Milch
100 ml Sahne • Jodsalz • weißer Pfeffer

Pro Portion:
kJ/kcal 1200/287
Eiweiß 5 g, Fett 18 g
Kohlenhydrate 22 g
Ballaststoffe 3 g
Cholesterin 60 mg

1 Die Kartoffeln schälen, würfeln und in der Gemüsebrühe in etwa 20 Minuten weich kochen. Den Dill waschen, trockentupfen und fein hacken.

2 Die Salatgurke schälen, längs halbieren, die Kerne mit einem Löffel herausschaben. Das Fruchtfleisch in kleine Würfel schneiden.

3 Die weich gekochten Kartoffeln zusammen mit der Brühe pürieren.

4 Milch und Sahne zugeben und die Gurkenwürfel unter die Suppe heben. Im geschlossenen Topf 5 Minuten ziehen lassen.

5 Mit Salz und Pfeffer abschmecken und mit Dill bestreuen.

Mangoldsuppe

Für 2 Portionen

200 g Mangold • 1 kleine Zwiebel
1 Knoblauchzehe • 1 EL Butter
Jodsalz • Pfeffer aus der Mühle • 1/2 l Gemüsebrühe
1 Tomate • 1 EL gehacktes Basilikum • 1 EL saure Sahne

Pro Portion:
kJ/kcal 573/137
Eiweiß 4 g, Fett 9 g
Kohlenhydrate 8 g
Ballaststoffe 5 g
Cholesterin 21 mg

1 Den Mangold putzen, dabei die Stiele abschneiden. Die Mangoldblätter waschen und in Streifen schneiden.

2 Zwiebel und Knoblauchzehe abziehen und fein würfeln. In erhitzter Butter glasig anbraten. Die Mangoldblätter zugeben und mitdünsten. Mit Jodsalz und Pfeffer würzen und mit der Gemüsebrühe aufgießen. Im geschlossenen Topf bei schwacher Hitze 5 Minuten kochen lassen.

3 Die Tomate über Kreuz einritzen, für etwa 15 Sekunden in kochendes Wasser tauchen, abschrecken und abziehen. Das Fruchtfleisch von den Stielansätzen befreien, halbieren, entkernen und in Würfel schneiden.

4 Das Basilikum waschen, trocknen, klein hacken und zusammen mit den Tomatenwürfeln in die Suppe geben. In zwei Tellern anrichten und mit je 1 Tupfer saurer Sahne garnieren.

Mangold ist nicht nur reich an Ballaststoffen, sondern enthält auch komplexe Kohlenhydrate, die wiederum Glukose für den Körper bereitstellen. Diese Zuckerform kurbelt den Kreislauf an.

Asiatische Nudelsuppe mit Chinakohl

Für 2 Portionen

100 g Chinakohl • 1 Möhre • 1 Knoblauchzehe
1 Frühlingszwiebel • 20 g Erdnusskerne • Jodsalz
80 g Sobanudeln (japanische Buchweizennudeln, Asienladen)
1 EL Sonnenblumenöl • 1 TL frisch geriebener Ingwer
1/2 l Gemüsebrühe • 1 EL Sojasauce
Pfeffer aus der Mühle • 50 g frische Sojabohnensprossen

Pro Portion:
kJ/kcal 1350/323
Eiweiß 12 g, Fett 13 g
Kohlenhydrate 35 g
Ballaststoffe 6 g
Cholesterin 37 mg

1 Das Gemüse waschen und putzen. Den Chinakohl in Streifen, die Möhre in feine Scheiben schneiden. Knoblauchzehe und Frühlingszwiebel abziehen und klein hacken.

2 Die Erdnusskerne mit der braunen Haut in einer Pfanne ohne Fettzugabe bei mittlerer Hitze rösten, bis sie duften. Die Nüsse von der braunen Haut befreien und klein hacken.

3 Inzwischen reichlich Salzwasser aufkochen. Die Nudeln in kurze Stücke brechen und nach Packungsanleitung bissfest garen.

4 Das Öl in einem Topf bei mittlerer Hitze erwärmen. Knoblauch, Frühlingszwiebel und Ingwer darin anbraten. Die Brühe dazugießen und aufkochen lassen.

5 Den Chinakohl und die Möhrenscheiben zugeben und 2 bis 4 Minuten in der Brühe garen. Mit Sojasauce, Jodsalz und Pfeffer aus der Mühle abschmecken.

6 Die Sprossen in ein Sieb geben. Die Nudeln in dieses Sieb abgießen. Nudeln und Sprossen in die Suppe rühren und mit den Erdnüssen bestreuen.

Varianten: Anstatt des Ingwers können Sie auch Galgant, der auch Thai-Ingwer genannt wird, verwenden. Diese Wurzel ähnelt äußerlich sehr dem Ingwer, ist aber viel milder und duftet stärker.
▶ Für diese asiatische Suppe können Sie eine Brühe verwenden, wie sie z. B. in Vietnam zubereitet wird. Für ca. 1 Liter Fond werden 4 Möhren, 4 Selleriestangen und 3 Frühlingszwiebeln grob gehackt und mit 3 geschälten, geviertelten Kartoffeln, 4 eingeweichten Baumpilzen, einigen Pfefferkörnern und 2 Nelken mit 2 Liter Wasser zum Kochen gebracht und nach 3 Stunden durch ein Tuch passiert.

Tipp: Wie bei vielen Suppen bildet hier eine Gemüsebrühe die Grundlage. Je besser die Brühe, desto geschmackvoller die Suppe. Leider findet man heutzutage selten die Zeit, den Fond selbst zuzubereiten. Der ideale Fond sollte leicht sein, um die anderen Zutaten nicht zu übertünchen, aber nicht geschmacklos. Das Gemüse muss 2 bis 4 Stunden knapp über dem Siedepunkt gekocht werden.

Eiernudelsuppe mit Kabeljau

Für 2 Portionen

Pro Portion:
kJ/kcal 911/218
Eiweiß 10 g, Fett 4 g
Kohlenhydrate 33 g
Ballaststoffe 4 g
Cholesterin 37 mg

100 g Austernpilze • 2 Frühlingszwiebeln • 50 g frische Sojabohnensprossen
120 g Kabeljaufilet • 1 EL Reisessig • Jodsalz • weißer Pfeffer
1/2 l Gemüsebrühe • 2 EL Sojasauce
1 TL gemahlener Ingwer • 80 g Eiernudeln

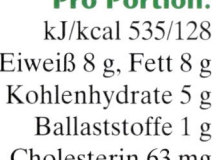

1 Die Austernpilze putzen, waschen und mit heißem Wasser übergießen. Die Frühlingszwiebeln putzen, waschen und in schräge Ringe schneiden. Die Sojabohnensprossen in einem Sieb mit kaltem Wasser abspülen.

2 Das Kabeljaufilet schnetzeln. Mit Reisessig beträufeln, dann salzen und pfeffern.

3 Die Austernpilze abtropfen lassen, leicht ausdrücken und in Streifen schneiden.

4 Die Gemüsebrühe aufkochen und mit Sojasauce und Ingwer würzen. Das Gemüse in die Brühe geben und 5 Minuten offen kochen lassen. Den Fisch und die Nudeln einrühren, noch 3 Minuten leicht kochen lassen und mit Salz und Pfeffer abschmecken.

Variante: Anstatt Kabeljau anderes festes weißes Filet verwenden.

Geeiste Gurkensuppe

Für 4 Portionen

2 Salatgurken • 400 ml Gemüsefond (Fertigprodukt im Glas)
250 g Sahnejoghurt • 1 großes Bund Dill • 3 Blätter frische Pfefferminze
Jodsalz • schwarzer Pfeffer aus der Mühle • Kumin (Kreuzkümmel)
Cayennepfeffer • 1 Schalotte • 100 g Nordseekrabbenfleisch

Pro Portion:
kJ/kcal 535/128
Eiweiß 8 g, Fett 8 g
Kohlenhydrate 5 g
Ballaststoffe 1 g
Cholesterin 63 mg

1 Die Salatgurken schälen, längs halbieren und die Kerne mit einem Teelöffel herausschaben. Das Gurkenfleisch in Stücke schneiden, mit dem Pürierstab fein pürieren und mit Gemüsefond und Joghurt verrühren.

2 Dill und Pfefferminzeblätter abbrausen, gut abschütteln und die Stiele entfernen. Die Blättchen fein hacken und unter die Gurkensuppe rühren. Mit Salz, Pfeffer aus der Mühle, Kumin und Cayennepfeffer abschmecken und zugedeckt mindestens 2 Stunden kühl stellen.

3 Die Schalotte abziehen und fein hacken, mit den Krabben zur Suppe geben. Die Suppe gut gekühlt servieren.

Grüne Kartoffelsuppe

Für 4 Portionen

600 g mehlig kochende Kartoffeln • 2 große Stangen Lauch • 100 g Kerbel
1 großes Bund Petersilie • 2 EL Butter • 1 1/2 l Fleischbrühe
6 EL Sahne • 2 Eigelbe • Jodsalz • weißer Pfeffer
gemahlene Muskatnuss • etwas gehackter Kerbel zum Garnieren

1 Die Kartoffeln schälen, waschen und klein würfeln. Den Lauch putzen, waschen und mit dem zarten Grün in feine Ringe schneiden. Den Kerbel verlesen, waschen, trockentupfen, von den groben Stielen befreien und klein schneiden. Etwas Kerbel zum Garnieren beiseite legen. Die Petersilie waschen, trockenschwenken und fein hacken.

2 In einem großen Topf die Butter erhitzen. Petersilie und Kerbel darin andünsten. Mit Fleischbrühe aufgießen. Die Kartoffeln hinzufügen und bei mittlerer Hitze in 20 Minuten weich kochen lassen. Die Suppe im Topf mit dem Pürierstab pürieren.

3 Die Sahne mit den Eigelben verrühren und unter die Suppe rühren, nicht mehr kochen lassen. Mit Jodsalz, Pfeffer und Muskat abschmecken, in vier tiefen Tellern anrichten und mit etwas Kerbel bestreuen.

Pro Portion:
kJ/kcal 1129/270
Eiweiß 10 g, Fett 9 g
Kohlenhydrate 33 g
Ballaststoffe 8 g
Cholesterin 174 mg

Brennnessel-Spinat-Suppe

Für 2 Portionen

1 kleine Zwiebel • 1 kleine Kartoffel • 1/2 Knoblauchzehe • 1 EL Butter
50 g junge Brennesselblätter • 80 g Spinatblätter (frisch oder tiefgefroren)
1/2 l Gemüsebrühe • Jodsalz • weißer Pfeffer
1 EL geschlagene Sahne • gemahlene Muskatnuss

1 Die Zwiebel abziehen, Kartoffel schälen und beides würfeln.

2 Die 1/2 Knoblauchzehe abziehen und zusammen mit den Zwiebel- und Kartoffelwürfeln in der aufgeschäumten Butter anbraten.

3 Die Brennnessel- und Spinatblätter waschen, zur Butter geben und zusammenfallen lassen. Mit Gemüsebrühe auffüllen und mit Salz, Pfeffer und Muskat würzen. 4 bis 5 Minuten kochen.

4 Inzwischen die Sahne steif schlagen.

5 Die Suppe mit dem Mixstab pürieren, mit Sahne verfeinern, bei Bedarf etwas nachwürzen und in zwei Tassen oder Teller füllen.

Pro Portion:
kJ/kcal 627/150
Eiweiß 4 g, Fett 10 g
Kohlenhydrate 10 g
Ballaststoffe 4 g
Cholesterin 23 mg

117

Nudelsuppe mit Huhn und Gemüse

Für 4 Portionen

1 küchenfertiges Huhn (etwa 1,3 kg) • 400 g Suppenknochen
Salz • 1 Zwiebel • 1 Lorbeerblatt • 1 Gewürznelke
2–3 Stängel frische Petersilie • 1 kleine Sellerieknolle
1 Kohlrabi • 2 Möhren • 1 kleiner Wirsing • 1 Stange Lauch
150 g Bandnudeln • Pfeffer • gemahlene Muskatnuss

Pro Portion:
kJ/kcal 1275/305
Eiweiß 23 g, Fett 5 g
Kohlenhydrate 37 g
Ballaststoffe 7 g
Cholesterin 83 mg

1 In einem großen Topf reichlich Wasser aufkochen lassen.

2 In der Zwischenzeit das Huhn waschen, trockentupfen und von überflüssigem Fett befreien. Die Knochen waschen. Das Huhn und die Suppenknochen ins sprudelnde Wasser geben und 5 bis 10 Minuten vorkochen. Das Wasser abschäumen und abgießen.

3 2 Liter frisches Salzwasser aufkochen lassen. Die Zwiebel mit dem Lorbeerblatt und der Gewürznelke spicken und mit dem Huhn, den Knochen und der Petersilie ins sprudelnde Salzwasser geben. Zugedeckt 2 1/2 Stunden bei schwacher bis mittlerer Hitze kochen.

4 Inzwischen das Gemüse waschen und putzen. Den Sellerie und den Kohlrabi schälen und in Würfel schneiden. Die Möhren schälen und in Scheiben schneiden. Die Wirsingblätter von den harten Stielen befreien, vierteln und in schmale Streifen, den Lauch in Ringe schneiden.

5 Das Huhn, die Knochen, Zwiebel und Petersilie aus der Suppe nehmen. Die Suppe durchsieben und erneut aufkochen lassen. Das klein geschnittene Gemüse dazugeben und 20 Minuten bei mittlerer Hitze kochen. Die Nudeln je nach Packungsanleitung in den letzten 6 bis 10 Minuten mitkochen lassen.

6 Inzwischen das Hühnerfleisch vom Knochen lösen, klein würfeln und ebenfalls zur Suppe geben. Alles mit Salz, Pfeffer und Muskat abschmecken.

Tipps: Das Blanchieren von Huhn und Knochen ist notwendig, um Schmutz- und Schwebeteilchen zu entfernen, die die Suppe beim Kochen eintrüben können. Sollte die Brühe dennoch nicht ganz klar sein, oder um ganz sicher zu gehen, gibt es folgende Möglichkeiten:
▶ 2 bis 3 rohe Tomaten, die mehrmals eingeritzt sind, von Anfang an mitkochen. Die enthaltene Säure bindet entstehende Schwebeteilchen.
▶ Nach dem Erkalten die Suppe mit einer Mischung aus Klärfleisch (grob durchgedrehtes Rinderhack), Eiweiß und zerstoßenem Eis nochmals aufkochen und erneut durch ein Tuch passieren.

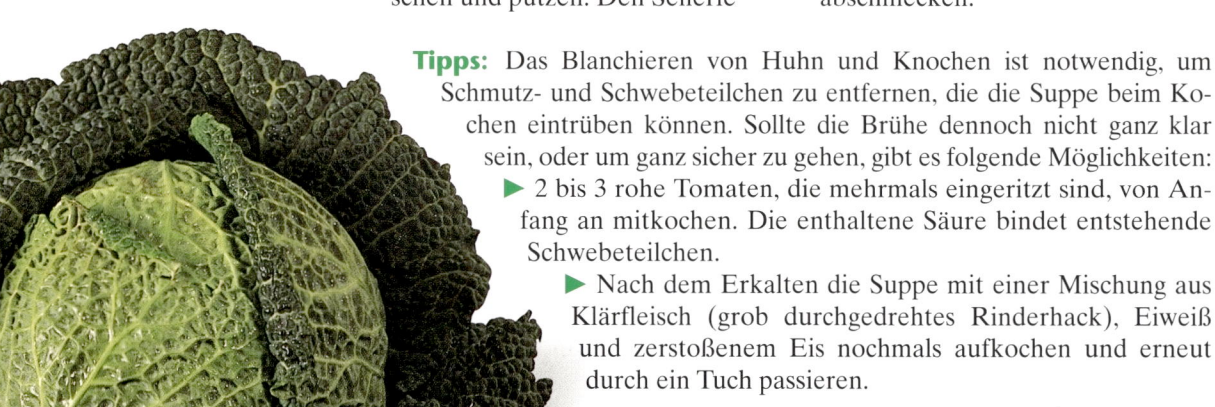

Minestrone

Für 2 Portionen

30 g durchwachsener Speck • 1 Knoblauchzehe • 2 Frühlingszwiebeln
2 Möhren • 1 Zucchini • 1 Tomate
100 g weiße Bohnen (Dose) • 3 EL tiefgekühlte junge Erbsen (30 g)
2 TL gekörnte Fleischbrühe • 1 EL tiefgekühlte Kräuter der Provence
Jodsalz • Pfeffer • 2 EL geriebener Parmesan

Pro Portion:
kJ/kcal 627/150
Eiweiß 7 g, Fett 9 g
Kohlenhydrate 8 g
Ballaststoffe 3 g
Cholesterin 13 mg

1 Den durchwachsenen Speck in sehr kleine Würfel schneiden.

2 Die Knoblauchzehe abziehen, ganz fein würfeln oder zerdrücken. Die Zwiebeln abziehen und in Ringe schneiden. Die Möhren schälen und wie die Zucchini (ungeschält) in feine Scheiben schneiden. Die Tomate halbieren und achteln.

3 Den Speck in einem Topf auslassen, Knoblauch, Zwiebeln, Zucchini und Möhren zufügen und kurz andünsten. Bohnen, Erbsen, gekörnte Brühe, Kräuter und

1/2 Liter Wasser zugeben und aufkochen lassen. Alles 10 Minuten garen, dann mit Salz und Pfeffer abschmecken.

4 Kurz vor dem Servieren die Tomatenachtel in die Suppe geben und darin nur warm werden lassen, nicht zerkochen.

5 Die Minestrone abschmecken und mit geriebenem Parmesan servieren.

Hirseklößchen in Gemüsebrühe

Für 4 Portionen

4 EL Hirse • 150 g Quark • 1 Eigelb • Jodsalz
gemahlene Muskatnuss • 40 g Butter • 1 Eiweiß
1 l Gemüsebrühe • 1/4 Bund Schnittlauch

Pro Portion:
kJ/kcal 953/228
Eiweiß 11 g, Fett 13 g
Kohlenhydrate 12 g
Ballaststoffe 2 g
Cholesterin 176 mg

1 Die Hirse sehr fein mahlen.

2 Den Quark mit Eigelb, Jodsalz, Muskatnuss und Butter schaumig rühren. Die Hirse unterziehen und 1/2 Stunde quellen lassen.

3 Das Eiweiß sehr steif schlagen und vorsichtig unter die Quark-

masse heben. Mit zwei Teelöffeln kleine Klößchen abstechen und in leicht siedender Gemüsebrühe 10 bis 15 Minuten ziehen lassen, bis sie gar sind.

4 Die Suppe mit dem fein geschnittenen Schnittlauch bestreuen.

Grießnockerlsuppe

Für 2 Personen

1/2 l Fleischbrühe • 40 g Butter • 1 Ei • 80 g Weizengrieß • frische Petersilie
Jodsalz • Pfeffer aus der Mühle • gemahlene Muskatnuss

Pro Portion:
kJ/kcal 1549/370
Eiweiß 10 g, Fett 21 g
Kohlenhydrate 32 g
Ballaststoffe 2 g
Cholesterin 168 mg

1 Die Fleischbrühe in einem großen Topf erhitzen.

2 Für die Nockerlmasse die Butter schaumig rühren. Das Ei dazugeben und nach und nach den Weizengrieß einrieseln lassen.

3 Die Petersilie waschen, trockenschleudern, fein hacken und darunter rühren. Die

Masse mit Jodsalz, Pfeffer aus der Mühle und Muskat würzen.

4 Mit zwei Teelöffeln kleine Nockerl in die leicht siedende Fleischbrühe abstechen und etwa 15 Minuten ziehen lassen.

5 Die Suppe in zwei Suppenteller verteilen und mit Petersilie bestreut servieren.

Tipp: Alle Zutaten für die Grießnockerln sollten annähernd die gleiche Temperatur haben, da sonst die Masse bei der Zubereitung gerinnen kann. Dies kann auch passieren, wenn die Butter vor der Zugabe des Eis nicht schaumig gerührt wurde.

Pfannkuchensuppe

Für 2 Personen

1 Ei • 80 g Mehl • 100 ml Milch • Jodsalz
Pfeffer aus der Mühle • gemahlene Muskatnuss
frische gehackte Kräuter (Petersilie, Dill, Majoran, Schnittlauch)
2 TL Butterschmalz • 1/2 l Fleischbrühe • Schnittlauch

Pro Portion:
kJ/kcal 1267/303
Eiweiß 11 g, Fett 13 g
Kohlenhydrate 30 g
Ballaststoffe 4 g
Cholesterin 147 mg

1 Für den Pfannkuchenteig Ei, Mehl und Milch zu einem glatten Teig verrühren. Mit Jodsalz, Pfeffer aus der Mühle und etwas Muskat würzen. Kräuter waschen, trockenschütteln, fein hacken und zum Teig geben.

2 Eine Pfanne erhitzen und in wenig Butterschmalz zwei dünne Pfannkuchen ausbacken; leicht

auskühlen lassen und in Streifen schneiden. In der Zwischenzeit die Fleischbrühe erhitzen und mit Jodsalz und etwas Pfeffer abschmecken.

3 Die Pfannkuchenstreifen in zwei Suppenteller verteilen und mit der heißen Brühe aufgießen. Mit Schnittlauchröllchen bestreuen und servieren.

Rinderbrühe mit Kalbsbrätnockerl

Für 2 Personen

1 Möhre • 1/2 l Rinderbrühe • 120 g Kalbsbrät
2 EL Sahne • 1 EL gehackte Kräuter (Petersilie, Dill)
Jodsalz • Pfeffer aus der Mühle • Petersilie

Pro Portion:
kJ/kcal 610/146
Eiweiß 13 g, Fett 7 g
Kohlenhydrate 5 g
Ballaststoffe 3 g
Cholesterin 190 mg

1 Die Möhre putzen, schälen und in feine Scheiben schneiden. Die Rinderbrühe erhitzen und die Möhrenscheiben darin mitkochen.

2 In der Zwischenzeit das Kalbsbrät mit der Sahne verrühren und mit den Kräutern, Jodsalz und Pfeffer aus der Mühle würzen. Mit zwei Teelöffeln Nockerl abstechen

und in der Rinderbrühe etwa 15 bis 20 Minuten garen. Die Suppe mit Jodsalz und Pfeffer abschmecken.

3 Die Petersilie waschen, trockenschütteln und fein hacken. Die Suppe in zwei Suppenteller verteilen, mit der Petersilie bestreuen und servieren.

Varianten: Die Kalbsbrätnockerl können auch durch Kalbfleischklößchen ersetzt werden. 200 Gramm mageres Kalbfleisch würfeln, mit 50 Gramm Weißbrot ohne Rinde, 1 Eiweiß und 1 Esslöffel Sahne vermischen und gut durchkühlen. Durch die feine Scheibe des Fleischwolfs drehen, nochmals kühlen und mit der Moulinette oder dem Messer unter Zugabe von 2 weiteren Esslöffeln Sahne möglichst fein hacken. Klößchen formen und in der Brühe garen.
Nach dem gleichen Rezept können Sie auch mit Geflügelfleisch ohne Haut Klößchen für eine Hühnerbrühe herstellen.

Eierblumensuppe mit Grieß

Für 2 Personen

1 TL Butter • 2 EL Weizengrieß • 1/2 l Gemüsebrühe • 1 Ei
einige Kopfsalatblätter • Jodsalz • Pfeffer aus der Mühle

1 Die Butter in einem Topf zerlassen, den Grieß darin leicht anrösten, mit der Gemüsebrühe auffüllen und aufkochen lassen. Das Ei verquirlen und in die heiße Suppe rühren.

2 Die Salatblätter waschen und in feine Streifen schneiden. Zum Schluss in die Suppe geben und unterrühren. Die Suppe mit Jodsalz und Pfeffer abschmecken und anrichten.

Pro Portion:
kJ/kcal 636/152
Eiweiß 6 g, Fett 8 g
Kohlenhydrate 12 g
Ballaststoffe 1 g
Cholesterin 128 mg

121

Vegetarische Hauptgerichte

Die vegetarische Küche gewinnt immer mehr Anhänger, sowohl aus gesundheitlichen und ernährungsbewussten, als auch aus moralischen Beweggründen. Niemand zweifelt mehr daran, dass sie für eine vollwertige Ernährung ausreichen kann. Selbst viele Menschen, die nicht ganz auf Fleisch verzichten möchten, schränken ihren Konsum ein und greifen des Öfteren auf vegetarische Gerichte zurück.

Vollkornnudeln mit Tomatensauce

Für 2 Portionen

150 g Vollkornnudeln • Jodsalz
2 Schalotten • 1 Knoblauchzehe
2 TL Butter • 2 Tomaten
1 TL Tomatenmark • frisch gehacktes Basilikum
frisch gezupfter Oregano • Pfeffer aus der Mühle

Pro Portion:
kJ/kcal 1497/358
Eiweiß 11 g, Fett 9 g
Kohlenhydrate 53 g
Ballaststoffe 9 g
Cholesterin 69 mg

1 Die Vollkornnudeln in leicht gesalzenem, sprudelnd kochendem Wasser bissfest garen.

2 Schalotten und Knoblauchzehe abziehen, fein hacken und bei schwacher Hitze in Butter glasig anbraten. Die Tomaten waschen, vom Stielansatz befreien, vierteln. Das Tomatenmark mit den Schalotten anschwitzen, die Tomatenviertel zugeben und mitdünsten.

3 Die Basilikumblätter waschen, trockenschütteln und fein hacken. Die Sauce mit dem Mixer pürieren, mit Basilikum und Oregano, Jodsalz und Pfeffer aus der Mühle abschmecken und etwas einkochen lassen.

4 Die Nudeln abgießen und mit der Tomatensauce mischen.

Beilagenempfehlung: Salat

Gemüse-Quark-Puffer

Für 2 Portionen

120 g Magerquark • 40 g Semmelbrösel
1 Zwiebel • 1 Knoblauchzehe
3 Möhren • 200 g Mungbohnenkeimlinge
1 EL Butter • frischer Dill • Jodsalz
Pfeffer aus der Mühle • 2 Eier • 1 EL Butterschmalz

1 Den Quark mit den Semmelbröseln verrühren und diese quellen lassen.

2 In der Zwischenzeit die Zwiebeln und die Knoblauchzehe abziehen und fein hacken. Die Möhren putzen, schälen und grob raspeln, die Mungbohnenkeimlinge blanchieren. Zwiebeln, Knoblauch und Möhren bei schwacher Hitze in der Butter anbraten und abkühlen lassen.

3 Den Dill waschen, trockenschütteln und fein schneiden. Das abgekühlte Gemüse mit den Mungbohnensprossen unter die Quark-Semmelbrösel-Mischung heben. Den Quark mit etwas Jodsalz, Pfeffer aus der Mühle und dem Dill würzen.

4 Die Eier mit einem Schneebesen verquirlen und unter die Quarkmischung ziehen. Aus der Masse kleine Puffer formen und in etwas heißem Butterschmalz auf beiden Seiten in etwa 5 Minuten goldbraun braten.

Beilagenempfehlung: Salat

Pro Portion:
kJ/kcal 2082/498
Eiweiß 24 g, Fett 28 g
Kohlenhydrate 30 g
Ballaststoffe 6 g
Cholesterin 300 mg

Info: Bei der Wahl der Sprossen können Sie statt auf Mungbohnenkeimlinge auch auf andere Sprossenarten zurückgreifen, allerdings eignen sich in diesem Fall kleinere, zarte Sorten wie Radieschen- oder Alfalfasprossen oder die etwas festeren Sojasprossen am besten. Es gibt eine Vielzahl von weniger verbreiteten Varianten, die zum Kennenlernen einladen. Erbse, Kichererbse, Linsen, Senf, Sonnenblumen und Weizen werden zur Aufzucht von Sprossengemüse verwendet.
Da die Sprossen in nur kurzer Wachstumszeit aus der konzentrierten Nährstoffreserve des Samenkorns entstehen, haben sie einen hohen Nährwert und sind reicher an Mineralstoffen, Vitaminen und anderen Inhaltsstoffen als später die ausgewachsenen Pflanzen.
Die Anzucht der Sprossen ist nicht schwierig. Eigentlich benötigen sie zur Keimung nur Licht, Feuchtigkeit, eine gut funktionierende Luftzirkulation und eine Temperatur von ca. 21 °C, Voraussetzungen, wie Sie sie problemlos auf Ihrem Fensterbrett in einem Weckglas schaffen können, wenn Sie Ihre eigenen Sprossen ziehen wollen.

Buffetrenner der 70er waren gefüllte Tomaten – allerdings mit einer üppigen Mayonnaise-Fleischsalat-Mischung. Sie werden feststellen, dass dieses Tomatengericht mindestens genauso schmackhaft ist und dazu noch weitaus bekömmlicher.

Gratinierte Quarktomaten

Für 2 Portionen

4 Fleischtomaten • 60 g Magerquark • 4 EL saure Sahne		
I EL Distelöl • I EL Senf • I TL Zitronensaft • Meersalz		
Pfeffer aus der Mühle • 3 kalte gekochte Kartoffeln		
3–4 Schalotten • 100 g Champignons		
50 g geriebener Bergkäse • frischer Dill		

Pro Portion:
kJ/kcal 1978/473
Eiweiß 22 g, Fett 17 g
Kohlenhydrate 51 g
Ballaststoffe 13 g
Cholesterin 29 mg

1 Von den gewaschenen Tomaten einen Deckel abschneiden. Das Fruchtfleisch mit einem Löffel herauslösen und anderweitig verwenden, z. B. für eine Sauce.

2 Quark, saure Sahne, Öl und Senf mit Zitronensaft verrühren, mit Salz und Pfeffer abschmecken.

3 Die Kartoffeln und die Schalotten schälen und sehr fein würfeln.

Die Champignons putzen und blättrig schneiden. Das Gemüse unter die Quarkmasse ziehen.

4 Den Gemüsequark in die Tomaten füllen, diese in eine feuerfeste Form setzen, mit geriebenem Käse bestreuen und im Backofen bei 220 °C (Gas Stufe 4–5) etwa 5 Minuten gratinieren. Die gefüllten Tomaten mit Dillzweigen garnieren.

Auberginenlasagne

Für 2 Portionen

I Aubergine • etwas Zitronensaft • Jodsalz
I Knoblauchzehe • I TL Olivenöl • 3 Tomaten
2 TL Tomatenmark • 2 EL Mehl • 1/2 Zwiebel
80 g Champignons • I Zucchini
frischer Thymian • frisches Basilikum • I TL Pflanzenöl
Pfeffer aus der Mühle • I TL Butter
80 g Lasagneplatten (ohne vorkochen) • 80 g geriebener Hartkäse

1 Den Backofen auf 220 °C (Gas Stufe 4–5) vorheizen. Die Aubergine waschen, in dünne Scheiben schneiden, mit Zitronensaft beträufeln, mit wenig Jodsalz bestreuen und 10 Minuten ziehen lassen.

2 Die Knoblauchzehe abziehen, mit etwas Jodsalz zerdrücken und mit dem Olivenöl mischen. Die Auberginenscheiben mit der Knoblauch-Öl-Paste bestreichen und im heißen Ofen etwa 5 Minuten backen.

3 Die Tomaten waschen, vom Stielansatz befreien, pürieren und mit dem Tomatenmark aufkochen. 1 Esslöffel Mehl in wenig kaltem Wasser klümpchenfrei anrühren und die Tomatensauce damit binden; kurz aufkochen lassen.

4 Die Zwiebel abziehen und fein würfeln. Die Champignons putzen und blättrig schneiden. Die Zucchini waschen und grob raspeln. Thymian und Basilikum waschen, trockenschütteln und fein hacken.

5 Die Zwiebelwürfel bei schwacher Hitze in Öl anbraten, Champignons und Zucchini dazugeben und alles bissfest dünsten. Das Gemüse mit dem restlichen Mehl binden und pikant mit den gehackten Kräutern und etwas Pfeffer aus der Mühle abschmecken.

6 Das Gemüse und die Auberginen abwechselnd mit der Tomatensauce und den Nudelplatten in eine mit Butter ausgefettete Auflaufform schichten. Die Lasagne mit Käse bestreuen und im Backofen etwa 20 Minuten backen.

Beilagenempfehlung: Salat

Pro Portion:
kJ/kcal 2208/528
Eiweiß 24 g, Fett 21 g
Kohlenhydrate 52 g
Ballaststoffe 11 g
Cholesterin 76 mg

Info: Die Auberginenpflanze ist ein einjähriges Nachtschattengewächs, das bis zu einem Meter groß werden kann. Sie benötigt ein warmes Klima. Sehr wichtig ist der genaue Erntezeitpunkt, da zu früh geerntete Früchte noch das giftige Solanin enthalten. Der reifen Aubergine werden aber viele gesunde Eigenschaften zugeschrieben. Sie soll heilend bei rheumatischen Beschwerden, Ischiasschmerzen und Nierenleiden wirken und ihr Fruchtwasser senkt den Cholesterinspiegel des Blutes.

Bunte Nudelpfanne

Für 2 Portionen

200 g Spiralnudeln • Jodsalz
2 Möhren • 1 Zucchini
100 g grüne Erbsen • 1 Zwiebel
1 EL gehackte Minze • 1 TL Butter
Pfeffer aus der Mühle

Pro Portion:
kJ/kcal 2015/482
Eiweiß 19 g, Fett 6 g
Kohlenhydrate 81 g
Ballaststoffe 10 g
Cholesterin 102 mg

1 Die Spiralnudeln in reichlich Salzwasser bissfest kochen, in ein Sieb abgießen, abtropfen lassen und im Topf bis zur Weiterverwendung warm halten.

2 Möhren und Zucchini putzen, klein würfeln bzw. in Scheiben schneiden. Die Erbsen aus den Hülsen streifen. Die Zwiebel abziehen und fein würfeln. Die Minzeblätter waschen, trockenschütteln und fein hacken.

3 Die Butter in einem großen Topf erhitzen und die Zwiebel-würfel glasig anbraten. Die Möhren zugeben und Zwiebeln und Möhren etwa 10 Minuten im geschlossenen Topf garen, die Zucchini hinzufügen. Nach weiteren 5 Minuten die Erbsen dazugeben und zusammen noch etwa 3 Minuten garen.

4 Das Gemüse mit der Minze unter die Nudeln mischen. Die Nudelpfanne nochmals erhitzen und mit Jodsalz und Pfeffer aus der Mühle abschmecken.

Beilagenempfehlung: Salat

Varianten: Wie der Name »Bunte Nudelpfanne« schon nahe legt, eignen sich auch viele andere Gemüse zur Verwendung. Es ist das ideale Gericht, um alle Ihre Gemüsereste, die bei anderen Rezepten übrig geblieben sind, zu verarbeiten. Paprikaschoten, Stangensellerie, Auberginen können genauso mitverwendet werden wie Mais, Brokkoliröschen oder auch Blattspinat und Mangold. Sie müssen bei der Zubereitung nur auf die unterschiedlichen Garzeiten der Gemüse achten.
▶ Eine weitere Variation ist, die Nudelpfanne in einen Auflauf zu verwandeln. Füllen Sie die Nudel-Gemüse-Mischung in eine gebutterte Auflaufform, bestreuen Sie sie mit geriebenem Parmesan oder Mozzarellawürfeln und überbacken Sie das Ganze 10 Minuten bei 180 °C (Gas Stufe 2–3).

Tipp: Während Minze in der Küche des Nahen Ostens vielseitige Verwendung findet, wird sie bei uns eher stiefmütterlich behandelt, obwohl sie durch ihren frischen Geschmack vielen Gerichten eine besonders interessante Note verleihen kann. Sie sollte allerdings wegen ihres deutlichen Eigengeschmacks sparsam eingesetzt werden und harmoniert nur mit sehr wenigen anderen Kräutern.

Fleischtomaten mit Spinatfüllung

Für 2 Portionen

250 g Blattspinat • Jodsalz
1 kleine Zwiebel • 1 Knoblauchzehe
1 TL Butter • 2 EL Crème fraîche
Pfeffer aus der Mühle • gemahlene Muskatnuss
80 g Tilsiter • 2 feste Fleischtomaten
1 TL Butter für die Form

1 Den Spinat waschen, verlesen und die großen Stiele entfernen. In heißem Salzwasser blanchieren, in ein Sieb abgießen, etwas abkühlen lassen, ausdrücken und grob hacken. Die Zwiebel und die Knoblauchzehe abziehen und fein würfeln. Den Backofen auf 200 °C (Gas Stufe 3–4) vorheizen.

2 Die Butter erhitzen, die Zwiebel- und Knoblauchwürfel glasig anbraten. Den Spinat dazugeben und kurz mitdünsten. Den Topf von der Kochstelle nehmen. Die Crème fraîche unter den Spinat rühren und die Gewürze zugeben.

3 Den Käse grob reiben. Die Tomaten waschen, das obere Drittel jeder Tomate abschneiden und das Fruchtfleisch mit Hilfe eines Löffels entfernen. Die Spinatmasse in die Tomaten füllen.

4 Eine feuerfeste Form ausfetten, die Tomaten hineinsetzen, mit dem Käse bestreuen und im Ofen überbacken. Sobald der Käse zerlaufen ist, die abgeschnittenen Drittel als Deckel auf die Tomaten setzen und weitere 10 Minuten im Backofen garen lassen.

Beilagenempfehlung: Reis

Pro Portion:
kJ/kcal 1313/314
Eiweiß 16 g, Fett 22 g
Kohlenhydrate 9 g
Ballaststoffe 7 g
Cholesterin 45 mg

Variante: Eine weitere Möglichkeit für ein interessantes Gericht ist, die Füllung aus Frühlingszwiebeln und Möhren zuzubereiten. Die Tomaten wie beschrieben aushöhlen. 1 Zwiebel abziehen und würfeln, 3 Frühlingszwiebeln putzen und klein schneiden, 3 Möhren schälen und grob raspeln. 2 Esslöffel Keimöl erhitzen und die vorbereiteten Zutaten bei schwacher Hitze andünsten. 1 Esslöffel Tomatenmark zugeben, kurz mitdünsten und mit 2 Esslöffeln Wasser ablöschen. Die Flüssigkeit einkochen, das Gemüse mit Jodsalz, Pfeffer und 1 Teelöffel gehacktem Basilikum würzen und in die Tomaten füllen. Mit geriebenem Käse bestreuen und 20 Minuten im Backofen bei 200 °C (Gas Stufe 3–4) garen.

Info: Mit ca. 94 Prozent Wassergehalt ist die Tomate eines der kalorienärmsten Gemüse, aber dennoch ein wertvolles und ausgesprochen gesundes Nahrungsmittel. Insgesamt enthalten Tomaten vor allem Kalium und Magnesium sowie Vitamin C.

Gratinierter grüner Spargel

Für 2 Portionen

500 g grüner Spargel • Jodsalz
2 EL Butter • 1 EL Mehl • 100 ml Milch
80 g Sahne • 1 EL Weißwein
Pfeffer aus der Mühle • gemahlene Muskatnuss

Pro Portion:
kJ/kcal 1442/345
Eiweiß 9 g, Fett 27 g
Kohlenhydrate 14 g
Ballaststoffe 4 g
Cholesterin 85 mg

1 Die Spargelstangen waschen, das untere Drittel schälen und die holzigen Enden abschneiden. Den Spargel in reichlich Salzwasser etwa 10 Minuten garen, aus dem Topf nehmen und abtropfen lassen, die Garflüssigkeit aufheben. Die Spargelstangen halbieren.

2 In einem Topf 1 Esslöffel Butter erhitzen und das Mehl unter Rühren hell anschwitzen. Die Mehlschwitze mit der kalten Milch und etwa 1 Tasse des Spargelsuds ablöschen. Klümpchenfrei miteinander verrühren und kurz aufkochen lassen. Die Hälfte der Sahne und den Wein in die Sauce rühren und diese mit den Gewür-

zen abschmecken. Die Sauce nochmals aufkochen lassen und den Topf dann von der Kochstelle nehmen. Die restliche Sahne steif schlagen und unter die Sauce ziehen.

3 Eine feuerfeste Form mit etwas Butter ausfetten. Die halbierten Spargelstangen hineinlegen und mit der Sauce übergießen. Die restliche Butter in Flöckchen auf dem Spargel verteilen und im Backofen auf der mittleren Schiene etwa 20 Minuten bei 200 °C (Gas Stufe 3 – 4) überbacken lassen.

Beilagenempfehlung: Pellkartoffeln

Variante: Zum Überbacken von Spargel eignet sich auch eine Mornaysauce ausgezeichnet. 1/2 Zwiebel abziehen, fein würfeln, in 1 Esslöffel Butter glasig dünsten. 2 Esslöffel Mehl dazurühren und anschwitzen. 1/4 Liter kalte Milch zugeben und unter ständigem Rühren aufkochen. Bei schwacher Hitze 30 Minuten kochen lassen. 2 Esslöffel Sahne mit 1 Eigelb vermischen und in die nicht mehr kochende Sauce einrühren. 50 Gramm Parmesan unterziehen und über den Spargel geben.

Info: Spargel ist nicht nur wegen seines guten Geschmacks so beliebt, sondern weil er durch seinen hohen Gehalt an Vitaminen der B-Gruppe geradezu erfrischend und belebend wirken kann. Thiamin, Riboflavin, Pyridoxin und Niazin, das eine zentrale Funktion im Stoffwechsel hat, da es an der Verarbeitung der Hauptnährstoffe Eiweiß, Fett und Kohlenhydrate beteiligt ist, finden sich in hoher Konzentration. Ein weiterer wichtiger Inhaltsstoff ist die Folsäure, die für die Blutbildung und Hormonproduktion von Bedeutung ist.

Vollkornspaghetti mit Gemüseragout

Für 2 Portionen

120 g Vollkornspaghetti • Jodsalz • 1 TL Keimöl
60 g Champignons • 100 g Brokkoliröschen • 1/2 rote Paprikaschote
1 TL Keimöl • 60 g Maiskörner (Glas) • Pfeffer aus der Mühle
gemahlener Koriander • 100 ml Gemüsebrühe
2 Dillzweige • 1 EL Sahne

1 Die Vollkornspaghetti in reichlich Salzwasser mit einigen Tropfen Keimöl bissfest kochen, in ein Sieb abgießen und abtropfen lassen.

2 Die Champignons putzen. Den Brokkoli waschen, putzen, in Röschen teilen, in Salzwasser blanchieren und in kaltem Wasser abschrecken. Die Paprikaschote entkernen, vom Stielansatz befreien, waschen und in Würfel schneiden.

3 Das Keimöl erhitzen und die Champignons anbraten. Brokkoli, Paprika und Mais dazugeben. Das Gemüse mit Jodsalz, Pfeffer und Koriander würzen. Die Gemüsebrühe hinzufügen und einreduzieren, bis die Flüssigkeit gerade noch den Boden bedeckt.

4 Die Dillspitzen von den Zweigen zupfen, klein schneiden und mit etwas Sahne zum Gemüse geben. Die Nudeln zum Gemüse geben und erhitzen. Falls nötig, etwas nachwürzen. Das Gericht auf zwei vorgewärmte Teller verteilen.

Beilagenempfehlung: Verschiedene Blattsalate mit Vinaigrette

Pro Portion:
kJ/kcal 1392/333
Eiweiß 12 g, Fett 10 g
Kohlenhydrate 45 g
Ballaststoffe 9 g
Cholesterin 46 mg

Variante: Diese Abwandlung ist besonders für Maisliebhaber gedacht. 2 Tomaten blanchieren, häuten, vom Stielansatz befreien, vierteln und in Streifen schneiden. 1 rote Paprikaschote halbieren, Stielansatz und Kerne entfernen und das Fruchtfleisch würfeln. 1 Esslöffel Olivenöl erhitzen und die Paprikawürfel darin weich dünsten. 200 Gramm Mais und die Tomatenstreifen zugeben, mit etwas Gemüsebrühe ablöschen und die Flüssigkeit einkochen. Mit Jodsalz, Pfeffer, Koriander und Oregano würzen.

Info: Mais bietet die ideale Kombination eines hohen Gehalts von Vitamin B1 (Thiamin) und Mangan. Thiamin hilft beim Abbau der Kohlenhydrate zu Glukosemolekülen, die die Nerven- und Gehirnzellen als Energienahrung brauchen. Damit das Thiamin diese Funktion ausüben kann, muss das Spurenelement Mangan ausreichend im Körper vorhanden sein. Allerdings weist Mais leider einen Mangel an Niazin auf, was man in Betracht ziehen muss, wenn Mais – wie in vielen südamerikanischen Ländern – das Hauptnahrungsmittel ist.

Quarkpflanzerl mit Tomatensauce

Für 2 Portionen

1 kleines Bund Schnittlauch • 200 g Quark • 50 g Sauerrahm
1 Ei • 1 Eigelb • 70 g kleine Weißbrotwürfel
2 EL flüssige Butter • 40 g geriebener Hartkäse
20 g Blauschimmelkäse • 2 EL Mehl • Jodsalz
Pfeffer aus der Mühle • gemahlene Muskatnuss
1 kleine Zwiebel • 1 Knoblauchzehe • 1 TL Olivenöl
2 Tomaten • 100 ml Gemüsebrühe
50 g Schältomaten • Keimöl

Pro Portion:
kJ/kcal 2810/672
Eiweiß 34 g, Fett 38 g
Kohlenhydrate 39 g
Ballaststoffe 6 g
Cholesterin 349 mg

1 Den Schnittlauch waschen, trocknen und in kleine Röllchen schneiden.

2 Den Quark mit Sauerrahm, Ei, Eigelb, Weißbrotwürfeln, flüssiger Butter, Käse, Mehl und Schnittlauch vermischen, mit Jodsalz, schwarzem Pfeffer und etwas Muskat würzen. Den Teig 30 Minuten ruhen lassen.

3 In der Zwischenzeit Zwiebel und Knoblauchzehe abziehen, in Würfel schneiden und in Olivenöl glasig anbraten. Die frischen Tomaten in kleine Stücke schneiden, zu den Zwiebeln geben, mit Gemüsebrühe aufgießen und etwa 10 Minuten leise kochen lassen. Das Gemüse durch ein Sieb streichen.

4 Die Schältomaten klein schneiden und in die Sauce geben. Diese mit Jodsalz und etwas Pfeffer aus der Mühle abschmecken und noch einige Minuten kochen lassen.

5 Aus dem Quarkteig kleine Pflanzerl formen und in Keimöl beidseitig goldbraun backen. Die Tomatensauce dazu servieren.

Beilagenempfehlung: Salat

Varianten: Sie können aus den Quarkpflanzerln auch Quark-Gemüse-Pflanzerln machen. 1 Möhre und 1 Zucchini fein raspeln und zum Teig geben. Die Gemüsestreifen eventuell vorher mit Hilfe eines Küchentuchs auspressen, damit nicht zu viel zusätzliche Feuchtigkeit in den Teig gelangt. Auf die Zugabe des Blauschimmelkäses verzichten, da sein intensiver Geschmack das Gemüse überdecken würde.
Möchten Sie eine aromatischere Tomatensauce, bereiten Sie diese mit getrockneten Tomaten zu. 8 bis 10 getrocknete Tomaten in Streifen schneiden. 1 Schalotte abziehen und fein würfeln, in 1 Esslöffel Öl glasig anbraten, die Tomatenstreifen zugeben und mit je 1/8 Liter Gemüsebrühe und passierten Tomaten auffüllen. Bei schwacher Hitze mit geschlossenem Deckel 10 Minuten ziehen lassen. Die Sauce pürieren und mit 1 Teelöffel italienischer Olivenpaste, Jodsalz, Pfeffer und etwas gehacktem Salbei abschmecken.

Kräuterspätzle mit Rahmpilzen

Für 2 Portionen

1 EL gehackte Petersilie • 1 EL Schnittlauchröllchen
120 g Weizenmehl • gemahlene Muskatnuss
Jodsalz • 1 Ei • 1 TL Keimöl
Sauce:
100 g Zuchtpilze (Champignons, Egerlinge, Austernpilze)
1 Knoblauchzehe • 1 Frühlingszwiebel
1 TL Keimöl • Jodsalz • Pfeffer aus der Mühle
2 EL Crème fraîche • 2 EL Kefir

1 Petersilie und Schnittlauch waschen und trockenschütteln. Die Petersilie fein hacken, den Schnittlauch in kleine Röllchen schneiden. Weizenmehl, Petersilie und Schnittlauch mischen und mit Muskat, Jodsalz und dem Ei verrühren. Unter Rühren etwa 1/2 Tasse Wasser hinzufügen bis ein zäher Teig entsteht. Den Teig schlagen bis er Blasen wirft, dann das Keimöl untermengen. Den Teig etwa 30 Minuten ruhen lassen.

2 Inzwischen für die Sauce die Pilze putzen und in dünne Scheiben schneiden. Die Knoblauchzehe abziehen und hacken, die Frühlingszwiebel putzen, waschen und klein schneiden. Das Öl in einer Pfanne erhitzen, Knoblauch, Zwiebel und Pilze andünsten und mit Jodsalz und Pfeffer aus der Mühle würzen.

3 Reichlich Salzwasser aufkochen lassen. Den Teig mit einem Spätzlehobel ins sprudelnde Wasser hobeln. Die Spätzle mit einem Schaumlöffel herausheben, sobald sie oben schwimmen, und auf eine heiße Platte geben.

4 Die Pilze mit der Crème fraîche aufkochen lassen, den Kefir unterrühren, nicht mehr kochen. Die Sauce abschmecken und über die Spätzle gießen.

Beilagenempfehlung: Salat

Pro Portion:
kJ/kcal 1472/352
Eiweiß 13 g, Fett 13 g
Kohlenhydrate 42 g
Ballaststoffe 7 g
Cholesterin 126 mg

Info: Austernpilze sind nach den Champignons in den letzten Jahren zu den zweitwichtigsten Zuchtpilzen aufgestiegen. An ihren natürlichen Standorten, morschen Baumstümpfen und anderen organischen Stoffen, erscheinen sie erst im Spätherbst nach den ersten Nachtfrösten. Die Austernpilze im Handel stammen allerdings ausschließlich aus Zuchtanlagen und sind ganzjährig erhältlich. Gehäckseltes, fermentiertes, feuchtes Stroh wird mit der Pilzbrut versetzt, in Kunststoffsäcke gefüllt und bei 22 °C und einer Luftfeuchtigkeit von ca. 80 Prozent gelagert. In zwei Wochen wird das Substrat von dem Pilzmyzel durchwachsen und dann umgefüllt. Nach weiteren zwei Wochen können die ersten aus den Säcken wachsenden Austernpilze mit der Hand geerntet werden. Die Ernte dieser Einheiten erstreckt sich über vier bis sechs Wochen.

Spaghetti mit Dill-Limetten-Sauce

Für 2 Portionen

1 Frühlingszwiebel • 1 TL Butter • 1 Limette	
einige Korianderkörner • 2 Pimentkörner	
1 Messerspitze gemahlener Safran • 1 TL Mehl • 80 g Crème fraîche	
200 g dünne Spaghetti • Jodsalz • weißer Pfeffer • einige Dillzweige	

Pro Portion:
kJ/kcal 2270/543
Eiweiß 15 g, Fett 18 g
Kohlenhydrate 73 g
Ballaststoffe 4 g
Cholesterin 114 mg

1 Die Frühlingszwiebel putzen, waschen, in feine Ringe schneiden und in Butter anbraten. Die Limette waschen, trockentupfen und die Schale abraspeln. Koriander und Piment zerstoßen, mit Safran und Limettenschale zu den Zwiebeln geben, Mehl und Crème fraîche unterrühren. Die Sauce 5 Minuten bei schwacher Hitze kochen lassen.

2 Die Spaghetti nach Packungsanleitung in Salzwasser bissfest garen.

3 Inzwischen die Limette auspressen. Die Sauce mit Limettensaft, Jodsalz und Pfeffer würzen. Den Dill waschen, trockenschütteln, fein hacken und unter die Sauce rühren.

4 Die Spaghetti in ein Sieb abgießen, abtropfen lassen, mit der Sauce vermischen und mit Jodsalz und Pfeffer abschmecken. Das Gericht sofort servieren.

Beilagenempfehlung: Tomatensalat

Infos: Die Heimat der Limette ist der südostasiatische Raum, insbesondere Malaysia. Als kälteempfindlichste Zitrusart ist sie ein reines Tropengewächs. Auch in Südamerika und in der Karibik sind Limetten weit verbreitet. Das grüne Fruchtfleisch hat einen hohen Wasseranteil; Limetten sind etwa doppelt so saftig wie Zitronen, hocharomatisch und meist kernlos. Zudem ist diese ausgesprochen saure Frucht reich an Kalium, Kalzium und Phosphor sowie an aromatischen Ölen. Wegen des hohen Gehalts an Kalium, das als Bestandteil der Säfte im Magen-Darm-Trakt auch an der Verdauung beteiligt ist, gilt Limettensaft als hilfreich bei verdauungsbedingten Magenschmerzen. Der Vitamin-C-Gehalt ist zwar geringer als bei der Zitrone, aber immer noch so hoch, dass Limetten früher auf Schiffen als Vorbeugungsmittel gegen Skorbut mitgeführt wurden.

▶ Dill lässt sich nicht mit allem kombinieren, aber mit Limettensaft geht er eine harmonische Beziehung ein. Das trifft auch auf den gesundheitlichen Aspekt zu. Dill gilt als Mittel zur Linderung von Verdauungsstörungen, Magenkrämpfen, Durchfall und Erbrechen. Des Weiteren sorgen seine Inhaltsstoffe für eine leicht nervenberuhigende, entkrampfende und entzündungshemmende Wirkung und regen den Appetit an.

Raffinierte Kombination: Das feinwürzige Aroma des Dills harmoniert hervorragend mit der frischen Säure der Limette.

Kräuterrisotto mit Gorgonzola

Für 2 Portionen

1 Schalotte • 2 TL Butter • 175 g Rundkornreis
1/2 l Gemüsebrühe • 2 EL trockener Weißwein
40 g Gorgonzola (italienischer Edelpilzkäse) • Jodsalz • weißer Pfeffer
2 EL Sommerkräuter (Dill, Petersilie, Kerbel, Borretsch, Basilikum, Pimpinelle)

1 Die Schalotte abziehen, fein hacken und in 1 Teelöffel erhitzter Butter anbraten. Den Reis zugeben und unter Rühren kurz anschwitzen. Mit etwa 1/3 der Gemüsebrühe aufgießen und zugedeckt bei schwacher Hitze etwa 10 Minuten kochen.

2 Den Topfdeckel abnehmen und den Risotto weitere 20 bis 30 Minuten offen garen, dabei nach und nach die übrige Brühe und den Wein zugießen und gelegentlich mit einem Holzlöffel umrühren.

3 Die restliche Butter und den gewürfelten Gorgonzola unter den Risotto rühren, mit Jodsalz und weißem Pfeffer abschmecken.

4 Die Sommerkräuter waschen, trockenschütteln, von den Stielen zupfen und fein hacken. Die Kräuter kurz vor dem Anrichten unter den Risotto mischen.

Pro Portion:
kJ/kcal 2057/492
Eiweiß 11 g, Fett 15 g
Kohlenhydrate 73 g
Ballaststoffe 2 g
Cholesterin 38 mg

133

Gefüllte Halbmonde mit Minzebutter

Für 2 Portionen

150 g Mehl • 2 Eier • 1 EL Rapsöl • 1/2 TL Salz

Füllung:

80 g tiefgekühlter Spinat • 80 g Ziegenkäse • 1 TL Butter
1 EL Semmelbrösel • 1 Ei • Jodsalz • weißer Pfeffer

Schmelze:

2 Zweige frische Pfefferminze • 1 EL Butter
Jodsalz • weißer Pfeffer

1 Aus Mehl, Eiern, Öl, Salz und eventuell 1 bis 2 Esslöffeln Wasser einen elastischen Nudelteig herstellen. Den Teig in Klarsichtfolie wickeln und 30 Minuten ruhen lassen.

2 In der Zwischenzeit für die Füllung den Spinat nach Packungsanleitung erwärmen, in einem Sieb abtropfen lassen und ausdrücken. Den Ziegenkäse würfeln, mit der Gabel zerdrücken und mit dem Spinat, der Butter, den Semmelbröseln und dem Ei vermischen. Die Füllung mit Jodsalz und weißem Pfeffer würzen und 10 Minuten quellen lassen.

3 Den Teig mit dem Nudelholz auf einer bemehlten Arbeitsfläche oder mit der Nudelmaschine dünn ausrollen. Aus dem Teig 10 Zentimeter große Kreise ausstechen, auf jeden etwas von der Füllung geben, die Ränder anfeuchten und die Kreise zu Halbmonden zusammenfalten. Die Ränder festdrücken.

4 Inzwischen reichlich Salzwasser aufkochen. Die Ravioli 15 Minuten sieden lassen.

5 Die Pfefferminze waschen, grob hacken, in erhitzter Butter einige Minuten andünsten und mit Salz und Pfeffer würzen.

6 Die Ravioli in ein Sieb abgießen, abtropfen lassen und mit der Minzebutter übergießen.

Beilagenempfehlung: Salat

Pro Portion:
kJ/kcal 2835/678
Eiweiß 29 g, Fett 34 g
Kohlenhydrate 55 g
Ballaststoffe 8 g
Cholesterin 410 mg

Tipp: Wenn Sie eine Nudelmaschine benutzen, formen Sie den Teig zu einem Rechteck und drehen ihn dann durch die Nudelmaschine. Beginnen Sie mit dem größtmöglichen Abstand der Walzen. Die Enden der Teigbahn in die Mitte klappen und den Vorgang einige Male wiederholen. Den Teig in kleinere Portionen teilen, jedes Stück immer wieder durch die Nudelmaschine drehen und dabei den Abstand der Rollen nach und nach verringern, bis der Teig die gewünschte Dicke hat, in diesem Fall bis zur zweitkleinsten Stufe. Die Nudelteigstücke halbieren, falls sie zu lang werden. Die Teigplatten mit der Hand abstützen, wenn sie aus der Maschine kommen, damit sie keine Falten werfen oder zusammenkleben.

134

Basilikumnudeln mit Rauke

Für 2 Portionen

1 Bund frisches Basilikum • 160 g Mehl
2 Eier • 1/2 TL Jodsalz • 1 Tomate • 80 g Egerlinge
Jodsalz • 1 TL Keimöl • 1 Knoblauchzehe
1 kleines Bund Rauke • Pfeffer aus der Mühle
40 g geriebener Parmesan • einige rosa Beeren zum Garnieren

1 Das Basilikum abbrausen, trockenschütteln, die Blätter von den Stielen zupfen und fein hacken.

2 Mehl, Eier, Basilikum und Jodsalz zu einem geschmeidigen Teig verkneten. Den Teig zu einer Kugel formen und in Folie gewickelt im Kühlschrank mindestens 1 Stunde ruhen lassen.

3 Den Teig auf leicht bemehlter Arbeitsfläche sehr dünn ausrollen und in lange, etwa 2 Zentimeter breite Bandnudeln schneiden. Kurz antrocknen lassen.

4 In der Zwischenzeit die Tomate mit kochendem Wasser überbrühen, abziehen, entkernen und das Fruchtfleisch klein würfeln. Die Egerlinge putzen, waschen und in feine Scheiben schneiden.

5 Die Bandnudeln in etwa 8 bis 10 Minuten in reichlich Salzwasser bissfest kochen.

6 Das Keimöl erhitzen und die Egerlinge anbraten. Die Knoblauchzehe abziehen, zerdrücken und zu den Pilzen geben. Die Tomatenwürfel unterheben. Die Rauke waschen und in mundgerechte Stücke zupfen.

7 Die Bandnudeln in ein Sieb abgießen, abtropfen lassen und mit der Tomaten-Pilz-Mischung vermengen. Die vorbereitete Rauke untermischen, die Nudeln mit Jodsalz und Pfeffer aus der Mühle abschmecken. Das Gericht auf zwei Teller verteilen und mit geriebenem Parmesan und einigen rosa Beeren bestreuen.

Pro Portion:
kJ/kcal 1973/472
Eiweiß 24 g, Fett 15 g
Kohlenhydrate 54 g
Ballaststoffe 9 g
Cholesterin 258 mg

Variante: Nudelteig kann durch die verschiedensten Zutaten geschmacklich oder farblich variiert werden. Eine andere Möglichkeit, grüne Nudeln zu erhalten, ist, Spinat mitzuverarbeiten. Die blanchierten Blätter müssen aber sehr gut getrocknet und ausgedrückt werden, bevor man sie klein hackt und in den Teig einarbeitet, damit nicht zu viel Flüssigkeit in den Teig gerät und ihn zu klebrig macht. Rote Nudeln erhält man durch die Zugabe von Tomatenmark, das kurz in einer Pfanne geröstet wird, um den Säuregehalt zu reduzieren, oder Rote-Bete-Saft.

Frühkartoffeln mit Kräuterquark

Für 2 Portionen

500 g kleine Frühkartoffeln • I TL Kümmel	
50 g Quark • 6 EL Milch	
I Bund frische Kräuter (Petersilie, Schnittlauch, Basilikum)	
2 EL frische Gartenkresse • Jodsalz • weißer Pfeffer	

Pro Portion:
kJ/kcal 1894/453
Eiweiß 17 g, Fett 18 g
Kohlenhydrate 48 g
Ballaststoffe 6 g
Cholesterin 28 mg

1 Die Kartoffeln waschen und in Salzwasser mit dem Kümmel bei mittlerer Hitze zugedeckt in etwa 20 Minuten weich kochen.

2 In der Zwischenzeit den Quark mit der Milch cremig rühren.

3 Die Kräuter kurz abbrausen, trockenschütteln und fein hacken. Die Kresse waschen und mit den Kräutern unter den Quark rühren. Mit Jodsalz und weißem Pfeffer abschmecken.

4 Die gegarten Kartoffeln abgießen, ausdampfen lassen und pellen. Die Kartoffeln auf zwei Teller verteilen und den Kräuterquark dazu reichen.

Beilagenempfehlung: Salat

Variante: Die Kartoffeln mit Butter oder Sauerrahm reichen.

Grünkern mit Pilzen und Gemüse

Für 2 Portionen

100 g Grünkern • I kleine Zwiebel • I Knoblauchzehe	
100 g Lauch • 2 Tomaten • 100 g Austernpilze	
I EL Keimöl • Jodsalz • Pfeffer aus der Mühle	

Pro Portion:
kJ/kcal 1727/413
Eiweiß 17 g, Fett 8 g
Kohlenhydrate 62 g
Ballaststoffe 19 g
Cholesterin 0 mg

1 Den Grünkern in Wasser einweichen und über Nacht quellen lassen. Dann in ein Sieb abgießen und abtropfen lassen.

2 Die Zwiebel und die Knoblauchzehe abziehen und fein würfeln. Den Lauch waschen, längs halbieren und in Scheiben schneiden. Die Tomaten waschen, vom Stielansatz befreien und achteln. Die Austernpilze in Stücke schneiden.

3 Das Keimöl in einer beschichteten Pfanne erhitzen, Zwiebeln, Knoblauch und Pilze anbraten. Den Lauch dazugeben und 10 Minuten dünsten.

4 Zum Schluss Grünkern und Tomatenspalten in die Pfanne geben und kurz erhitzen. Das Gericht mit Jodsalz und Pfeffer aus der Mühle abschmecken.

Beilagenempfehlung: Salat

Kalte Gemüseterrine

Für 2 Portionen

100 g Fenchel • 2 Möhren • 200 g Brokkoli
1/4 l Gemüsebrühe • einige Wirsingblätter • Kräutersalz
gemahlene Muskatnuss • Saft von 1 Zitrone
2 EL Agar-Agar • 2 Eiweiße • 1/4 l Sahne

1 Das Gemüse putzen, eventuell schälen. Fenchel und Möhren vierteln, Brokkoli in Röschen teilen. Alles in der Gemüsebrühe bissfest dünsten, dann herausnehmen.

2 Die Wirsingblätter in der Gemüsebrühe blanchieren; eine kleine Kastenform damit auslegen.

3 Die Gemüsebrühe mit Kräutersalz, Muskat und Zitronensaft abschmecken. Den Agar-Agar mit etwas Wasser anrühren, zur Brühe geben und aufkochen lassen. Die Sahne einrühren, dann abkühlen lassen.

4 Die Eiweiße steif schlagen und unterziehen, wenn die Brühe zu gelieren beginnt.

5 Das Gemüse schichtweise in die Form geben, die Masse darüber verteilen und die Wirsingblätter zusammenschlagen. Kalt stellen.

Beilagenempfehlung: Bauernbrot

Pro Portion:
kJ/kcal 2283/546
Eiweiß 26 g, Fett 41 g
Kohlenhydrate 15 g
Ballaststoffe 10 g
Cholesterin 136 mg

Anstatt Wirsingblätter können auch andere grüne Blätter verwendet werden, z. B. eignen sich große Spinat- oder Mangoldblätter.

137

Rahmpilze mit Semmelknödeln

Für 2 Portionen

400 g Pilze (Champignons, Egerlinge, Austernpilze)
1 kleine Zwiebel • 1/2 Bund frische Petersilie
1 EL Butter • 2 EL Mehl • 1/4 l Gemüsebrühe
1/8 l Milch • 4 EL Sahne
Jodsalz • Pfeffer aus der Mühle
gemahlene Muskatnuss • gemahlener Kümmel
Semmelknödel:
4 alte Semmeln • 1/2 Tasse Milch • 40 g Lauch
1 TL Butter • weißer Pfeffer • 1 Ei

Pro Portion:
kJ/kcal 2810/672
Eiweiß 25 g, Fett 25 g
Kohlenhydrate 78 g
Ballaststoffe 10 g
Cholesterin 180 mg

1 Die Pilze waschen und in mundgerechte Stücke schneiden. Die Zwiebeln schälen und klein würfeln. Die Petersilie waschen, trockenschütteln und fein hacken. Etwas davon für den Knödelteig zurücklegen.

2 Die Butter erhitzen und die Zwiebelwürfel glasig anbraten. Dabei darauf achten, dass die Zwiebeln durchgegart sind. Die Zwiebeln mit Mehl bestäuben, mit Gemüsebrühe, Milch und Sahne aufgießen und aufkochen.

3 Die vorbereiteten Pilze dazugeben und etwa 20 Minuten leicht kochen lassen. Die Rahmpilze mit Jodsalz, Pfeffer aus der Mühle, Muskatnuss, gemahlenem Kümmel und frisch gehackter Petersilie abschmecken.

4 In der Zwischenzeit die Brötchen in kleine Würfel schneiden und in eine Schüssel geben. Die Milch erwärmen.

5 Den Lauch waschen, trocknen, in feine Ringe schneiden und in erhitzter Butter andünsten. Den angedünsteten Lauch auf die Semmelwürfel geben, mit der heißen Milch übergießen, mit Jodsalz, Pfeffer und Muskat würzen. Die gehackte Petersilie darüber streuen, das verquirlte Ei dazugeben und den Teig gründlich mischen.

6 Knödel formen und in kochendem Salzwasser etwa 15 Minuten garen. Dann aus dem Wasser nehmen und mit den Rahmpilzen servieren.

Beilagenempfehlung: Bauernbrot

Variante: Als Alternative zu den bayerischen Semmelknödeln bietet sich der Serviettenknödel an. 100 Gramm Weißbrot entrinden und in Würfel schneiden. Mit 50 Milliliter Milch und 1 Ei vermischen und mit Salz, Muskat und gehackter Petersilie würzen. 20 Gramm Zwiebelwürfel kurz andünsten und mit 20 Gramm zerlassener Butter zu den Weißbrotwürfeln geben. Alles vermischen, zu einer dicken Rolle formen und fest in Backpapier oder ein gebuttertes Tuch wickeln. In kochendes Salzwasser legen und ca. 40 Minuten garen.

Blinis mit Schnittlauchsahne

Für 2 Portionen

100 g Buchweizenmehl • 1/2 Päckchen frische Hefe
1/4 l lauwarme Milch • 2 Eier
50 g zerlassene Butter • Jodsalz
1 Tomate • 1 kleines Bund Schnittlauch
60 g Crème fraîche • 2 EL saure Sahne
Pfeffer aus der Mühle
4 EL Sonnenblumenöl zum Ausbacken

1 Das Buchweizenmehl in eine Schüssel geben. Mit zerbröckelter Hefe, Milch, Eiern, Butter und Jodsalz zu einem glatten Teig verrühren. Den Teig zugedeckt 1 Stunde gehen lassen.

2 Die Tomate mit kochendem Wasser überbrühen, abziehen, von Stielansatz und Kernen befreien. Das Fruchtfleisch würfeln.

3 Den Schnittlauch waschen, trockentupfen und in feine Röllchen schneiden. Tomatenwürfel und Schnittlauchröllchen mit Crème fraîche und saurer Sahne verrühren. Die Schnittlauchsahne mit Jodsalz und Pfeffer aus der Mühle abschmecken.

4 2 Esslöffel Öl erhitzen. Jeweils 2 Esslöffel Teig in die Pfanne geben und zu Küchlein auseinander streichen. Bei mittlerer Hitze backen, bis sie an der Unterseite braun sind und sich vom Pfannenboden lösen. Die Blinis wenden und auf der zweiten Seite ebenfalls langsam backen. Das Öl darf dabei nicht zu heiß sein, sonst bricht der Teig beim Wenden. Die Temperatur ist richtig, wenn die Blinis beim Backen noch etwas aufgehen.

5 Erneut Öl und Teig in die Pfanne geben und so fortfahren, bis alle Küchlein gebacken sind. Die Blinis mit der Schnittlauchsahne anrichten.

Pro Portion:
kJ/kcal 3417/817
Eiweiß 15 g, Fett 60 g
Kohlenhydrate 44 g
Ballaststoffe 3 g
Cholesterin 320 mg

Info: Ursprünglich entstanden die Blinis als besonderer Willkommensgruß für den Frühling. Da sich die Buchweizenküchlein aber großer Beliebtheit erfreuten, wurden sie zu einem Aushängeschild der russischen Küche.

Tipp: Die Bedeutung von frischen Kräutern wie Schnittlauch und Petersilie, aber auch Kresse, Kerbel oder Koriandergrün, darf man nicht unterbewerten. Sie dienen nicht nur zur Abrundung des Geschmacks, sondern regen auch den Appetit an und wirken somit verdauungsfördernd. Zusätzlich sind sie eine Quelle von Mineralstoffen und Vitaminen.

Kartoffel-Quark-Nockerln
auf gedämpften Radieschensprossen

Für 2 Portionen

4 mehlige Kartoffeln • 1/2 TL Jodsalz

50 g blanchierter Spinat • 150 g Quark • 1 EL Hartweizengrieß

3 EL Mehl • 2 Eigelbe • Jodsalz • weißer Pfeffer

gemahlene Muskatnuss • 1 TL Kartoffelstärke

180 g Radieschensprossen • 1 TL Butter

1/8 l Gemüsebrühe • 100 g geriebener Butterkäse

1 Die Kartoffeln waschen und mit der Schale in Salzwasser weich kochen, etwas abkühlen lassen, pellen und durch ein Sieb streichen. Den blanchierten Blattspinat grob hacken, mit dem Quark zu den Kartoffeln geben und alles vermischen.

2 Den Hartweizengrieß und das Mehl vermengen, zusammen mit den beiden Eigelben unter die Kartoffel-Spinat-Masse mischen und mit Jodsalz, weißem Pfeffer und Muskat abschmecken.

3 Von dieser Masse mit einem Esslöffel Nockerl abstechen und in Salzwasser, das mit etwas Kar-toffelstärke gebunden ist, 10 bis 15 Minuten pochieren.

4 Die Radieschensprossen mit warmem Wasser waschen, gut abtropfen lassen, in erhitzter Butter andünsten und mit der Gemüsebrühe aufgießen.

5 Die Sprossen knackig auf den Punkt garen. Die Radieschensprossen in eine feuerfeste Form geben, Kartoffel-Spinat-Nockerl darauf verteilen, mit geriebenem Butterkäse bestreuen und im Backofen bei 180 °C (Gas Stufe 2–3) etwa 10 Minuten überbacken.

Beilagenempfehlung: Salat

Pro Portion:
kJ/kcal 2630/629
Eiweiß 34 g, Fett 25 g
Kohlenhydrate 58 g
Ballaststoffe 8 g
Cholesterin 353 mg

Info: Bei diesem Rezept ist es wichtig, eine mehlig kochende Kartoffelsorte zu verwenden, die nach dem Garen eine trockene, weiche Konsistenz aufweist. Mehlig kochende Kartoffeln enthalten viel Stärke. Man erkennt sie daran, dass die Schale beim Kochen aufplatzt. Wenn Sie nicht wissen, welche Kocheigenschaften die von Ihnen verwendete Kartoffelsorte hat, gibt es einen einfachen Test. Ob eine Kartoffel fest oder mehlig ist, wird von ihrem Stärkegehalt bedingt. Schneiden Sie eine Kartoffel im rohen Zustand durch, und reiben Sie die Schnittflächen aneinander. Kleben die Schnittflächen zusammen, deutet das auf einen hohen Stärkegehalt und damit auf eine mehlig kochende Sorte hin. Tropft Wasser ab, ist weniger Stärke enthalten und es handelt sich um eine fest kochende Kartoffel.
Von den frühen Sorten eignet sich Christa am besten, von den mittelfrühen Bintje, Irmgard und Desiree, von den späten Datura und Maritta.

Tomaten-Käse-Kuchen

Für 2 Portionen

100 g Weizenmehl • 100 g Quark • 75 g Butter • Jodsalz
Semmelbrösel zum Bestreuen

Füllung:

3 Tomaten • Jodsalz • Pfeffer aus der Mühle • 1/2 Zwiebel
1 kleines Bund Basilikum • 50 g Sahne
1 Ei • 60 g geriebener Emmentaler

1 Das Weizenmehl in eine Schüssel sieben. Den Quark und die Butter flöckchenweise auf das Mehl verteilen und Jodsalz zugeben. Die Mischung von außen nach innen mit bemehlten Händen zu einem glatten Teig kneten. Den Teig in Folie wickeln und im Kühlschrank 1 Stunde ruhen lassen. Den Backofen auf 180 °C (Gas Stufe 2–3) vorheizen.

2 Den Teig ausrollen. Eine kleine, runde Kuchenform ausfetten, mit Semmelbröseln ausstreuen, den Teig hineinlegen und dabei einen 2 Zentimeter hohen Rand formen. Mit einer Gabel mehrmals einstechen. Den Boden 10 bis 15 Minuten backen.

3 Die Tomaten waschen, vom Stielansatz befreien, in dicke Scheiben schneiden, auf den Teigboden legen und mit Jodsalz und Pfeffer bestreuen.

4 Die Zwiebel abziehen und fein hobeln. Das Basilikum waschen, trockenschütteln und fein hacken. Zwiebeln und Basilikum über die Tomaten streuen.

5 Die Sahne mit dem Ei und dem Käse verrühren und mit Jodsalz und Pfeffer würzen. Die Eiermasse über die Tomatenfüllung gießen und den Kuchen weitere 30 Minuten backen.

Beilagenempfehlung: Salat

Pro Portion:
kJ/kcal 3524/843
Eiweiß 25 g, Fett 59 g
Kohlenhydrate 43 g
Ballaststoffe 9 g
Cholesterin 274 mg

Info: Ursprünglich eine tropische Wildpflanze in den Anden Perus und Ecuadors und später von den Azteken auch angebaut, wurden einige Tomatenpflanzen 1498 von Christoph Kolumbus auf seiner zweiten Amerikareise nach Europa gebracht. Die Azteken nannten die Frucht tumatle, wovon sich der heutige Name ableitet. In Europa war die Tomate bis etwa 1820 aber nur eine Zierpflanze, deren Früchte man wegen ihres leicht bitteren Geschmacks für ein giftiges Nachtschattengewächs hielt. Erst 1890 gelangte die Tomate nach Deutschland, wo sie zunächst allerdings auch nur ein Mauerblümchendasein führte und erstmalig 1914 in der deutschen Warenstatistik aufgeführt wurde. Im Ersten Weltkrieg erfolgte der Durchbruch, die Tomate wurde zu einem Volksnahrungsmittel mit stetig wachsender wirtschaftlicher Bedeutung.

Quarkauflauf mit Apfelkompott

Für 2 Portionen

1/4 l Milch • 80 g Butter • Jodsalz • Saft von 1 Zitrone
150 g Mehl • 100 g Quark • 6 Eigelbe • 6 Eiweiße
100 g Zucker • 1 Päckchen Vanillezucker
150 g Kirschen (Glas) • Butter zum Ausfetten der Form
1 EL Staubzucker

Apfelkompott:

3 Äpfel • 40 g Zucker • 1/8 l Apfelsaft • 1/2 Zimtrinde
2 Nelken • 1 TL Zitronensaft • Staubzucker zum Garnieren

1 Die Milch mit Butter, Salz und Zitronensaft kurz aufkochen. Unter ständigem Rühren das Mehl einrieseln lassen und so lange weiterrühren, bis sich die Masse vom Topfrand löst. Den Topf von der Kochstelle nehmen, die Masse kurz auskühlen lassen, Quark und Eigelbe nach und nach unterrühren.

2 Das Eiweiß mit Zucker steif schlagen und vorsichtig unter die Masse ziehen. Zuletzt werden die abgetropften Kirschen unter die Masse gehoben.

3 Die Quarkmischung in eine mit Butter bestrichene, bemehlte Auflaufform füllen und den Auflauf bei einer Temperatur von 160 °C im Wasserbad etwa 50 bis 55 Minuten garen oder bei 180 °C (Gas Stufe 2–3) etwa 30 Minuten backen.

4 In der Zwischenzeit für das Kompott Äpfel schälen, Kerngehäuse entfernen und das Fruchtfleisch in Spalten schneiden. Die Apfelspalten mit etwas Zucker in Apfelsaft mit Zimtrinde und Nelken weich dünsten. Das Kompott mit Zitronensaft und Zucker abschmecken, in zwei Schälchen füllen und auskühlen lassen.

5 Den Auflauf nach dem Backen noch etwa 5 Minuten im heißen Wasserbad ruhen lassen und vor dem Servieren mit Staubzucker bestreuen.

Pro Portion:
kJ/kcal 3207/767
Eiweiß 22 g, Fett 30 g
Kohlenhydrate 94 g
Ballaststoffe 7 g
Cholesterin 415 mg

Info: Der Apfel ist wohl die heimische Obstsorte schlechthin, und er steht den exotischen Früchten in nichts nach. Es gibt kaum jemand, der den Geschmack des Apfels nicht schätzt. Auch für die Gesundheit leistet er ausgezeichnete Dienste. Fruchtsäuren und Pektin regulieren den Blutzucker und verbessern die Darmfunktion. Er weist einen hohen Gehalt an den Mineralstoffen Kalzium und Kalium und den Vitaminen A, B6 und C auf. Die Vitamin-C-Konzentration variiert aber von Sorte zu Sorte beträchtlich. Während Boskop bis zu 30 Milligramm pro 100 Gramm Frischgewicht bietet, weist z. B. Granny Smith nur noch fünf auf.

Scheiterhaufen mit Kürbiskompott

Für 2 Portionen

3 Eier • 100 g Zucker • 150 g Mehl
1/2 TL Backpulver • 40 g Butter • Jodsalz
1/4 l Milch • Butter für die Form • 3 Äpfel
1 TL Zitronensaft • 1 TL Rum • 50 g Rosinen
2 altbackene Brötchen • etwas Milch zum Beträufeln
1/2 TL Zimt • 1 EL Zucker
Kürbiskompott:
300 g Kürbis • 1/8 l Apfelsaft • 1 TL Honig • 1 EL Zucker
1/2 Zimtstange • 2 Nelken • 1 Schuss Obstessig

1 Die Eier trennen. Das Eiweiß mit etwas Zucker zu Schnee schlagen. Das Mehl sieben und mit dem Backpulver vermischen. Die Eigelbe mit Butter, Salz und Milch verquirlen. Das Mehl dazugeben und alles zu einem glatten Teig verarbeiten. Den Eischnee vorsichtig unter den Teig heben.

2 Etwa 1/3 des Teigs in eine ausgebutterte, feuerfeste Auflaufform geben und bei etwa 180 °C (Gas Stufe 2–3) 8 bis 10 Minuten im vorgeheizten Backofen anbacken.

3 In der Zwischenzeit die Äpfel schälen und entkernen. Das Fruchtfleisch in Würfel schneiden, mit Zitronensaft und Rum begießen und mit den gewaschenen Rosinen vermischen.

4 Die Auflaufform aus dem Backofen nehmen und die Hälfte der Apfelmischung auf den Teig verteilen. In Scheiben geschnittene Brötchen darüber schichten, mit Milch beträufeln und mit einem weiteren Drittel des Teigs bedecken. Die restliche Apfelmischung und den restlichen Teig darüber verteilen und mit Brötchenscheiben belegen. Zum Schluss mit einem Zimt- und Zuckergemisch bestreuen. Den Scheiterhaufen im Backofen bei 180 °C (Gas Stufe 2–3) etwa 35 bis 40 Minuten backen.

5 Für das Kürbiskompott den Kürbis schälen und das Fruchtfleisch in Würfel schneiden. Diese in etwas Apfelsaft mit Honig, Zucker, Zimtstange und Nelken bissfest kochen, mit einem Spritzer Obstessig herzhaft abschmecken und in zwei Schälchen verteilen.

6 Den Scheiterhaufen mit dem Kürbiskompott servieren.

Pro Portion:
kJ/kcal 2333/558
Eiweiß 13 g, Fett 17 g
Kohlenhydrate 83 g
Ballaststoffe 7 g
Cholesterin 211 mg

Variante: Eine exotische Variante ist das Mango-Grapefruit-Kompott: 1/8 Liter Wasser mit 50 Gramm Zucker aufkochen, den Saft von 1 Zitrone zugeben und abkühlen lassen. Mangowürfel und Grapefruitfilets von je 2 Früchten unterheben und mit etwas Minze würzen.

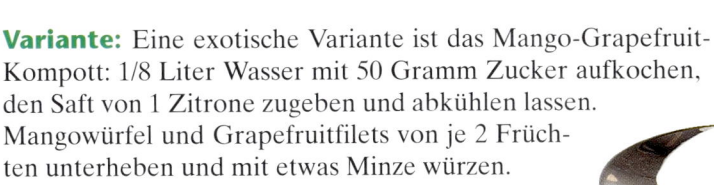

Hauptgerichte mit Fischen und Meeresfrüchten

Fisch mit seinem eiweißreichen, aber meist fettarmen Fleisch ist sehr leicht verdaulich und damit geradezu prädestiniert für die Verwendung in der Leichten Küche. Die große Auswahl an Fischen ermöglicht dabei sehr abwechslungsreiche Gerichte.

Geschnetzeltes Rotbarschfilet

Für 2 Portionen

500 g Rotbarschfilet • Saft von 1 Zitrone
100 g Champignons
1 TL Butter • 100 g geschälte Tomaten
1 EL Sahne • Jodsalz • Pfeffer aus der Mühle

Pro Portion:
kJ/kcal 1484/355
Eiweiß 55 g, Fett 10 g
Kohlenhydrate 2 g
Ballaststoffe 2 g
Cholesterin 221 mg

1 Die Rotbarschfilets in Streifen schneiden und mit Zitronensaft beträufeln.

2 Die Champignons putzen und in Scheiben schneiden. Die Butter in einer Pfanne erhitzen und die Champignonscheiben etwa 10 Minuten andünsten. Die Tomaten mit kochendem Wasser überbrühen, abziehen, das Fruchtfleisch klein schneiden und zu den Pilzen geben. Das Gemüse etwa 5 Minuten offen kochen lassen.

3 Die Sahne zu dem Gemüse gießen, alles mit Jodsalz und Pfeffer aus der Mühle würzen. Die Fischstreifen dazugeben und etwa 5 Minuten leicht kochen lassen. Mit Jodsalz und Pfeffer nochmals abschmecken.

Beilagenempfehlung: Reis

Makrelen auf Gemüseragout

Für 2 Portionen

1 gelbe Paprikaschote • 1 Tomate
1/2 Aubergine • Saft von 1/2 Zitrone • Jodsalz
1 kleine rote Zwiebel • 1 Knoblauchzehe
1/4 Bund Basilikum • 1 Zweig Thymian
300 g Makrelenfilets • 1 TL Pflanzenöl
1 TL Tomatenmark • 1 TL Maisgrieß
1 EL Gemüsebrühe • Pfeffer aus der Mühle

1 Die Paprikaschote entkernen, waschen und den Stielansatz entfernen. Die Tomate waschen, vom Stielansatz befreien und mit der Paprikaschote in Würfel schneiden. Die Aubergine grob würfeln, mit etwas Zitronensaft beträufeln, mit Jodsalz bestreuen und 10 Minuten ziehen lassen.

2 In der Zwischenzeit die Zwiebel und die Knoblauchzehe abziehen und ebenso wie die gewaschenen Basilikumblätter fein hacken. Die Thymianblätter von den Stielen abstreifen. Die Fischfilets waschen, trockentupfen und mit dem restlichen Zitronensaft beträufeln.

3 Im erhitzten Öl die ausgedrückten Auberginenwürfel 2 Minuten

anbräunen. Die Zwiebel, den Knoblauch und die Paprikawürfel 5 Minuten mitdünsten. Das Tomatenmark dazugeben und anschwitzen. Den Maisgrieß einstreuen und alles mit der Gemüsebrühe aufkochen lassen.

4 Die Makrelenfilets mit etwas Jodsalz und Pfeffer aus der Mühle würzen und auf das Gemüse setzen. Die Tomatenwürfel mit dem Basilikum und dem Thymian mischen und auf die Fischfilets geben. Gemüse und Fisch zugedeckt bei schwacher Hitze etwa 10 Minuten garen. Mit Jodsalz und Pfeffer abschmecken.

Beilagenempfehlung: Pellkartoffeln

Pro Portion:
kJ/kcal 1292/309
Eiweiß 37 g, Fett 8 g
Kohlenhydrate 15 g
Ballaststoffe 7 g
Cholesterin 121 mg

Info: Die Makrele ist ein Seefisch, der hauptsächlich im Atlantischen Ozean und in der Nordsee vorkommt. Da die Fische in den Monaten Mai und Juni in die Küstenregionen kommen, um dort zu laichen, sind das die besten Fangzeiten. Da das Makrelenfleisch wenig haltbar ist, wird es zumeist geräuchert oder in Öl eingelegt. Trotz seines relativ hohen Fettgehalts gilt die Makrele als »wertvolles« Nahrungsmittel. Ihr hoher Gehalt an den Mineralstoffen Kalium und Phosphor und dem Spurenelement Fluor zeichnen diesen Fisch vornehmlich aus. Der wichtigste Inhaltsstoff dürfte aber die Eikosapentaensäure sein, eine Fettsäure, die den Blutfettspiegel niedrig hält und Blutplättchenverklumpung verhindert.

Kabeljau in Chinakohl auf Currysauce

Für 2 Portionen

300 g Kabeljaufilet • 4 große Chinakohlblätter
I EL fein gehackter Lauch • I EL fein gehackte Möhre
100 ml Gemüsebrühe • I Eiweiß
2 EL Naturjoghurt • Jodsalz
Pfeffer aus der Mühle • I TL Zitronensaft
Currysauce:
2 Schalotten • 1/2 Apfel • I TL Butter
2 Messerspitzen Currypulver • I TL Kartoffelmehl
2 EL Weißwein • 1/8 l Gemüsebrühe • 30 g Banane

1 Das gut gekühlte Fischfilet waschen, trockentupfen, in große Würfel schneiden, im Mixer pürieren und kalt stellen. Es ist sehr wichtig, dass der Fisch kalt ist, da sonst die Fischfarce nicht bindet.

2 Inzwischen die Chinakohlblätter waschen, 2 bis 3 Minuten blanchieren, sofort abschrecken und trockentupfen. Die harte Mittelrippe und den dicken Teil des Blattes abschneiden. Den Lauch und die Möhre 1 Minute in der Gemüsebrühe blanchieren und abtropfen lassen.

3 Zuerst das Eiweiß, dann den Joghurt unter das Fischpüree mischen. Die Fischfarce mit etwas Jodsalz, Pfeffer und dem Zitronensaft abschmecken. Die Hälfte des Gemüses dazugeben. Die Fischfarce auf die mit Jodsalz und Pfeffer gewürzten Chinakohlblätter verteilen. Die Blätter seitlich über die Füllung schlagen, dann zu Rouladen zusammenrollen. Mit Zahnstochern feststecken.

4 Für die Currysauce die Schalotten abziehen und fein würfeln. Den Apfel schälen, entkernen und das Fruchtfleisch in feine Würfel schneiden. Beides bei schwacher Hitze in Butter anbraten. Das Currypulver und das Kartoffelmehl darüber streuen. Den Weißwein und die Gemüsebrühe angießen und die Sauce aufkochen lassen. Dabei mehrmals umrühren.

5 Die Fischröllchen in die Sauce geben und 15 Minuten bei geringer Hitzezufuhr dünsten. Anschließend die Fischröllchen aus der Sauce nehmen, die Zahnstocher entfernen und die Röllchen warm halten.

6 Die Banane in die Sauce geben, diese durch ein Sieb streichen, nochmals aufkochen lassen, abschmecken und über die Fischröllchen geben. Mit den restlichen Gemüsewürfeln garnieren.

Beilagenempfehlung: Reis

Pro Portion:
kJ/kcal 903/216
Eiweiß 24 g, Fett 4 g
Kohlenhydrate 15 g
Ballaststoffe 3 g
Cholesterin 70 mg

146

Steinbuttschnitzel

Für 2 Portionen

2 Schalotten • 1 Knoblauchzehe • 50 g Lauch • 1 Fleischtomate	
1 TL Butter • 300 g Steinbuttfilet • Zitronensaft	
Jodsalz • Pfeffer aus der Mühle	
1/4 Bund Basilikum • 1/4 Bund Thymian • 100 ml Gemüsebrühe	

1 Schalotten und Knoblauchzehe abziehen und fein würfeln. Den Lauch in feine Streifen schneiden. Die Tomate überbrühen, häuten, halbieren und entkernen.

2 Schalotten und Knoblauch in der Butter glasig anbraten, dann die Lauchstreifen mitdünsten.

3 Die Steinbuttfilets waschen, trockentupfen, mit Zitronensaft beträufeln, salzen und pfeffern.

Die Basilikumblätter grob hacken, die Thymianblättchen abstreifen.

4 Die Tomate würfeln, zum gedünsteten Gemüse geben und die Fischfilets darauf setzen. Die Gemüsebrühe angießen und zugedeckt 5 bis 8 Minuten dünsten. Mit Salz und Pfeffer abschmecken und den Kräutern bestreuen.

Beilagenempfehlung: Kartoffeln und Salat

Pro Portion:
kJ/kcal 932/223
Eiweiß 33 g, Fett 5 g
Kohlenhydrate 8 g
Ballaststoffe 3 g
Cholesterin 98 mg

Gedünstete Schollenfilets

Für 2 Portionen

1/2 Zwiebel • 1 Lorbeerblatt • 1 Gewürznelke • 100 g Graupen	
1/2 l Gemüsebrühe • 60 g Lauch • 60 g Bleichsellerie • 1 Möhre	
2 Schollenfilets, à 200 g • Zitronensaft • Jodsalz	
Pfeffer aus der Mühle • 1 TL Butter • 2 Kirschtomaten	

Pro Portion:
kJ/kcal 1760/421
Eiweiß 42 g, Fett 6 g
Kohlenhydrate 41 g
Ballaststoffe 8 g
Cholesterin 110 mg

1 Die Zwiebel abziehen und das Lorbeerblatt mit der Nelke feststecken. Die Graupen in der Gemüsebrühe mit der Zwiebel in 30 Minuten weich kochen.

2 Die Schollenfilets in etwas Zitronensaft marinieren.

3 Lauch, Bleichsellerie und Möhren waschen, schälen und in Würfel schneiden. Das Gemüse unter die Graupen ziehen, mit Salz und Pfeffer aus der Mühle abschmecken und gar ziehen lassen.

4 Die Schollenfilets salzen und pfeffern und in Butter von beiden Seiten etwa 4 Minuten braten. Mit Gemüsegraupen und Kirschtomaten anrichten.

Miesmuscheln in Gemüsebrühe

Für 2 Portionen

800 g Miesmuscheln (frisch oder tiefgefroren) • I Zwiebel
I Knoblauchzehe • 60 g Lauch • 60 g Staudensellerie
I Möhre • I Lorbeerblatt • I TL Olivenöl • Jodsalz
Pfeffer aus der Mühle • gemahlener Koriander
1/8 l Gemüsebrühe • 1/2 Bund Petersilie

Pro Portion:
kJ/kcal 832/199
Eiweiß 21 g, Fett 6 g
Kohlenhydrate 12 g
Ballaststoffe 4 g
Cholesterin 176 mg

1 Die Miesmuscheln unter fließendem kaltem Wasser kräftig bürsten und die Bärte entfernen. Die Muscheln abtropfen lassen, geöffnete Muscheln wegwerfen.

2 Zwiebel und Knoblauchzehe abziehen und klein würfeln. Lauch, Möhren und Staudensellerie waschen, schälen und in Scheiben schneiden. Das Gemüse mit dem Lorbeerblatt in Olivenöl andüns-

ten. Mit Pfeffer, Koriander und Salz würzen und mit der Brühe ablöschen. Die Muscheln dazugeben, umrühren und im geschlossenen Topf 3 bis 5 Minuten garen, bis sie sich öffnen.

3 Die Petersilie fein hacken und unter die Muscheln mischen.

Beilagenempfehlung: Baguette und Salat

Pochierte Seezungenfilets

Für 2 Portionen

Pro Portion:
kJ/kcal 1388/332
Eiweiß 37 g, Fett 16 g
Kohlenhydrate 3 g
Ballaststoffe 1 g
Cholesterin 107 mg

4 Seezungenfilets, à 90 g • 1/2 rote Paprikaschote
1/8 l Gemüsebrühe • 2 EL Olivenöl • I EL Walnussöl
Jodsalz • I Prise Zucker • I Spritzer Zitronensaft
einige Korianderkörner • einige schwarze Pfefferkörner
I Thymianzweig • I Knoblauchzehe

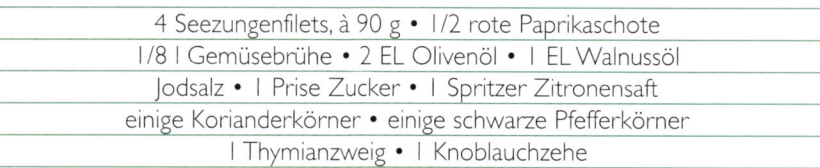

1 Die Seezungenfilets waschen und trockentupfen. Die Paprika waschen, entkernen, vom Stielansatz befreien und würfeln.

2 Die Gemüsebrühe mit den beiden Ölen erhitzen und mit Jodsalz, Zucker, Zitronensaft, der Paprikaschote, den Koriander- und Pfefferkörnern würzen. Den Thymianzweig und die ungeschälte Knob-

lauchzehe dazugeben und alles aufkochen lassen. Die Seezungenfilets hineinlegen und bei schwacher Hitze etwa in 5 Minuten gar ziehen lassen.

3 Die Seezungenfilets vorsichtig aus dem Sud nehmen.

Beilagenempfehlung: Dillkartoffeln und Kopfsalat

Rotbarschfilets in Estragon-Senf-Sauce

Für 2 Portionen

2 Rotbarschfilets, à 200 g • I TL Zitronensaft
Jodsalz • Pfeffer aus der Mühle
I kleine Zwiebel • I TL Butter
I TL Honig • 1/8 l Gemüsebrühe
I TL Keimöl • 2 EL Schmand
I TL scharfer Senf • I Zweig frischer Estragon

1 Die Rotbarschfilets waschen und trockentupfen. Mit Zitronensaft beträufeln, mit Jodsalz und schwarzem Pfeffer aus der Mühle würzen und etwa 10 Minuten marinieren.

2 In der Zwischenzeit die Zwiebel abziehen und in feine Würfel schneiden. Die Butter erhitzen und die Zwiebelwürfel mit dem Honig glasig anbraten, ohne dass die Zwiebelwürfel sich verfärben. Mit der Gemüsebrühe ablöschen und die Flüssigkeit etwas einkochen lassen.

3 Das Keimöl erhitzen und die Rotbarschfilets von beiden Seiten etwa 5 Minuten braten.

4 Den Schmand mit dem Senf vermischen und in die reduzierte Sauce einrühren. Den Estragon waschen, trockenschütteln, klein schneiden und in die Sauce geben. Mit Jodsalz und Pfeffer abschmecken. Die gebratenen Rotbarschfilets in der Senfsauce servieren.

Beilagenempfehlung: Nudeln und Salat

Pro Portion:
kJ/kcal 1480/354
Eiweiß 44 g, Fett 15 g
Kohlenhydrate 5 g
Ballaststoffe 1 g
Cholesterin 188 mg

Infos: Rotbarsch, oder auch Goldbarsch genannt, gehört zu den bekanntesten und am meisten angebotenen Seefischen. Sein eher fettes Fleisch wird zumeist in Form von Filets angeboten. Rotbarsche sind in den kalten Gewässern vor Island, Grönland und in der Barentssee heimisch.
▶ Estragon, berühmte Ingredienz der so genannten Fines herbes, zu den auch noch Kerbel, Petersilie und Schnittlauch gehören, darf in der französischen Küche nicht fehlen. So ist dieses Kraut notwendiger Bestandteil der Sauce béarnaise, der Kräutermayonnaise, verschiedener Ragouts oder des bekannten Estragonessigs. Auch in der Sauce vinaigrette für Artischocken, Spargel oder Champignons oder in einigen Senfmischungen ist Estragon enthalten. Neben den genannten Speisen gibt man Estragon Gerichten mit Kürbis, Gurken oder Tomaten gerne bei, da der leicht bittere und herbe Geschmack das Eigenaroma dieser Gemüsesorten besonders unterstreicht. Estragon, der erst im Mittelalter in Europa Erwähnung findet, stammt wahrscheinlich aus China. Von dort – so nimmt man an – brachten ihn die Araber nach dem Westen.

Seezungenfilets auf Spinatbett mit Zitronenbutter

Für 2 Portionen

Pro Portion:
kJ/kcal 1660/397
Eiweiß 42 g, Fett 22 g
Kohlenhydrate 3 g
Ballaststoffe 3 g
Cholesterin 154 mg

1 kleine Zwiebel • 1 Knoblauchzehe
300 g frische Spinatblätter • 1 EL gehackte Petersilie
1 EL Keimöl • 4 EL Sahne • Jodsalz
Pfeffer aus der Mühle • gemahlene Muskatnuss
4 Seezungenfilets, à 90 g • Saft von 1 Zitrone
weißer Pfeffer • 3 TL Butter

1 Die Zwiebel und die Knoblauchzehe abziehen und in kleine Würfel schneiden. Die Spinatblätter waschen, große Stiele entfernen und die Blätter abtropfen lassen. Die Petersilie waschen, trockenschütteln und fein hacken.

2 Zwiebel und Knoblauchwürfel in Keimöl glasig anbraten, nach und nach die Spinatblätter darin zusammenfallen lassen. Die Sahne unter den Spinat ziehen. Mit Jodsalz, Pfeffer aus der Mühle und Muskat abschmecken.

3 Die Seezungenfilets waschen, trockentupfen und mit der Hälfte des Zitronensafts beträufeln. Mit Jodsalz und weißem Pfeffer würzen. 1 Teelöffel Butter erhitzen und die Filets bei mittlerer Hitze in 2 bis 3 Minuten von beiden Seiten hell braten.

4 Die Fischfilets mit dem Spinat auf vorgewärmten Tellern anrichten. Die restliche Butter in der Pfanne erhitzen, den übrigen Zitronensaft hineinrühren, mit Jodsalz und Pfeffer würzen und die Petersilie hineinstreuen. Die Zitronenbutter über die Seezungenfilets gießen.

Beilagenempfehlung: Pellkartoffeln

Info: Die Seezunge, die »Königin des Meeres«, gilt als der edelste der Plattfische. Wegen ihres schneeweißen, festen Fleischs, das einen klaren, aber dennoch sehr feinen Fischgeschmack aufweist, wird sie zu den Edelfischen gerechnet. Die beste Qualität wird im Ärmelkanal und im Atlantik gefangen. Ostender und Dover Sole sind weltweit ein Synonym für diesen ausgezeichneten Fisch. In den Handel kommen von den bis zu vier Kilogramm schweren Fischen Jungfische mit einem Gewicht zwischen 100 und 600 Gramm. Beim Filetieren ist zu beachten, dass bei der Seezunge – im Gegensatz zu den restlichen Plattfischen – die Haut vom Schwanzende ausgehend zum Kopfende hin abgezogen wird. Dann werden die Filets vom Rückgrat zum Flossensaum hin von der Gräte gelöst.

Fischpflanzerl im heißen Kartoffelmantel

Für 2 Portionen

1 hartes Brötchen • 180 g Kabeljaufilet
80 g Crevetten (küchenfertig) • 2 Frühlingszwiebeln
1 kleine Zwiebel • 1 Knoblauchzehe
1 EL gehackte Petersilie • 1 TL Butter
1 Eigelb • 1 TL scharfer Senf • Zitronensaft • Jodsalz
Pfeffer aus der Mühle • 250 g Kartoffeln
1 Eiweiß • 1 TL Keimöl • 1 TL Butter

Pro Portion:
kJ/kcal 1952/467
Eiweiß 36 g, Fett 14 g
Kohlenhydrate 42 g
Ballaststoffe 5 g
Cholesterin 292 mg

1 Das Brötchen in kaltem Wasser einweichen und fest ausdrücken. Zuerst das Kabeljaufilet und dann das Brötchen durch den Fleischwolf drehen. Diese Masse mit den gewaschenen, abgetropften und klein geschnittenen Crevetten vermengen.

2 Die Frühlingszwiebeln waschen, halbieren und in feine Ringe schneiden. Die Zwiebel und die Knoblauchzehe abziehen und klein würfeln. Die Petersilie waschen, trockenschütteln und fein hacken.

3 Die Butter erhitzen und die vorbereiteten Frühlingszwiebeln, Zwiebeln und Knoblauch andünsten. Das Gemüse zusammen mit Eigelb, Senf, Zitronensaft und Petersilie zur Fischmasse geben,
mit Jodsalz und Pfeffer aus der Mühle würzen und alles gut durchmischen. Aus der Masse kleine Pflanzerl formen.

4 Die Kartoffeln waschen, schälen, in dünne Scheiben hobeln, durch das verquirlte Eiweiß ziehen und Ober- und Unterseite der Pflanzerl damit belegen.

5 Keimöl und Butter erhitzen, und die Pflanzerl auf beiden Seiten goldbraun anbraten. Die Pflanzerl auf einem gefetteten Blech im vorgeheizten Ofen bei 180 °C (Gas Stufe 2–3) etwa 15 Minuten fertig garen. Mit Jodsalz und Pfeffer aus der Mühle leicht nachwürzen.

Beilagenempfehlung: Salat

Infos: Es gibt wohl kaum ein anderes Gericht, was so facettenreich sein kann wie ein Pflanzerl. Schon der Name, der von Frikadelle über Klopse, Küchle oder Laiberl bis eben zum Pflanzerl variiert, zeigt, wie sich das jeweilige Lokalkolorit auch sprachlich niederschlägt.
▶ Crevetten nennt man die kleinen Meereskrebse mit dem langen, wohlschmeckenden Schwanz. Im Handel sind sie als Nordseekrabben bekannt.

151

Fisch lässt sich denkbar einfach im Wok zubereiten. Die asiatische Küche kennt dazu unzählige Rezepte. Sollte Sie der Fischgeruch in diesem Gerät stören, lassen Sie den Wok über Nacht mit bereits benutzten Teeblättern und heißem Wasser einweichen.

Muschelnudeln in Gemüsesauce

Für 2 Portionen

200 g Muschelnudeln • Jodsalz • 1 TL Keimöl • 2 Möhren
100 g Sellerieknolle • 1 kleine Zwiebel • 1 Stängel Petersilie
1 TL Puderzucker • 1 TL kalte Butter
Pfeffer aus der Mühle • gemahlene Muskatnuss
1/4 l Gemüsebrühe • 2 Safranfäden • 30 g eiskalte Butter

Pro Portion:
kJ/kcal 2538/607
Eiweiß 15 g, Fett 22 g
Kohlenhydrate 77 g
Ballaststoffe 7 g
Cholesterin 138 mg

1 Die Nudeln in Salzwasser mit dem Keimöl bissfest kochen.

2 Möhren und Sellerieknolle waschen, schälen und in Streifen schneiden. Die Zwiebel abziehen und würfeln. Die Petersilie hacken.

3 Puderzucker karamelisieren, Gemüsestreifen und Butter hinzufügen und mit Salz, Pfeffer und Muskat würzen.

4 Mit der Gemüsebrühe ablöschen und etwas einkochen lassen. Die Safranfäden dazugeben und das Gemüse bei schwacher Hitze weich dünsten. Die Butter zufügen und die Sauce pürieren.

5 Die Nudeln in der Sauce erhitzen, auf tiefen Tellern anrichten und mit Petersilie bestreuen.

Beilagenempfehlung: Salat

Dorschstreifen mit Gemüse aus dem Wok

Für 2 Portionen

2 Möhren • 100 g Lauch • 100 g Chinakohl
100 g Wirsing • 2 EL Sojabohnenkeimlinge
2 Schalotten • 1 Knoblauchzehe
2 Kartoffeln • 300 g Dorschfilet
1 EL Zitronensaft • Jodsalz
1 EL Kartoffelmehl • 1 EL Sonnenblumenöl
100 ml Fischfond (Glas) • Pfeffer aus der Mühle

1 Die Möhren schälen, Lauch, Chinakohl und Wirsing gründlich waschen und in feine Streifen schneiden. Sojabohnenkeime abbrausen und abtropfen lassen. Die Schalotten abziehen und in feine Würfel schneiden. Die Knoblauchzehe abziehen und zerdrücken. Die Kartoffeln in wenig Wasser weich kochen und schälen.

2 Die Dorschfilets unter kaltem Wasser abspülen, mit Küchenkrepp trockentupfen und in Streifen schneiden. Die Fischstücke mit Zitronensaft beträufeln, mit Jodsalz würzen und im Kartoffelmehl wenden. Das Öl im Wok erhitzen, Fischstreifen zugeben, rundum

knusprig braten, herausnehmen und warm stellen.

3 Das vorbereitete Gemüse in den Wok geben und gut anbraten. Mit Fischfond ablöschen und den Knoblauch zufügen. Das Gemüse etwa 5 Minuten leicht kochen lassen. Zum Binden die gekochten Kartoffeln durch ein Sieb in den Fond streichen und mit einem Schneebesen unterrühren. Die gebratenen Fischstreifen dazugeben, alles nochmals kurz erhitzen und mit Jodsalz und Pfeffer aus der Mühle abschmecken.

Beilagenempfehlung: Reis und Salat

Pro Portion:
kJ/kcal 1572/376
Eiweiß 36 g, Fett 8 g
Kohlenhydrate 32 g
Ballaststoffe 8 g
Cholesterin 82 mg

Info: Dorsch oder Kabeljau ist wirtschaftlich gesehen einer der wichtigsten Konsumfische Europas. Es handelt sich dabei um den gleichen Fisch. Dorsch wird der Jungfisch genannt, Kabeljau der geschlechtsreife Fisch. Er kann bis zu zwei Meter lang und bis zu 20 Kilogramm schwer werden und wird ohne Kopf gehandelt. Sein Fleisch ist weiß, eher weich und brüchig, manchmal etwas trocken, aber von gutem Geschmack. Er wird zumeist zu Fischsteaks und Seelachsersatz verarbeitet. In getrockneter Form ist er in vielen Ländern als Stockfisch bekannt, gesalzen und getrocknet nennt man ihn Klippfisch, und in Pökellake eingelegt ist er unter dem Namen »Laberdan« erhältlich.

Lachsfilet auf Rahmgemüse

Für 2 Portionen

1 Stück frischer Ingwer, à 3 cm • 1 Knoblauchzehe
1 Schalotte • 150 g Fenchelknolle
150 g Chinakohl • 2 Lachsfilets, à 150 g
1 EL Limettensaft • 1 EL Keimöl • 1 EL Sojasauce
2 EL Sahne • 100 ml Fischfond (Glas) • 1 TL Kartoffelmehl
Jodsalz • Pfeffer aus der Mühle

Pro Portion:
kJ/kcal 1472/352
Eiweiß 36 g, Fett 15 g
Kohlenhydrate 11 g
Ballaststoffe 4 g
Cholesterin 71 mg

1 Den Ingwer schälen, die Knoblauchzehe und die Schalotte abziehen, alles fein hacken bzw. die Knoblauchzehe zerdrücken. Die Fenchelknolle und den Chinakohl putzen, waschen und in Streifen schneiden.

2 Die Lachsfilets abspülen, trockentupfen und mit Limettensaft beträufeln.

3 Das Keimöl im Wok oder einer großen, beschichteten Pfanne erhitzen, Ingwer und Schalotten andünsten. Den Knoblauch zugeben und kurz mitgaren. Das vorbereitete Gemüse zugeben und leicht anbraten.

4 Die Lachsfilets mit Sojasauce und Pfeffer würzen und auf das Gemüse legen. Zugedeckt bei schwacher Hitze etwa 12 Minuten dünsten. Die Lachsfilets herausnehmen und warm stellen.

5 Das Gemüse mit Sahne und Fischfond ablöschen und kurz aufkochen lassen. Das Kartoffelmehl in etwas kaltem Wasser glatt rühren und zum Gemüse geben, dabei gut umrühren. Den Fond nochmals aufkochen lassen, mit Jodsalz und Pfeffer aus der Mühle abschmecken und zu den Lachsfilets reichen.

Beilagenempfehlung: Reis

Variante: Für eine noch leichtere Variante ohne Verwendung von Sahne bereiten Sie das Gericht mit 100 Gramm fein geschnittenen Zucchini und 100 Gramm Sojabohnenkeimlingen anstatt des Fenchels zu. Braten Sie diese Zutaten mit dem Chinakohl an. Das Gemüse nur mit etwas Fischfond und Sojasauce ablöschen und nicht mit Kartoffelmehl binden. Vor dem Ablöschen können Sie auch noch 2 in Scheiben geschnittene, gehäutete Tomaten zufügen.

Tipp: Wenn Sie Fischfond selbst zubereiten wollen, besorgen Sie sich beim Fischhändler Karkassen (das sind Köpfe, Gräten, Flossen etc.) und kochen diese in Wasser zusammen mit Lauch, Zwiebeln, etwas Weißwein und einigen Wacholderbeeren. Nach ca. 1/2 Stunde Kochzeit wird der Fond durch ein Sieb gestrichen. Fischfond lässt sich gut einfrieren.

Gebratene Zanderfilets in warmer Kräutervinaigrette

Für 2 Portionen

300 g Zanderfilet • I TL Limettensaft
Jodsalz • weißer Pfeffer
I Bund gemischte Kräuter (Pimpinelle, Petersilie, Estragon, Dill)
I/2 Apfel • I Schalotten
I EL Sonnenblumenöl • I EL Weißweinessig
I Messerspitze Dijonsenf
Zucker • I kleine Tomate

1 Die Zanderfilets abspülen, trockentupfen und mit Limettensaft beträufeln. Fischfilets etwas marinieren lassen, dann trockentupfen und die Hautseite mit einem scharfen Messer mehrmals einritzen. Den Fisch mit Jodsalz und weißem Pfeffer einreiben.

2 Die Kräuter abspülen, trockenschütteln und fein hacken. Den Apfel schälen, entkernen und das Fruchtfleisch sehr fein hacken. Die Schalotte abziehen und ebenfalls fein hacken.

3 Das Sonnenblumenöl in einer Pfanne erhitzen, das Fischfilet von beiden Seiten braten, aus der Pfanne nehmen und warm stellen. Schalotten und Äpfel in die Pfanne geben, anbraten, mit Weißweinessig und 2 Esslöffeln Wasser ablöschen, mit Jodsalz, Pfeffer, Senf und Zucker abschmecken und etwas abkühlen lassen.

4 In der Zwischenzeit die Tomate waschen, den grünen Stielansatz entfernen und das Fleisch sehr fein würfeln. Die Tomatenwürfel und die gehackten Kräuter unter die Vinaigrette heben. Die Zanderfilets auf Tellern anrichten und die warme Kräutervinaigrette darüber verteilen.

Beilagenempfehlung: Pellkartoffeln und Blattsalate

Pro Portion:
kJ/kcal 1024/245
Eiweiß 35 g, Fett 6 g
Kohlenhydrate 8 g
Ballaststoffe 2 g
Cholesterin 53 mg

Info: Der Zander gilt als der wertvollste Raubfisch, da sein zartes, weißes, feinfaseriges Fleisch äußerst schmackhaft ist. Er gehört zur Familie der Barsche und wird 40 bis 50 Zentimeter groß. Sein Lebensraum sind klare Seen und Flüsse in Mittel- und Osteuropa, die genügend Kleinfische als Nahrungsgrundlage bieten. Als heimischer Fisch ist er frisch als Filet oder auch im Ganzen im Handel erhältlich. Um einen Rundfisch zu filetieren, wird der Kopf mit einem schrägen Schnitt entlang des Kiemenknochens abgetrennt. Vom Rücken aus beginnend, sollte das Messer dicht an der Gräte entlang geführt und das Filet ausgelöst werden.

Steinbuttfilets in Honig-Zitronen-Sauce

Für 2 Portionen

1 unbehandelte Zitrone • 1/8 l Gemüsebrühe • 1 Lorbeerblatt
Jodsalz • weißer Pfeffer • 1 TL Honig
2 Steinbuttfilets, à 180 g
2 EL Crème fraîche • 2 Stängel Zitronenmelisse

Pro Portion:
kJ/kcal 995/238
Eiweiß 37 g, Fett 6 g
Kohlenhydrate 3 g
Ballaststoffe 0 g
Cholesterin 112 mg

1 Die Zitrone heiß abwaschen, trockenreiben und die Hälfte der Schale in feine Streifen raspeln. Den Fruchtsaft auspressen. 2 Esslöffel Saft mit der Gemüsebrühe, dem Lorbeerblatt, Jodsalz, Pfeffer und Honig unter Rühren in einer Pfanne erhitzen.

2 Die Steinbuttfilets unter kaltem Wasser abspülen, trockentupfen und mit dem restlichen Zitronensaft beträufeln. Den Fisch im Fond bei schwacher Hitze in etwa 6 Minuten gar ziehen lassen, herausnehmen, gut abtropfen lassen und warm stellen.

3 Den Fischsud bei starker Hitze etwas einkochen, das Lorbeerblatt entfernen und die Crème fraîche unterrühren. Die Sauce mit Jodsalz und Pfeffer abschmecken.

4 Die Zitronenmelisse abbrausen und trockenschütteln. Die Blättchen in feine Streifen schneiden und mit der Zitronenschale mischen. Die Steinbuttfilets mit der Sauce anrichten, Zitronenmelisse und -schale darüber streuen.

Beilagenempfehlung: Nudeln, Salat

Varianten: Für einen exotischeren Geschmack kann die Sauce mit 1 Teelöffel frisch gehackter Ingwerwurzel und 2 Esslöffeln Orangensaft zubereitet werden.
▶ Eine weitere Alternative ist, Honig und Zitronensaft durch Ahornsirup und Orangensaft zu ersetzen. In diesem Fall sollte auf die Zugabe des Lorbeerblatts verzichtet und die Sauce mit etwas Zimt abgeschmeckt werden.

Info: Seinen Namen hat der Steinbutt von den vielen Knochenhöckern, die seine schuppenlose Oberseite bedecken und wie kleine Steine aussehen. Eine weitere Besonderheit dieses Fisches ist, dass er seine Färbung dem Untergrund, auf dem er sich aufhält, anpassen kann vergleichsweise einem Chamäleon, was bei der Jagd nach kleinen Krebsen, Muscheln und Bodenfischen, von denen sich der Steinbutt ernährt, sehr hilfreich sein kann.

156

Lachsfrikadellen mit Estragon-Senf-Butter

Für 2 Portionen

2 Scheiben Toastbrot • 100 ml Milch
1 Schalotte • 1/2 Zucchini
400 g Lachsfilet • 1 EL Zitronensaft • 1 Ei
Jodsalz • Pfeffer aus der Mühle
1 EL Butterschmalz • 60 g Radieschensprossen
2 Stängel frischer Estragon
1 EL Butter • 1 TL Körnersenf

1 Die Rinde vom Toastbrot abschneiden, das Brot zerbröckeln und in der Milch einweichen.

2 Die Schalotte abziehen und fein würfeln. Die Zucchini waschen und auf einer Küchenreibe fein raspeln.

3 Das Lachsfilet fein hacken oder durch den Fleischwolf drehen. Das Lachsgehackte mit Schalotten, dem ausgedrückten Toastbrot, Zucchiniraspeln, Zitronensaft und dem Ei gründlich verrühren. Mit Jodsalz und Pfeffer aus der Mühle würzen.

4 Das Butterschmalz in einer Pfanne erhitzen, aus dem Fischteig kleine, flache Frikadellen formen und diese von jeder Seite etwa 5 Minuten goldbraun braten.

5 In der Zwischenzeit die Radieschensprossen unter fließendem kaltem Wasser abspülen und abtropfen lassen. Die Estragonblättchen abbrausen, trockenschütteln und von den Stielen zupfen.

6 Die Butter in einer kleinen Kasserolle aufschäumen, den Senf mit einem Schneebesen einrühren und die Estragonblättchen dazugeben. Die Lachsfrikadellen mit den Sprossen und der Estragonbutter anrichten.

Pro Portion:
kJ/kcal 2529/605
Eiweiß 51 g, Fett 28 g
Kohlenhydrate 27 g
Ballaststoffe 4 g
Cholesterin 236 mg

Beilagenempfehlung:
Kartoffelsalat, Salat

Info: Echtes Lachsfleisch ist sehr zart, rosafarben und gilt als besonders delikat. Lachse sind in nördlichen, kalten Gewässern beheimatet. Um an ihre angestammten Laichplätze zu gelangen, schwimmen die bis zu eineinhalb Meter großen Fische Flüsse und Bäche hinauf, bis sie in die ruhigen Quellgebiete gelangen. Dabei sind sie in der Lage bis zu vier Meter hohe Wehre zu überspringen und sich gegen reißende Strömungen durchzusetzen. Wandernde Lachse werden Salme genannt; ihr Fleisch ist zu dieser Zeit am besten.

Fischtopf mit Reis und Gemüse

Für 2 Portionen

60 g Naturreis • Jodsalz • 1/2 Zwiebel
1/2 Zucchini • 1/2 gelbe Paprikaschote
200 g Schältomaten • 1 TL Keimöl
Pfeffer aus der Mühle • 1 TL Balsamicoessig
150 g Kabeljaufilet • 150 g Lachsfilet
1 EL Kräuter der Provence • 1 TL Zitronensaft

Pro Portion:
kJ/kcal 1417/339
Eiweiß 35 g, Fett 7 g
Kohlenhydrate 28 g
Ballaststoffe 5 g
Cholesterin 71 mg

1 Den Naturreis in Salzwasser in etwa 30 Minuten bissfest kochen.

2 Die Zwiebel abziehen und fein würfeln. Die Zucchini waschen, längs halbieren und in Scheiben schneiden. Die Paprikaschote waschen, entkernen und den Stielansatz entfernen. Die Schältomaten in einem Sieb abtropfen lassen. Paprika und Tomaten in kleine Würfel schneiden.

3 Das Keimöl in einem Topf erhitzen und die Zwiebelwürfel darin anbraten. Zucchini, Paprika und Schältomaten zugeben und das Gemüse etwa 5 Minuten dünsten lassen. Mit Jodsalz, Pfeffer aus der Mühle und dem Balsamicoessig würzen.

4 Die Fischfilets abspülen, trockentupfen und in mundgerechte Würfel schneiden. Die Fischfiletwürfel zum Gemüse geben und weitere 5 Minuten bei schwacher Hitze garen. Den Reis abtropfen lassen und mit den Kräutern zum Fischtopf geben. Den Fischtopf mit Zitronensaft, Jodsalz und Pfeffer aus der Mühle abschmecken.

Beilagenempfehlung: Salat

Infos: Zwar ist bei der Verwendung von Paprika darauf zu achten, dass sie nicht jeder mit Problemen im Magen-Darm-Bereich verträgt, aber die Mischung von Vitamin C, Beta-Karotin, Folsäure, Vitamin B6, Vitamin E, Selen und verschiedenen Bioflavonoiden macht sie zu einer wertvollen Hilfe bei der Bekämpfung von freien Radikalen und dem Schutz des Immunsystems. Ein ideales Gemüse in der kalten Jahreszeit.

▶ Die Omega-3-Fettsäure gehört zu den so genannten essenziellen Fettsäuren. Das bedeutet, diese Fettsäure kann der menschliche Körper nicht selbst herstellen und muss deswegen mit der Nahrung aufgenommen werden. Diese Fettsäure, der man vorbeugende Eigenschaften bei Herz-Kreislauf-Beschwerden, Darmkrebs und Arterienverkalkung nachsagt, ist vor allem im Fleisch von Kaltwasserfischen zu finden, in Süßwasserfischen so gut wie gar nicht.

Forelle blau in Gemüsesud

Für 2 Portionen

2 kleinere frische Forellen, à 280 – 300 g • 1 Zwiebel
2 Möhren • 100 g Lauch • Jodsalz • 1 Lorbeerblatt
4 cl Weißweinessig • 2 EL Crème fraîche
1 TL geriebener Meerrettich (Glas) • 1 EL saure Sahne

1 Die Forellen unter fließendem kaltem Wasser waschen. Dabei darauf achten, dass die den Fisch umhüllende Schleimschicht nicht abgerubbelt wird, da sich die Forelle sonst nicht blau verfärbt.

2 Zwiebel abziehen, Möhren schälen und alles in Streifen schneiden. Den Lauch waschen und ebenfalls in Streifen schneiden. Die Gemüsestreifen in etwa 2 Liter Wasser aufkochen, mit Jodsalz, Lorbeerblatt und Essig würzen.

3 Forellen in den Sud legen, den Topf von der Kochstelle nehmen und 15 Minuten ziehen lassen.

4 Crème fraîche, Meerrettich und saure Sahne verrühren.

5 Forellen mit Gemüsestreifen und etwas Sud anrichten, dazu die Meerrettichsahne reichen.

Beilagenempfehlung: Pellkartoffeln, Salat

Pro Portion:
kJ/kcal 1388/332
Eiweiß 49 g, Fett 8 g
Kohlenhydrate 8 g
Ballaststoffe 5 g
Cholesterin 137 mg

Seelachsfilet auf Gemüsebett

Für 2 Portionen

360 g Seelachsfilet • 1 TL Zitronensaft • Jodsalz
Pfeffer aus der Mühle • 2 Kartoffeln • 2 Möhren • 150 g Lauch
1 EL Butter • 1/2 l Gemüsebrühe • 1 EL gehackte Petersilie

1 Das Seelachsfilet portionieren, mit Zitronensaft beträufeln, salzen und pfeffern und einige Zeit marinieren lassen.

2 Die Kartoffeln und Möhren waschen, schälen und in Streifen schneiden. Den Lauch längs halbieren, waschen und ebenfalls in Streifen schneiden. In einem Topf mit fest schließendem Deckel die Butter erhitzen, das Gemüse darin anbraten und mit der Brühe auffüllen. Etwa 5 Minuten dünsten und mit Salz und Pfeffer würzen.

3 Die Seelachsfilets auf das Gemüse legen, mit der fein gehackten Petersilie bestreuen und im geschlossenen Topf bei schwacher Hitze etwa 10 Minuten garen. Die Filets vorsichtig herausnehmen, das Gemüse mit Salz und Pfeffer abschmecken und anrichten.

Pro Portion:
kJ/kcal 1726/413
Eiweiß 29 g, Fett 16 g
Kohlenhydrate 24 g
Ballaststoffe 7 g
Cholesterin 97 mg

159

Fischtopf mit Fenchel und Kartoffeln

Für 2 Portionen

150 g Fenchelknolle • 3 Kartoffeln • 1 rote Paprikaschote
1 Zwiebel • 1 TL Olivenöl • 80 g tiefgekühlte Erbsen
1 Lorbeerblatt • 1/2 l Gemüsebrühe • 360 g Rotbarschfilet
Jodsalz • Pfeffer aus der Mühle

Pro Portion:
kJ/kcal 1927/461
Eiweiß 47 g, Fett 9 g
Kohlenhydrate 38 g
Ballaststoffe 10 g
Cholesterin 149 mg

1 Die Fenchelknolle waschen, das Grün abzupfen, hacken und beiseite stellen. Die Knolle halbieren und in feine Streifen schneiden. Die Kartoffeln waschen, schälen und klein würfeln. Die Paprikaschote waschen, entkernen, vom Stielansatz befreien und das Fruchtfleisch in Streifen schneiden. Die Zwiebel abziehen und fein würfeln.

2 Das Olivenöl in einem Topf erhitzen und die Zwiebelwürfel glasig darin anbraten. Fenchel, Kartoffeln, Paprika, Erbsen und Lorbeerblatt zufügen. Mit Brühe aufgießen und etwa 10 Minuten kochen lassen.

3 Das Rotbarschfilet klein schneiden, zum Gemüse geben und etwa 5 Minuten bei milder Hitze gar ziehen lassen. Mit Salz, Pfeffer und dem gehackten Fenchelgrün bestreuen.

Beilagenempfehlung: Salat

Seelachspfanne mit Kartoffeln

Für 2 Portionen

3 Kartoffeln • Jodsalz • 360 g Seelachsfilet • 2 Möhren
100 g Knollensellerie • 100 g Lauch • 1 Zwiebel
20 g durchwachsener Speck • 1 EL Keimöl • Pfeffer aus der Mühle

Pro Portion:
kJ/kcal 1957/468
Eiweiß 32 g, Fett 15 g
Kohlenhydrate 36 g
Ballaststoffe 9 g
Cholesterin 87 mg

1 Die Kartoffeln waschen, schälen und würfeln. In Salzwasser etwa 10 Minuten vorkochen.

2 Das Seelachsfilet waschen, trockentupfen und würfeln.

3 Möhren und Knollensellerie schälen, den Lauch längs halbieren und waschen. Das Gemüse klein schneiden. Die Zwiebel abziehen und würfeln.

4 Den Speck in sehr kleine Würfel schneiden. Das Keimöl in einer großen, beschichteten Pfanne erhitzen und den Speck darin leicht anbraten. Die Kartoffelwürfel dazugeben und kurz mitgaren, Gemüse und Fisch hinzufügen und 10 bis 15 Minuten unter Rühren weiter braten. Mit Salz und Pfeffer abschmecken.

Beilagenempfehlung: Salat

Dämpfkörbchen aus Bambus sind ideal für eine schonende Zubereitung. Sie erhalten diese im Fachhandel.

Paprikagemüse mit Lachs

Für 2 Portionen

I rote Paprikaschote • I grüne Paprikaschote	
I Zwiebel • I Knoblauchzehe • I Bund Basilikum	
360 g Lachsfilet • Jodsalz • Pfeffer aus der Mühle	
1/4 I Gemüsebrühe • I TL Kartoffelmehl	

1 Die Paprika waschen und entkernen. Den Stielansatz entfernen. Die Hälften in dünne Streifen schneiden. Zwiebel und Knoblauch abziehen und würfeln. Die Basilikumblätter abzupfen und in Streifen schneiden.

2 Den Lachs würfeln und mit Salz und Pfeffer würzen.

3 Paprika, Zwiebeln und Knoblauch in ein Dämpfkörbchen legen.

Die Lachswürfel darüber verteilen und über kochender Gemüsebrühe etwa 8 Minuten bissfest dämpfen.

4 Das Kartoffelmehl mit kaltem Wasser glatt rühren und den Sud damit binden. Die Basilikumstreifen dazugeben und die Sauce mit Salz und Pfeffer abschmecken. Gemüse und Lachs mit der Sauce anrichten.

Beilagenempfehlung: Reis

Pro Portion:
kJ/kcal 1238/296
Eiweiß 38 g, Fett 8 g
Kohlenhydrate 11 g
Ballaststoffe 4 g
Cholesterin 63 mg

161

Gefüllter Zander

Für 2 Portionen

1 küchenfertiger Zander, ca. 700 g • Jodsalz
weißer Pfeffer aus der Mühle • Saft von 1/2 Zitrone
200 g frischer Blattspinat • 1 Knoblauchzehe
1 kleine Zwiebel • 1 Kartoffel
1 EL Butter • 1/8 l Milch
gemahlene Muskatnuss • 1 TL Butter
2 Lorbeerblätter • 1 Dillzweig

Pro Portion:
kJ/kcal 2216/530
Eiweiß 85 g, Fett 10 g
Kohlenhydrate 14 g
Ballaststoffe 4 g
Cholesterin 150 mg

1 Die Rücken- und Schwanzflossen des Zanders mit einer Küchenschere abschneiden. Den Fisch waschen, mit Küchenpapier trockentupfen, innen und außen mit Jodsalz und Pfeffer würzen und mit Zitronensaft beträufeln.

2 Den Spinat putzen und waschen, etwa 1 Minute dämpfen, dann grob hacken und ausdrücken, damit der Spinat nicht zu feucht ist. Die Knoblauchzehe und die Zwiebel abziehen und fein würfeln. Die Kartoffel waschen, schälen, fein reiben und die Kartoffelmasse in einem Tuch ausdrücken.

3 Die Butter in einem Topf erhitzen und Zwiebeln und Knoblauch darin glasig anbraten. Die Milch dazugießen, aufkochen lassen und die geriebene Kartoffelmasse zugeben. Die Mischung so lange bei geringer Hitze und unter Rühren kochen, bis die Milch dicklich wird. Den Spinat dazugeben und die Masse mit Jodsalz, Pfeffer aus der Mühle und Muskat abschmecken und erkalten lassen.

4 Die kalte Spinatmasse in die Bauchöffnung des Zanders streichen und den Fisch außen mit etwas flüssiger Butter bepinseln. 1/4 Liter Wasser, die Lorbeerblätter und den Dillzweig in einem Dämpftopf erhitzen, den Sud mit Jodsalz und Pfeffer aus der Mühle würzen.

5 Den Zander in den Siebaufsatz legen, den Dämpftopf verschließen und den Fisch etwa 25 bis 30 Minuten dämpfen. Den Fisch herausnehmen, in Scheiben schneiden und servieren.

Beilagenempfehlung: Reis, Salat

Info: Knoblauch enthält die Substanz Allizin, die zum einen für den strengen Geruch verantwortlich ist, auf der anderen Seite aber auch eine mittlerweile nachgewiesene, antibiotische Wirkung hat. Zudem vermutet man, dass weitere Inhaltsstoffe dieser Knolle Krebs erregende Substanzen inaktivieren bzw. neutralisieren.

Pikantes Karpfengulasch

Für 2 Portionen

3 Kartoffeln • 2 Möhren • Jodsalz
1 EL Schnittlauchröllchen • 1 EL gehackter Dill • 1 Zwiebel
1 Knoblauchzehe • 100 g Lauch • Schale von 1/2 Zitrone
1 TL Butter • Kümmelkörner nach Geschmack
1 EL Tomatenmark • 1/2 TL Gulaschgewürz • 1/2 TL Paprikapulver
Majoran nach Geschmack • 1/2 l Gemüsebrühe
Pfeffer aus der Mühle • 400 g Karpfenfilet

1 Die Kartoffeln und die Möhren waschen, schälen, in mundgerechte Würfel schneiden und in Salzwasser 10 Minuten vorkochen. In ein Sieb abgießen und beiseite stellen. Schnittlauch und Dill waschen, trockenschütteln und in Röllchen schneiden bzw. hacken.

2 Die Zwiebel und die Knoblauchzehe abziehen, fein würfeln bzw. zerdrücken. Den Lauch längs halbieren, waschen und in Streifen schneiden. Die Zitrone waschen, trocknen und die Schale 1/2 Zitrone abreiben.

3 Die Butter in einem Topf erhitzen, die Zwiebelwürfel und den Lauch glasig anbraten. Knoblauch, Kümmel, abgeriebene Zitronenschale, Tomatenmark, Gulaschgewürz, Paprikapulver und Majoran zugeben, mit Gemüsebrühe aufgießen, mit Jodsalz und Pfeffer aus der Mühle würzen und gut durchkochen lassen. Die vorgegarten Kartoffeln und Möhren zufügen und das Gemüse aufkochen lassen.

4 Das Karpfenfilet waschen, trockentupfen, in mundgerechte Stücke schneiden und vorsichtig unter das Gemüse mengen. Das Fischgulasch in etwa 8 bis 10 Minuten bei schwacher Hitze fertig garen; nochmals mit Jodsalz und Pfeffer aus der Mühle abschmecken und mit frischen Schnittlauchröllchen und gehacktem Dill bestreuen.

Beilagenempfehlung: Bauernbrot

Pro Portion:
kJ/kcal 1814/434
Eiweiß 48 g, Fett 10 g
Kohlenhydrate 30 g
Ballaststoffe 8 g
Cholesterin 173 mg

Info: Der Karpfen zählt zu den bekanntesten und begehrten Süßwasserfischen. Er kann bis zu einem Meter lang und bis zu 30 Kilogramm schwer werden. Ursprünglich ist dieser Teichfisch in Asien beheimatet und kam wohl erst im frühen Mittelalter nach Europa. Bekannt ist, dass bereits Anfang des 14. Jahrhunderts Klöster Karpfenteiche anlegten.
Karpfen können bis zu 100 Jahre alt werden – manche Angler halten diese »bemoosten Häupter« für besonders delikat. Im Handel sind jedoch die ca. drei Jahre alten Jungkarpfen mit einem Gewicht von maximal zwei Kilogramm erhältlich.

Badische Forellenfilets mit Wintergemüse

Für 2 Portionen

300 g Wintergemüse
(Möhren, Lauch, Sellerie, Petersilienwurzel, Zwiebeln)
I EL gehackte Petersilie • I TL Butter
I/4 I Gemüsebrühe • I TL Butter für die Form
4 frische Forellenfilets, à 80 g
I EL Zitronensaft • Jodsalz • Pfeffer aus der Mühle
100 g geriebenes Weißbrot • 20 g Butter • 2 EL Sahne

Pro Portion:
kJ/kcal 2651/634
Eiweiß 54 g, Fett 23 g
Kohlenhydrate 44 g
Ballaststoffe 19 g
Cholesterin 168 mg

1 Das Wintergemüse putzen, waschen, schälen und in feine Streifen schneiden. Die Petersilie waschen, trockenschütteln und hacken.

2 Die Butter erhitzen, die Gemüsestreifen mit der Gemüsebrühe zugeben, erwärmen und in eine gebutterte, feuerfeste Form füllen.

3 Die Forellenfilets mit kaltem Wasser abspülen und trockentupfen. Mit Zitronensaft beträufeln und mit Jodsalz und Pfeffer würzen. Die Forellenfilets auf das Gemüse legen.

4 Geriebenes Weißbrot und Butterflöckchen auf den Fisch verteilen. Im vorgeheizten Backofen bei 180 °C (Gas Stufe 2–3) etwa 15 bis 20 Minuten garen.

5 Zum Schluss die Sahne zur Gemüsesauce geben und mit Jodsalz und Pfeffer aus der Mühle abschmecken. Die Forellenfilets auf der Gemüsesauce anrichten und mit der gehackten Petersilie bestreuen.

Beilagenempfehlung: Pellkartoffeln

Info: Die Forelle ist ein lachsartiger Süßwasserfisch, der kühle und klare Gewässer bevorzugt. Auch hier waren mittelalterliche Mönche kulinarische Vorreiter, die diesen delikaten Fisch für ihre Speisekarte entdeckten. Letztes Jahrhundert führte man die nordamerikanische Regenbogenforelle ein, da der wachsende Bedarf mit der hiesigen Bachforelle nicht mehr gedeckt werden konnte. In Restaurants und Fischgeschäften erhält man zumeist die amerikanische Verwandte. Diese ist zwar keineswegs zu verachten, Feinschmecker bevorzugen jedoch das zartere Fleisch der Bachforelle. Die besten Fangmonate sind die mit einem »i« am Ende, also von Mai bis Juli.

Seelachsfilets mit Gemüse im Römertopf gegart

Für 2 Portionen

400 g Seelachsfilet • Saft von 1/2 Zitrone

Pfeffer aus der Mühle • 1 Zwiebel

1 TL Schnittlauchröllchen

1 TL gehackte Petersilie • 2 Kartoffeln

300 g Gemüse wie Brokkoli, Blumenkohl, Zucchini, Möhren

einige grüne Pfefferkörner • 1/2 l Gemüsebrühe • Jodsalz

Zitronen-Schnittlauch-Butter:

20 g Butter • Saft von 1/2 Zitrone • 1 EL Schnittlauchröllchen

1 Den Römertopf und den Deckel in kaltem Wasser kurz einweichen.

2 Das Seelachsfilet mit kaltem Wasser abbrausen, trockentupfen und von beiden Seiten mit Zitronensaft und Pfeffer aus der Mühle würzen.

3 Die Zwiebel abziehen und klein würfeln. Schnittlauch und Petersilie waschen, trockenschütteln und in Röllchen schneiden bzw. fein hacken. Die Kartoffeln schälen und in Scheiben schneiden. Das Gemüse putzen, waschen, je nach Art schälen, mundgerecht zerteilen und in den Römertopf füllen. Einige grüne Pfefferkörner, die gehackte Petersilie, die Schnittlauchröllchen und die Kartoffelscheiben dazugeben und alles leicht miteinander vermischen.

Info: Der Seelachs gilt als schmackhafter Salzwasserfisch, der trotz seiner guten Speisequalitäten dennoch preislich nicht zu den hoch exklusiven Fischen zählt.

4 Das Fischfilet auf das Gemüse legen und mit der Gemüsebrühe aufgießen. Fisch und Gemüse im nicht vorgeheizten Backofen bei 180 °C (Gas Stufe 2–3) mit geschlossenem Deckel etwa 50 bis 60 Minuten garen.

5 In der Zwischenzeit die Butter zerlassen, den Zitronensaft unter Rühren schluckweise zugeben, dann die Schnittlauchröllchen untermischen.

6 Den Römertopf aus dem Backofen nehmen, das Fischfilet leicht salzen, auf zwei Teller verteilen und mit der heißen Zitronen-Schnittlauch-Butter übergießen. Das Gemüse dazugeben und sofort servieren.

Pro Portion:
kJ/kcal 2116/506
Eiweiß 36 g, Fett 20 g
Kohlenhydrate 30 g
Ballaststoffe 12 g
Cholesterin 111 mg

Grüne Nudeln mit Fenchel und Zanderfilet

Für 2 Portionen

200 g Zanderfilet • 1 EL Zitronensaft
Jodsalz • weißer Pfeffer
100 g Fenchelknolle mit Grün • 1 EL Rapsöl
1 TL Mehl • 100 ml Fischfond (Glas) • 200 g grüne Bandnudeln

Pro Portion:
kJ/kcal 2350/562
Eiweiß 39 g, Fett 9 g
Kohlenhydrate 72 g
Ballaststoffe 6 g
Cholesterin 137 mg

1 Das Zanderfilet in 3 bis 4 Zentimeter große Würfel schneiden und mit Zitronensaft, Jodsalz und Pfeffer würzen.

2 Den Fenchel waschen, putzen und in feine Streifen schneiden. Das Fenchelgrün hacken und beiseite stellen. Den Fenchel im Rapsöl anbraten, mit Mehl bestäuben, mit Fischfond ablöschen und etwa 8 Minuten zugedeckt bei schwacher Hitze kochen.

3 In der Zwischenzeit die Nudeln in reichlich Salzwasser nach Packungsanleitung bissfest kochen, in ein Sieb abgießen und gut abtropfen lassen.

4 Den Fisch zum Fenchel geben, noch 5 Minuten garen, mit Jodsalz und Pfeffer abschmecken und mit den Nudeln anrichten. Mit dem Fenchelgrün garnieren.

Beilagenempfehlung: Salat

Variante: Sie können Nudeln natürlich auch selbst herstellen. Dazu blanchieren Sie ca. 200 Gramm geputzten und gewaschenen Spinat, drücken diesen danach gut aus und pürieren ihn. Zusammen mit ca. 200 Gramm Mehl – am besten nimmt man Hartweizenmehl oder einfaches Weißmehl –, 1 Prise Salz sowie 2 bis 3 Esslöffeln Olivenöl knetet man aus der Masse mit wenig warmem Wasser einen elastischen Teig. Lesen Sie dazu auch die Anregungen auf Seite 134 und 135 nach.

Info: Nudeln sind in der asiatischen wie auch europäischen Küche gleichermaßen bekannt. Gemein ist allen Nudeln der Welt die Grundidee, Mehl oder Stärke mit Wasser zu verkneten und unterschiedlich zu formen. Während die Glasnudel Königin japanischer und nordchinesischer Speisekarten ist (im Süden Chinas wird vornehmlich Reis verzehrt), sind die längsten Nudeln Europas, die »Spaghetti«, sowie die gefüllte Teigtasche, die »Ravioli«, Sinnbild der italienischen Küche. Auch Maultaschen oder russischen Pelmeni liegt dieselbe Idee zugrunde.

Spaghetti mit Muschelsauce

Für 2 Portionen

200 g Spaghetti • Jodsalz • 1 kleine Zwiebel
1 Knoblauchzehe • 1 TL Keimöl
120 g Schältomaten • 100 g Miesmuschelfleisch
Pfeffer aus der Mühle • etwas Apfelessig

1 Die Spaghetti in reichlich Salzwasser nach Packungsanleitung bissfest garen.

2 In der Zwischenzeit Zwiebel und Knoblauchzehe abziehen und in feine Würfel schneiden. Das Keimöl in einem Topf erhitzen und die Zwiebelwürfel mit dem Knoblauch anbraten.

3 Die Tomaten klein würfeln und zu den Zwiebeln geben.

4 Die Muscheln waschen, in den Topf geben, aufkochen lassen und mit Jodsalz, Pfeffer und etwas Apfelessig abschmecken.

5 Die Spaghetti in ein Sieb abgießen und auf zwei Teller verteilen. Die Muschelsauce auf die Nudeln geben.

Beilagenempfehlung: Salat

Pro Portion:
kJ/kcal 1881/450
Eiweiß 20 g, Fett 6 g
Kohlenhydrate 72 g
Ballaststoffe 5 g
Cholesterin 149 mg

Bandnudeln mit Lachskaviar

Für 2 Portionen

200 ml Fischfond (Glas) • 200 g Bandnudeln • Jodsalz
1 kleines Bund Dill • 150 g Naturjoghurt
100 g Sahne • 1 TL Mehl • weißer Pfeffer
40 g Keta-Kaviar • Schale von 1/2 Zitrone

1 Den Fischfond in einer Pfanne bei starker Hitze auf etwa die Hälfte einkochen lassen.

2 Die Nudeln in reichlich Salzwasser bissfest kochen.

3 Inzwischen den Dill waschen, fein hacken und mit Naturjoghurt, Sahne und Mehl verquirlen. Die Joghurtmischung zum Fischfond geben, aufkochen lassen und mit Pfeffer aus der Mühle würzen. 2/3 des Kaviars und die Zitronenschale in die Sauce mischen.

4 Die Nudeln in ein Sieb abgießen und abtropfen lassen. Mit der Kaviarsauce mischen und etwas ziehen lassen, zum Schluss mit Jodsalz und Pfeffer abschmecken. Die Nudeln auf Tellern anrichten und mit dem restlichen Kaviar garnieren.

Pro Portion:
kJ/kcal 2751/658
Eiweiß 24 g, Fett 23 g
Kohlenhydrate 76 g
Ballaststoffe 4 g
Cholesterin 225 mg

167

Seeteufelfilets in Gurkengemüse gedünstet

Für 2 Portionen

300 g Seeteufelfilet (Lotte) • I TL Zitronensaft
Jodsalz • weißer Pfeffer • 500 g Gurken
I kleines Bund Dill • I EL Butter • 200 ml Gemüsebrühe

Pro Portion:
kJ/kcal 953/228
Eiweiß 30 g, Fett 8 g
Kohlenhydrate 3 g
Ballaststoffe 2 g
Cholesterin 108 mg

1 Das Seeteufelfilet mit Zitronensaft beträufeln und mit Jodsalz und weißem Pfeffer würzen.

2 Die Gurken schälen, längs halbieren und die Kerne mit einem Teelöffel herausschaben. Das Fruchtfleisch in Scheiben schneiden. Das Bund Dill abbrausen, trockenschütteln und fein hacken.

3 Die Butter erhitzen, die Gurkenscheiben andünsten und mit

Jodsalz und weißem Pfeffer würzen. Die Hälfte der Gurken in eine Auflaufform füllen. Die Seeteufelfilets darauf legen, mit Dill bestreuen und mit den restlichen Gurken bedecken. Die Brühe angießen, die Form verschließen und das Seeteufelfilet im Backofen bei 220 °C (Gas Stufe 4–5) etwa 40 Minuten garen.

4 Das Seeteufelfilet mit den Gurken auf einer Platte anrichten.

Das zarte Fleisch des Seeteufels wird durch das im Geschmack unaufdringliche Gurkengemüse abgerundet.

Spaghetti mit Gemüse und Heilbutt

Für 2 Portionen

100 g Lauch • 2 Möhren
100 g Staudensellerie • 100 g Zucchini
1 Knoblauchzehe • 1 EL gehackte Petersilie
200 g Spaghetti • Jodsalz
1 EL Keimöl • 200 g Heilbuttfilet
Pfeffer aus der Mühle • 2 EL Sahne

Pro Portion:
kJ/kcal 2546/609
Eiweiß 40 g, Fett 13 g
Kohlenhydrate 74 g
Ballaststoffe 8 g
Cholesterin 164 mg

1 Das Gemüse waschen und putzen. Den Lauch der Länge nach teilen und in Ringe schneiden. Die Möhren schälen. Staudensellerie, Zucchini und Möhren längs halbieren und in dünne Scheiben schneiden. Den Knoblauch abziehen und klein würfeln. Die Petersilie waschen, trockenschütteln und fein hacken.

2 Die Spaghetti in reichlich Salzwasser nach Packungsanleitung bissfest kochen.

3 In der Zwischenzeit den Heilbutt in mundgerechte Stücke zerteilen. Das Keimöl in einer Pfanne bei mittlerer Hitze erwärmen, die Fischwürfel darin von allen Seiten braten, mit Jodsalz und Pfeffer aus der Mühle würzen, herausnehmen und warm stellen.

4 Den Knoblauch in der Pfanne andünsten, nach und nach Lauch, Sellerie, Zucchini und Möhren hinzufügen und 5 Minuten mitdünsten. Die Sahne aufgießen, einrühren, aufkochen lassen und mit Jodsalz, Pfeffer aus der Mühle und Petersilie würzen.

5 Die Nudeln in ein Sieb abgießen, mit dem Gemüse vermischen und abschmecken. Die Gemüsenudeln auf zwei Teller verteilen und die Heilbuttstücke darauf geben.

Beilagenempfehlung: Salat

Info: Der Heilbutt ist ein lang gestreckter Plattfisch, der in nördlichen, kalten Gewässern lebt. Bekannte Verwandte sind u. a. die Scholle, die Flunder und der Steinbutt. Letzterer zählt zu den qualitativ am höchsten stehenden und deshalb teuersten Fischen überhaupt. Der Heilbutt kann bis zu zwei Meter lang werden und an die 150 Kilogramm Gewicht bekommen. Im Handel sind jedoch nur die leichteren Fische bis zu 50 Kilogramm erhältlich. Zwei Arten von Heilbutt sind in Fachgeschäften zu bekommen: der weiße und der schwarze. Sie unterscheiden sich nicht nur in der Farbe ihrer Oberseite, sondern auch im Fettgehalt ihres Fleischs. Während der weiße Heilbutt, der auch der größte der Plattfische ist, ein sehr eiweißreiches und fettarmes Fleisch hat, zählt der schwarze Heilbutt mit einem relativ hohen Fettgehalt von etwa neun Prozent zu den fettreicheren Fischen. Sein Fleisch ist allerdings sehr aromatisch und vielseitig verwendbar.

Hauptgerichte mit Geflügel

Geflügelgerichte haben Konjunktur: Hähnchen, Pute, Ente und Gans eignen sich nicht nur für den Festtagsbraten, sondern auch für eine Vielzahl von schnellen, köstlichen und leicht bekömmlichen Rezepten.

Spargel-Kartoffel-Pfanne mit Putenstreifen

Für 2 Portionen

3 Kartoffeln • 400 g weißer Spargel
360 g Putenbrust • 1 EL Keimöl
1 TL Sojasauce • weißer Pfeffer
2 TL Sesam • 2 TL Sesamöl • Jodsalz
1 EL frische Kräuter (Dill, Koriander, Schnittlauch)

Pro Portion:
kJ/kcal 2036/487
Eiweiß 52 g, Fett 14 g
Kohlenhydrate 30 g
Ballaststoffe 7 g
Cholesterin 108 mg

1 Die Kartoffeln gründlich unter kaltem Wasser abbürsten und mit der Schale längs achteln. Den Spargel sorgfältig schälen, die holzigen Enden entfernen und schräg in feine Stücke schneiden.

2 Die Putenbrust abspülen, trockentupfen und in Streifen schneiden. Das Keimöl in einer großen Pfanne erhitzen, die Putenbruststreifen von allen Seiten kräftig anbraten, mit Sojasauce und Pfeffer würzen und wieder aus der Pfanne nehmen.

3 Die Kartoffelspalten mit dem Spargel in der Pfanne unter Wenden etwa 15 Minuten garen. Das Fleisch wieder zugeben und alles kurz erhitzen. Sesam und Sesamöl unter Fleisch und Gemüse mischen, mit Jodsalz, Pfeffer und Sojasauce abschmecken.

4 Die Kräuter kurz abbrausen, trockenschütteln, grob hacken und großzügig über das Gericht streuen.

Beilagenempfehlung: Salat

170

Gebratene Hähnchenbrust mit Gemüsereis

Für 2 Portionen

I EL Limettensaft • 2 EL Keimöl
360 g Hähnchenbrustfilet • I Frühlingszwiebel
I/2 rote Paprikaschote • 100 g Zucchini
120 g Basmatireis • 2 Kardamomkapseln
Jodsalz • Pfeffer aus der Mühle

1 Den Limettensaft mit dem Keimöl verrühren. Die Hähnchenbrust unter kaltem Wasser abspülen, mit Küchenkrepp trockentupfen, mit dem Limettenöl bestreichen und etwa 1 Stunde marinieren.

2 Die Frühlingszwiebel putzen, waschen und in feine Ringe schneiden. Paprika und Zucchini waschen, den Paprika vom Stielansatz befreien, das Gemüse entkernen und in feine Streifen schneiden.

3 1/4 Liter Wasser aufkochen lassen und den Reis mit den Kardamomkapseln 10 Minuten bei schwacher Hitze kochen. Etwa 4 Minuten vor Ende der Garzeit das Gemüse dazugeben und den Reis salzen.

4 Eine Pfanne ohne Fettzugabe erhitzen. Die marinierte Hähnchenbrust mit Jodsalz und Pfeffer aus der Mühle würzen, von allen Seiten anbraten und in etwa 12 Minuten fertig braten. Die Hähnchenbrust in Scheiben schneiden, anrichten und mit dem Gemüsereis servieren.

Beilagenempfehlung: Salat

Pro Portion:
kJ/kcal 2266/542
Eiweiß 47 g, Fett 13 g
Kohlenhydrate 50 g
Ballaststoffe 3 g
Cholesterin 108 mg

Info: Basmatireis gehört zu den Langkornsorten und stammt aus bestimmten Anbaugebieten Südostasiens. Er hat einen speziellen, duftigen Geruch und Geschmack, der sich schon beim Kochen verbreitet. Basmatireis ist allerdings fast nur als Weißreis im Handel erhältlich.
Naturreis unterscheidet sich vom Weißreis oder raffiniertem Reis hauptsächlich dadurch, dass das so genannte Silberhäutchen nicht entfernt wurde. Das Silberhäutchen ist die mehrschichtige zweite Schale, die unter der harten äußeren Hülse das Reiskorn umschließt. Sie enthält Vitamine und Mineralstoffe, die beim Weißreis verloren gehen. Leider befinden sich auch Fett- und Eiweißstoffe darin. Sie zersetzen sich bei längerer Lagerung, beeinträchtigen den Geschmack und werden ranzig. Deshalb ist Naturreis nicht so lange lagerbar.
Beim Parboilingverfahren wird der Reis vor dem Polieren mit Dampf behandelt, wobei die Vitamine und Mineralstoffe zumindest zum Teil in das Reiskorn übergehen und so erhalten bleiben.

Gebratene Entenbrust mit Pflaumensauce

Für 2 Portionen

80 g getrocknete Pflaumen ohne Stein
40 g getrocknete Aprikosen
1 kleiner Apfel • gemahlener Zimt
1 EL Honig • Saft von 1/2 Zitrone
360 g Entenbrustfilet • 1 TL gerebelter Beifuß
Jodsalz • Pfeffer aus der Mühle
2 Schalotten • 100 g Staudensellerie
1 EL Crème fraîche

Pro Portion:
kJ/kcal 2981/712
Eiweiß 36 g, Fett 34 g
Kohlenhydrate 51 g
Ballaststoffe 8 g
Cholesterin 146 mg

1 Die Pflaumen und Aprikosen in heißem Wasser etwa 1 Stunde einweichen. Den Apfel schälen, entkernen und das Fruchtfleisch fein würfeln. Die eingeweichten Früchte abtropfen lassen, das Einweichwasser dabei auffangen.

2 Die Früchte in Würfel schneiden. Obst, Einweichwasser, Zimt, Honig und Zitronensaft in einem kleinen Topf mischen und aufkochen. Bei schwacher Hitze etwa 20 Minuten unter häufigem Umrühren kochen lassen.

3 In der Zwischenzeit das Entenbrustfilet mit kaltem Wasser abspülen, trockentupfen und die Fettseite mit einem scharfen Messer kreuzweise einritzen.

4 Den Beifuß waschen, trockenschütteln und rebeln. Eine beschichtete Pfanne erhitzen. Das Entenbrustfilet zuerst auf der Hautseite anbraten bis Fett austritt, mit Jodsalz, Pfeffer aus der Mühle und gerebeltem Beifuß würzen. Die Entenbrust unter Wenden etwa 15 Minuten braten.

5 Die Schalotten abziehen und klein würfeln. Den Staudensellerie putzen, waschen und in feine Scheiben schneiden.

6 Die Entenbrust aus der Pfanne nehmen und unter dem heißen Grill oder im Backofen bei höchster Stufe auf der Fettseite knusprig grillen.

7 Inzwischen Schalotten und Staudensellerie im Bratfett anbraten, würzen und in etwa 5 Minuten bissfest dünsten. Crème fraîche unter das Gemüse rühren und mit Jodsalz und Pfeffer aus der Mühle abschmecken.

8 Zum Schluss die Pflaumensauce mit Salz, Pfeffer und Zimt abschmecken, einen Teil davon auf zwei Teller verteilen. Die Entenbrust schräg in Scheiben schneiden, auf der Fruchtsauce anrichten und mit der restlichen Sauce begießen. Das Gemüse als Garnitur neben das Fleisch setzen.

Beilagenempfehlung: Kartoffelgratin

Poulardenbrüstchen auf Feigensauce

Für 2 Portionen

1 Staudensellerie • 1 Apfel
2 Poulardenbrustfilets, à ca. 160 g
Jodsalz • weißer Pfeffer aus der Mühle
1 EL Butterschmalz • Zimt • 2 Schalotten
2 frische Feigen • 1 TL Butter • 100 ml Gemüsebrühe
etwas Waldhonig nach Geschmack

1 Den Staudensellerie putzen, waschen und in feine Scheiben schneiden. Den Apfel schälen, entkernen und das Fruchtfleisch klein würfeln.

2 Die Poulardenbrüstchen mit kaltem Wasser abbrausen, trockentupfen und mit Jodsalz und Pfeffer aus der Mühle würzen. Das Butterschmalz in einer Pfanne erhitzen, die Poulardenbrüstchen mit Zimt bestäuben, von beiden Seiten etwa 15 Minuten bei mittlerer Hitze braten, aus der Pfanne nehmen und warm stellen.

Variante: Sie können die Feigen auch durch Karambolen oder Kiwis ersetzen. Die Zubereitung ändert sich dadurch nicht.

Info: Das Besondere an diesem Rezept ist die Feigensauce. Die Früchte des kleinwüchsigen, kultivierten Feigenstrauchs zeichnen sich vor allem durch ihren süßen Geschmack aus. Der Feigenstrauch ist ein zweihäusiges Gewächs, d.h. es gibt männliche und weibliche Pflanzen, von denen aber nur die weiblichen tragen können. Die meisten Feigensorten blühen dreimal jährlich. Aus der ersten frühen Blüte ergeben sich die Frühfeigen mit dem besten Geschmack, aus der letzten die Spätfeigen. Die Sommerblüte von Juni bis September bringt den größten Ertrag. Feigen sind reich an wertvollem Fruchtzucker, an Provitamin A und vielen Mineralstoffen und Spurenelementen. Besonders zu erwähnen sind hier Kalzium, Kalium, Magnesium, Phosphor und Eisen, d.h. für die Blutbildung besonders wichtige Elemente. Feigen lindern Gallenblasenbeschwerden und fördern die Verdauung.

3 Die Schalotten abziehen und fein hacken. Die Feigen häuten und fein würfeln. Die Butter in das Bratfett geben, erhitzen, die Schalotten glasig anbraten und mit der Gemüsebrühe ablöschen. Die Feigen, Sellerie und Apfel zugeben und etwa 5 Minuten leicht kochen lassen. Die Feigensauce mit Jodsalz, Pfeffer aus der Mühle und etwas Honig abschmecken. Die Poulardenbrust aufschneiden und mit der Sauce anrichten.

Beilagenempfehlung: Nudeln und Salat

Pro Portion:
kJ/kcal 1865/446
Eiweiß 41 g, Fett 13 g
Kohlenhydrate 25 g
Ballaststoffe 5 g
Cholesterin 126 mg

173

Gemüse-Puten-Pfanne

Für 2 Portionen

240 g Putenbrust • 2 Möhren • 150 g Kohlrabi • 100 g Lauch
I gelbe Paprikaschote • I Tomate • I kleine Zwiebel
I EL gehackte Petersilie • I TL Butterschmalz • Jodsalz
Pfeffer aus der Mühle • 1/8 l Gemüsebrühe • 2 EL Sahne

Pro Portion:
kJ/kcal 2805/671
Eiweiß 72 g, Fett 19 g
Kohlenhydrate 41 g
Ballaststoffe 24 g
Cholesterin 186 mg

1 Die Putenbrust in Streifen schneiden.

2 Möhren und Kohlrabi schälen und in Streifen schneiden. Den Lauch längs halbieren, waschen und in Ringe schneiden. Die Paprikaschote halbieren, von Stielansatz, weißen Zwischenwänden und Kernen befreien, waschen und in Streifen schneiden. Die Tomate überbrühen und häuten. Die Zwiebel abziehen und beides würfeln. Die Petersilie waschen, trockenschütteln und fein hacken.

3 Butterschmalz erhitzen, die Putenbruststreifen von allen Seiten kurz anbraten und mit Salz und Pfeffer würzen. Das vorbereitete Gemüse dazugeben, andünsten, mit Gemüsebrühe aufgießen und etwa 15 Minuten garen. Petersilie und Sahne unterrühren und mit Salz und Pfeffer abschmecken.

Beilagenempfehlung: Pellkartoffeln

Hähnchenbrust mit Makkaroni

Für 2 Portionen

120 g Makkaroni • 240 g Hähnchenbrust
I TL Olivenöl • Jodsalz • Pfeffer aus der Mühle
40 g Hüttenkäse • 40 g geriebener Edamer
I TL scharfer Senf • 2 Sängel Blattpetersilie

Pro Portion:
kJ/kcal 1923/460
Eiweiß 44 g, Fett 9 g
Kohlenhydrate 42 g
Ballaststoffe 2 g
Cholesterin 139 mg

1 Die Nudeln bissfest kochen.

2 Die Hähnchenbrust in Streifen schneiden, in Olivenöl von allen Seiten etwa 5 bis 8 Minuten braten und mit Salz und Pfeffer würzen.

3 Hüttenkäse, Edamer und Senf vermischen und zu den Geflügelstreifen geben. Die abgegossenen Nudeln unter das Geschnetzelte heben, nochmals abschmecken.

4 Die Petersilie waschen, trockenschütteln, fein hacken und über die Nudeln streuen.

Beilagenempfehlung: Salat

Gefüllter Putenrollbraten

Für 2 Portionen

400 g Putenbrust • Jodsalz • Pfeffer aus der Mühle
1/2 rote Paprikaschote • 1 kleine Zwiebel • 1 Möhre
2 EL frische Kräuter (Schnittlauch, Petersilie, Dill, Majoran, Oregano)
100 g Rindersaftschinken • 1 TL Rapsöl
1/8 l Gemüsebrühe • 1 EL Crème fraîche

1 Die Putenbrust unter kaltem Wasser abspülen, trockentupfen und zu einem flachen, zusammenhängenden Stück Fleisch auseinander schneiden. Das Fleisch leicht klopfen und mit Jodsalz und Pfeffer aus der Mühle würzen.

2 Die Paprikaschote waschen, entkernen, vom Stielansatz befreien und in feine Würfel schneiden. Die Zwiebel abziehen, die Möhre schälen, beides ebenfalls würfeln und mit den Paprikawürfeln vermengen. Die frischen Kräuter waschen, trockenschütteln und fein hacken.

3 Das Putenbrustfleisch mit dem Rindersaftschinken belegen, die Gemüsemischung darauf verteilen, einrollen und mit Zahnstochern

fixieren oder mit Kochgarn zusammenbinden. Rapsöl in einem Bräter erhitzen, den Putenrollbraten von allen Seiten anbraten und mit Gemüsebrühe aufgießen. Die Kräuter zum Braten geben, diesen im Backofen bei 180 °C (Gas Stufe 2–3) etwa 40 bis 50 Minuten braten, dabei regelmäßig mit dem Bratensaft übergießen.

4 Den Putenrollbraten aus dem Bräter nehmen, die Zahnstocher entfernen und den Braten in Scheiben schneiden. Den Bratensaft mit Crème fraîche leicht binden, mit Jodsalz und Pfeffer aus der Mühle abschmecken und zum Braten reichen.

Beilagenempfehlung: Kartoffelklöße

Pro Portion:
kJ/kcal 1802/431
Eiweiß 63 g, Fett 13 g
Kohlenhydrate 5 g
Ballaststoffe 2 g
Cholesterin 162 mg

Variante: 1 kleine Aubergine waschen, in 1 Zentimeter dicke Scheiben schneiden und einsalzen. Etwa 20 Minuten Flüssigkeit ziehen lassen, dann sorgfältig abtupfen. In 4 Esslöffeln Olivenöl auf beiden Seiten goldbraun braten und auf Küchenpapier abtropfen lassen. 1 Tomate blanchieren, abschrecken, häuten und würfeln. 75 Gramm Mozzarella ebenfalls klein würfeln und mit der Tomate vermischen. Mit Pfeffer und 1 Esslöffel gehacktem Basilikum vermischen. Die Auberginenscheiben auf die Putenbrust verteilen, die Tomaten-Mozzarella-Würfel darauf geben und wie beschrieben einrollen. Da die Auberginen etwas Öl aufsaugen, ist diese Variante nicht für empfindliche Mägen zu empfehlen.

Überbackene Putensteaks an Tomatenpüree

Für 2 Portionen

2 Putenschnitzel, à ca. 160 g
Jodsalz • Pfeffer aus der Mühle
1 TL Butterschmalz • 1 kleine Zwiebel
1 EL gehackte Kräuter (Petersilie, Dill, Basilikum) • 2 Scheiben Hartkäse
60 g passierte Tomaten (Fertigprodukt) • 1 TL Sojasauce

Pro Portion:
kJ/kcal 1514/362
Eiweiß 48 g, Fett 14 g
Kohlenhydrate 3 g
Ballaststoffe 1 g
Cholesterin 134 mg

1 Den Backofen oder Grill auf 220 °C (Gas Stufe 4–5) vorheizen. Die Putenschnitzel mit kaltem Wasser abbrausen, trockentupfen, leicht klopfen und mit Jodsalz und Pfeffer aus der Mühle würzen.

2 Das Butterschmalz erhitzen und die Schnitzel von beiden Seiten in etwa 8 Minuten auf den Punkt braten.

3 Die Zwiebel abziehen und in feine Würfel schneiden. Die Kräuter waschen, trockenschütteln und fein hacken.

4 Die Schnitzel aus der Pfanne nehmen, auf eine feuerfeste Platte geben, mit Käsescheiben belegen und im Backofen oder Grill überbacken.

5 In der Zwischenzeit die Zwiebeln im Bratfett anbraten und mit den passierten Tomaten aufgießen. Die Sauce mit gehackten Kräutern, Jodsalz, Pfeffer und etwas Sojasauce abschmecken. Die Putensteaks anrichten und die Tomatensauce dazu servieren.

Beilagenempfehlung: Reis, Salat

Varianten: Für ausgefallenere, allerdings auch aufwändigere Beläge:
► Einige Blätter Spinat putzen, blanchieren, mit Zwiebelwürfeln in 1 Teelöffel Butter kurz andünsten und mit Jodsalz, Pfeffer und gemahlener Muskatnuss würzen. Auf die Putensteaks verteilen. 50 Gramm Gorgonzola oder milden Schafskäse zerbröckeln, auf den Spinat streuen und die Steaks überbacken.
► 1 Tomate waschen, vom Stielansatz befreien, in Scheiben schneiden und auf die gebratenen Putensteaks legen, einige Basilikumblätter darauf verteilen, mit Mozzarellascheiben bedecken und überbacken. Da die Putensteaks beim Überbacken noch nachgaren, muss man genau darauf achten, das Fleisch nicht zu lange zu braten.
Beide Varianten können mit der Tomatensauce serviert werden.

Hähnchenkeulen mit Schmorkartoffeln

Für 2 Portionen

4 Hähnchenkeulen • Jodsalz • Pfeffer aus der Mühle
500 g Kartoffeln • I Knoblauchzehe
I Zweig frischer Thymian • I Zweig frischer Rosmarin
2 Lorbeerblätter • I EL Keimöl
1/4 l Fleischbrühe • I TL Zitronensaft

1 Die Hähnchenkeulen unter kaltem Wasser abbrausen, trockentupfen und mit Jodsalz und Pfeffer kräftig einreiben. Den Backofen auf 200 °C (Gas Stufe 3–4) vorheizen.

2 Die Kartoffeln waschen, schälen und halbieren. Die Knoblauchzehe abziehen und fein würfeln. Die Thymian- und Rosmarinzweige abbrausen und mit den Lorbeerblättern zu einem Sträußchen zusammenbinden.

3 Das Keimöl in einem Bräter stark erhitzen, die Hähnchenkeulen etwa 5 Minuten braten, bis sie von allen Seiten braun sind. Die Kartoffeln und den Knoblauch hinzufügen, unter Wenden in wenigen Minuten goldgelb anbraten, mit der Fleischbrühe aufgießen und Zitronensaft und das Kräutersträußchen dazugeben.

4 Die Hähnchenkeulen im Backofen etwa 30 bis 40 Minuten braten. Vor dem Servieren das Kräutersträußchen entfernen und die Hähnchenkeulen auf den Schmorkartoffeln anrichten.

Beilagenempfehlung: Leipziger Allerlei

Pro Portion:
kJ/kcal 2136/511
Eiweiß 48 g, Fett 11 g
Kohlenhydrate 43 g
Ballaststoffe 6 g
Cholesterin 160 mg

Tipp: Die einfache Version des Leipziger Allerleis ist bestens als Beilage geeignet: 2 Möhren putzen, waschen und würfeln. 100 Gramm Blumenkohl in Röschen teilen und waschen. 125 Gramm weißen Spargel schälen, vom holzigen Ende befreien und in 2 Zentimeter lange Abschnitte schneiden. Die Möhren in etwas Wasser mit Jodsalz und Zucker dünsten. Nach 5 Minuten Blumenkohl, Spargel und 150 Gramm tiefgefrorene Erbsen zugeben und in weiteren 15 Minuten bissfest garen. Die Flüssigkeit mit 1 Teelöffel angerührter Speisestärke leicht binden und mit 1 Teelöffel Butter und 1 Esslöffel Sahne legieren. Mit Salz, Pfeffer und Zucker abschmecken.
Beim klassischen Leipziger Allerlei werden fein geschnittene Morcheln nach dem Binden der Flüssigkeit zugegeben und mit dem Gemüse erwärmt, anstatt normaler Butter wird Krebsbutter verwendet und das Gemüse vor dem Servieren mit Krebsfleisch und -schwänzen garniert.

Chinapfanne von der Pute

Für 2 Portionen

80 g Naturreis • Jodsalz • 200 g Putenbrust	
Pfeffer aus der Mühle • 2 Möhren	
2–3 Frühlingszwiebeln • 50 g Austernpilze • I EL Keimöl	
50 g Zuckerschoten • I TL Speisestärke • I TL Sojasauce	

Pro Portion:
kJ/kcal 1543/369
Eiweiß 30 g, Fett 7 g
Kohlenhydrate 40 g
Ballaststoffe 5 g
Cholesterin 60 mg

1 Den Reis in Salzwasser etwa 30 Minuten kochen.

2 Putenbrust kalt abspülen, mit Küchenpapier trockentupfen, in Streifen schneiden und mit Jodsalz und Pfeffer aus der Mühle würzen.

3 Die Möhren schälen, längs halbieren und in feine Stifte schneiden. Die Frühlingszwiebeln waschen und in Ringe schneiden. Die Austernpilze putzen und in kleine Stücke zerteilen.

4 Die Putenbruststreifen in Öl von allen Seiten goldbraun anbraten. Austernpilze, Möhren, Zwiebeln und Zuckerschoten zugeben und 5 Minuten unter Rühren mitbraten.

5 Speisestärke und Sojasauce mit 1 Tasse Wasser verrühren, zugießen, aufkochen lassen und mit Salz und Pfeffer abschmecken. Mit dem Reis servieren.

Beilagenempfehlung: Salat

Hühnereintopf mit Wintergemüse ist aufgrund des mageren, leicht verdaulichen Geflügelfleischs und der schonenden Zubereitung besonders bekömmlich.

Hühnereintopf mit Wintergemüse

Für 2 Portionen

1 Hähnchen, ca. 800 – 1000 g • Jodsalz
500 g Wintergemüse (z. B. Kohlrabi, Lauch, Möhren, Blumenkohl, Brokkoli)
3 Wacholderbeeren • 1 Lorbeerblatt • Pfeffer aus der Mühle
gemahlene Muskatnuss • 3 Stängel frische Petersilie

1 Das Hähnchen häuten und entbeinen. Das Fleisch in mundgerechte Würfel schneiden und in Salzwasser blanchieren.

2 Haut und Knochen zerkleinern und mit 1 Liter Wasser und etwas Salz zu einer Brühe verkochen. Die Brühe durch ein Sieb gießen.

3 Das Wintergemüse je nach Art waschen, schälen und in kleine Stücke schneiden. Die Brühe erhitzen, Wintergemüse und blanchiertes Hühnerfleisch dazugeben und mit Wacholderbeeren, Lorbeerblatt, Salz, Pfeffer aus der Mühle und etwas Muskatnuss würzen. Fleisch und Gemüse etwa 20 Minuten garen.

4 Die Petersilie waschen und fein hacken. Lorbeerblatt und Wacholderbeeren aus dem Eintopf nehmen, diesen mit Jodsalz und Pfeffer abschmecken und mit Petersilie bestreuen.

Beilagenempfehlung: Pellkartoffeln oder Brot

Pro Portion:
kJ/kcal 1919/459
Eiweiß 46 g, Fett 23 g
Kohlenhydrate 7 g
Ballaststoffe 6 g
Cholesterin 216 mg

Puten-Gemüse-Gulasch

Für 2 Portionen

500 g Putenoberkeule • Jodsalz • Pfeffer aus der Mühle • 3 Kartoffeln
200 g Wintergemüse (z. B. Zwiebeln, Lauch, Blumenkohl, Brokkoli, Möhren)
frische Kräuter (z. B. Oregano, Petersilie, Dill, Salbei, Schnittlauch)
1 TL Butterschmalz • 3/8 l braune Grundsauce

1 Die Putenoberkeule auslösen, in mundgerechte Würfel schneiden und mit etwas Salz und Pfeffer würzen.

2 Die Kartoffeln und das Wintergemüse waschen, schälen und klein schneiden. Die frischen Kräuter waschen, trockenschütteln und hacken.

3 In einem Topf Butterschmalz erhitzen, die Fleischwürfel anbraten und mit der Grundsauce auffüllen. Gemüse und Kartoffeln dazugeben, mit den Kräutern würzen und in 25 bis 30 Minuten bei mittlerer Hitze garen. Das Putengulasch nochmals abschmecken.

Beilagenempfehlung: Bauernbrot

Pro Portion:
kJ/kcal 2688/643
Eiweiß 60 g, Fett 16 g
Kohlenhydrate 42 g
Ballaststoffe 13 g
Cholesterin 199 mg

Gefüllte Hähnchenbrust mit Austernpilzgemüse

Für 2 Portionen

2 Hähnchenbrüstchen, à 150 g
Jodsalz • Pfeffer aus der Mühle
1 EL gehackte Kräuter (Salbei, Kerbel, Petersilie, Dill)
4 Scheiben zarter Rauchschinken • 1 EL Butterschmalz
Pilzgemüse:
150 g Austernpilze • 2 EL Radieschensprossen
100 g Chinakohl • 1 EL Butter • 2 EL Sahne
100 ml Gemüsebrühe • 1 EL Crème fraîche

Pro Portion:
kJ/kcal 2880/689
Eiweiß 42 g, Fett 47 g
Kohlenhydrate 6 g
Ballaststoffe 3 g
Cholesterin 169 mg

1 Den Backofen auf 200 °C (Gas Stufe 3–4) vorheizen. Die Hähnchenbrüstchen mit kaltem Wasser abspülen, trockentupfen, in der Mitte einschneiden, leicht klopfen und mit Jodsalz und Pfeffer würzen. Die frischen Kräuter waschen, trockenschütteln und hacken.

2 Je 1 Scheibe Rauchschinken und ein wenig von den frischen Kräutern in die Hähnchenbrüstchen legen, zusammenklappen und mit Zahnstochern feststecken. Das Butterschmalz erhitzen, die Hähnchenbrüstchen von beiden Seiten anbraten und im Backofen bei 200 °C etwa 20 bis 25 Minuten fertig garen. Ab und zu wenden.

3 In der Zwischenzeit für das Pilzgemüse Austernpilze putzen und in kleine Stücke zerteilen. Die Radieschensprossen waschen. Den Chinakohl putzen, waschen und in Streifen schneiden. Die Butter zerlassen und die Austernpilze darin anschwenken. Den Chinakohl und die Radieschensprossen dazugeben, mit etwas Sahne aufgießen und einkochen lassen. Das Gemüse mit Salz und Pfeffer abschmecken.

4 Den Bratenfond der Hähnchenbrüstchen mit der Brühe ablöschen und um etwa die Hälfte einkochen lassen. Die Geflügelsauce mit Crème fraîche verfeinern und mit Jodsalz und Pfeffer aus der Mühle abschmecken. Die gefüllten Hähnchenbrüstchen aus der Pfanne nehmen, die Zahnstocher entfernen, das Fleisch schräg in Scheiben schneiden und mit dem Pilzgemüse auf Tellern anrichten.

Beilagenempfehlung: Kartoffelpüree

Tipp: Bei weichen, etwas flüssigen Füllungen ist es sinnvoller, die Hähnchenbrust zuerst vorsichtig leicht flach zu klopfen und dann eine Tasche hineinzuschneiden.

Truthahnbrust im Blattspinatmantel

Für 2 Portionen

80 g Weißbrot oder Toast • 1 Ei • 80 g Quark
50 g Champignons • 1 EL Butter
Jodsalz • weißer Pfeffer • 100 g frischer Blattspinat
350 g Truthahnbrust • Geflügelgewürz
1 kleines Schweinenetz (beim Metzger vorbestellen)
1 EL Butterschmalz • 1/8 l Fleischbrühe

1 Das Weißbrot zerkleinern und mit dem Ei und dem Quark vermengen.

2 Die Champignons putzen, in Scheiben schneiden, in etwas Butter andünsten, erkalten lassen und zu der Quarkmasse geben. Den Quark mit Jodsalz und Pfeffer würzen.

3 In der Zwischenzeit den Spinat waschen, putzen und große Stiele entfernen. Den Spinat in heißem Salzwasser kurz blanchieren und dann kalt abschrecken.

4 Die Truthahnbrust mit kaltem Wasser abspülen und mit Küchenpapier trocknen. Das Fleisch von allen Seiten mit Geflügelgewürz, Jodsalz und weißem Pfeffer würzen.

5 Das gut gewässerte Schweinenetz trockentupfen und die Spinatblätter nebeneinander auf dem Netz ausbreiten. Einen Teil der Quarkfüllung auf die Spinatblätter geben, und die vorbereitete Truthahnbrust darauf legen. Den Rest der Füllung auf das Fleisch streichen und mit Spinatblättern belegen. Die Truthahnbrust mit dem Schweinenetz umhüllen.

6 Das Butterschmalz erhitzen, die eingewickelte Truthahnbrust anbraten, mit Fleischbrühe aufgießen und im Backofen bei 160 °C (Gas Stufe 1–2) etwa 30 bis 40 Minuten braten. Den Truthahnbraten aus dem Ofen nehmen, in Scheiben schneiden und mit der abgeschmeckten Sauce anrichten.

Beilagenempfehlung: Nudeln

Pro Portion:
kJ/kcal 2408/576
Eiweiß 54 g, Fett 26 g
Kohlenhydrate 21 g
Ballaststoffe 5 g
Cholesterin 272 mg

Tipp: Die Verwendung eines Schweinenetzes ist dann besonders hilfreich, wenn Fleisch mit einer Masse umhüllt wird, die erst beim Garen fest wird. Es ist zwar möglich, oben stehendes Rezept nur mit Spinatblättern allein zuzubereiten, man muss dann aber sehr vorsichtig arbeiten, da die Blätter dünn sind und leicht reißen.
Auch bei Rezepten, in denen Zutaten gefüllt werden, die nur schwer ihre Form behalten, wie z. B. entbeinte Wachteln, findet oft ein Schweinenetz Verwendung. Wenn man es anstelle von Kochgarn benützt, hat es den Vorteil, dass man es nach dem Garen nicht entfernen muss. Die Beschaffung ist allerdings nicht ganz einfach. Auch gute Metzger haben es meist nur auf Vorbestellung vorrätig.

Hähnchenkeulen mit Schinkenfüllung

Für 2 Portionen

2 Hähnchenkeulen, à 220 g		
Füllung:		
1 kleine Zwiebel • 50 g Champignons • 50 g Schinken		
1 EL frisch gehackte Kräuter (Petersilie, Kerbel, Thymian, Schnittlauch)		
1 TL Butter • Jodsalz		
Pfeffer aus der Mühle • 1 EL Butterschmalz		
1/4 l Fleisch- oder Gemüsebrühe • 1 Rosmarinzweig		

Pro Portion:
kJ/kcal 1865/446
Eiweiß 53 g, Fett 21 g
Kohlenhydrate 2 g
Ballaststoffe 1 g
Cholesterin 227 mg

1 Die Hähnchenkeulen von der Mitte ausgehend zu beiden Enden hin bis auf den Knochen einschneiden und diesen freilegen. Das Fleisch um den Gelenkkopf vorsichtig ablösen und die Knochen vollständig auslösen.

2 Für die Füllung die Zwiebel abziehen und in feine Würfel schneiden. Die Champignons putzen und wie den Schinken ebenfalls fein würfeln. Die frischen Kräuter waschen, trockenschütteln und fein hacken.

3 Die Butter erhitzen und die Zwiebeln anbraten. Champignons, Schinken und Kräuter dazugeben, vermengen und mit Jodsalz und Pfeffer aus der Mühle würzen.

4 Die Füllung in die Hähnchenkeulen geben, etwas andrücken und die Öffnung mit Zahnstochern verschließen.

5 Die Hähnchenkeulen mit Jodsalz und Pfeffer würzen. Das Butterschmalz erhitzen, die Keulen rasch anbraten, mit der Brühe aufgießen und den Rosmarinzweig dazugeben.

6 Die Hähnchenkeulen etwa 20 Minuten bei 160 °C (Gas Stufe 1–2) im Backofen schmoren lassen. Die Hähnchenkeulen anrichten, die Sauce abschmecken und zu den Keulen reichen.

Beilagenempfehlung: Kartoffelpüree

Varianten: Einen orientalischen Hauch verbreitet eine Füllung aus gehackten schwarzen Oliven und Rosinen, gewürzt mit Salz, Pfeffer, gemahlenem Koriander und etwas Minze. Die Sauce sollte dann allerdings ohne Rosmarinzweig gekocht werden. Als Beilage passt am besten Reis.

▶ Eine mexikanische Variante kann mit gedünsteten Paprikawürfeln, Mais und, falls es scharf gewünscht wird, mit feinen Streifen von grünen Pfefferschoten zubereitet werden.

▶ Eine fruchtig pikante Füllung erhält man von einer Mischung aus Birnen-, Sellerie- und Gorgonzolawürfeln.

Gedünsteter Chinakohl mit Geflügelbällchen

Für 2 Portionen

400 g Geflügelbrustfilet • 1 TL frische Kräuter
2 EL Sahne • Currypulver
Jodsalz • weißer Pfeffer
Sauce:
1 TL Butter • 1 TL Mehl • 100 ml Milch
2 EL Sahne • 1 TL Körnersenf • Pfeffer aus der Mühle
Chinakohlnudeln:
120 g breite Eiernudeln • 200 g Chinakohl
1 EL Butter • 1/8 l Gemüsebrühe

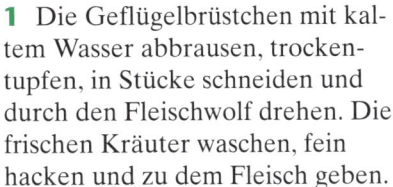

1 Die Geflügelbrüstchen mit kaltem Wasser abbrausen, trockentupfen, in Stücke schneiden und durch den Fleischwolf drehen. Die frischen Kräuter waschen, fein hacken und zu dem Fleisch geben.

2 Die Sahne zugeben, so dass eine zähe Masse entsteht, diese durchrühren und mit Curry, Jodsalz und weißem Pfeffer würzen. Klößchen formen und in kochendem Salzwasser etwa 20 Minuten garen.

3 In der Zwischenzeit für die Sauce Butter in einem Topf erhitzen, Mehl hinzugeben und mit kalter Milch und Sahne eine sämige Sauce herstellen. Den Körnersenf dazugeben und die Sauce mit Jodsalz und Pfeffer fein abschmecken.

4 Bandnudeln in Salzwasser bissfest garen, in ein Sieb abgießen und beiseite stellen.

5 Den Chinakohl waschen und in Streifen schneiden. In einer Pfanne Butter und Gemüsebrühe erhitzen und den Chinakohl bissfest garen. Die Bandnudeln dazugeben. Die Chinakohlnudeln mit Jodsalz und Pfeffer aus der Mühle abschmecken und auf zwei Teller verteilen. Die Geflügelbällchen darauf anrichten und mit der Senfsauce servieren.

Beilagenempfehlung: Salat

Pro Portion:
kJ/kcal 2743/656
Eiweiß 58 g, Fett 21 g
Kohlenhydrate 47 g
Ballaststoffe 4 g
Cholesterin 230 mg

Info: Chinakohl stammt tatsächlich, wie der Name schon nahe legt, aus dem Reich der Mitte und ist mit den europäischen Kohlarten, die alle auf eine einzige Wildform zurückgehen, nur entfernt verwandt. Der Geschmack des Chinakohls ist angenehm zart, knackig frisch und nur dezent kohlartig. Im Gegensatz zu den heimischen Kohlarten ist Chinakohl leicht verdaulich, bläht nicht und wird auch von Personen gut vertragen, die sonst kohlempfindlich sind. Er kann sowohl roh als Salat verwendet werden als auch mit verschiedensten Garmethoden zubereitet werden. Während der Wintermonate, in denen er auf den Markt kommt, ist er ein guter Vitaminspender.

183

Ragoût fin vom Hähnchen im Kräuteromelett

Für 2 Portionen

300 g Hähnchenbrust (ohne Haut)
1/2 l Gemüsebrühe • 80 g gekochter Schinken
80 g Champignons • 4 Frühlingszwiebeln
1 TL Butterschmalz • 1 TL Mehl
1/8 l kalte Milch • 4 EL Sahne • etwas Zitronensaft
gemahlene Muskatnuss • Jodsalz • Pfeffer aus der Mühle
Kräuteromeletts:
2 EL gehackte Kräuter (Schnittlauch, Dill, Kerbel, Petersilie)
4 Eier • 2 TL Butter

Pro Portion:
kJ/kcal 2835/678
Eiweiß 63 g, Fett 37 g
Kohlenhydrate 10 g
Ballaststoffe 2 g
Cholesterin 649 mg

1 Die Hähnchenbrust unter kaltem Wasser abbrausen, in der Brühe etwa 20 Minuten bissfest garen, etwas abkühlen lassen und in kleine Würfel schneiden. Den Schinken und die geputzten Champignons ebenfalls in kleine Würfel schneiden.

2 In der Zwischenzeit für die Sauce Frühlingszwiebeln klein schneiden, in erhitztem Butterschmalz anbraten, mit Mehl bestäuben, gut umrühren und mit kalter Milch aufgießen. Die Sahne dazugeben und aufkochen lassen.

3 Die vorbereiteten Hähnchenbrustwürfel, Schinken und Champignons in die Sauce geben. Das Ragout erhitzen, mit Zitronensaft, Muskat, Jodsalz und Pfeffer abschmecken und warm halten.

4 Für die Omeletts die frischen Kräuter waschen, trockenschütteln und fein hacken. Die Eier mit den Kräutern verquirlen, mit Jodsalz und Pfeffer leicht würzen.

5 1 Teelöffel Butter in eine Omelettpfanne geben, erhitzen und aus der Hälfte des Teigs ein Kräuteromelett herstellen. Für das zweite Omelett genauso verfahren. Die Kräuteromeletts auf zwei Tellern anrichten und das Ragoût fin vom Hähnchen darüber geben.

Beilagenempfehlung: Salat

Tipp: Ragoût fin vom Hähnchen eignet sich auch hervorragend als Vor- oder Zwischengericht, am besten in Blätterteigpastetchen gefüllt. Die Pasteten können Sie fertig kaufen oder selbst zubereiten. Aus Blätterteig eine 1 Zentimeter hohe Platte ausrollen, 30 Minuten ruhen lassen und mit zwei runden Ausstechern von 6 und 4 Zentimeter Durchmesser Ringe ausstechen. Den Restteig 2 Millimeter dick ausrollen, 6 Zentimeter große Grundplatten ausstechen, mit Ei bestreichen, die Ringe aufsetzen und die Pastetchen bei 220 °C 30 Minuten backen.

184

Ragout von der Entenkeule mit Brokkoli

Für 2 Portionen

2 Entenkeulen, à 220–260 g
2 Frühlingszwiebeln • I TL Butterschmalz
Pfeffer aus der Mühle
I TL Beifuß • I EL Mehl
I EL Tomatenmark • einige Wacholderbeeren
2 Lorbeerblätter • einige Nelken • einige Pfefferkörner
1/2 l Fleischbrühe • 1/8 l Johannisbeersaft • Jodsalz
200 g Brokkoli • 2 Möhren

1 Die Entenkeulen enthäuten, auslösen und in mundgerechte Würfel schneiden. Die Frühlingszwiebeln klein schneiden.

2 Das Butterschmalz erhitzen, die Fleischwürfel rasch anbraten, mit Pfeffer und Beifuß würzen und die Frühlingszwiebeln dazugeben. Fleisch und Zwiebeln mit Mehl bestäuben, das Tomatenmark unterrühren und leicht anrösten.

3 Wacholderbeeren, Lorbeerblätter, Nelken und Pfefferkörner dazugeben und das Fleisch mit Fleischbrühe und Johannisbeersaft aufgießen. Das Ragout aufkochen, mit Jodsalz würzen und zugedeckt etwa 30 bis 35 Minuten kochen lassen.

4 In der Zwischenzeit den Brokkoli putzen und in kleine Röschen zerteilen. Die Möhren schälen und in Scheiben schneiden. Das Gemüse in Salzwasser bissfest garen, in das Entenragout geben und bei schwacher Hitze durchziehen lassen. Mit Jodsalz und Pfeffer abschmecken.

Beilagenempfehlung:
Kartoffelklöße

Pro Portion:
kJ/kcal 2136/511
Eiweiß 54 g, Fett 21 g
Kohlenhydrate 16 g
Ballaststoffe 8 g
Cholesterin 177 mg

Variante: Wenn Sie anstatt eines Ragouts eine Entenbrust auf diese Art zubereiten wollen, braten Sie die Entenbrust wie im Rezept auf Seite 172 beschrieben und bereiten die Sauce mit etwas Entenklein zu.

Info: Die bei uns übliche Mastente ist die Hausente, auch Pekingente genannt, da sie ursprünglich aus China stammt. Frühmastenten wiegen 1,5 bis 2 Kilogramm. Größere Enten sind fetter, aber auch aromatischer. Die Flugente oder Barbarie-Ente hat dunkelrotes, mageres Fleisch als die Hausente. Wildenten, bei uns überwiegend Stockenten, dürfen vom 16. Juli bis zum 31. Dezember gejagt werden. Sie wiegen etwa ein Kilogramm und sind gewöhnlich magerer und noch aromatischer als die anderen Entenarten.

Hähnchentopf mit Gemüse

Für 2 Portionen

2 große Hähnchenkeulen, à 220 g • Jodsalz • Pfeffer aus der Mühle
1 TL Butterschmalz • 2 Möhren • 100 g Zucchini
1/2 rote Paprikaschote • 1 kleine Zwiebel • 200 g Chinakohl
1/4 l Gemüsebrühe • 2 EL Tomatenmark • Dill • Rosmarin
Oregano • einige Sellerieblätter
einige Wacholderbeeren • gestoßener grüner Pfeffer
1 TL gehackte Petersilie • 1 TL Schnittlauchröllchen

1 Die Hähnchenkeulen waschen, mit Küchenpapier trockentupfen und mit Jodsalz und Pfeffer aus der Mühle ringsum leicht würzen. Das Butterschmalz in einem Bräter erhitzen, die Hähnchenkeulen von beiden Seiten gut anbraten, aus dem Bräter nehmen und beiseite stellen.

2 Das Gemüse je nach Art putzen, waschen, schälen, klein schneiden und im Bräter andünsten. Die Hähnchenkeulen auf das Gemüsebett legen.

Pro Portion:
kJ/kcal 1593/381
Eiweiß 46 g, Fett 11 g
Kohlenhydrate 9 g
Ballaststoffe 6 g
Cholesterin 170 mg

3 Die Brühe mit dem Tomatenmark gut verrühren und über die Hähnchenkeulen gießen. Dill, Rosmarin, Oregano, klein geschnittene Sellerieblätter, Wacholderbeeren und gestoßenen grünen Pfeffer dazugeben und locker verrühren. Den Hähnchentopf zugedeckt etwa 25 bis 30 Minuten bei mittlerer Hitze garen.

4 Inzwischen die Petersilie und den Schnittlauch waschen und trockenschütteln. Die Petersilie klein hacken und den Schnittlauch in kleine Röllchen schneiden.

5 Die Hähnchenkeulen aus dem Bräter nehmen, das gegarte Gemüse bei Bedarf leicht nachwürzen, zusammen mit den Hähnchenkeulen anrichten und mit den frischen Kräutern bestreuen.

Beilagenempfehlung: Pellkartoffeln

Varianten: Wie bei vielen Hähnchengerichten sind auch bei diesem Rezept der Variationsvielfalt kaum Grenzen gesetzt. Diese Zubereitungsart stammt aus dem Baskenland: 1 Zwiebel und 1 Knoblauchzehe abziehen und in grobe Würfel schneiden. 2 Tomaten blanchieren, abschrecken, häuten, vierteln und entkernen. 1 rote Paprikaschote putzen, waschen und in breite Streifen schneiden. 75 Gramm Champignons putzen und vierteln. Die vorbereiteten Zutaten in den Bräter geben, mit 1 Esslöffel Olivenöl beträufeln. Mit Jodsalz und Pfeffer würzen, mit gehackten Kräutern, Thymian, Majoran und Oregano bestreuen und die angebratenen Hähnchenkeulen darauf legen. Wie im Rezept oben beschrieben weiterverfahren.

Gefülltes Putenschnitzel

Für 2 Portionen

2 Putenschnitzel, à 160 g • Jodsalz • Pfeffer aus der Mühle
2 Scheiben Schinken • 2 Scheiben Emmentaler
einige Basilikumblätter • 2 EL Mehl • 1 EL Keimöl

1 Die Putenschnitzel kalt abspülen, mit Küchenpapier trockentupfen, mit Frischhaltefolie belegen und so dünn wie möglich klopfen.

2 Die Folie wieder entfernen, die Schnitzel mit Jodsalz und Pfeffer würzen und mit je 1 Scheibe Schinken und 1 Scheibe Emmentaler belegen. Die Basilikumblätter darauf verteilen. Die Schnitzel zusammenklappen und mit je einem Zahnstocher zusammenstecken.

3 Die Schnitzel in Mehl wenden und in heißem Keimöl bei mittlerer Hitze etwa 15 Minuten beidseitig braten.

Beilagenempfehlung: Gemüsereis mit Tomatensauce

Pro Portion:
kJ/kcal 1994/477
Eiweiß 55 g, Fett 20 g
Kohlenhydrate 11 g
Ballaststoffe 1 g
Cholesterin 149 mg

Austernpilz-Geflügel-Pfanne aus dem Wok

Für 2 Portionen

300 g Poulardenbrust (ohne Haut)
Jodsalz • Pfeffer aus der Mühle
2 EL Rapsöl • 200 g Austernpilze • 200 g Zucchini
200 g Chinakohl • 100 ml Gemüsebrühe

1 Die Poulardenbrust mit kaltem Wasser abbrausen, mit Küchenpapier trockentupfen, in Streifen schneiden und mit Jodsalz und Pfeffer aus der Mühle würzen.

2 Das Rapsöl im Wok erhitzen und die Geflügelbruststreifen anbraten.

3 Die Austernpilze in mundgerechte Stücke zerteilen. Die Zucchini putzen, waschen, längs halbieren und in Scheiben schneiden. Den Chinakohl putzen und in Streifen schneiden. Austernpilze, Zucchini und Chinakohl nach und nach in den Wok geben, unter ständigem Rühren dünsten und zum Schluss mit der Brühe ablöschen. Die Geflügelpfanne mit Jodsalz und Pfeffer aus der Mühle abschmecken und auf zwei Tellern anrichten.

Beilagenempfehlung: Reis

Pro Portion:
kJ/kcal 1363/326
Eiweiß 42 g, Fett 13 g
Kohlenhydrate 5 g
Ballaststoffe 5 g
Cholesterin 90 mg

Hühnerfrikassee in Zitronensauce

Für 2 Portionen

360 g Hähnchenbrust (ohne Haut)
1 Bund Suppengrün • 1 kleine Zwiebel • 1/2 TL Jodsalz
1 Lorbeerblatt • 4 Wacholderbeeren
Sauce:
1 EL Butter • 1 EL Mehl • 1/2 Tasse Milch
Saft von 1 Zitrone • Jodsalz • weißer Pfeffer

1 Die Hähnchenbrust kalt abwaschen, mit Küchenkrepp trockentupfen und in mundgerechte Würfel schneiden.

2 Suppengrün und Zwiebel waschen bzw. abziehen, klein schneiden und in etwa 1 Liter Salzwasser aufkochen. Fleischwürfel, Lorbeerblatt und Wacholderbeeren dazugeben. Gemüse und Fleisch in etwa 15 Minuten bissfest garen.

3 In der Zwischenzeit für die Sauce die Butter zerlassen, das Mehl einrühren, mit kalter Milch aufgießen, aufkochen lassen, dabei gut verschlagen. Etwas Fond von den Hähnchenbrustwürfeln dazugeben und auf Saucenkonsistenz einkochen lassen. Den Zitronensaft unter Rühren hinzufügen und bei schwacher Hitze leicht cremig werden lassen.

4 Die gekochten Fleischwürfel dazugeben, in der Sauce kurz erhitzen, mit Jodsalz und weißem Pfeffer abschmecken.

Beilagenempfehlung: Reis und Salat

Pro Portion:
kJ/kcal 1371/328
Eiweiß 43 g, Fett 9 g
Kohlenhydrate 9 g
Ballaststoffe 1 g
Cholesterin 130 mg

Info: Wie in vielen Fällen werden auch hier der Kochbrühe Wacholderbeeren und Lorbeerblätter zugefügt. Da diese Gewürze sehr starke Würzkraft haben, werden sie nur mitgekocht und danach meistens entfernt, und nur selten in zerriebenem Zustand verwendet.
Wacholderbeeren brauchen drei Jahre, bis sie reif sind. Die Büsche tragen deshalb Beeren in verschiedenen Entwicklungsstadien, was die Ernte erschwert. Wacholderbeeren können in frischem oder getrocknetem Zustand verwendet werden. Sie werden meist Sauerkraut und Eingelegtem beigegeben und zur Herstellung von Gin benötigt.
Lorbeerblätter werden überwiegend getrocknet verwendet, nur selten in frischem Zustand. Die getrockneten Blätter sollten auf der Oberseite glänzend dunkelgrün, auf der Unterseite matt und die Ränder leicht gewellt sein. Sie müssen stets gut verschlossen aufbewahrt werden und behalten ihre Würzkraft ungefähr sechs Monate. Überalterte oder falsch gelagerte Blätter nehmen eine braungelbe Farbe an. Lorbeer muss sehr sparsam dosiert werden, ein Blatt reicht für vier Portionen im Allgemeinen aus, da das Gericht sonst einen leicht bitteren Geschmack bekommt.

Gänsekeule mit Aprikosensauce

Für 2 Portionen

2 Gänsekeulen, à 220 g • Jodsalz • Pfeffer aus der Mühle
1 TL Butterschmalz • 1/2 TL Beifuß • 4 Wacholderbeeren
2 Lorbeerblätter • 2 Nelken • 1/8 l Malzbier
1/8 l Gemüsebrühe • 2 getrocknete Aprikosen

1 Die Gänsekeulen mit kaltem Wasser abbrausen und mit Küchenpapier trockentupfen. Das Fleisch mit Jodsalz und Pfeffer aus der Mühle würzen.

2 Das Butterschmalz erhitzen und die Keulen darin von beiden Seiten anbraten. Die Gewürze hinzufügen, mit Malzbier und der Gemüsebrühe aufgießen und im Backofen bei 180 bis 200 °C (Gas Stufe 2–4) etwa 40 Minuten schmoren.

3 Die Gänsekeulen aus dem Backofen nehmen. Die klein geschnittenen Aprikosen in die Sauce geben. Diese nochmals kurz aufkochen lassen und mit Jodsalz und Pfeffer aus der Mühle abschmecken.

4 Die Gänsekeulen auf zwei Tellern anrichten und mit der Sauce übergießen.

Beilagenempfehlung: Kartoffelklöße

Pro Portion:
kJ/kcal 1932/462
Eiweiß 50 g, Fett 20 g
Kohlenhydrate 8 g
Ballaststoffe 1 g
Cholesterin 186 mg

Das Keulenfleisch der Gans ist, verglichen mit dem Brustfleisch, mager. Frisch bekommt man Gänsekeulen zumeist im Herbst; ansonsten sind sie tiefgefroren erhältlich.

189

Hauptgerichte mit Rind- und Kalbfleisch

Für viele Menschen gehören Rind- und Kalbfleisch einfach zu einem ausgewogenen Speiseplan. Bei einer gezielten Auswahl von Fleischart und Rezept lässt sich das auch mit der Leichten Küche vereinbaren.

Kalbsschnitzel italienische Art

Für 2 Portionen

4 dünne Kalbsschnitzel, à 80 g
Jodsalz • Pfeffer aus der Mühle
2 EL Kartoffelmehl • 1 Schalotte
100 g Champignons • 1 TL Butter
2 EL Magermilch • 1/8 l Gemüsebrühe
4 cl Zitronensaft • 1 EL Butterschmalz
125 g Mozzarella • 2 Zweige Zitronenmelisse

Pro Portion:
kJ/kcal 2400/574
Eiweiß 47 g, Fett 30 g
Kohlenhydrate 18 g
Ballaststoffe 1 g
Cholesterin 173 mg

1 Die Kalbsschnitzel mit kaltem Wasser abspülen, trockentupfen und mit Jodsalz und Pfeffer aus der Mühle würzen. Die Schnitzel in Kartoffelmehl wenden.

2 Die Schalotte abziehen und in kleine Würfel schneiden. Die Champignons putzen und fein hacken. Die Butter erhitzen, die Zwiebelwürfel und die Champignons anbraten. Milch, Gemüsebrühe und Zitronensaft zu den Pilzen geben und etwa 5 Minuten leicht kochen lassen.

3 Das Butterschmalz erhitzen und die Kalbsschnitzel von beiden Seiten etwa 4 Minuten braten. Den Mozzarella in dünne Scheiben schneiden und auf die gebratenen Schnitzel legen.

4 Die Zitronensauce mit Jodsalz und Pfeffer abschmecken und auf zwei Teller verteilen. Die Schnitzel mit dem Mozzarella auf die Sauce setzen und mit Zitronenmelisse garnieren.

Beilagenempfehlung: Reis, Salat

Kalbsschnitzel mit Champignons

Für 2 Portionen

200 g Champignons • 1 kleine Zwiebel • 1 TL Butter
Jodsalz • Pfeffer aus der Mühle • Kümmel • Majoran
1/8 l Grundsauce • 2 EL Sahne • 2 Kalbsschnitzel, à 160 g
2 EL Kartoffelmehl • 1 EL Keimöl • 1 EL Schnittlauchröllchen

1 Die Champignons putzen und blättrig schneiden. Die Zwiebel abziehen und würfeln. Die Butter erhitzen, Zwiebelwürfel und Champignons darin anbraten, mit Salz, Pfeffer, Kümmel und Majoran würzen und mit der Grundsauce aufgießen. Aufkochen und mit der Sahne verfeinern.

2 Die Kalbsschnitzel leicht klopfen, mit Salz und Pfeffer würzen, in Kartoffelmehl wenden und in Keimöl von beiden Seiten etwa 4 bis 5 Minuten braten.

3 Den Schnittlauch waschen, trockenschütteln und in Röllchen schneiden. Die Schnitzel auf zwei Tellern anrichten, mit der Champignonsauce überziehen und mit Schnittlauchröllchen bestreuen.

Beilagenempfehlung: Spätzle

Pro Portion:
kJ/kcal 1551/371
Eiweiß 36 g, Fett 15 g
Kohlenhydrate 15 g
Ballaststoffe 3 g
Cholesterin 123 mg

Roastbeef in der Kräutersenfkruste

Für 2 Portionen

2 EL Kräuter der Provence • Jodsalz
1 EL Pflanzenöl • 360 g Roastbeef ohne Fettrand
1 Schalotte • 1 Knoblauchzehe
1 Bund frische Kräuter (Schnittlauch, Petersilie, Dill, Kerbel, Estragon, Basilikum)
50 g Körnersenf • Pfeffer aus der Mühle

Pro Portion:
kJ/kcal 1505/360
Eiweiß 42 g, Fett 16 g
Kohlenhydrate 5 g
Ballaststoffe 0 g
Cholesterin 108 mg

1 Kräuter, Salz und Öl mischen, dann das Roastbeef einreiben, 2 Stunden ziehen lassen.

2 Schalotten und Knoblauchzehe abziehen und klein würfeln. Die Kräuter fein hacken, mit Knoblauch, Schalotten und Senf mischen und mit Salz und Pfeffer würzen.

3 Das Fleisch von beiden Seiten bei starker Hitze 2 Minuten braten. Die Kräuterpaste auftragen und das Roastbeef fertig braten; das Fleisch in Folie wickeln und einige Minuten ruhen lassen. Dann in Scheiben schneiden und auf Tellern anrichten.

Beilagenempfehlung: Ofenkartoffeln, Salat

Geschnetzeltes Rindfleisch aus dem Wok

Für 2 Portionen

360 g Rumpsteak ohne Fettrand
1 EL Sojasauce • 1 Knoblauchzehe
Jodsalz • 100 g Blumenkohl
1/2 Petersilienwurzel • 2 Möhren
100 g Shiitakepilze • frischer Ingwer • 2 TL Pflanzenöl
Pfeffer aus der Mühle • etwas Currypulver

Pro Portion:
kJ/kcal 1543/369
Eiweiß 44 g, Fett 16 g
Kohlenhydrate 5 g
Ballaststoffe 5 g
Cholesterin 108 mg

1 Das Rindfleisch waschen, trockentupfen, in feine Streifen schneiden und in der Sojasauce marinieren.

2 Inzwischen die Knoblauchzehe abziehen und mit etwas Jodsalz zerdrücken. Den Blumenkohl in kleine Röschen teilen. Die Petersilienwurzel und die Möhren schälen und in feine Stifte schneiden. Die Pilze in mundgerechte Stücke teilen. Den Ingwer schälen und grob raspeln.

3 1 Teelöffel Pflanzenöl im Wok erhitzen und die Hälfte der Knoblauchzehe rasch anbra-

ten. Das Gemüse und die Pilze in den Wok geben und unter ständigem Rühren bissfest garen. Pilze und Gemüse aus dem Wok nehmen und warm halten.

4 Das Fleisch mit Pfeffer aus der Mühle und Jodsalz würzen. Das restliche Öl im Wok erhitzen und die Fleischstreifen rasch anbraten. Die restliche Knoblauchzehe, den Ingwer und etwas Currypulver unter das Fleisch mischen und so lange braten, bis das Fleisch gar ist.

5 Das Gemüse wieder hinzufügen, alles nochmals kurz erhitzen und das Gericht mit Sojasauce, Jodsalz und Pfeffer aus der Mühle abschmecken.

Beilagenempfehlung: Reis oder Mie-Nudeln

Info: Kochen und Braten im Wok gehört ebenfalls zu den schonenden Zubereitungsarten. Die Wurzeln dieser Kochform stammen aus dem alten China, wo nicht nur Lebensmittel, sondern vor allem Brennmaterial rar waren. Aber Not macht erfinderisch. Aus Eisen entwickelte man ein bauchiges Kochgeschirr, das die vorhandene Hitze optimal aufnehmen und an so gut wie alle Stellen des Innenraums gleichermaßen abgeben konnte. Und um die Zubereitung zeitlich noch effektiver zu gestalten, wurden alle Zutaten klein geschnitten und unter Wenden bissfest gegart. Fleisch sollte gut verteilt im Wok liegen, damit es nicht zu viel Wasser zieht.

Stefanie-Braten

Für 2 Portionen

1 große Scheibe Rinderroulade, ca. 400 g
Jodsalz • Pfeffer aus der Mühle
2 hart gekochte Eier • 1 kleine Zwiebel
2 Scheiben Schinken • Schale und Saft von 1 Zitrone
200 ml saure Sahne • 1 TL Kartoffelmehl • 1 EL Tomatenmark

1 Das Fleisch mit kaltem Wasser abspülen, trockentupfen, auf der Arbeitsfläche auslegen, mit Klarsichtfolie abdecken und so flach wie möglich klopfen. Die Klarsichtfolie wieder entfernen und das Fleisch mit Jodsalz und Pfeffer aus der Mühle würzen.

2 Die Eier pellen, die Zwiebel abziehen, alles in feine Würfel schneiden und vermischen. Die Schinkenscheiben auf die Roulade legen und die Zwiebel-Ei-Mischung darauf verteilen. Das Fleisch zusammenrollen und mit weißem Baumwollgarn zusammenbinden.

3 Einen Römertopf mitsamt Deckel in kaltem Wasser einweichen. Die Roulade in den gewässerten Römertopf legen, mit etwas abgeriebener Zitronenschale bestreuen und mit 1 Tasse Wasser aufgießen.

4 Den Topf schließen und in den nicht vorgeheizten Backofen schieben. Das Fleisch bei 200 °C (Gas Stufe 3–4) etwa 2 Stunden garen, dabei zweimal mit erwärmtem Wasser oder Brühe begießen.

5 Das Fleisch aus dem Topf nehmen und warm stellen. Den Bratensaft durch ein Sieb in einen Topf streichen und mit Zitronensaft, saurer Sahne, dem mit Wasser angerührten Kartoffelmehl und Tomatenmark verrühren. Die Sauce aufkochen lassen und mit Jodsalz und Pfeffer aus der Mühle abschmecken.

6 Vom Stefanie-Braten die Bindfäden entfernen, den Braten in Scheiben schneiden und mit der Sauce anrichten.

Beilagenempfehlung: Spätzle

Pro Portion:
kJ/kcal 2559/612
Eiweiß 62 g, Fett 31 g
Kohlenhydrate 8 g
Ballaststoffe 1 g
Cholesterin 423 mg

Tipp: Gerade beim Rindfleisch ist es sehr wichtig, Fleisch guter Qualität zu verwenden. Beim Kauf sollten Sie sich dabei nicht allein auf die Farbe verlassen. Der Fettansatz ist in richtigem Maß ein Muss für eine gute Qualität. Der richtige Fettanteil bestimmt die Saftigkeit und das Aroma eines Fleischstücks nach der Zubereitung. Die sichtbaren Fettablagerungen zwischen den einzelnen Muskelpartien sind intermuskuläres Fett, die Fleischstücke werden als durchzogen bezeichnet. Die feinen Fettpartikel im Muskel, die nicht immer gut sichtbar sind, sind intramuskuläres Fett, das Fleisch ist marmoriert.

Pot-au-feu aus dem Römertopf

Für 2 Portionen

360 g mageres Rindfleisch • 2 Möhren • 100 g Lauch
1 Zwiebel • 60 g weiße Rübchen • 100 g Stangensellerie
einige Pfefferkörner • 2 Gewürznelken • Jodsalz • 1 TL Kräuter der Provence
1/8 l Gemüse- oder Fleischfond • Pfeffer aus der Mühle

Pro Portion:
kJ/kcal 1634/391
Eiweiß 43 g, Fett 11 g
Kohlenhydrate 12 g
Ballaststoffe 6 g
Cholesterin 108 mg

1 Den Römertopf wässern. Das Rindfleisch waschen, trockentupfen, in den Römertopf geben und mit 1/2 Liter Wasser aufgießen. Den Topf schließen und das Fleisch im nicht vorgeheizten Backofen bei 200 °C (Gas Stufe 3–4) garen. Nach 1 Stunde abschäumen.

2 Das Gemüse je nach Art putzen, waschen, schälen, in mundgerechte Stücke schneiden und mit den Gewürzen in den Römertopf geben. Die Brühe salzen, mit dem erwärmten Fond aufgießen und mit den Kräutern würzen.

3 Das Fleisch noch etwa 1 Stunde weiter garen. Danach aus dem Topf nehmen und in Scheiben schneiden. Sud und Gemüse mit Jodsalz und Pfeffer aus der Mühle abschmecken und zusammen mit dem Fleisch servieren.

Beilagenempfehlung: Bauernbrot

Gefüllte Tomaten aus dem Römertopf

Für 2 Portionen

Pro Portion:
kJ/kcal 2897/693
Eiweiß 49 g, Fett 43 g
Kohlenhydrate 14 g
Ballaststoffe 6 g
Cholesterin 292 mg

4 gleich große Tomaten • 1 kleine Zwiebel • 1 Knoblauchzehe
360 g Rinderhack • 1 Ei • Jodsalz
Pfeffer aus der Mühle • 1/4 l saure Sahne

1 Den Römertopf wässern. Die Tomaten waschen, einen Deckel abschneiden und die Frucht aushöhlen.

2 Die Zwiebel würfeln, die Knoblauchzehe zerdrücken und mit Ei, Salz, Pfeffer und Hackfleisch vermischen.

3 Die Masse in die Tomaten füllen, in den Römertopf stellen und mit etwas saurer Sahne begießen.

4 Das Tomatenfruchtfleisch pürieren und in den Römertopf geben. Diesen schließen und im nicht vorgeheizten Backofen bei 200 °C (Gas Stufe 3–4) etwa 1 Stunde schmoren lassen. Mit dem restlichen Sauerrahm servieren.

Beilagenempfehlung: Kartoffelpüree

Kalbsbraten aus dem Römertopf

Für 2 Portionen

---
400 g Kalbfleisch • Jodsalz • Pfeffer aus der Mühle

1 EL Butterschmalz • 1/4 l Fleischbrühe • 1 kleine Zwiebel

2 Möhren • 60 g Champignons

1 EL fein gehackte Petersilie • 1/4 l saure Sahne
---

1 Den Römertopf mitsamt Deckel in kaltem Wasser einweichen. Das Kalbfleisch waschen, trockentupfen und von allen Seiten mit Jodsalz und Pfeffer aus der Mühle einreiben. Das Butterschmalz in Flöckchen in den Römertopf geben. Das Kalbfleisch in den Topf legen und mit der Brühe angießen.

2 Die Zwiebel abziehen und fein würfeln. Die Möhren schälen und mit den Pilzen in mundgerechte Stücke zerkleinern.

3 Zwiebelwürfel, Möhren und Pilze zum Fleisch geben. Den Römertopf schließen und in den kalten Backofen stellen. Den Kalbsbraten bei 200 °C (Gas Stufe 3–4) etwa 2 Stunden garen und dabei immer wieder mit Bratenfond und eventuell noch zusätzlicher Flüssigkeit begießen.

4 Die Petersilie für die Sauce waschen, trockenschütteln und fein hacken.

5 Das Fleisch aus dem Topf nehmen und warm stellen. Den Bratensaft abgießen, durch ein Sieb streichen und in einem kleinen Topf aufkochen, die saure Sahne vorsichtig unterziehen. Die Sauce mit Jodsalz und Pfeffer aus der Mühle abschmecken, die gehackte Petersilie darunter rühren. Den Kalbsbraten in Scheiben schneiden, anrichten und mit der Sauce servieren.

Beilagenempfehlung: Nudeln, Salat

Pro Portion:
kJ/kcal 2070/495
Eiweiß 47 g, Fett 26 g
Kohlenhydrate 8 g
Ballaststoffe 3 g
Cholesterin 209 mg

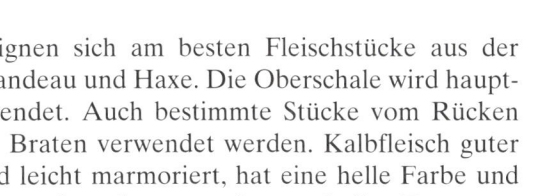

Tipps: Für Kalbsbraten eignen sich am besten Fleischstücke aus der Keule, vor allem Nuss, Frikandeau und Haxe. Die Oberschale wird hauptsächlich für Schnitzel verwendet. Auch bestimmte Stücke vom Rücken und der Brust können zum Braten verwendet werden. Kalbfleisch guter Qualität ist vollfleischig und leicht marmoriert, hat eine helle Farbe und feste Konsistenz. Der Fettansatz besteht aus trockenem, hellen Fett.
▶ Einen fertigen Braten sollte man noch kurz in der warmen, aber ausgeschalteten Backröhre ruhen lassen; manche Köche bevorzugen sogar, ihn in Folie einzuwickeln, damit das Fleisch nicht trocken wird. Sinn dieses Vorgangs ist, dass sich der Bratensaft gleichmäßig im Fleisch verteilt. Während der Ruhephase ist Zeit, die Sauce zuzubereiten.

Gekochte Ochsenbrust mit kalter Kräutersauce

Für 2 Portionen

1 Bund Suppengrün • 400 g Ochsenbrust
2 Lorbeerblätter • 2 Wacholderbeeren
2 Gewürznelken • Jodsalz • 2 Eier
1 Bund gemischte Kräuter • 50 g Joghurt
50 g saure Sahne • 2 EL Crème fraîche • Pfeffer aus der Mühle

Pro Portion:
kJ/kcal 3420/818
Eiweiß 45 g, Fett 63 g
Kohlenhydrate 3 g
Ballaststoffe 0 g
Cholesterin 377 mg

1 Das Suppengrün putzen und klein schneiden. Das Fleisch waschen, mit dem Suppengrün und den Gewürzen in reichlich Salzwasser aufkochen und bei schwacher Hitze im geschlossenen Topf etwa 1 Stunde garen. Das Fleisch in der Brühe etwas abkühlen lassen.

2 Die Eier hart kochen, kalt abschrecken, pellen und fein würfeln.

3 Für die Kräutersauce die Kräuter waschen, trockenschütteln und fein hacken. Joghurt mit saurer Sahne, Crème fraîche, Kräutern und Eierwürfeln verrühren. Die Sauce mit Jodsalz und Pfeffer aus der Mühle abschmecken. Die lauwarme Ochsenbrust in Scheiben schneiden und mit der Kräutersauce servieren.

Beilagenempfehlung: Pellkartoffeln, Salat

Leberpfanne mit Pilzen

Für 2 Portionen

200 g Rinderleber • 1 kleine Zwiebel • 100 g Champignons
1/2 rote Paprikaschote • 1 TL Keimöl • 1 EL Sojasauce
2 EL fettarme Milch • Jodsalz • Pfeffer aus der Mühle

Pro Portion:
kJ/kcal 811/194
Eiweiß 23 g, Fett 7 g
Kohlenhydrate 6 g
Ballaststoffe 3 g
Cholesterin 270 mg

1 Die Rinderleber abspülen, trockentupfen und in Streifen schneiden.

2 Die Zwiebel abziehen und in feine Würfel schneiden. Die Champignons putzen und vierteln. Die Paprikaschote entkernen, waschen, vom Stielansatz befreien und in Streifen schneiden.

3 Das Keimöl in einer beschichteten Pfanne erhitzen. Die Leber mit Zwiebelwürfeln, Champignons und Paprikastreifen etwa 10 Minuten braten, Sojasauce und Milch zugeben. Das Gericht mit Jodsalz und Pfeffer aus der Mühle abschmecken.

Beilagenempfehlung: Reis, Salat

Zucchini-Hackfleisch-Pfanne

Für 2 Portionen

120 g Spiralnudeln • Jodsalz
1 kleine Zwiebel • 200 g Zucchini
1 TL Olivenöl • 200 g Rinderhackfleisch • 1 Zweig Rosmarin
Pfeffer aus der Mühle • 1 EL Sojasauce

1 Die Spiralnudeln in kochendem Salzwasser bissfest garen, in ein Sieb abgießen und beiseite stellen.

2 Die Zwiebel abziehen und klein würfeln. Die Zucchini waschen, längs halbieren und in feine Scheibchen schneiden.

3 Das Olivenöl in einer beschichteten Pfanne erhitzen. Das Hackfleisch mit den Rosmarinnadeln darin braun anbraten und dabei mit einem Pfannenwender zu Krümeln zerkleinern.

4 Zwiebelwürfel und Zucchinischeibchen dazugeben und etwa 5 Minuten mitbraten. Die Hackfleischpfanne mit Salz, Pfeffer aus der Mühle und der Sojasauce abschmecken. Die Nudeln unterheben und bei starker Hitze kurz mitbraten.

Beilagenempfehlung: Salat

Pro Portion:
kJ/kcal 2144/513
Eiweiß 31 g, Fett 20 g
Kohlenhydrate 44 g
Ballaststoffe 4 g
Cholesterin 126 mg

Rinderfilet mit grünen Bohnen

Für 2 Portionen

200 g grüne Bohnen • Jodsalz • Bohnenkraut
3 Kartoffeln • Kümmel • 1 kleine Zwiebel
1 EL gehackte Petersilie • 2 Rinderfiletsteaks, à 160 g
Pfeffer aus der Mühle • 1 EL Keimöl

1 Die Bohnen putzen, waschen, in Stücke schneiden und in kochendem Salzwasser mit etwas Bohnenkraut in etwa 10 Minuten bissfest garen. Die Kartoffeln waschen, schälen, klein schneiden und in Salzwasser mit etwas Kümmel weich kochen.

2 Die Zwiebel abziehen und in Ringe schneiden. Die Petersilie waschen und fein hacken.

3 Die Filetsteaks salzen und pfeffern. Das Keimöl erhitzen und die Steaks darin 6 bis 8 Minuten braten. 2 Minuten vor Ende der Bratzeit die Zwiebelringe zugeben.

4 Bohnen und Kartoffeln in ein Sieb abgießen, mit Petersilie bestreuen und anrichten. Dazu die Steaks mit den Zwiebeln reichen.

Beilagenempfehlung: Salat

Pro Portion:
kJ/kcal 1935/463
Eiweiß 42 g, Fett 14 g
Kohlenhydrate 32 g
Ballaststoffe 8 g
Cholesterin 96 mg

Rinderdukaten mit Frischkäsefüllung

Für 2 Portionen

4 Scheiben Rindfleisch von der Schwanzrolle, à 80 g
Jodsalz • Pfeffer aus der Mühle
1/2 Brötchen vom Vortag • 100 ml Milch
50 g Schinken • I kleine Zwiebel • 2 EL Frischkäse
I EL gehackte Kräuter (Schnittlauch, Petersilie, Basilikum)
I TL Butterschmalz

1 Die Rindfleischscheiben mit kaltem Wasser abbrausen, mit Küchenpapier trockentupfen, mit Jodsalz und Pfeffer aus der Mühle würzen und leicht klopfen.

2 Das Brötchen in Milch einweichen, ausdrücken und zerzupfen. Den Schinken in kleine Würfel schneiden, die Zwiebel abziehen und fein würfeln. Brötchen, Schinken und Zwiebeln mit dem Frischkäse vermischen.

Pro Portion:
kJ/kcal 2090/500
Eiweiß 42 g, Fett 28 g
Kohlenhydrate 10 g
Ballaststoffe 1 g
Cholesterin 163 mg

3 Die frischen Kräuter waschen, trockenschütteln und fein hacken.

Die Frischkäsemischung mit Jodsalz, Pfeffer und Kräutern abschmecken, auf zwei Fleischscheiben verteilen und mit den beiden anderen Scheiben bedecken. Das Fleisch mit Zahnstochern zusammenhalten.

4 In einer Pfanne Butterschmalz erhitzen. Die gefüllten Dukaten von beiden Seiten leicht anbraten und im vorgeheizten Backofen bei 180° C (Gas Stufe 2–3) in etwa 20 bis 30 Minuten fertig garen. Die Rinderdukaten in der Mitte schräg durchschneiden und auf zwei Tellern anrichten.

Beilagenempfehlung: Kroketten, Leipziger Allerlei

Varianten: Für eine rein vegetarische Füllung kann auf den Schinken verzichtet werden. Stattdessen verwendet man dafür 100 Gramm Blattspinat. Den Spinat putzen, von den Stielen befreien, waschen und blanchieren. In kaltem Wasser abschrecken, abtropfen lassen, vorsichtig ausdrücken und fein gehackt unter die Frischkäsemischung heben.
▶ Alternativ können auch 100 Gramm Mangold oder 100 Gramm gedünstete Zucchiniwürfel zur Füllung gegeben werden.
▶ Eine weitere Abwandlung sind Rinderdukaten mit einer Kalbfleischfarce. Dafür werden 100 Gramm Kalbfleisch aus der Schulter klein gewürfelt und kalt gestellt. Die gut gekühlten Stücke salzen, in mehreren Portionen schnell und mit der gleichen Menge Sahne in der Moulinette pürieren, dann wieder kalt stellen. Anschließend wird die Masse durch ein Sieb gestrichen und mit Jodsalz, Pfeffer, Muskat und gehackten Pinienkernen gewürzt. Weiter verfährt man wie im Rezept beschrieben.

Rahmgeschnetzeltes vom Rind

Für 2 Portionen

360 g Rinderhüfte • Pfeffer aus der Mühle
1 kleine Zwiebel • 80 g Egerlinge • 2 Tomaten • 1 Knoblauchzehe
1 EL gehackte Kräuter (Dill, Petersilie, Kerbel)
1 TL Butterschmalz • 1 TL Mehl
1/8 l braune Grundsauce • Jodsalz • 2 EL Sahne

1 Das Rindfleisch mit kaltem Wasser abbrausen, mit Küchenpapier trockentupfen, in Streifen schneiden und mit Pfeffer würzen.

2 Zwiebel und Knoblauch abziehen und würfeln. Die Egerlinge blättrig schneiden. Die Tomaten überbrühen, häuten und würfeln. Die Kräuter fein hacken.

3 Butterschmalz erhitzen, Zwiebelwürfel darin glasig andünsten, das Fleisch hinzufügen und von allen Seiten anbraten. Das Mehl einrühren und mit brauner Grundsauce aufgießen. Egerlinge, Tomaten und Knoblauch dazugeben. Die Flüssigkeit einkochen lassen. Das Geschnetzelte mit den Kräutern bestreuen, mit Salz und Pfeffer abschmecken und mit Sahne verfeinern.

Beilagenempfehlung: Spätzle oder Reis, Salat

Pro Portion:
kJ/kcal 1773/424
Eiweiß 44 g, Fett 19 g
Kohlenhydrate 12 g
Ballaststoffe 5 g
Cholesterin 129 mg

Dieser »Fleischburger« besticht durch die Kombination mit der Frischkäsefüllung. Als Beilage empfiehlt sich – neben den genannten Vorschlägen – weißer Spargel.

199

Rinderschulter
mit Gemüse gespickt

Für 2 Portionen

360 g Rinderschulter • 2 Möhren
100 g Sellerie • Jodsalz
Pfeffer aus der Mühle • I TL Butterschmalz
150 g Suppengemüse (Möhren, Sellerie, Zwiebel, Lauch)
4 Wacholderbeeren • I Nelke • 2 Lorbeerblätter
einige Salbeiblätter • I EL Mehl
I EL Tomatenmark • 3/4 I Gemüsebrühe

Pro Portion:
kJ/kcal 2187/523
Eiweiß 46 g, Fett 16 g
Kohlenhydrate 21 g
Ballaststoffe 11 g
Cholesterin 118 mg

1 Die Rinderschulter mit kaltem Wasser abbrausen und mit Küchenpapier trockentupfen. Möhren und Sellerie waschen, schälen und klein würfeln. Die Rinderschulter damit spicken und mit Jodsalz und Pfeffer würzen.

2 Das Butterschmalz erhitzen, das Fleisch von allen Seiten anbraten und wieder aus der Pfanne nehmen.

3 Das Suppengemüse je nach Art putzen, waschen, schälen, klein schneiden und in die Bratpfanne geben. Mit Kräutern und Gewürzen kurz anrösten.

4 Das Gemüse mit Mehl bestäuben, das Tomatenmark zufügen, alles gut verrühren und mit der Gemüsebrühe aufgießen. Das Fleisch wieder in die Pfanne geben und diese mit einem Deckel verschließen. Etwa 40 Minuten schmoren lassen.

5 Das Fleisch in Scheiben schneiden und anrichten. Die Sauce durch ein Sieb streichen, mit Jodsalz und Pfeffer aus der Mühle abschmecken und das Fleisch damit begießen.

Beilagenempfehlung: Semmelknödel

Info: Spicken nennt man eigentlich den Vorgang, mageres Fleisch mit Speck mittels einer Spicknadel zu durchziehen, um das Austrocknen während des Garens zu verhindern.

Filetspitzen mit Hausmacher Spätzle

Für 2 Portionen

300 g Rinderfilet • 1 kleine Zwiebel • 60 g Champignons
1 EL Butterschmalz • Pfeffer aus der Mühle
2 EL Fleischbrühe • 4 cl Tomatensaft
2 EL Sahne • 1 EL gehackte Kräuter • Jodsalz
Spätzle:
200 g Mehl • 2 Eier • 1/2 TL Jodsalz

1 Das Rinderfilet mit kaltem Wasser abbrausen, mit Küchenpapier trockentupfen und in Streifen schneiden. Die Zwiebel abziehen und in Ringe sowie die Champignons in Scheiben schneiden.

2 Das Butterschmalz erhitzen und die Filetstreifen rasch anbraten. Zwiebeln und Champignons zum Fleisch geben, mit Pfeffer aus der Mühle würzen und mit der Brühe ablöschen. Mit Tomatensaft und Sahne aufgießen und nochmals kurz erhitzen. Die Kräuter waschen, trockenschütteln und fein hacken.

3 In der Zwischenzeit den Spätzleteig zubereiten. Dazu Mehl in eine Schüssel sieben, Eier, Jodsalz und 200 Milliliter Wasser dazugeben und alle Zutaten zu einem leicht zähen Teig verkneten.

4 Den Teig mit einem Spätzlehobel in kochendes Salzwasser hobeln und kurz aufkochen lassen. Die fertigen Spätzle mit dem Schaumlöffel aus dem Wasser schöpfen, abtropfen lassen und gleich zum Fleisch geben.

5 Zum Schluss das Geschnetzelte mit Jodsalz und Pfeffer aus der Mühle abschmecken, anrichten und mit den frisch gehackten Kräutern bestreuen.

Beilagenempfehlung: Salat

Pro Portion:
kJ/kcal 3274/783
Eiweiß 53 g, Fett 28 g
Kohlenhydrate 66 g
Ballaststoffe 11 g
Cholesterin 362 mg

Tipp: Die traditionelle Art, Spätzle zuzubereiten, ist, den Teig von einem Holzbrett zu schaben. Tauchen Sie das Brett kurz in das heiße Wasser, überziehen Sie die untere Hälfte mit Teig, und schaben Sie mit einem Messer die Spätzle ins kochende Wasser. Mit etwas Übung gelingen Spätzle in einheitlicher Größe.

Info: Das Filet ist das beste, aber auch teuerste Fleischstück eines Tieres. Als Filet bezeichnet man den langen, relativ dünnen Muskel auf der inneren Rückenseite. Filet ist sehr mageres Fleisch, das vom Metzger sorgfältig enthäutet wird. Die einfachsten Zubereitungsarten sind, es braun zu dünsten oder gespickt zu braten; dabei sollte das Fleisch innen rosig bis blutig sein – je nach Geschmack.

Kalbfleischbällchen in Austernpilzsauce

Für 2 Portionen

1 EL frisch gehackte Kräuter • 300 g Kalbsbrät
2 EL Semmelbrösel • 2 EL Sahne
Jodsalz • Pfeffer aus der Mühle • gemahlene Muskatnuss
1 EL gehackte Petersilie • 1 kleine Zwiebel
1 TL Butter • 1 EL Mehl • 1/4 l kalte Gemüsebrühe
1/2 Tasse kalte Milch • 120 g Austernpilze

Pro Portion:
kJ/kcal 1622/388
Eiweiß 36 g, Fett 15 g
Kohlenhydrate 20 g
Ballaststoffe 3 g
Cholesterin 129 mg

1 Die frischen Kräuter waschen, trockenschütteln und fein hacken. Kalbsbrät mit Semmelbröseln und Sahne verrühren und mit Jodsalz, Pfeffer, Muskat und den frischen Kräutern würzen. Aus dieser Masse kleine Bällchen formen und in kochendem Salzwasser etwa 8 bis 10 Minuten garen.

2 In der Zwischenzeit die Petersilie waschen, trockenschütteln und fein hacken. Die Zwiebel abziehen und in feine Würfel schneiden. In Butter leicht anbraten, mit dem Mehl verrühren und mit der kalten Brühe und der Milch aufgießen. Die Sauce unter Rühren kurz auf-kochen lassen, bis sie eine sämige Konsistenz besitzt.

3 Die Austernpilze putzen, in mundgerechte Stücke schneiden, in die Sauce geben und etwa 5 Minuten kochen lassen. Die Sauce mit Jodsalz, Pfeffer aus der Mühle und frisch gehackter Petersilie abschmecken.

4 Die Bällchen mit einer Schaumkelle aus dem Salzwasser heben, abtropfen lassen, in die Sauce setzen und durchschwenken.

Beilagenempfehlung: Kartoffelpüree, Salat

Variante: Als Saucenalternative können Sie eine Spinat-Béchamelsauce zu den Kalbfleischbällchen reichen. 50 Gramm Butter zerlassen, 1 Schalotte abziehen, fein würfeln und in der Butter glasig anbraten. 50 Gramm Mehl zugeben und eine helle Roux herstellen. Mit 1/2 Liter kalter Milch aufgießen, klumpenfrei verrühren und bei schwacher Hitze 20 Minuten kochen lassen. 100 Gramm Spinat putzen, waschen und die Stiele entfernen. In kochendem Wasser blanchieren, abschrecken, ausdrücken und fein hacken. Nach der Kochzeit in die Béchamelsauce einrühren und mit Salz, Pfeffer und Muskatnuss abschmecken. Anstatt des Spinats kann auch Brokkoli verwendet werden. Die Brokkoliröschen werden vor dem Zugeben weich gekocht und mit etwas Kochbrühe püriert.

202

Pastetchen mit Kalbsragout

Für 2 Portionen

150 g Kalbsfilet • 1 TL Butterschmalz • Pfeffer aus der Mühle
80 g Pökelzunge • 80 g Champignons • Jodsalz
2 EL Schmand • 4 EL Sahne • 1 EL gehackte Kräuter
4 Blätterteigpastetchen (Fertigprodukt)

1 Das Kalbsfilet fein würfeln. Butterschmalz erhitzen, die Filetwürfel etwa 4 Minuten von allen Seiten anbraten und mit Pfeffer würzen.

2 Die Pökelzunge fein würfeln. Die Champignons putzen, klein schneiden und mit der Pökelzunge zum Fleisch geben. Fleisch, Pökelzunge und Champignons mit Jodsalz würzen und mit Schmand und Sahne verfeinern. Das Kalbsragout etwas einkochen lassen, mit Salz und Pfeffer abschmecken.

3 Die Kräuter waschen, trockenschütteln und fein hacken.

4 Die Blätterteigpastetchen im Backofen erwärmen, mit dem Ragout füllen, den Kräutern bestreuen und sofort servieren.

Beilagenempfehlung: Salat

Pro Portion:
kJ/kcal 2994/716
Eiweiß 44 g, Fett 39 g
Kohlenhydrate 35 g
Ballaststoffe 4 g
Cholesterin 185 mg

Kalbsschulter in Dill-Senf-Sauce

Für 2 Portionen

360 g Kalbsschulter • 1 Lorbeerblatt
2 Wacholderbeeren • 1 Zwiebel • 1 EL frisch gehackter Dill
1 TL Butter • 1 EL Mehl • 1/2 Tasse kalte Milch
1 TL Körnersenf • 3 EL Sahne • Jodsalz • Pfeffer aus der Mühle

1 Die Kalbsschulter mit Lorbeer und Wacholderbeeren in kochendes Salzwasser geben. 1/2 Zwiebel klein schneiden und dazugeben. Das Fleisch 25 bis 30 Minuten garen.

2 Die andere Zwiebelhälfte abziehen und würfeln. Den Dill fein hacken.

3 Die Butter erhitzen, die Zwiebelwürfel anbraten, mit dem Mehl verrühren und mit kalter Milch und etwas Kalbfleischsud aufgießen. 10 Minuten kochen lassen, mit Senf, Dill und Sahne verfeinern und mit Salz und Pfeffer abschmecken.

4 Die Kalbsschulter in Scheiben schneiden und mit der Kräutersenfsauce servieren.

Beilagenempfehlung: Kartoffelklöße, Salat

Pro Portion:
kJ/kcal 1660/397
Eiweiß 41 g, Fett 17 g
Kohlenhydrate 12 g
Ballaststoffe 3 g
Cholesterin 158 mg

Gefüllte Kalbsrouladen

Für 2 Portionen

2 Kalbsrouladen aus der Oberschale, à 180 g
40 g Blattspinat • Jodsalz • Pfeffer aus der Mühle
2 Scheiben gekochter Schinken
2 gekochte Eier • 1 TL Butterschmalz
1/4 l Fleischbrühe

Pro Portion:
kJ/kcal 1877/449
Eiweiß 52 g, Fett 22 g
Kohlenhydrate 1 g
Ballaststoffe 1 g
Cholesterin 404 mg

1 Das Kalbfleisch mit kaltem Wasser abbrausen, mit Küchenpapier trockentupfen, auf ein Arbeitsbrett legen, mit Frischhaltefolie belegen und leicht klopfen. Die Folie entfernen.

2 Den Spinat sorgfältig waschen und blanchieren.

3 Das Fleisch mit Jodsalz und Pfeffer aus der Mühle von beiden Seiten würzen, mit je einer Scheibe Schinken und dem blanchierten Blattspinat belegen.

4 Die gekochten Eier pellen, mit Wasser abbrausen und auf die Rouladen legen. Die Roula-den zusammenrollen und mit einem Bindfaden verschnüren.

5 Das Butterschmalz erhitzen, die Rouladen von allen Seiten anbraten, mit der Fleischbrühe aufgießen und im vorgeheizten Backofen bei etwa 180 °C (Gas Stufe 2–3) 20 bis 25 Minuten fertig garen.

6 Die Rouladen aus dem Backofen nehmen, den Bindfaden entfernen und das Fleisch in Scheiben schneiden.

7 Den Bratensaft mit Jodsalz und Pfeffer aus der Mühle abschmecken, auf zwei Teller geben und die Rouladenscheiben darauf anrichten.

Beilagenempfehlung: Kartoffelpüree oder Spätzle

Varianten: Rouladen können auch mit anderen Zutaten gefüllt werden. In Italien, wo alles, was gerollt wird, als Involtini bezeichnet wird, hat fast jeder Haushalt seine eigene Füllung aus langer Familientradition.
▶ So werden Rouladen z. B. mit rohem Schinken belegt und mit einer Mischung aus Würfeln von getrockneten Tomaten, die einen sehr aromatischen Geschmack haben, und grünen Oliven gefüllt.
▶ Eine andere Möglichkeit ist, das Fleisch mit Streifen von Mozzarella, gebratenen Auberginen und Zucchini zu füllen.
▶ Auch weißer Spargel und Möhren, beides vorgekocht, lassen sich mit etwas geriebenem mildem Pecorino und rohem oder gekochtem Schinken zu einer schmackhaften Variante kombinieren.

Gefüllter Tafelspitz

Für 2 Portionen

360 g Tafelspitz • Jodsalz
Pfeffer aus der Mühle • 1 EL Körnersenf
200 g Suppengemüse (Möhren, Lauch, Sellerie, Zwiebeln)
1 TL Butterschmalz • 3/4 l braune Grundsauce
Füllung:
1 kleine Zwiebel • 80 g Champignons
1 EL frisch gehackte Kräuter (Petersilie, Kerbel, Dill)
1 TL Butter • 1 EL Crème fraîche • 2 EL Semmelbrösel

Pro Portion:
kJ/kcal 2233/534
Eiweiß 23 g, Fett 25 g
Kohlenhydrate 48 g
Ballaststoffe 14 g
Cholesterin 64 mg

1 Den Tafelspitz mit kaltem Wasser abbrausen, mit Küchenpapier trockentupfen und der Länge nach dreimal einschneiden. Das Fleisch von allen Seiten mit Jodsalz und Pfeffer würzen. Die Innenseiten der durch das Einschneiden entstandenen Taschen mit Körnersenf einreiben.

2 Für die Füllung die Zwiebel abziehen und mit den Champignons klein würfeln. Die frischen Kräuter waschen, trockenschütteln und fein hacken.

3 Die Butter erhitzen und die Zwiebeln glasig anbraten. Champignons, frisch gehackte Kräuter und Crème fraîche zu den Zwiebeln geben. Mit Semmelbröseln zu einer sämigen Masse verarbeiten. Diese in die Fleischtaschen streichen und den gefüllten Tafelspitz mit Zahnstochern zustecken.

4 Das Suppengemüse je nach Art putzen, waschen, schälen und klein schneiden.

5 Das Butterschmalz in einem Topf erhitzen und das Fleisch von allen Seiten anbraten. Das Suppengemüse zum Fleisch geben und mit der braunen Grundsauce aufgießen. Fleisch und Gemüse zugedeckt etwa 50 bis 60 Minuten schmoren lassen, ab und zu wenden. Das Fleisch aus dem Topf nehmen und aufschneiden.

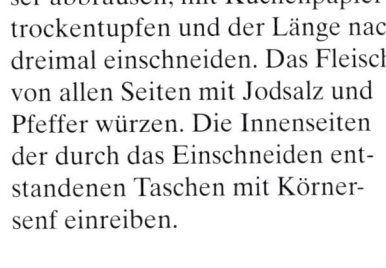

6 Die Sauce durch ein Sieb streichen und mit Jodsalz und Pfeffer aus der Mühle abschmecken. Die Tafelspitzscheiben auf zwei Tellern anrichten und mit der Sauce begießen.

Beilagenempfehlung: Pellkartoffeln, Salat

Variante: Als Füllung für den Tafelspitz eignet sich auch eine Serviettenknödelmasse – diese passt außerdem hervorragend zu einer gefüllten Rinder- oder Kalbsbrust. 100 Gramm Weißbrotwürfel werden dafür mit 50 Milliliter Milch und 2 Eiern vermischt, 1 Esslöffel angedünstete Zwiebelwürfel und 20 Gramm zerlassene Butter zugegeben und mit Salz, Muskat und Petersilie gewürzt.

Rumpsteaks mit Rahmpilzen

Für 2 Portionen

2 Rumpsteaks, à 180 g
Jodsalz • Pfeffer aus der Mühle
120 g Champignons oder Austernpilze
1 TL Keimöl • frisch gehackte Kräuter
1/8 l braune Grundsauce • 1 EL Crème fraîche

1 Die Rumpsteaks mit kaltem Wasser abbrausen, mit Küchenkrepp trockentupfen, leicht von beiden Seiten klopfen und mit Jodsalz und Pfeffer würzen.

2 Die Champignons putzen und kleinwürfeln. Das Keimöl erhitzen und die Rumpsteaks kurz auf beiden Seiten anbraten. Die Champignonwürfel dazugeben und verteilen. Die Steaks nicht ganz durchbraten, aus der Pfanne nehmen und warm stellen.

3 Die frischen Kräuter waschen, trockenschütteln und fein hacken.

4 Den Bratensatz mit brauner Grundsauce aufgießen und die Flüssigkeit reduzieren lassen. Die Sauce mit Crème fraîche und den Kräutern verfeinern und mit Jodsalz und Pfeffer abschmecken.

5 Die Rumpsteaks auf zwei Tellern anrichten und mit der Champignonsauce übergießen.

Beilagenempfehlung: Nudeln

Pro Portion:
kJ/kcal 1526/365
Eiweiß 42 g, Fett 16 g
Kohlenhydrate 4 g
Ballaststoffe 2 g
Cholesterin 111 mg

Gekochte Pökelrinderbrust

Für 2 Portionen

200 g Suppengemüse (Zwiebeln, Lauch, Sellerie, Möhren)
400 g gepökelte Rinderbrust (beim Metzger vorbestellen)
4 Wacholderbeeren • 1 Lorbeerblatt • 1 Nelke
Pfefferkörner • 1 TL Schnittlauchröllchen • 2 TL Meerrettich (Glas)

Pro Portion:
kJ/kcal 3512/840
Eiweiß 47 g, Fett 58 g
Kohlenhydrate 18 g
Ballaststoffe 10 g
Cholesterin 141 mg

1 Das Suppengemüse je nach Art putzen, waschen, schälen und klein schneiden. Die Rinderbrust in kochendes Wasser (nicht salzen) legen und mit Suppengemüse und Gewürzen 40 Minuten kochen.

2 Den Schnittlauch waschen und in kleine Röllchen schneiden.

3 Die Pökelbrust aus dem Sud nehmen, in Scheiben schneiden und anrichten. Das Suppengemüse und etwas Meerrettich dazugeben. Fleisch und Gemüse mit Schnittlauch bestreuen.

Beilagenempfehlung: Pellkartoffeln, Brot, Salat

Ochsenwadenscheiben mit Schmorgemüse

Für 2 Portionen

2 Scheiben Ochsenwade, à 250 g mit Knochen • Jodsalz
Pfeffer aus der Mühle • 1 TL Butterschmalz
300 g Suppengemüse (Möhren, Zwiebeln, Lauch, Sellerie)
1 Knoblauchzehe • Majoran • Rosmarin
Salbeiblätter • 100 g Schältomaten • 3/8 l Fleischbrühe

1 Die Ochsenwadenscheiben mit kaltem Wasser abwaschen, mit Küchenpapier trockentupfen und mit Jodsalz und Pfeffer aus der Mühle von beiden Seiten würzen. Butterschmalz erhitzen und die Ochsenwadenscheiben beiderseits anbraten.

2 Das Suppengemüse je nach Art putzen, waschen, schälen und klein schneiden. Die Knoblauchzehe abziehen und zerdrücken. Das Suppengemüse zum Fleisch geben, anbraten lassen und mit zerdrücktem Knoblauch, Majoran, Rosmarin und Salbeiblättern würzen. Die Schältomaten dazugeben.

3 Fleisch und Gemüse mit der Fleischbrühe aufgießen und im zugedeckten Topf 45 bis 50 Minuten schmoren lassen.

4 Die Sauce mit Jodsalz und Pfeffer aus der Mühle abschmecken und mit dem nicht passierten Suppengemüse zu den Ochsenwadenscheiben anrichten.

Beilagenempfehlung: Reis

Pro Portion:
kJ/kcal 2090/500
Eiweiß 49 g, Fett 15 g
Kohlenhydrate 24 g
Ballaststoffe 15 g
Cholesterin 118 mg

Info: Kräuter runden nicht nur den Geschmack eines Gerichts ab und regen den Appetit an, sie sind meist auch der Gesundheit förderlich. So wird Rosmarin z. B. gegen Schwächezustände eingesetzt, lindert Kopfschmerzen und nervöse Unruhe und hilft bei Erkrankungen der Atemwege.
Auch Salbei wirkt allgemein stärkend bei Schwächezuständen sowie krampf- und schmerzstillend. Er gilt als ein ausgezeichnetes, leichtes Sedativum bei Übererregbarkeit des vegetativen Nervensystems.

▶ Die Zubereitung der Ochsenwadenscheiben lehnt sich an den italienischen Klassiker »Osso buco« an. Dafür werden allerdings Kalbshaxenscheiben verwendet. Fleisch und Gemüse werden nach dem Anbraten noch mit etwas Weißwein abgelöscht und das Gericht vor dem Servieren mit Tomatenwürfeln abgerundet.

Geschnetzelte Rinderleber mit Basilikum

Für 2 Portionen

Pro Portion:
kJ/kcal 2484/594
Eiweiß 42 g, Fett 14 g
Kohlenhydrate 62 g
Ballaststoffe 5 g
Cholesterin 482 mg

140 g Eierbandnudeln • 300 g Rinderleber • 1 TL Butterschmalz
Jodsalz • Pfeffer aus der Mühle • 1/2 Bund frisches Basilikum
1 Stängel frischer Salbei • 1 TL Mehl • 1/4 l braune Grundsauce
2 kleine Tomaten • 1 TL Balsamicoessig • Rosmarin

1 Die Eierbandnudeln in Salzwasser nach Packungsanweisung bissfest garen, in ein Sieb abgießen und warm stellen.

2 Die Rinderleber mit kaltem Wasser waschen, mit Küchenpapier trockentupfen und in kleine Streifen schneiden. Das Butterschmalz erhitzen, die Leber anbraten und leicht pfeffern (noch nicht salzen).

3 Die Basilikumblätter fein schneiden (einige Blättchen zum Garnieren beiseite legen) und die Salbeiblätter abzupfen und hacken. Beides zur Leber geben, mit dem Mehl bestäuben und mit der braunen Grundsauce aufgießen. Die Flüssigkeit leicht einkochen lassen.

4 In der Zwischenzeit die Tomaten mit kochendem Wasser überbrühen, abziehen, entkernen und das Fruchtfleisch in Spalten schneiden. Kurz bevor das Geschnetzelte gar ist, die Tomatenspalten hinzufügen.

5 Das Geschnetzelte mit Balsamicoessig, Rosmarin und Jodsalz abschmecken. Die warm gestellten Nudeln vorsichtig darunter mischen. Das Gericht kurz erhitzen und mit einigen frischen Basilikumblättern bestreuen.

Beilagenempfehlung: Salat

Variante: Wenn Sie Geschnetzeltes mögen, aber kein Freund von Innereien sind, können Sie auf dieses Rezept zurückgreifen:
200 Gramm Fingermöhrchen waschen, putzen, abschaben, in kochendem Wasser blanchieren und abschrecken. 360 Gramm Rinderoberschale mit kaltem Wasser abbrausen, mit Küchenpapier trockentupfen und in Streifen schneiden. 1 Teelöffel Sonnenblumenöl erhitzen und das Rindfleischgeschnetzelte darin anbraten. 80 Gramm Champignons blättrig schneiden und mit den Fingermöhrchen zum Fleisch geben. Mit Salz, Pfeffer und Curry würzen. 1/2 Bund frische Kräuter waschen, fein hacken und dazugeben. Mit 1/2 Liter brauner Grundsauce und 2 Esslöffeln Sahne aufgießen und etwa 20 bis 25 Minuten bei mittlerer Hitze kochen. Nochmals mit Salz und Pfeffer abschmecken.
Dazu passen am besten selbst gemachte Spätzle oder Pellkartoffeln und Kopfsalat.

Rindfleisch-Gemüse-Eintopf

Für 2 Portionen

340 g Rindfleisch aus der Keule • Jodsalz
Pfeffer aus der Mühle • 1 TL Butterschmalz
3/4 l Gemüsebrühe • 1 rote Zwiebel
4 Wacholderbeeren • 1 Lorbeerblatt
4 Pfefferkörner • Majoran • 1 EL frisch gehackte Petersilie
100 g Sellerie • 100 g Lauch • 2 Möhren
100 g Weißkraut • 3 Kartoffeln • 1 Knoblauchzehe

1 Das Fleisch mit kaltem Wasser abbrausen, trockentupfen, in 2 Zentimeter große Würfel schneiden und mit Pfeffer aus der Mühle würzen. Das Butterschmalz in einem Topf erhitzen, das Fleisch etwa 5 Minuten von allen Seiten anbraten und mit der Brühe aufgießen.

2 Die Zwiebel abziehen, in feine Würfel schneiden und zum Fleisch geben. Wacholderbeeren, Lorbeerblatt, Pfefferkörner und Majoran hinzufügen.

3 Das Gemüse je nach Art putzen, waschen, schälen und in mundgerechte Stücke zerteilen.

Die Kartoffeln waschen, schälen, klein schneiden und mit dem Gemüse zum Fleisch geben.

4 Die Petersilie waschen, trockenschütteln und fein hacken.

5 Die Knoblauchzehe abziehen und zerdrücken. Den Eintopf mit Jodsalz, Pfeffer aus der Mühle und Knoblauch würzen, zugedeckt etwa 30 bis 35 Minuten garen, zum Schluss mit Jodsalz und Pfeffer nochmals abschmecken und vor dem Servieren mit gehackter Petersilie bestreuen.

Beilagenempfehlung: Bauernbrot

Pro Portion:
kJ/kcal 2028/485
Eiweiß 44 g, Fett 16 g
Kohlenhydrate 31 g
Ballaststoffe 10 g
Cholesterin 112 mg

Info: Wie bei allen Kopfkohlarten ist bei der Verwendung von Weißkohl zu bedenken, dass er wegen seiner blähenden Wirkung nicht für Magen- und Darmkranke geeignet ist. Im Zweifelsfall können Sie darauf verzichten oder ihn durch ein verträglicheres Gemüse ersetzen. Allerdings ist der Weißkohl die Kohlart mit dem höchsten Vitamin-C-Gehalt und Vorkommen an Askorbigen, einer Vorstufe, aus der erst beim Kochen Vitamin C entsteht.

Tipp: Bei der Größe der Gemüse- und Fleischwürfel ist es sinnvoll, die verschieden langen Garzeiten zu beachten, so dass alle Zutaten gleichzeitig den optimalen Garpunkt erreichen.

Hauptgerichte mit Schweinefleisch

Den größten Anteil am Fleischverbrauch stellt bei uns das Schwein. Vielseitig verwendbar behauptet es seinen Stellenwert auch, weil es im Verhältnis sehr preisgünstig ist.

Schweinebraten aus dem Römertopf

Für 2 Portionen

500 g Schweinenacken • Jodsalz
Pfeffer aus der Mühle • 1 kleine Zwiebel • 2 Tomaten
1/2 l Gemüsebrühe • 1 EL Semmelbrösel

Pro Portion:
kJ/kcal 1978/473
Eiweiß 54 g, Fett 19 g
Kohlenhydrate 11 g
Ballaststoffe 4 g
Cholesterin 162 mg

1 Den Schweinenacken waschen und trockentupfen, das Fleisch von allen Seiten mit Jodsalz und Pfeffer aus der Mühle einreiben. Den Römertopf mit Deckel in kaltem Wasser einweichen, aus dem Wasser nehmen. Den gewürzten Schweinebraten in den Topf geben. Den Topf schließen und in den nicht vorgeheizten Backofen stellen. Das Fleisch bei 180 °C (Gas Stufe 2–3) braten.

2 Die Zwiebel abziehen und fein würfeln. Die Tomaten mit kochendem Wasser überbrühen, abziehen, entkernen und das Fruchtfleisch klein schneiden.

3 Nach etwa 1 Stunde den Braten mit 3/4 der heißen Gemüsebrühe angießen und die vorbereiteten Zwiebelwürfel und Tomaten dazugeben. Das Fleisch mit den Semmelbröseln bestreuen und den Topf wieder verschließen. Das Fleisch bei 220 °C (Gas Stufe 4–5) weitere 40 bis 50 Minuten braten lassen, ab und zu mit dem Bratensaft übergießen.

4 Den Schweinebraten aus dem Topf nehmen und in Scheiben schneiden. Den Bratensaft mit der restlichen heißen Brühe ablöschen, durch ein Sieb streichen und mit Jodsalz und Pfeffer abschmecken. Den Schweinebraten mit der Sauce anrichten.

Beilagenempfehlung: Semmelknödel, Kartoffelsalat

Im Römertopf geschmorter Kasselerrücken

Für 2 Portionen

400 g Kasselerrücken (ohne Knochen) • I TL Butter
I Bund Suppengemüse • I kleine Zwiebel
1/2 l braune Grundsauce • I TL scharfer Senf
Jodsalz • Pfeffer aus der Mühle

1 Das Kasseler mit kaltem Wasser abbrausen und trockentupfen. Den Römertopf mit Deckel in kaltem Wasser einweichen, aus dem Wasser nehmen und den Topfboden mit der Butter bestreichen. Das Fleisch in den Topf legen, den Deckel schließen. Das Kasseler in den nicht vorgeheizten Backofen bei 220 °C (Gas Stufe 4–5) geben.

2 Das Suppengemüse waschen und zerkleinern. Die Zwiebel abziehen und fein würfeln.

3 Nach etwa 40 Minuten das Kasseler mit heißer Grundsauce auf-gießen, Suppengrün und Zwiebelwürfel dazugeben und zugedeckt weitere 40 Minuten weich schmoren, dabei ab und zu mit der Sauce übergießen.

4 Das geschmorte Kasseler aus dem Topf nehmen, die Sauce durch ein Sieb streichen und mit Senf, Jodsalz und Pfeffer aus der Mühle abschmecken. Ein wenig Sauce auf die Teller geben, das Kasseler in Scheiben schneiden und darauf anrichten. Die restliche Sauce getrennt reichen.

Beilagenempfehlung: Pellkartoffeln und Gemüse

Pro Portion:
kJ/kcal 3123/747
Eiweiß 51 g, Fett 44 g
Kohlenhydrate 24 g
Ballaststoffe 7 g
Cholesterin 169 mg

Info: Im Gegensatz zur landläufigen Meinung ist das Kasseler nicht nach der gleichnamigen hessischen Stadt benannt, sondern nach einem bekannten Berliner Fleischermeister namens Cassel, der um die Jahrhundertwende auf die Idee kam, ein Stück Schweinerücken zu räuchern und es dann in eine Salzlösung einzulegen, um es zu pökeln. Beim Pökeln wird das Fleisch mit Salpeter und Salz oder Nitritpökelsalz, einer Mischung aus Kochsalz und 0,6 Prozent Natriumnitrit, behandelt. Das führt zu einer dauerhaften, hitzebeständigen Umrötung des Fleisches. Das im Fleischfarbstoff Myoglobin enthaltene Eisen verbindet sich mit dem aus dem Nitrit entstehenden Stickoxid, es kann kein Sauerstoff mehr an den Muskelfarbstoff angelagert werden, das Fleisch bleibt rot. Durch das Pökeln entstehen neue Geschmacksstoffe und das Fleisch wird haltbarer. Ein Kassler kann klassisch vom Rückenrippenstück genommen werden (Kasseler Rippenspeer), aber auch von der Schulter oder vom Bauch.

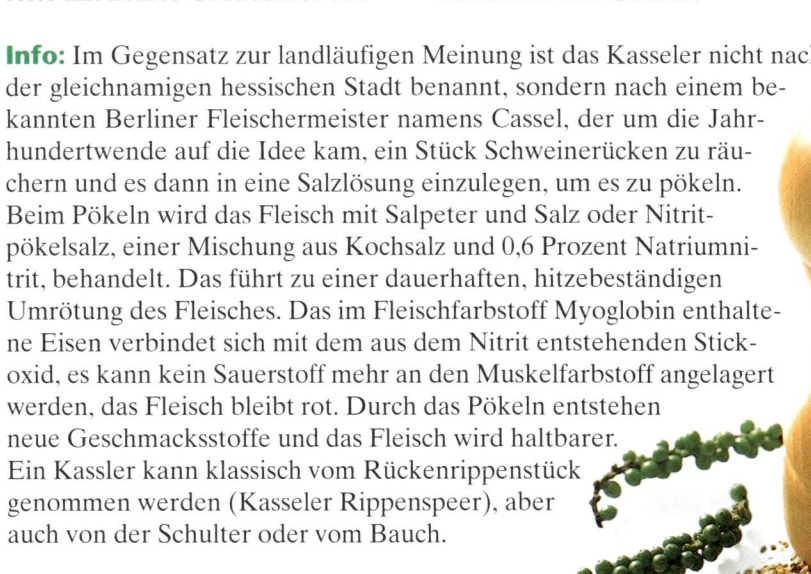

Spanferkel mit Fenchel aus dem Römertopf

Für 2 Portionen

500 g Spanferkelfleisch • I Knoblauchzehe
Jodsalz • Pfeffer aus der Mühle
2 Fenchelknollen (300 g) • I TL Kümmel
1/8 l Apfelsaft • 1/2 l Gemüsebrühe

Pro Portion:
kJ/kcal 1940/464
Eiweiß 38 g, Fett 20 g
Kohlenhydrate 12 g
Ballaststoffe 5 g
Cholesterin 182 mg

1 Das Spanferkelfleisch waschen und trockentupfen. Die Knoblauchzehe abziehen und zerdrücken. Das Fleisch mit Jodsalz, Pfeffer aus der Mühle und Knoblauch einreiben. Den Römertopf mit Deckel in kaltem Wasser einweichen, aus dem Wasser nehmen und das Spanferkelfleisch in den Topf legen.

2 Den Fenchel waschen, putzen, vierteln und mit dem Kümmel zum Fleisch geben. Das Spanferkelfleisch mit dem Apfelsaft und der Gemüsebrühe begießen, den Deckel auf den Topf legen und den Römertopf in den nicht vorgeheizten Backofen stellen. Das Gericht bei 220 °C (Gas Stufe 4–5) etwa 1 Stunde und 30 Minuten garen lassen. Ab und zu den Topf öffnen und das Fleisch mit der Flüssigkeit übergießen.

3 Den Spanferkelbraten aus dem Topf nehmen, in Scheiben schneiden und mit dem gedünsteten Fenchel anrichten. Die Sauce mit Jodsalz und Pfeffer aus der Mühle abschmecken und dazu servieren.

Beilagenempfehlung: Pellkartoffeln

Variante: Wollen Sie den intensiven, anisartigen Fenchelgeschmack dieses Gerichts vermeiden, können Sie anstatt des Fenchels das Gericht mit Tomaten und Staudensellerie zubereiten. Dafür sind folgende Schritte zu tun: 2 Tomaten mit heißem Wasser überbrühen, häuten, vierteln und entkernen. 200 Gramm Staudensellerie putzen, waschen, eventuell sehr harte Rippen entfernen und die Stangen schräg in 4 Zentimeter lange Stücke schneiden. Mit dem Spanferkelfleisch in den Römertopf geben. Statt des Kümmels gemahlenen Koriander verwenden und nur mit Gemüsebrühe aufgießen. Auch weiße Rübchen bieten sich für eine interessante Alternative an.

Info: Fenchel ist bei der Regeneration und der Aktivierung der Schleimhäute im Magen-Darm-Bereich und der Atemwege äußerst hilfreich. Die ätherischen Öle Athenol und Fenchem haben eine anregende Wirkung auf alle Schleimhautdrüsen. Deshalb wird auch die Säurehaltigkeit des Magensafts gesteigert, was Fenchel zu einer sehr guten Ergänzung von schwer verdaulichen Speisen macht.

Schweinelendchen mit einem Hauch von Exotik. Tatsächlich verleiht die Ananasfruchtsäure dem Fleisch ein frisch-pikantes Aroma.

Schweinelendchen mit Ananas

Für 2 Portionen

400 g Schweinelende • Jodsalz • Pfeffer aus der Mühle
1 TL Butterschmalz • 1/8 l Ananassaft
100 g Gurke • 200 g Ananasfleisch (Dose) • etwas Koriander
2 Gewürznelken • 1 EL Apfelessig • 1 EL Honig

1 Die Schweinelende mit kaltem Wasser abbrausen und trockentupfen. Mit Jodsalz und Pfeffer aus der Mühle würzen. Das Butterschmalz in einem Topf erhitzen, die Schweinelende von allen Seiten anbraten und mit Ananassaft und 1/8 Liter Wasser aufgießen.

2 Die Salatgurke schälen und klein würfeln. Das Ananasfleisch ebenfalls würfeln. Gemüse- und Fruchtwürfel zum Fleisch geben und mit Koriander, Gewürznelken, Apfelessig und Honig würzen. Das Gericht etwa 25 bis 30 Minuten schmoren.

3 Die Ananassauce nochmals mit Apfelessig und Honig süßsauer abschmecken. Die Schweinelende in Scheiben schneiden und mit der Ananassauce servieren.

Beilagenempfehlung: Kartoffelpüree und Salat

Pro Portion:
kJ/kcal 1898/454
Eiweiß 41 g, Fett 17 g
Kohlenhydrate 24 g
Ballaststoffe 2 g
Cholesterin 140 mg

Pochiertes Schweinefilet mit Frühlingsgemüse

Für 2 Portionen

1 kleines Bund Suppengemüse • einige Zweige frischer Thymian
1 Limette • 1 Lorbeerblatt • 2 Pfefferkörner
Jodsalz • 100 g Kohlrabi
100 g Frühlingsmöhren • 100 g Zuckerschoten
Pfeffer aus der Mühle • 360 g Schweinefilet

Pro Portion:
kJ/kcal 1685/403
Eiweiß 43 g, Fett 13 g
Kohlenhydrate 19 g
Ballaststoffe 9 g
Cholesterin 117 mg

1 Das Suppengemüse putzen, gründlich waschen und grob zerkleinern. Die Thymianzweige abspülen. Die Limette gründlich waschen, trockenreiben, in feine Scheiben schneiden und mit Suppengemüse, Thymian, Lorbeerblatt, Pfefferkörnern, 1/4 Teelöffel Jodsalz und 3/4 Liter Wasser in einem Topf aufkochen. Bei schwacher Hitze etwa 20 Minuten ziehen lassen.

2 In der Zwischenzeit die Kohlrabi schälen, die Möhren abbürsten und das Gemüse in Stifte schneiden. Die Zuckerschoten putzen und waschen.

3 Den Sud durch ein Sieb in einen anderen Topf gießen und Kohlrabi und Möhren dazugeben. Mit Jodsalz und Pfeffer aus der Mühle abschmecken.

4 Das Schweinefilet in Scheiben schneiden, abspülen und in den Sud legen. Das Fleisch zugedeckt bei schwacher Hitze etwa 15 Minuten kochen lassen. Nach 8 Minuten Garzeit die Zuckerschoten zugeben. Das Gemüse mit wenig Sud auf zwei Teller verteilen und die Schweinefiletscheiben darauf anrichten.

Beilagenempfehlung: Nudeln

Info: Bei den meist verwendeten Schal- oder Markerbsen ist nur das Samenkorn zum Verzehr geeignet, da sie an der Innenseite der Hülse eine ungenießbare Pergamentschicht ausbilden. Das ist bei den Zuckerschoten, die auch Kaiserschoten genannt werden, nicht der Fall. Daher können sie mit der ganzen, unreifen, aber zarten Hülse und den darin befindlichen, ebenfalls noch unreifen Samen zubereitet werden. Sie besitzen einen sehr hohen Zuckergehalt und werden nur für den Frischverzehr angebaut.

Was die Inhaltsstoffe der Erbsen betrifft, so gehören sie zu den nährstoffreichsten Gemüsen. Neben einem hohen Anteil an biologisch hochwertigem Eiweiß enthalten sie Kohlenhydrate in Form von Stärke und Zucker, Lezithin, Kalium, Phosphor und die Vitamine B1, B2 und E. Der Gehalt an Provitamin A und Vitamin C ist eher gering. Ihr hoher Ballaststoffgehalt fördert die Verdauung und hilft somit gegen Verstopfung.

Ragout vom Schweinefilet mit Gemüse

Für 2 Portionen

360 g Schweinefilet • Jodsalz • Pfeffer aus der Mühle
100 g Lauch • 100 g Champignons • 1 EL Keimöl
1/4 l Gemüsebrühe • 1 TL Kartoffelmehl • 2 EL tiefgekühlte Erbsen

1 Das Schweinefilet mit kaltem Wasser abspülen, mit Küchenpapier trockentupfen, in Streifen schneiden und mit Jodsalz und Pfeffer aus der Mühle würzen.

2 Den Lauch waschen und in Ringe schneiden. Die Champignons putzen und in Scheiben schneiden.

3 Das Keimöl erhitzen und das Schweinefilet von allen Seiten anbraten. Den Lauch und die Champignons dazugeben und unter Rühren mitbraten.

4 Die Gemüsebrühe mit Kartoffelmehl verquirlen und zu Fleisch und Gemüse gießen. Die Erbsen zufügen. Noch etwa 5 Minuten kochen lassen. Das Ragout mit Jodsalz und Pfeffer abschmecken.

Beilagenempfehlung: Pellkartoffeln oder Bauernbrot

Pro Portion:
kJ/kcal 1095/262
Eiweiß 24 g, Fett 13 g
Kohlenhydrate 8 g
Ballaststoffe 4 g
Cholesterin 65 mg

Kasseler-Graupen-Eintopf

Für 2 Portionen

2 Möhren • 100 g Sellerie • 100 g Lauch
60 g Gerstengraupen • 1/2 l Fleischbrühe
360 g Kasseler (ohne Knochen) • Jodsalz • Pfeffer aus der Mühle

1 Die Möhren und den Sellerie waschen, schälen und würfeln. Den Lauch längs halbieren, waschen und in Streifen schneiden. Die Graupen mit kaltem Wasser abspülen.

2 Die Fleischbrühe aufkochen lassen, die Graupen und das vorbereitete Gemüse dazugeben und etwa 25 Minuten bei schwacher Hitze garen.

3 Das Kasseler abspülen, trockentupfen und in mundgerechte Würfel schneiden, 5 Minuten vor Ende der Garzeit des Gemüses in die Fleischbrühe geben, mit Jodsalz und Pfeffer aus der Mühle abschmecken und durchziehen lassen.

Beilagenempfehlung: Bauernbrot

Pro Portion:
kJ/kcal 2709/648
Eiweiß 47 g, Fett 33 g
Kohlenhydrate 30 g
Ballaststoffe 7 g
Cholesterin 143 mg

Schweinefilet in Rahmsauce

Für 2 Portionen

360 g Schweinefilet • Jodsalz
Pfeffer aus der Mühle • I TL Butterschmalz
Sauce:
I Schalotte • I TL Butter • 1/8 I braune Grundsauce
einige grüne Pfefferkörner • rosa Beeren
I TL Crème fraîche • 2 EL Sahne • Jodsalz

Pro Portion:
kJ/kcal 1785/427
Eiweiß 38 g, Fett 22 g
Kohlenhydrate 8 g
Ballaststoffe 1 g
Cholesterin 142 mg

1 Das Schweinefilet mit kaltem Wasser abbrausen, trockentupfen, in Medaillons schneiden und mit Jodsalz und Pfeffer aus der Mühle würzen. Das Butterschmalz erhitzen und die Medaillons von beiden Seiten auf den Punkt braten.

2 Die Schalotte fein würfeln, in Butter anbraten und mit brauner Grundsauce aufgießen. Grüne Pfefferkörner und einige rosa Beeren in die Sauce streuen und aufkochen lassen. Crème fraîche und Sahne in die Sauce einrühren und mit Jodsalz abschmecken.

3 Die Schweinemedaillons auf zwei Tellern anrichten und mit der Sauce servieren.

Beilagenempfehlung: Spätzle und Salat

Pochierte Schweinebäckchen

Für 2 Portionen

4 Schweinebäckchen, à 80 g (beim Metzger vorbestellen)
I kleine Zwiebel • I Knoblauchzehe • I TL Butterschmalz
1/2 I Geflügelbrühe • I Lorbeerblatt • 2 Nelken
einige Pfefferkörner • einige Korianderkörner • I Zweig Thymian

Pro Portion:
kJ/kcal 1547/371
Eiweiß 37 g, Fett 20 g
Kohlenhydrate 3 g
Ballaststoffe 2 g
Cholesterin 126 mg

1 Die Schweinebäckchen unter kaltem Wasser abspülen und mit Küchenpapier trockentupfen.

2 Die Zwiebel und die Knoblauchzehe abziehen und grob würfeln. Das Butterschmalz zerlassen, die Zwiebel- und Knoblauchwürfel andünsten, mit der Geflügelbrühe ablöschen und aufkochen lassen.

3 Die Schweinebäckchen und die restlichen Gewürze in die Brühe geben. Das Gericht bei mittlerer Hitze etwa 25 bis 30 Minuten bissfest garen.

4 Die Schweinebäckchen aus dem Sud nehmen und in Scheiben schneiden.

Beilagenempfehlung: Nudeln

Schweinegeschnetzeltes mit Chinakohl

Für 2 Portionen

2 Möhren • 60 g Frühlingszwiebeln
100 g Chinakohl • 1 kleiner Apfel
1 EL gehackte Petersilie
360 g Schweinegeschnetzeltes aus der Oberschale
Jodsalz • Pfeffer aus der Mühle
1 TL Butterschmalz • 1 TL Mehl
Currypulver nach Geschmack • Paprikapulver nach Geschmack
1/8 l braune Grundsauce • 100 ml Apfelsaft
1 TL Honig • Weinessig

1 Die Möhren waschen, schälen und in schmale Stifte schneiden. Die Frühlingszwiebeln und den Chinakohl waschen und in feine Ringe bzw. in Streifen schneiden. Den Apfel schälen, vierteln, entkernen und das Fruchtfleisch in Scheiben schneiden. Die Petersilie waschen, trockenschütteln und hacken.

2 Das Schweinefleisch mit kaltem Wasser abbrausen, trockentupfen und mit Jodsalz und Pfeffer aus der Mühle würzen. Das Butterschmalz erhitzen und das Geschnetzelte kräftig darin anbraten. Die Möhren, Äpfel und Frühlingszwiebeln zu dem Fleisch geben und mit Mehl bestäuben. Das Gericht mit Curry- und Paprikapulver würzen, mit brauner Grundsauce und Apfelsaft aufgießen und etwa 10 bis 15 Minuten schmoren lassen.

3 Den vorbereiteten Chinakohl kurz vor Ende der Garzeit unter das Geschnetzelte mischen. Das Gericht mit Jodsalz, Pfeffer aus der Mühle, Honig und einigen Spritzern Weinessig süßsauer abschmecken und mit frisch gehackter Petersilie bestreuen.

Beilagenempfehlung: Reis

Pro Portion:
kJ/kcal 1814/434
Eiweiß 39 g, Fett 18 g
Kohlenhydrate 21 g
Ballaststoffe 5 g
Cholesterin 127 mg

Variante: Eine einfache Methode dieses Gericht geschmacklich zu variieren, ist die Verwendung einer anderen Gewürzmischung aus der indischen Küche anstelle des Currypulvers. Zwar sind die Grundzutaten meist ähnlich, aber die verschiedenen Mischungsverhältnisse ergeben doch immer wieder neue Geschmacksrichtungen.
Garam Masala z. B. enthält wie Currypulver Koriander und Kümmel, zusätzlich aber noch Kardamom, Nelken, Zimt und schwarzen Pfeffer. Bei der Kormagewürzmischung wird noch Paprikapulver, Ingwer, Cayennepfeffer und Knoblauchgranulat hinzugefügt.

Schweinefilet mit Trüffelfüllung

Für 2 Portionen

360 g Schweinefilet • 80 g Trüffelleberwurst
Jodsalz • Pfeffer aus der Mühle
200 g Suppengemüse (Zwiebeln, Lauch, Möhren, Sellerie)
1 EL Butterschmalz • 1/4 l braune Grundsauce

Pro Portion:
kJ/kcal 2592/620
Eiweiß 56 g, Fett 29 g
Kohlenhydrate 22 g
Ballaststoffe 11 g
Cholesterin 252 mg

1 Das Schweinefilet mit kaltem Wasser abspülen, trockentupfen und mit einem Wetzstahl- oder Kochlöffelstiel in der Mitte ein Loch für die Füllung bohren.

2 Die Trüffelleberwurst aus der Wurstpelle nehmen, in einen Spritzbeutel mit großer Lochtülle füllen und in das vorbereitete Schweinefilet spritzen. Das Fleisch mit Jodsalz und Pfeffer aus der Mühle würzen.

3 Das Suppengemüse putzen, waschen, klein schneiden und in erhitz- tem Butterschmalz anbraten. Das Gemüse aus dem Fett nehmen und das Filet darin von allen Seiten rasch anbraten. Das Suppengemüse wieder dazugeben und mit der braunen Grundsauce aufgießen.

4 Das Schweinefilet im vorgeheiz- ten Backofen bei 140 °C (Gas Stufe 1) etwa 20 Minuten durch- ziehen lassen. Das Filet in Schei- ben schneiden und anrichten. Die Sauce durch ein Sieb streichen, mit Jodsalz und Pfeffer aus der Mühle abschmecken und zum Fleisch servieren.

Beilagenempfehlung: Spätzle und Blattsalat

Info: Trüffeln gelten als die feinsten Edelpilze. Bekannt sind vor allem der weiße Albatrüffel aus dem Piemont, der roh verzehrt wird, und die schwarzen Trüffelsorten Norcia aus Umbrien und Perigord aus Südfrankreich, die gekocht werden können. Gerin- ge Vorkommen gibt es noch in Spanien, in einem bergigen Gebiet zwischen den Provinzen Castellón und Turuel. In Deutschland wird von ganz gelegentlichen Funden in Baden berichtet. Der unregelmäßig runde Fruchtkörper des Pilzes, der von der typischen Pilzform mit Hut und Stiel abweicht und wie eine narbige, mittelgroße Kartoffel aussieht, wird meist in Nestern von drei bis fünf zusammensit- zend, selten einzeln, in der Erdschicht unter Eichen, Buchen, Hainbuchen und anderen Laubbäumen gefunden. Hier gedeiht das Myzel des Pilzes üppig und verwächst mit den Saugwurzeln der Laubbäume zu einer Sym- biose. Die Hyphen des Pilzes fördern die Wasser- und Nährstoffaufnahme des Wirtsbaumes. Als Gegenleistung erhält der Pilz vom Baum eine Reihe lebenswichtiger organischer Verbindungen. Trüffeln brauchen einen kalk- haltigen Boden mit einem pH-Wert von mindestens 7,5, um zu gedeihen.

Hackfleischschnecken

Für 2 Portionen

Hackfleischmasse:
1 Paprikaschote (grün, gelb oder rot)
80 g Champignons • 1 EL frische, gehackte Kräuter
300 g gemischtes Hackfleisch • 1 Ei • Majoran
Paprikapulver • Jodsalz • Pfeffer aus der Mühle
Kräuterpfannkuchen:
100 g Mehl • 2 Eier • 1/2 Tasse Milch • Knoblauchsalz
gemahlene Muskatnuss • 1 TL Butterschmalz
Sauce:
1 Zwiebel • 50 g durchwachsener Speck • 1 TL Butter
1/4 l braune Grundsauce • 1 TL Schnittlauchröllchen

1 Für die Hackfleischmasse die Paprikaschote entkernen, vom Stielansatz befreien und waschen. Die Champignons putzen. Das Gemüse in feine Würfel schneiden. Die frischen Kräuter waschen, trockenschütteln und hacken. Einen Teil der Kräuter für den Teig beiseite stellen.

2 Gemüse und Kräuter mit dem Hackfleisch, dem Ei, Majoran und Paprikapulver vermischen. Die Hackfleischmasse mit Jodsalz und Pfeffer würzen.

3 In der Zwischenzeit aus Mehl, Eiern, den restlichen frisch gehackten Kräutern, Milch, Knoblauchsalz und etwas Muskatnuss einen Teig herstellen. In einer Pfanne Butterschmalz erhitzen und die Kräuterpfannkuchen nacheinander ausbacken.

Variante: Wenn Sie den Gemüseanteil des Hackfleischs erhöhen wollen, können Sie die Champignons durch 100 Gramm gewürfelte Zucchini und 100 Gramm Staudensellerie, blanchiert und klein gehackt, ersetzen.

4 Die Hackfleischmasse auf die Pfannkuchen verteilen, glatt streichen, zusammenrollen und in etwa 4 bis 5 Zentimeter lange Stücke schneiden.

5 Für die Sauce die Zwiebel abziehen und mit dem Speck in Würfel schneiden. In einer Auflaufform die Speck- und Zwiebelwürfel in Butter auslassen, die Hackfleischschnecken darauf setzen, mit brauner Grundsauce angießen und 20 Minuten im Backofen bei 180 °C (Gas Stufe 2–3) garen.

6 Die Specksauce abschmecken. Den Schnittlauch klein schneiden und über die fertigen Hackfleischschnecken streuen.

Beilagenempfehlung: Salat

Pro Portion:
kJ/kcal 4139/990
Eiweiß 55 g, Fett 58 g
Kohlenhydrate 46 g
Ballaststoffe 9 g
Cholesterin 500 mg

Schweinefilet mit Morcheln

Für 2 Portionen

20 g getrocknete Morcheln • 360 g Schweinefilet
250 g Staudensellerie • 2 Möhren
Jodsalz • Pfeffer aus der Mühle
Paprikapulver • 2 TL Keimöl
1/8 l Gemüsebrühe • 2 EL Sahne

Pro Portion:
kJ/kcal 1781/426
Eiweiß 40 g, Fett 21 g
Kohlenhydrate 11 g
Ballaststoffe 7 g
Cholesterin 128 mg

1 Die getrockneten Morcheln in lauwarmem Wasser einweichen.

2 In der Zwischenzeit das Schweinefilet waschen und trockentupfen. Den Staudensellerie waschen, putzen und in Streifen schneiden. Die Möhren schälen und in Scheiben schneiden. Das Schweinefilet in Medaillons portionieren, diese leicht klopfen und mit Jodsalz, Pfeffer aus der Mühle und Paprikapulver würzen.

3 1 Teelöffel Keimöl erhitzen. Die Medaillons von beiden Seiten anbraten. Die Morcheln in ein Sieb gießen. Das Wasser auffangen und das Filet damit ablöschen. Die Morcheln zum Fleisch geben und beides zugedeckt 15 Minuten schmoren.

4 Das Gemüse im restlichen Keimöl mit der Brühe etwa 15 Minuten bissfest dünsten und mit Jodsalz und Pfeffer aus der Mühle abschmecken. Das Gemüse und die Schweinefilets anrichten.

5 Die Morchelsauce mit Sahne verfeinern, mit Jodsalz und Pfeffer aus der Mühle abschmecken und die Schweinemedaillons damit bedecken.

Beilagenempfehlung: Pellkartoffeln

Info: Von der Morchel gibt es in Deutschland ca. zwölf verschiedene Arten, die sich ähneln und alle genießbar sind. Die verbreitetste ist die Spitzmorchel mit einem kegelförmigen Hut. Morcheln sind in der kurzen Zeitspanne von April bis Juni hauptsächlich auf lichten Waldwiesen, am Waldrand und an den Ufern von Bächen zu finden und bevorzugen leicht sandigen Boden.
Das zarte Fleisch der Morcheln ist wachsartig zerbrechlich, Geruch und Geschmack sind angenehm aromatisch würzig. Der Pilz ist als selbstständiges Gericht oder in Kombination mit anderen Gemüsen verwendbar, sollte aber vor der Verarbeitung blanchiert und das Wasser nicht mitverwendet werden. Hauptsächlich dient er – wie auch der Trüffelpilz – zum Würzen einer Speise. Frisch kommen Morcheln eher selten auf den Markt. Im Handel sind sie getrocknet oder als Dosenware zu bekommen.

Tresterfleisch mit Suppengemüse

Für 2 Portionen

400 g Schweinenacken • 1 kleine Zwiebel
Pfeffer aus der Mühle • 1 Zweig Rosmarin
300 g Suppengemüse (Lauch, Möhren, Sellerie, Zwiebeln)
1/4 l Gemüsebrühe • 4 cl Trester • 1 TL Butterschmalz
Jodsalz • 2 Lorbeerblätter
einige Wacholderbeeren • 1 EL Schnittlauchröllchen

1 Den Schweinenacken waschen, trockentupfen und in mundgerechte Stücke schneiden. Die Zwiebel abziehen, in feine Würfel schneiden und mit Pfeffer und abgezupften Rosmarinnadeln vermischen. Das Fleisch dazugeben und etwa 1 Stunde trocken marinieren.

2 In der Zwischenzeit das Suppengemüse je nach Art schälen, waschen, in grobe Stücke schneiden, in eine Schüssel geben, mit Gemüsebrühe und Trester übergießen und ziehen lassen.

3 Das Butterschmalz erhitzen, das marinierte Fleisch von allen Seiten anbraten und mit Jodsalz würzen.

4 1/2 Liter Wasser erhitzen, Gemüse mit Marinade dazugeben und alles aufkochen lassen. Fleisch, Lorbeerblätter und Wacholderbeeren zufügen und in 25 Minuten bissfest garen. Mit Jodsalz und Pfeffer abschmecken.

5 Den Schnittlauch waschen, trockenschütteln und in Röllchen schneiden. Fleisch und Suppengemüse anrichten und mit Schnittlauchröllchen bestreuen.

Beilagenempfehlung: Pellkartoffeln

Pro Portion:
kJ/kcal 3035/726
Eiweiß 46 g, Fett 31 g
Kohlenhydrate 32 g
Ballaststoffe 15 g
Cholesterin 139 mg

Variante: Ein ausgezeichnetes Gericht lässt sich nach diesem Rezept auch mit weißen Rübchen und Kartoffeln zubereiten. Die weiße Rübe, auch Wasserrübe genannt, ist ein fleischiges, wohlschmeckendes und nahrhaftes Suppengemüse. Dafür sollten Sie 200 Gramm Rübchen putzen, waschen, schälen und klein schneiden. 3 Kartoffeln waschen, schälen und grob würfeln. 1 Stange Lauch in Ringe schneiden. Diese Zutaten anstatt des Suppengemüses in der Brühe und dem Trester ziehen lassen. Beim Kochen sollten die Wacholderbeeren durch etwas Kümmel ersetzt werden. Die Zubereitungszeit erhöht sich auf ca. 35 Minuten. Die hier angegebenen Mengen reichen für eine vollständige Mahlzeit aus. Wenn Sie eine zusätzliche Sättigungsbeilage reichen wollen, verwenden Sie nur 150 Gramm weiße Rübchen und 150 Gramm Kartoffeln.

Schweinekammgulasch in Malzbiersauce

Für 2 Portionen

360 g magerer Schweinekamm (ohne Knochen)
100 g Knollensellerie • 2 Möhren • 1 Zwiebel
1 TL Butterschmalz • 1/2 l Malzbier
1/4 l braune Grundsauce oder Fond • Jodsalz
Pfeffer aus der Mühle • Majoran • 1 Apfel, etwa 80 g

Pro Portion:
kJ/kcal 2199/527
Eiweiß 40 g, Fett 19 g
Kohlenhydrate 24 g
Ballaststoffe 6 g
Cholesterin 128 mg

1 Den Schweinekamm klein schneiden. Sellerie und Möhren putzen, waschen, schälen, Zwiebel abziehen und alles in Streifen schneiden.

2 Das Butterschmalz erhitzen, das Fleisch von allen Seiten anbraten. Das Gemüse dazugeben, mit Bier und brauner Grundsauce aufgießen, mit Jodsalz, Pfeffer und Majoran würzen. Fleisch und Gemüse etwa 15 bis 20 Minuten schmoren.

3 Den Apfel schälen und das Fruchtfleisch in kleine Stücke schneiden. Die Apfelstückchen zu Fleisch und Gemüse geben und etwa 10 Minuten weitergaren. Das Gericht mit Salz und Pfeffer abschmecken.

Beilagenempfehlung: Reis, Salat

Medaillons in Apfelrahmsauce

Für 2 Portionen

360 g Schweinefilet • Jodsalz • Pfeffer aus der Mühle
1 TL Butterschmalz • 1 kleiner Apfel
1/4 l braune Grundsauce • 1 EL Crème fraîche

Pro Portion:
kJ/kcal 1747/418
Eiweiß 38 g, Fett 21 g
Kohlenhydrate 12 g
Ballaststoffe 2 g
Cholesterin 130 mg

1 Das Schweinefilet in 4 Medaillons portionieren. Diese leicht klopfen und mit Salz und Pfeffer auf beiden Seiten würzen.

2 Das Butterschmalz erhitzen und die Medaillons von beiden Seiten auf den Punkt braten.

3 Den Apfel schälen, das Kernhaus ausstechen, das Fruchtfleisch in 4 Scheiben schneiden und ebenfalls in Butterschmalz braten.

4 Die Grundsauce erhitzen, mit Crème fraîche verfeinern und mit Salz und Pfeffer abschmecken.

5 Die Medaillons mit je 1 Apfelscheibe und der Sauce servieren.

Beilagenempfehlung: Nudeln

Gulasch mit Apfelblättern

Für 2 Portionen

360 g Schweineschulter • Jodsalz • Pfeffer aus der Mühle
1 Zwiebel • 1 TL Butterschmalz • 1 EL Mehl
1 EL Tomatenmark • 1/2 l Fleischbrühe • 1/8 l roter Traubensaft
2 Knoblauchzehen • 1 gelbe Paprikaschote
geriebene Zitronenschale • Majoran
Thymian • Kümmel • 1 kleiner Apfel

1 Die Schweineschulter mit kaltem Wasser abbrausen, mit Küchenpapier trockentupfen und in mundgerechte Würfel schneiden. Das Fleisch mit Jodsalz und Pfeffer würzen. Die Zwiebel abziehen und fein würfeln.

2 Das Butterschmalz erhitzen, das Fleisch mit den Zwiebeln von allen Seiten anbraten, mit dem Mehl bestäuben und das Tomatenmark zufügen. Tomatenmark und Zwiebeln gut rösten, mit Fleischbrühe und 2/3 des Traubensafts aufgießen.

3 Die Knoblauchzehen abziehen und klein schneiden. Die Paprikaschote entkernen, vom Stielansatz befreien, waschen und in Streifen schneiden. Knoblauch und Paprikaschoten zum Fleisch geben.

4 Die Brühe mit abgeriebener Zitronenschale, Majoran, Thymian, Kümmel, Jodsalz und Pfeffer aus der Mühle würzen und etwa 20 bis 30 Minuten schmoren.

5 Den Apfel schälen, entkernen, das Fruchtfleisch blättrig schneiden, kurz vor Ende der Garzeit zum Gulasch geben und mitschmoren lassen. Die Sauce mit dem restlichen Saft verfeinern und mit Jodsalz und Pfeffer aus der Mühle abschmecken.

Pro Portion:
kJ/kcal 1806/432
Eiweiß 39 g, Fett 16 g
Kohlenhydrate 15 g
Ballaststoffe 5 g
Cholesterin 127 mg

Info: Der Apfel gilt als das älteste und verbreitetste Kernobst. Er wächst auf allen Kontinenten und so entwickelte jedes Land seine eigenen Kreationen damit. Aber nicht nur zur »süßen Küche«, auch zur pikanten Gerichten passt der frische, fruchtige Geschmack dieses Obstes. Ein weiterer Aspekt ist der gesundheitliche Wert. Mehr als 20 Mineralstoffe und Spurenelemente sind im Apfel enthalten. Eisen als Bestandteil des Farbstoffs der roten Blutkörperchen, wichtig für den Blutkreislauf, Phosphor für Gehirn- und Nerventätigkeit und Kalzium für den Aufbau und die Erhaltung von Knochen und Zähnen sind dabei besonders zu erwähnen. Natürlich sind Äpfel vor allem als Vitamin-C-Träger bekannt. Die Schwankungen unter den einzelnen Apfelsorten sind dabei allerdings beträchtlich. Einen sehr hohen Gehalt weisen z. B. Boskop, Maigold und Ontario auf.

223

Schweineroulade
mit Spinat-Ei-Füllung

Für 2 Portionen

2 Schweinerouladen aus der Oberschale, à 160 g
Jodsalz • Pfeffer aus der Mühle • 60 g Blattspinat
2 Scheiben Rindersaftschinken • 2 gekochte Eier
200 g Suppengemüse (Zwiebeln, Möhren, Lauch, Sellerie)
1 TL Butterschmalz • 1/2 l braune Grundsauce • 1/8 l Apfelsaft

Pro Portion:
kJ/kcal 2960/708
Eiweiß 55 g, Fett 31 g
Kohlenhydrate 30 g
Ballaststoffe 12 g
Cholesterin 381 mg

1 Das Fleisch mit kaltem Wasser abbrausen, mit Küchenpapier trockentupfen, leicht klopfen und mit wenig Jodsalz und Pfeffer von beiden Seiten würzen.

2 Den Spinat blanchieren, danach ausdrücken. Die beiden Eier hart kochen, pellen und auskühlen lassen. Dann in Scheiben schneiden.

3 Die Rouladen mit dem Schinken, dem Spinat und Eischeiben belegen, aufrollen und mit Küchengarn zusammenbinden.

4 Das Suppengemüse je nach Art putzen, waschen, schälen und klein schneiden.

5 Das Butterschmalz erhitzen und das Suppengemüse anbraten. Die Rouladen zum Gemüse geben und von allen Seiten anbraten. Gemüse und Fleisch mit brauner Grundsauce und Apfelsaft aufgießen. Das Gericht im Backofen etwa 25 bis 30 Minuten bei 180 °C (Gas Stufe 2–3) schmoren.

6 Das Fleisch aus der Sauce nehmen, die Bindfäden entfernen, die Rouladen aufschneiden oder im Ganzen anrichten und mit der nochmals mit Salz und Pfeffer abgeschmeckten Sauce überziehen.

Beilagenempfehlung: Kartoffelpüree und Salat

Info: Nicht alles, was einem in der Kindheit erzählt wird, ist richtig, aber im Falle des Spinats stimmt es: Er ist wirklich sehr gesund. Fast alle wichtigen Mineralstoffe und Vitamine sind zum Teil in großen Mengen in ihm enthalten. Aufgrund seines hohen Gehalts an Antioxidanzien wie Selen, Vitamin C, Beta-Karotin und Vitamin E zählt Spinat zu den Gemüsesorten, die zur Krebsprophylaxe empfohlen werden. Als Antioxidanzien bezeichnet man Vitamine und Enzyme, die gegen die freien Radikale, die die Körperzellen angreifen, vorgehen. Da jedes dieser Antioxidanzien seinen besonderen Wirkungsbereich hat, z.B. Vitamin C da, wo Flüssigkeiten vorkommen, wie im Blut und in Zellen, Vitamin E und Beta-Karotin in den Zellwänden, die Fette enthalten, Selen, das schädliche Stoffe, die bei der Oxidation der Fettsäuren an den Zelloberflächen entstehen, beseitigt, machen diese Biostoffe den Spinat so wertvoll.

Geschmortes Schweinenüsschen mit Rotkraut

Für 2 Portionen

400 g Schweinenuss • Jodsalz • Pfeffer aus der Mühle
200 g Suppengemüse (Zwiebeln, Möhren, Sellerie)
1 EL Keimöl • 1/4 l Gemüsebrühe
Rotkraut:
300 g Rotkraut • 1 kleine Zwiebel • 1 TL Butterschmalz
1/8 l Gemüsebrühe • 1/2 Tasse Johannisbeersaft
etwas Apfelessig • Zucker • Jodsalz • weißer Pfeffer

1 Das Fleisch mit kaltem Wasser abbrausen, mit Küchenpapier trockentupfen und mit Jodsalz und Pfeffer aus der Mühle auf allen Seiten würzen.

2 Das Suppengemüse je nach Art putzen, waschen, schälen, klein schneiden und in heißem Keimöl anrösten. Das Fleisch auf das Gemüse setzen, von allen Seiten anbraten, mit der Gemüsebrühe aufgießen und im vorgeheizten Backofen bei etwa 180 °C (Gas Stufe 2–3) in 30 bis 40 Minuten fertig garen. Ab und zu wenden und mit dem Bratensaft begießen.

3 In der Zwischenzeit das Rotkraut putzen und in feine Streifen schneiden oder hobeln. Die Zwiebel abziehen und ebenfalls in feine Streifen schneiden. Die Zwiebeln in heißem Butterschmalz glasig anbraten, das Rotkraut zufügen, mit Gemüsebrühe aufgießen und zugedeckt gar dünsten. Den Johannisbeersaft dazugeben. Das Gemüse mit Apfelessig, Zucker, Jodsalz und weißem Pfeffer abschmecken.

4 Das Fleisch aus dem Backofen nehmen, in Scheiben schneiden und anrichten. Den Bratensaft mit Jodsalz und Pfeffer aus der Mühle abschmecken und über die Bratenscheiben gießen. Das Rotkraut dazu servieren.

Beilagenempfehlung: Kartoffelklöße

Pro Portion:
kJ/kcal 2462/589
Eiweiß 48 g, Fett 29 g
Kohlenhydrate 24 g
Ballaststoffe 15 g
Cholesterin 139 mg

Variante: Im Frühjahr kann anstelle des Rotkohls ein anderes Mitglied der Kohlfamilie, der Spitzkohl, gereicht werden. Diese kleinste und feinste Weißkohlart schmeckt ausgezeichnet mit einer Kräutersauce. 1/2 Spitzkohl (ca. 500 Gramm) putzen und mit dem Strunk achteln. Mit Salz und Muskat würzen und mit 1/8 Liter Gemüsebrühe aufgießen. 2 Teelöffel Butter zugeben und zugedeckt bei schwacher Hitze 8 bis 10 Minuten dünsten. Für die Kräutersauce je 3 Esslöffel Petersilie und Kerbel mit 15 Gramm Mehl und 30 Gramm Butter anschwitzen, mit 1/2 Liter Brühe und 1/8 Liter Sahne aufkochen und mit Salz, Pfeffer und Zitronensaft abschmecken.

Schweinerückensteaks mit Birnen

Für 2 Portionen

4 Steaks vom Schweinerücken, à 80 g • Jodsalz
Pfeffer aus der Mühle • 1 TL Butterschmalz
1/4 l braune Grundsauce • 2 reife Birnen
Kümmel • Majoran • einige grüne Pfefferkörner
100 ml Buttermilch • gemahlener Zimt nach Geschmack

Pro Portion:
kJ/kcal 1856/444
Eiweiß 40 g, Fett 19 g
Kohlenhydrate 20 g
Ballaststoffe 3 g
Cholesterin 129 mg

1 Die Schweinerückensteaks mit kaltem Wasser abbrausen, mit Küchenpapier trockentupfen, leicht klopfen und mit Jodsalz und Pfeffer aus der Mühle würzen. In zerlassenem Butterschmalz beidseitig rasch anbraten und mit brauner Grundsauce aufgießen. Die Steaks etwa 8 bis 10 Minuten schmoren.

2 In der Zwischenzeit die Birnen schälen, entkernen, in Spalten schneiden, in die Sauce geben und mitschmoren lassen. Die Sauce mit Kümmel, Majoran und grünen Pfefferkörnern würzen.

3 Die Buttermilch zur Birnensauce geben und mit Jodsalz, Pfeffer und Zimt abschmecken. Die Schweinerückensteaks mit der Birnensauce servieren.

Beilagenempfehlung: Nudeln und Salat

Wenn Sie Butterbirnen (z. B. Williams Christ) verwenden, die sich durch ihr besonders saftiges, schmelzendes Fruchtfleisch auszeichnen, beachten Sie, dass diese Sorten beim Garen leicht zerfallen.

Schultergulasch mit Sauerkraut

Für 2 Portionen

360 g Schweineschulter • Jodsalz • Pfeffer aus der Mühle
1 Zwiebel • 1 TL Butterschmalz • 2 EL Tomatenmark
1 EL Mehl • 3/4 l Fleischbrühe • 1 Knoblauchzehe
2 EL Paprikapulver • Kümmel
abgeriebene Zitronenschale • 100 g Sauerkraut
1 TL gehackte Petersilie • 2 TL saure Sahne

1 Das Schweinefleisch mit kaltem Wasser abbrausen, mit Küchenpapier trockentupfen, in daumengroße Stücke schneiden und mit Jodsalz und Pfeffer aus der Mühle würzen. Die Zwiebel abziehen und fein würfeln.

2 Das Butterschmalz erhitzen, die Fleischwürfel scharf anbraten, die Zwiebeln dazugeben und alles kurz dünsten. Das Tomatenmark und das Mehl zufügen, alles gut verrühren und mit der kalten Brühe aufgießen.

3 Die Knoblauchzehe abziehen und fein hacken. Paprikapulver, Kümmel nach Geschmack, geriebene Zitronenschale und Knoblauch mit etwas Brühe verrühren

und unter das Gulasch mischen. Mit Jodsalz und Pfeffer aus der Mühle würzen.

4 Das Fleisch zugedeckt etwa 20 bis 25 Minuten schmoren, dann das Sauerkraut zugeben und alles zusammen weich garen.

5 In der Zwischenzeit die Petersilie waschen, trockenschütteln und fein hacken.

6 Das Gericht mit Jodsalz und Pfeffer abschmecken, saure Sahne unterziehen oder über das angerichtete Gulasch laufen lassen und mit gehackter Petersilie bestreuen.

Beilagenempfehlung: Pellkartoffeln

Pro Portion:
kJ/kcal 1701/407
Eiweiß 40 g, Fett 18 g
Kohlenhydrate 11 g
Ballaststoffe 4 g
Cholesterin 129 mg

Info: Die klimatischen Bedingungen in Deutschland sind bestens für den Weißkohl geeignet. So befindet sich in Dithmarschen in Schleswig-Holstein das größte geschlossene Kohlanbaugebiet Europas.
Auch wenn für viele Sauerkraut als ein typisch deutsches Gericht gilt und eine lange Tradition in unserem Land hat, ist es seit Jahrhunderten in ganz Europa verbreitet. Schon der römische Staatsmann und Schriftsteller Cato, ein Verfechter gesunder Ernährung, berichtete von den Vorzügen des »gegorenen Kohls«. In Deutschland ist Sauerkraut seit dem Mittelalter bekannt. In Klöstern wurde von Mönchen damals bereits Weißkohl angebaut und mit Salz haltbar gemacht. Sauerkraut kann in Holzfässern bis zu neun Monaten gelagert werden. Der fein gehobelte Weißkohl wird mit Salz zum Gären gebracht. Dabei wird der im Kohlsaft enthaltene Zucker in Milchsäure umgewandelt.

Fleischklöße mit Kapernsauce

Für 2 Portionen

1 Brötchen • 360 g Schweinehack
2 Eier • 1 EL Semmelbrösel
2 EL Sahne • Jodsalz • weißer Pfeffer
Kapernsauce:
1/2 Zwiebel • 1 EL Butter
2 EL Mehl • 1/8 l Milch
1/8 l Gemüsebrühe • 2 EL Sahne
1 EL kleine Kapern • Jodsalz
weißer Pfeffer • gemahlene Muskatnuss

Pro Portion:
kJ/kcal 3073/735
Eiweiß 52 g, Fett 36 g
Kohlenhydrate 38 g
Ballaststoffe 3 g
Cholesterin 404 mg

1 Das Brötchen in lauwarmem Wasser einweichen, ausdrücken, klein zupfen und mit Schweinehackfleisch, Eiern, Semmelbröseln und Sahne zu einer glatten Masse verarbeiten. Diese mit Jodsalz und weißem Pfeffer würzen. Klöße daraus formen und in kochendes Salzwasser geben. Die Temperatur reduzieren und die Klöße in 15 bis 20 Minuten gar ziehen lassen.

2 In der Zwischenzeit für die Sauce die Zwiebel abziehen, fein würfeln und in Butter glasig anbraten. Das Mehl hinzufügen, alles gut verrühren und mit Milch und Brühe aufgießen. Die Sauce leicht kochen bis sie eine sämige Konsistenz bekommt. Die Sahne und die kleinen Kapern dazugeben. Die Kapernsauce mit Jodsalz, weißem Pfeffer und Muskat abschmecken.

3 Die Fleischklöße auf zwei Tellern anrichten und mit der Kapernsauce überziehen.

Beilagenempfehlung: Kartoffelpüree und Salat

Variante: Der Klassiker unter den Zubereitungsarten von Fleischklößen mit Kapernsauce ist das Rezept für Königsberger Klopse. Dabei wird die Hackfleischmasse zusätzlich mit 25 Gramm Speck, 2 Sardellenfilets und 1 kleinen Zwiebel, alles fein gehackt, und ohne Zugabe von Sahne zubereitet. Die Sauce wird mit dem Saft von 1/2 Zitrone und etwas mittelscharfem Senf leicht säuerlich abgeschmeckt und kurz vor dem Servieren mit 1 Eigelb legiert. Bedenken Sie bei dieser Variante, dass Speck ziemlich fett ist, d.h. die nebenstehenden Nährwertberechnungen und Kilokalorienangabe ändern sich erheblich.

Info: Kapern sind die noch unreifen Blütenknospen des Kapernstrauchs. Die bei uns angebotenen Kapern kommen überwiegend aus Italien, Spanien, Griechenland und von der besten Qualität aus Südfrankreich. Sie sollen möglichst klein, fest und geschlossen sein und leicht scharf schmecken. Kapern kommen nur konserviert in Essig oder Salzwasser in den Handel und gelten als exquisite Zutat zur geschmacklichen Abrundung.

Wirsingröllchen mit Hackfleischfüllung

Für 2 Portionen

8 Wirsingblätter • 1 Knoblauchzehe
1 EL gehackte Kräuter • 1 altes Brötchen
360 g Schweinehack • 2 EL Sahne
1 Ei • geriebene Zitronenschale • Jodsalz
Pfeffer aus der Mühle • 1/4 l Gemüsebrühe • Kümmel

1 Die Wirsingblätter in kochendem Salzwasser kurz blanchieren, anschließend in Eiswasser abschrecken und in einem Sieb abtropfen lassen; die Wirsingblätter beiseite stellen.

2 Die Knoblauchzehe abziehen und fein hacken. Die Kräuter waschen, trockenschütteln und ebenfalls fein hacken. Das Brötchen in lauwarmem Wasser einweichen, ausdrücken und zerzupfen. Das Schweinehackfleisch in eine Schüssel geben und zusammen mit Sahne, Ei, geriebener Zitronenschale, Knoblauch, Kräutern und dem vorbereiteten Brötchen gut vermengen, mit Jodsalz und Pfeffer aus der Mühle würzen.

3 Je 2 Wirsingblätter (für insgesamt 4 Rouladen) auslegen und

die Hackfleischfüllung gleichmäßig darauf verteilen. Die Blätter an den Seiten einschlagen und zusammenrollen. Die Wirsingrouladen mit dem Verschluss nach unten in eine Bratpfanne geben, mit der Brühe angießen und mit Kümmel bestreuen. Die Wirsingröllchen im vorgeheizten Backofen bei einer Temperatur von 180 °C (Gas Stufe 2–3) etwa 20 bis 25 Minuten garen.

4 Die Wirsingrouladen aus dem Backofen nehmen, je 2 auf einen Teller setzen und mit dem nochmals abgeschmeckten Bratenfond begießen.

Beilagenempfehlung: Kartoffelpüree und Salat

Pro Portion:
kJ/kcal 1965/470
Eiweiß 45 g, Fett 20 g
Kohlenhydrate 18 g
Ballaststoffe 3 g
Cholesterin 248 mg

Info: Neben Weiß- und Rotkohl ist Wirsing der drittwichtigste Vertreter der Kopfkohlsorten. Er kann das ganze Jahr über auch in Deutschland angebaut werden, da bestimmte Sorten, der so genannte Adventswirsing, sogar frostbeständig (bis zu -15 °C) sind. Er wird mit dem beginnenden Frühjahr geerntet. Die frühen und mittelfrühen Sorten werden Anfang Mai geerntet und liefern geschmacklich den feinsten Wirsing. Sie haben kleinere, etwas geöffnete Köpfe von dunkelgrüner Außenfarbe und hellen, goldgelben Innenblättern. Einen ausgeprägten Kohlgeschmack haben dagegen die Herbst- und Dauerwirsingsorten; ihre Farbe ist im Allgemeinen etwas heller und gelblicher.

Pfannengyros mit Tzatziki

Für 2 Portionen

360 g Schweineoberschale • I TL Butterschmalz
2 kleine, rote Zwiebeln • Jodsalz
Pfeffer aus der Mühle • I TL Paprikapulver
Tzatziki:
I Knoblauchzehe • I kleine Zwiebel
I TL gehackte Petersilie • 4 EL Magerquark
90 g Naturjoghurt • 40 g Gurke
Jodsalz • Pfeffer aus der Mühle

Pro Portion:
kJ/kcal 1589/380
Eiweiß 42 g, Fett 17 g
Kohlenhydrate 5 g
Ballaststoffe 1 g
Cholesterin 133 mg

1 Das Schweinefleisch mit kaltem Wasser abbrausen, mit Küchenpapier trockentupfen und in Streifen schneiden. Das Butterschmalz erhitzen und das Fleisch von allen Seiten anbraten.

2 Die roten Zwiebeln abziehen, in feine Ringe schneiden und zum Fleisch geben. Mit Jodsalz und Pfeffer aus der Mühle würzen und mitdünsten.

3 In der Zwischenzeit für das Tzatziki die Knoblauchzehe abziehen und zerdrücken. Die Zwiebel abziehen und klein würfeln. Die Petersilie waschen, trockenschütteln und fein hacken. Den Quark mit dem Naturjoghurt, der Knoblauchzehe und den Zwiebeln vermengen.

4 Die Salatgurke schälen, das Fruchtfleisch in sehr kleine Würfel schneiden, mit der gehackten Petersilie zu der Quark-Joghurt-Mischung geben und alles gut miteinander vermischen. Das Tzatziki mit Jodsalz und Pfeffer aus der Mühle pikant abschmecken.

5 Das Fleisch kurz vor dem Servieren mit Paprikapulver würzen, von der Kochstelle nehmen und zusammen mit dem Tzatziki auf zwei Tellern anrichten.

Beilagenempfehlung: Pellkartoffeln

Tipp: Wenn Sie griechischen Joghurt verwenden, der von etwas anderer Beschaffenheit ist, können Sie auf die Zugabe des Quarks verzichten.

Info: In Griechenland wird Gyros mit einem Spezialgrill zubereitet. Dünne Schweinefleischscheiben werden über Nacht mariniert. Die Zutaten der Marinade variieren etwas, sie kann z. B. aus Olivenöl, geriebener Zwiebel, Oregano und Pfeffer bestehen. Das Fleisch wird auf einen Drehspieß gesteckt, der sich senkrecht vor einem speziellen Gyrosgrill dreht. Nach und nach wird dann die äußerste Schicht des Fleisches heruntergeschnitten und der Spieß so langsam von außen nach innen verarbeitet.

Schweinegeschnetzeltes mit Champignons

Für 2 Portionen

360 g Schweinefleisch aus der Oberschale
Jodsalz • Pfeffer aus der Mühle • 1 TL Olivenöl
60 g Schinken • 80 g Champignons
1 TL Mehl • 1/4 l braune Grundsauce
1 EL gemischte Kräuter • etwas Petersilie • 4 EL Sahne

1 Das Schweinefleisch mit kaltem Wasser abbrausen, mit Küchenpapier trockentupfen, in Streifen schneiden, mit Jodsalz und Pfeffer aus der Mühle würzen und in heißem Olivenöl anbraten.

2 Den Schinken in Streifen schneiden, die Champignons putzen und blättrig schneiden. Schinken und Champignons zum Fleisch geben, mit Mehl bestäuben, mit der Grundsauce aufgießen und 6 bis 8 Minuten garen.

3 In der Zwischenzeit die gemischten Kräuter und die Petersilie waschen, trockenschütteln und fein hacken.

4 Die Sauce mit Sahne verfeinern und mit Jodsalz, Pfeffer aus der Mühle und den gehackten Kräutern abschmecken. Das Geschnetzelte auf zwei Teller verteilen und mit gehackter Petersilie bestreuen.

Beilagenempfehlung: Spätzle und Salat

Pro Portion:
kJ/kcal 2132/510
Eiweiß 46 g, Fett 28 g
Kohlenhydrate 10 g
Ballaststoffe 2 g
Cholesterin 165 mg

Varianten: Wenn Sie das Gericht origineller gestalten wollen, können Sie als Beilage Spinat- oder Tomatenspätzle reichen.
▶ Für die Spinatspätzle werden 100 Gramm Spinat blanchiert, fein gehackt und mit so wenig Flüssigkeit wie möglich zu einem Spätzleteig aus 200 Gramm Mehl gegeben. (Am besten drückt man den blanchierten Spinat aus und verwendet dann das sehr vitaminreiche Wasser für den Spätzleteig.) Den Teig mit Salz und gemahlenem Muskat würzen. Grundsätzlich gilt für einen Spätzleteig: Der Mehlanteil sollte immer dem Eier-Wasser-Anteil entsprechen. In diesem Fall kommen zu den 200 Gramm Mehl 3 Eier à 50 Gramm und 50 Milliliter Wasser, was ungefähr 50 Gramm ist, hinzu. Je höher der Eianteil ist, desto fester und kerniger werden die Spätzle. Für besonders lockere Spätzle kann Mineralwasser verwendet werden.
▶ Tomatenspätzle werden mit Tomatenmark hergestellt. Bei 200 Gramm Mehl werden 50 Gramm Tomatenmark kurz in einer Pfanne angeröstet, um den Säuregehalt zu reduzieren, und in den Spätzleteig eingerührt. Eventuell muss noch etwas Mehl zugefügt werden, wenn der Teig zu weich ist.

Gefüllte Maultaschen mit Zwiebelschmelze

Für 2 Portionen

175 g Mehl • 2 Eier • 2 EL Mineralwasser • 1/2 TL Salz

Füllung:

100 g zarter Blattspinat • 1 EL gehackte Petersilie

1 Brötchen vom Vortag • 1/2 kleine Zwiebel • 1 TL Butter

1 Ei • 80 g Schweinehackfleisch • Jodsalz

weißer Pfeffer • gemahlene Muskatnuss

Schmelze:

1/2 Bund Schnittlauch • 1 Zwiebel

1 EL Butter • Jodsalz

1 Aus Mehl, Eiern, Mineralwasser und Salz einen Nudelteig herstellen und diesen 10 Minuten kräftig durchkneten. Den Teig in Folie wickeln und 30 Minuten ruhen lassen.

2 In der Zwischenzeit für die Füllung den Spinat putzen, waschen und in kochendem Salzwasser 2 Minuten blanchieren. In ein Sieb abgießen, eiskalt abschrecken und abtropfen lassen. Den Spinat fest ausdrücken und fein hacken. Die Petersilie waschen, trockenschütteln und fein hacken.

3 Das Brötchen in kaltem Wasser einweichen. Die Zwiebel abziehen, in kleine Würfel schneiden und in erhitzter Butter glasig anbraten. Das Ei trennen. Das Brötchen fest ausdrücken und mit Spinat, Zwiebeln, der Petersilie, dem Hackfleisch und dem Eigelb vermischen. Die Füllung mit Jodsalz, Pfeffer und Muskat würzen.

4 Reichlich Salzwasser aufkochen. Den Teig zu 4 dünnen Teigplatten ausrollen. Eine Teigplatte im Abstand von etwa 6 Zentimeter mit je 1 Teelöffel Füllung belegen. Die Zwischenräume mit dem verquirlten Eiweiß bestreichen, eine zweite Teigplatte darüber legen und zwischen den Füllungen gut zusammendrücken. Die anderen beiden Teigplatten ebenso füllen. Mit einem Teigrädchen Quadrate ausrädeln. Die Maultaschen in dem kochenden Salzwasser 10 bis 15 Minuten sieden lassen.

5 Inzwischen für die Schmelze den Schnittlauch waschen und in feine Röllchen schneiden. Die Zwiebel abziehen, in Scheiben schneiden und in der geschmolzenen Butter braun braten.

6 Die fertigen Maultaschen mit einem Schaumlöffel aus dem Wasser heben, abtropfen lassen, mit den gebratenen, leicht gesalzenen Zwiebeln übergießen und mit den Schnittlauchröllchen bestreuen.

Beilagenempfehlung: Salat

Pro Portion:
kJ/kcal 3215/769
Eiweiß 35 g, Fett 32 g
Kohlenhydrate 75 g
Ballaststoffe 11 g
Cholesterin 414 mg

232

Vollkornspaghetti mit Spinat-Schinken-Sauce

Für 2 Portionen

200 g tiefgekühlter Blattspinat • 180 g Vollkornspaghetti
1 kleine Zwiebel • 1 Knoblauchzehe • 50 g Schinken
1 TL Keimöl • 1 EL Crème fraîche • 1 EL fettarme Milch
Jodsalz • Pfeffer aus der Mühle

1 Den tiefgekühlten Blattspinat in einem Sieb auftauen lassen.

2 Die Vollkornspaghetti in kochendem Salzwasser nach Packungsanleitung bissfest garen und in ein Sieb abgießen.

3 Zwiebel und Knoblauchzehe abziehen und fein würfeln. Den Schinken in Streifen schneiden. Das Öl erhitzen und Schinken, Zwiebeln und Knoblauch anbraten. Den Spinat zugeben und mitdünsten. Crème fraîche und Milch unterrühren. Mit Jodsalz und Pfeffer abschmecken und zu den Nudeln geben.

Beilagenempfehlung: Salat

Pro Portion:
kJ/kcal 1814/434
Eiweiß 20 g, Fett 12 g
Kohlenhydrate 56 g
Ballaststoffe 10 g
Cholesterin 85 mg

Steckrübeneintopf

Für 2 Portionen

200 g Steckrüben • 2 Kartoffeln • 1 Zwiebel
1 Knoblauchzehe • 300 g Schweineschulter • 1 TL Butter
1/2 l Fleischbrühe • 1 Lorbeerblatt • 2 Nelken • 2 Pimentkörner
Pfeffer aus der Mühle • 1 TL Honig • 1 EL gehackte Petersilie

Pro Portion:
kJ/kcal 1660/397
Eiweiß 35 g, Fett 13 g
Kohlenhydrate 27 g
Ballaststoffe 6 g
Cholesterin 106 mg

1 Steckrüben und Kartoffeln schälen und zerkleinern. Die Zwiebel abziehen und in Ringe schneiden. Die Knoblauchzehe abziehen und fein würfeln; das Fleisch ebenfalls würfeln.

2 Die Butter erhitzen, die Zwiebelringe und den Knoblauch glasig anbraten. Das Fleisch dazugeben und mitbraten. Steckrüben- und Kartoffelwürfel mit der Fleischbrühe, sämtlichen Gewürzen und dem Honig zufügen und zugedeckt bei mittlerer Hitze etwa 40 Minuten garen.

3 Die Petersilie waschen, trockenschütteln und fein hacken. Lorbeerblätter, Nelken und Pimentkörner aus dem Eintopf nehmen. Nochmals abschmecken und mit der Petersilie bestreuen.

Beilagenempfehlung: Bauernbrot

Hauptgerichte mit Lammfleisch

Lamm wird immer mehr zu einer echten Alternative zu Rind- und Schweinefleisch. Es hat in der deutschen Küche schon eine lange Tradition, wie etwa das Osterlamm oder der Heidschnuckenbraten zeigen.

Gedämpfte Lammkoteletts mit Mangold

Für 2 Portionen

4 Lammkoteletts, à 90 g • Jodsalz • Pfeffer aus der Mühle
350 g Mangold • 1 Tomate • 1 Bund Basilikum
1 Knoblauchzehe • 1 Schalotte
1 EL Olivenöl • 1/8 l Mineralwasser • 1/8 l Gemüsebrühe

Pro Portion:
kJ/kcal 1756/420
Eiweiß 44 g, Fett 19 g
Kohlenhydrate 10 g
Ballaststoffe 4 g
Cholesterin 133 mg

1 Die Lammkoteletts abspülen, trocknen und leicht mit Jodsalz und Pfeffer aus der Mühle würzen.

2 Den Mangold putzen, waschen und in dünne Streifen schneiden. Die Tomate überbrühen, abziehen und entkernen. Das Fruchtfleisch vierteln und würfeln. Die Basilikumblätter von den Stielen zupfen, waschen und fein schneiden. Knoblauchzehe und Schalotte abziehen und hacken.

3 Tomatenwürfel, Knoblauch, Basilikum und Schalotten im heißen Olivenöl kurz andünsten, gut miteinander vermischen und die Masse auf die Lammkoteletts streichen.

4 Das Mineralwasser und die Gemüsebrühe in einen Dämpftopf geben und heiß werden lassen. Die Mangoldstreifen in das Dämpfsieb legen und 5 Minuten dämpfen. Dann die Lammkoteletts auf die Mangoldstreifen legen und zusammen etwa weitere 15 Minuten dämpfen. Die Lammkoteletts auf dem Mangold anrichten.

Beilagenempfehlung: Pellkartoffeln

234

Geschmorte Lammkeule

Für 2 Portionen

I kg Lammkeule • Saft von I Zitrone
Jodsalz • Pfeffer aus der Mühle
I Zwiebel • I Knoblauchzehe
2 Möhren • 2 Tomaten • I EL gehackte Petersilie
I EL Keimöl • etwas frische Pfefferminze
1/4 I Fleischbrühe • 1/8 I Rotwein
I EL Preiselbeermarmelade • 2 EL saure Sahne

1 Die Lammkeule waschen, mit Küchenpapier trocknen und Fett sowie Haut entfernen. Das Fleisch mit Zitronensaft, Jodsalz und Pfeffer aus der Mühle einreiben und etwa 1 Stunde ziehen lassen.

2 In der Zwischenzeit die Zwiebel und die Knoblauchzehe abziehen und fein würfeln. Die Möhren schälen und in nicht zu dünne Scheiben schneiden. Die Tomaten mit kochendem Wasser überbrühen, abziehen, das Fruchtfleisch vierteln und die Kerne entfernen. Die Petersilie waschen und fein hacken.

3 Den Römertopf und Deckel mit kaltem Wasser abbrausen oder in kaltem Wasser einweichen. Das Keimöl in einer Pfanne erhitzen, die Lammkeule von allen Seiten gut anbraten und in den gewässerten Römertopf legen. Zwiebeln, Möhren und Knoblauch dazugeben. Die Pfefferminze waschen, die Blättchen abzupfen und darüber streuen. Den Braten mit

Brühe und Rotwein aufgießen und den Topf schließen. Den Römertopf in den nicht vorgeheizten Backofen stellen und das Fleisch bei 180 °C (Gas Stufe 2–3) zugedeckt etwa 2 Stunden garen lassen. Ab und zu wenden.

4 Nach 2 Stunden den Römertopf aus dem Backofen nehmen und am besten auf ein mit einem Handtuch eingeschlagenes Holzbrett stellen. Die Lammkeule aus dem Topf nehmen und im Topfdeckel warm stellen.

5 Das Fett von der Sauce mit einem Esslöffel abschöpfen. Je nach Konsistenz kann die Sauce noch mit etwas Fleischbrühe verlängert werden. Preiselbeermarmelade, Petersilie und saure Sahne einrühren und mit Jodsalz und Pfeffer abschmecken.

Beilagenempfehlung: Pellkartoffeln

Pro Portion:
kJ/kcal 1973/472
Eiweiß 24 g, Fett 30 g
Kohlenhydrate 20 g
Ballaststoffe 8 g
Cholesterin 99 mg

Tipp: Der Römertopf darf keinen hohen Temperaturschwankungen ausgesetzt werden. Deshalb wird er immer in den nicht vorgeheizten Backofen geschoben und darf nicht auf eine heiße Herdplatte gestellt werden.

Lammkoteletts mit Gemüse im Römertopf geschmort

Für 2 Portionen

4 Lammkoteletts • Jodsalz • Pfeffer aus der Mühle
I EL Butterschmalz • I Zwiebel
I Knoblauchzehe • 80 g Bohnen
80 g Champignons • 80 g Zucchini
I Möhre • 80 g Frühlingszwiebeln • I Tasse pürierte Tomaten
I EL gehackte Kräuter (Thymian, Basilikum, Minze, Salbei)
1/4 l braune Grundsauce

Pro Portion:
kJ/kcal 2078/496
Eiweiß 44 g, Fett 23 g
Kohlenhydrate 18 g
Ballaststoffe 6 g
Cholesterin 155 mg

1 Die Lammkoteletts abspülen, trocknen, mit Jodsalz und Pfeffer aus der Mühle würzen und in etwas Butterschmalz von beiden Seiten kräftig anbraten.

2 Die Zwiebel und die Knoblauchzehe abziehen und würfeln bzw. zerdrücken.

3 Die Lammkoteletts aus der Pfanne nehmen und Zwiebeln und Knoblauch darin anbraten.

4 Einen Römertopf mit Deckel in kaltem Wasser einweichen.

5 In der Zwischenzeit die Bohnen, Champignons, Zucchini, Möhre und Frühlingszwiebeln waschen, putzen, je nach Art schälen oder abziehen und alles in mundgerechte Stücke schneiden. Das Gemüse zu den Zwiebeln und dem Knoblauch geben und kurz anbraten. Die Tomaten mit kochendem Wasser überbrühen, abziehen und durch ein Sieb streichen. Die frischen Kräuter waschen, trockenschütteln und fein hacken.

6 Das Gemüse in den Römertopf geben und mit den pürierten Tomaten und der Grundsauce aufgießen. Die Lammkoteletts auf das Gemüse legen und mit den frischen Kräutern bestreuen. Fleisch und Gemüse im nicht vorgeheizten Backofen 1/2 Stunden bei 220 °C (Gas Stufe 4–5) garen. Die Lammkoteletts aus dem Römertopf nehmen und anrichten. Gemüse und Sauce mit Jodsalz und Pfeffer abschmecken.

Beilagenempfehlung: Kroketten

Variante: Eine fruchtige Alternative erhalten Sie, wenn Sie die Lammkoteletts mit Orangenfilets von 2 Orangen, 100 Gramm Staudensellerie und 1 roten Zwiebel anstatt des Gemüses zubereiten. Die Orangenfilets werden dabei nur kurz mitgeschmort.

Gefüllter Lammbraten

Für 2 Portionen

400 g frische Lammkeule (ohne Knochen)
Jodsalz • Pfeffer aus der Mühle
1 Schweinenetz (beim Metzger vorbestellen)
1 TL Butterschmalz
Füllung:
50 g Champignons • 1 Knoblauchzehe
1 EL frische Kräuter (Schnittlauch, Petersilie, frischer Rosmarin)
100 g Kalbsbrät • 1 TL rosa Beeren • Jodsalz
Pfeffer aus der Mühle
Kruste:
2 EL frische Kräuter (Schnittlauch, Dill, Petersilie, Rosmarin)
2 Knoblauchzehen • 100 g Semmelbrösel • 1 EL Olivenöl

1 Die Lammkeule waschen, trocknen und mit Jodsalz und Pfeffer aus der Mühle von allen Seiten würzen.

2 Für die Füllung Champignons putzen und in kleine Würfel schneiden. Die Knoblauchzehe abziehen und zerdrücken. Die Kräuter waschen, trockenschütteln und fein hacken. Alles mit dem Kalbsbrät und den rosa Beeren zu einer festen Farce verarbeiten und mit Jodsalz und Pfeffer kräftig würzen. Die Füllung auf der Lammkeule verteilen und diese zusammenrollen.

3 Für die Kräuterkruste die Kräuter waschen, trockenschütteln und fein hacken. Die Knoblauchzehen abziehen und durchpressen. Die Semmelbrösel mit den Kräutern, dem Knoblauch und dem Olivenöl zu einer geschmeidigen Masse verarbeiten und auf das Fleisch streichen. Die Keule fest mit einem Schweinenetz umwickeln.

4 Das Butterschmalz in einem Bräter erhitzen und die Lammkeule darin rundherum anbraten. Das Fleisch im vorgeheizten Backofen bei 200 °C (Gas Stufe 3–4) etwa 1 Stunde garen. Bei Bedarf etwas Wasser zugießen. Die Lammkeule in Scheiben schneiden.

Beilagenempfehlung: Pellkartoffeln

Pro Portion:
kJ/kcal 3416/817
Eiweiß 51 g, Fett 45 g
Kohlenhydrate 39 g
Ballaststoffe 3 g
Cholesterin 186 mg

Variante: Der Knoblauch der Füllung kann durch 1 Schalotte ersetzt und auf den der Kruste kann bei Bedarf ganz verzichtet werden.

Tipp: Lammfleisch von guter Qualität erkennt man an seiner gleichmäßigen Marmorierung, seiner festen Konsistenz und seiner kräftigen, hellroten Farbe. Der Fettansatz ist gleichmäßig, und das Oberflächenfett ist kernig und weiß. Das Aroma riecht leicht würzig nach Schaf, darf aber auf keinen Fall unangenehm stark sein.

237

Lammrücken
mit Blauschimmelkäsefüllung

Für 2 Portionen

500 g Lammlachs (Lammrücken ausgelöst)
Jodsalz • Pfeffer aus der Mühle • 1 TL Butterschmalz
200 g Wurzelgemüse (Möhren, Sellerie, Zwiebeln)
Thymian • Rosmarin
1/2 l Gemüsebrühe • 100 ml Malzbier
Füllung:
2 Zwiebeln • 1 TL Butter
2 EL frisch gehackte Kräuter (Petersilie, Thymian, Rosmarin)
1 Knoblauchzehe • 80 g Blauschimmelkäse

Pro Portion:
kJ/kcal 3048/729
Eiweiß 43 g, Fett 47 g
Kohlenhydrate 23 g
Ballaststoffe 5 g
Cholesterin 180 mg

1 Den Lammrücken mit kaltem Wasser waschen, trockentupfen und von der Seite aus eine tiefe Tasche einschneiden. Mit Jodsalz und Pfeffer aus der Mühle innen und außen würzen.

2 Für die Füllung die Zwiebeln abziehen, fein würfeln, in zerlassener Butter andünsten und auskühlen lassen. Die Kräuter waschen, trockenschütteln und fein hacken. Die Knoblauchzehe abziehen und zerdrücken. Den Blauschimmelkäse mit der Gabel zerdrücken und mit den Kräutern, dem zerdrückten Knoblauch und den ausgekühlten Zwiebeln vermischen.

3 Die Masse in den vorbereiteten Lammrücken geben, gleichmäßig hineindrücken und die gefüllte Tasche zunähen. Damit sich die Füllung besser verteilt, das Fleisch leicht »massieren«.

4 Das Butterschmalz in einem Brattopf erhitzen und den Lammrücken von allen Seiten darin gut anbraten.

5 Das Wurzelgemüse je nach Art putzen, waschen, schälen bzw. abziehen und klein schneiden. Mit Thymian und Rosmarin vermischen und zum Fleisch dazugeben, anrösten und mit der Brühe aufgießen. Das Fleisch im vorgeheizten Backofen bei 160 °C (Gas Stufe 1–2) etwa 25 bis 30 Minuten braten.

6 Den gefüllten Lammrücken aus dem Backofen nehmen und in Scheiben schneiden. Die Sauce mit Malzbier verfeinern, kurz einkochen lassen, durch ein Sieb streichen und mit Jodsalz und Pfeffer aus der Mühle abschmecken.

Beilagenempfehlung: Pellkartoffeln

Variante: Eine leichte Abwandlung dieses Rezepts erhalten Sie, wenn Sie der Füllung 2 Esslöffel gehackte Walnüsse und eventuell 2 Esslöffel fein gewürfelte Aprikosen oder Birnen zufügen.

238

Anleihen aus der indischen Küche bekommt dieses Lammcurry durch die Gewürzmischung aus Nelken, Kardamom, Koriander und Ingwer.

Pikantes Lammcurry

Für 2 Portionen

300 g Lammfleisch aus der Schulter • 1 Zwiebel • 2 Möhren

1/2 Sellerieknolle • 2 Nelken • einige Kardamomkapseln

einige Korianderkörner • 2 EL fein gehackte Zitronenmelisse • 1 EL Keimöl

4 EL Weißwein • 3/8 l Gemüsebrühe • 50 g Joghurt

1 TL Curry • 1 Messerspitze Ingwerpulver

100 g Ananasfruchtfleisch • Jodsalz • Pfeffer aus der Mühle

1 Das Lammfleisch in mundgerechte Stücke schneiden.

2 Zwiebel, Möhren und Sellerie würfeln. Nelken, Kardamom und Koriander zerstoßen und Zitronenmelisse hacken.

3 Die Gewürze im Keimöl erhitzen, das Fleisch dazugeben und anbraten, mit Weißwein und Gemüsebrühe aufgießen und 50 Minuten kochen lassen. Das Gemüse zum Fleisch geben und nochmals 10 Minuten garen.
Joghurt, Curry, Ingwerpulver, Ananasfruchtfleisch, Jodsalz und Pfeffer verrühren und dazugeben. Mit Zitronenmelisse bestreuen.

Beilagenempfehlung: Pellkartoffeln und Salat

Pro Portion:
kJ/kcal 2184/522
Eiweiß 29 g, Fett 33 g
Kohlenhydrate 16 g
Ballaststoffe 5 g
Cholesterin 108 mg

Lammschulter in Rosmarinöl gebraten

Für 2 Portionen

400 g Lammschulter • Jodsalz
Pfeffer aus der Mühle • I EL Rosmarinöl
I Möhre • I kleine Zwiebel
Rosmarin • Majoran • 1/4 l Fleischbrühe

Pro Portion:
kJ/kcal 2170/519
Eiweiß 33 g, Fett 31 g
Kohlenhydrate 18 g
Ballaststoffe 3 g
Cholesterin 129 mg

1 Die Lammschulter mit kaltem Wasser abbrausen, mit Küchenpapier trockentupfen, mit Jodsalz und Pfeffer würzen und mit einem Bindfaden zusammenschnüren. Rosmarinöl in einem Brattopf erhitzen und die Lammschulter von allen Seiten anbraten.

2 Die Möhre schälen und in Scheiben schneiden, die Zwiebel abziehen und grob würfeln. Das Gemüse zusammen mit den Kräutern zum Fleisch geben, kurz andünsten und anschließend mit der Brühe aufgießen. Das Fleisch im Backofen bei einer Temperatur von 200 °C (Gas Stufe 3–4) etwa 35 bis 40 Minuten braten.

3 Das Fleisch aus dem Backofen nehmen, in Scheiben schneiden und anrichten. Die Sauce durch ein Sieb streichen, mit Jodsalz und Pfeffer aus der Mühle abschmecken, über das Fleisch geben und servieren.

Beilagenempfehlung: Semmelknödel oder Kartoffelklöße

Info: Die besten Lämmer kommen von den Salzwiesen an der Nordsee und am Atlantik. Da der deutsche Verbraucher erst zögernd das Lamm wieder entdeckt und nur wenige Kenner bereit sind, den hohen Preis für diese Qualität zu zahlen, wird ein großer Teil dieser Lämmer nach Frankreich verkauft, wo sie unter der Bezeichnung »agneau de pré-salé« sehr beliebt sind.
Eine weitere weltbekannte Lammdelikatesse aus hiesigen Landen findet man in der Lüneburger Heide mit den Heidschnucken. Das Fleisch dieser besonderen Schafrasse bekommt durch die Ernährung mit den typischen Gräsern dieser Gegend einen ganz speziellen Geschmack.
Oft wird bei dem Gedanken an Lammfleisch die Erinnerung an das talgige, penetrant schmeckende Hammelfleisch geweckt, das bei uns aber praktisch nicht mehr in den Handel kommt. Es stammt von ausgewachsenen Tieren. Das zarteste Fleisch stammt von den Milchlämmern, die in einem Alter von drei bis sechs Monaten geschlachtet werden. Sie wurden fast ausschließlich mit Milch ernährt. Der Hauptanteil unseres Lammfleischs stammt von Mastlämmern, die bis zu einem Jahr alt sind. Man unterscheidet zwischen Stallmastlämmern, die noch mit einem Milchanteil gefüttert werden, und Weidemastlämmern.

Lammnüsschen in Estragon

Für 2 Portionen

4 Lammnüsschen aus der Keule, à 80 g
Jodsalz • Pfeffer aus der Mühle
1 TL Butterschmalz • 1/8 l Rotwein
1 kleines Bund frischer Estragon • 2 EL Sahne

1 Die Lammnüsschen mit kaltem Wasser abbrausen, mit Küchenpapier trockentupfen und leicht klopfen. Mit Jodsalz und Pfeffer aus der Mühle würzen.

2 Das Fleisch in heißem Butterschmalz von beiden Seiten in 2 bis 3 Minuten auf den Punkt braten, aus der Pfanne nehmen und warm stellen. Den Bratensatz mit Rotwein ablöschen und um ein Drittel reduzieren lassen.

3 Das Bund Estragon waschen, die Blättchen abzupfen und in die Sauce geben.

4 Die Sahne einrühren und einige Minuten einkochen lassen. Mit Jodsalz und Pfeffer aus der Mühle abschmecken. Die Lammnüsschen auf zwei Tellern anrichten und mit der Sauce überziehen.

Beilagenempfehlung: Spätzle, Salat

Pro Portion:
kJ/kcal 1363/326
Eiweiß 20 g, Fett 21 g
Kohlenhydrate 6 g
Ballaststoffe 1 g
Cholesterin 97 mg

Info: Lamm steht in vielen Ländern der Erde auf dem Speiseplan. Da die Palette der Zutaten, mit denen Lammfleisch harmoniert, sehr weit gefächert ist, unterscheiden sich die Zubereitungsarten der verschiedenen Gegenden deutlich je nach den Vorlieben und den Gegebenheiten der dortigen Länder und bieten so eine bunte Vielfalt an Rezepten.
Im Norden, wo man traditionell etwas zaghaft würzt, sind es vor allem Zitrone, Pfeffer und saure Sahne, gelegentlich auch Dill und Minze, mit denen das Lamm zubereitet wird.
Rund ums Mittelmeer spart man nicht mit Knoblauch, Zwiebeln und Olivenöl. An Kräutern schätzt man Thymian, Rosmarin, Oregano, Estragon und Bohnenkraut, die den dortigen Lämmern auch als Nahrung dienen. Zum Schmoren benutzt man oft auch etwas Wein und, vor allem in Griechenland, Zitronensaft.
Im Nahen Osten kombiniert man Lamm hingegen vor allem mit Früchten und intensiven Gewürzen wie Kardamom und Koriander.
Im asiatischen Raum sind es vor allem Inder und Thais, die Gerichte mit Lammfleisch zubereiten. Lammcurrys mit und ohne Früchte gehören untrennbar zur indischen Küche. In Thailand würzt man das Lamm mit scharfem roten Curry wie auch mit mildem Zitronengras und Koriandergrün oder bereitet es mit Ingwer zu.

Hauptgerichte mit Wild

Wegen seines geringen Fettgehalts und seiner feinen Struktur ist Wildbret in einer reizstoffarmen Küche vermehrt zu berücksichtigen. Allerdings ist beim Einkauf darauf zu achten, woher das Fleisch kommt.

Hasenkeulen in Rotweinsauce

Für 2 Portionen

2 Hasenkeulen, à 200 – 250 g
Jodsalz • Pfeffer aus der Mühle
60 g durchwachsener Räucherspeck in Scheiben
2 Zwiebeln • 2 Möhren • I EL gehackte Petersilie
Butterschmalz zum Anbraten • I Tasse Rotwein • 1/2 l Fleischbrühe
I EL Zitronensaft • 2 EL saure Sahne • I EL Preiselbeermarmelade

Pro Portion:
kJ/kcal 1940/464
Eiweiß 54 g, Fett 12 g
Kohlenhydrate 15 g
Ballaststoffe 6 g
Cholesterin 161 mg

1 Die Hasenkeulen waschen und mit Küchenpapier trocknen. Mit Jodsalz und Pfeffer aus der Mühle würzen und mit den Räucherspeckscheiben umwickeln.

2 Die Zwiebeln abziehen, die Möhren schälen und beides in Würfel schneiden. Die Petersilie waschen, trockenschütteln und klein hacken.

3 Das Butterschmalz in einem Topf erhitzen, die Zwiebel- und Möhrenwürfel darin leicht anbraten. Das Gemüse mit Petersilie bestreuen, mit Rotwein und Brühe aufgießen und aufkochen lassen. Die Hasenkeulen auf das Gemüse legen. Fleisch und Gemüse zugedeckt bei mittlerer Hitze etwa 1 Stunde schmoren. Ab und zu wenden und bei Bedarf etwas Brühe nachfüllen.

4 Die Sauce durch ein Sieb streichen, Zitronensaft und saure Sahne einrühren, aufkochen lassen, mit Preiselbeermarmelade, Jodsalz und Pfeffer aus der Mühle abschmecken und zu den Hasenkeulen servieren.

Beilagenempfehlung: Spätzle

242

Eingelegter Hirschbraten aus dem Römertopf

Für 2 Portionen

400 g Hirschkeule (ohne Knochen)
50 g durchwachsener Räucherspeck
1 EL Butter • 4 EL saure Sahne • 1 EL Johannisbeergelee
1 Saucenlebkuchen • Jodsalz • Pfeffer aus der Mühle
Marinade:
1/8 l Weinessig • 1 Zwiebel • Majoran
Thymian • 4 zerdrückte Wacholderbeeren
Rosmarin • Salbei

1 Das Hirschfleisch waschen und mit Küchenpapier trockentupfen. Für die Marinade den Essig mit 1/2 Liter Wasser erhitzen, die Zwiebel abziehen, in Scheiben schneiden und mit den Gewürzen und Kräutern in das Essigwasser geben. Die Marinade auskühlen lassen, das Fleisch einlegen und 2 Tage an einem kühlen Platz marinieren lassen.

2 Den Speck in nicht zu dünne Streifen schneiden. Das Hirschfleisch aus der Marinade nehmen, trockentupfen und mit den Speckstreifen spicken. Die Marinade durch ein Sieb gießen.

3 Einen Römertopf und Deckel mit kaltem Wasser abbrausen oder in kaltem Wasser einweichen. Den Topfboden mit Butter bestreichen, das Fleisch und 1 Tasse der Marinade in den Topf geben und diesen schließen. Das Fleisch in den nicht vorgeheizten Backofen geben und bei 180 °C (Gas Stufe 2–3) etwa 2 Stunden garen. Den Hirschbraten ab und zu wenden und mit etwas erwärmter Marinade begießen, damit das Fleisch nicht austrocknet.

4 Nach ungefähr 2 Stunden den Braten aus dem Römertopf nehmen. Die Sauce in einen kleinen Topf passieren und saure Sahne und Johannisbeergelee einrühren.

5 Den Saucenlebkuchen hineinbröckeln, die Sauce aufkochen lassen und mit Jodsalz und Pfeffer aus der Mühle abschmecken. Den Hirschbraten in Scheiben schneiden und mit der Sauce anrichten.

Beilagenempfehlung: Kroketten

Pro Portion:
kJ/kcal 2734/654
Eiweiß 38 g, Fett 42 g
Kohlenhydrate 17 g
Ballaststoffe 2 g
Cholesterin 151 mg

Tipp: Bindegewebereiche Fleischteile von Keule, Hals, Schulter und Brust sollten beim Wild immer längere Zeit mariniert werden. Durch die dauernde Bewegung des Wildes ist das Muskeleiweiß aus anderen Bausteinen zusammengesetzt als bei Haustieren. Die Milch- und Essigsäure, die in Marinaden enthalten sein sollte, lockert das feste Bindegewebe und macht das Fleisch zart und mürbe.

Mariniertes Rebhuhn in Weißwein-Möhren-Sauce

Für 2 Portionen

1 Rebhuhn, ca. 900 g • 1 EL Keimöl • 2 Möhren
1 Knoblauchzehe • 2 EL Sahne
Jodsalz • Pfeffer aus der Mühle • Zucker
Marinade:
1/8 l Weißwein • 1/4 l Wasser
4 EL Apfelessig • 1 TL Kräuter der Provence
1 Lorbeerblatt • 2 Wacholderbeeren
einige Pfefferkörner • etwas Beifuß

Pro Portion:
kJ/kcal 3240/775
Eiweiß 90 g, Fett 31 g
Kohlenhydrate 8 g
Ballaststoffe 3 g
Cholesterin 236 mg

1 Das Rebhuhn waschen, mit Küchenpapier trockentupfen und vierteln.

2 Für die Marinade Weißwein mit 1/4 Liter Wasser und Essig erhitzen. Die Kräuter und Gewürze dazugeben und das vorbereitete Rebhuhn über Nacht marinieren lassen.

3 Das Fleisch aus der Marinade nehmen, trocknen und in heißem Keimöl von allen Seiten gut anbraten.

4 In der Zwischenzeit die Möhren schälen, in Scheiben schneiden und zum Fleisch geben. Mit 1/4 Liter Marinade aufgießen. Den Knoblauch abziehen, würfeln und ebenfalls zum Fleisch geben. Fleisch und Gemüse etwa 40 bis 50 Minuten weich schmoren. Ab und zu wenden und bei Bedarf etwas Wasser nachfüllen.

5 Das Rebhuhn herausnehmen und warm stellen. Die Sauce mit dem Mixer pürieren und mit Sahne verfeinern. Mit Jodsalz, Pfeffer aus der Mühle und Zucker abschmecken. Das Rebhuhn mit der Sauce anrichten.

Beilagenempfehlung: Pellkartoffeln

Tipp: Da Rebhühner auch im Federkleid gehandelt werden, hier die einfachste Methode, das Tier zu rupfen: Vom Hals zum Bürzel hin die Federn dicht über der Haut büschelweise fassen und ruckartig in Abwärtsrichtung ausreißen. Das gerupfte Tier über niedriger Gas- oder Kerzenflamme »abflämmen«, also rundherum die Federreste und herausragenden Kiele absengen. Immer noch vorhandene Federkiele mit einer Zange herausziehen. Die Haut danach gründlich abreiben, um alle Rückstände zu beseitigen, und innen und außen sorgfältig mit kaltem Wasser waschen. Zum Zerteilen des Geflügels benötigen Sie eine scharfe Geflügelschere.

Gefüllte Tauben
im Römertopf gebraten

Für 2 Portionen

2 Tauben mit Innereien • Jodsalz
Pfeffer aus der Mühle • 1 Brötchen • 1 EL Petersilie
3 TL Butter • 1 Ei • weißer Pfeffer
gemahlene Muskatnuss • 1/4 l Gemüsebrühe

1 Die Tauben waschen, mit Küchenpapier trocknen, innen und außen mit Jodsalz und Pfeffer aus der Mühle würzen.

2 Einen Römertopf mit Deckel in kaltem Wasser einweichen.

3 In der Zwischenzeit das Brötchen in Wasser einweichen, ausdrücken und zerkleinern. Die Taubenherzen und Taubenlebern hacken. Die Petersilie waschen, trockenschütteln und fein hacken.

4 1 Teelöffel Butter zerlassen und die Taubeninnereien mit der Petersilie kurz anbraten. Das ausgedrückte Brötchen mit dem Ei verrühren und die Taubeninnereien dazugeben. Die Masse mit Jodsalz, Pfeffer und Muskat würzen, die Tauben damit füllen und vernähen.

5 Den Römertopfboden mit Butter ausstreichen und die Tauben dicht nebeneinander in den Topf geben. Das Geflügel mit der Gemüsebrühe begießen und mit Butterflöckchen belegen. Den Topf schließen und die Tauben im nicht vorgeheizten Backofen bei 220 °C (Gas Stufe 5) etwa 1 Stunde braten lassen. Während der Bratzeit mehrmals mit dem eigenen Saft oder Brühe begießen.

6 Den Bratensaft mit Jodsalz und Pfeffer würzen und zu den Tauben reichen.

Beilagenempfehlung: Pellkartoffeln und Salat

Pro Portion:
kJ/kcal 2902/694
Eiweiß 35 g, Fett 50 g
Kohlenhydrate 15 g
Ballaststoffe 1 g
Cholesterin 284 mg

Variante: Folgende Variante aus Nordafrika sollten Sie erst dann ausprobieren, wenn Sie sich auf dem Weg der Besserung befinden: Die Tauben wie oben beschrieben vorbereiten und füllen. 75 Gramm durchwachsenen Speck fein würfeln und auslassen. Die Tauben darin von allen Seiten anbraten, mit 100 Milliliter Weißwein ablöschen, etwas einkochen lassen und mit 1/2 Liter Fleischbrühe aufgießen. Mit Salz, Pfeffer, je 1 Teelöffel gehackter Petersilie und Thymian sowie 1 Lorbeerblatt würzen und bei mittlerer Hitze 10 Minuten schmoren. 150 Gramm Langkornreis um die Tauben herum verteilen und weitere 25 Minuten zugedeckt garen. Eventuell etwas Flüssigkeit nachgießen. Im Originalrezept wird das Gericht mit Chipolatas, kleinen Bratwürsten mit Zwiebeln, serviert.

Geschnetzelter Hasenrücken mit Bandnudeln

Für 2 Portionen

Pro Portion:
kJ/kcal 2592/620
Eiweiß 41 g, Fett 13 g
Kohlenhydrate 65 g
Ballaststoffe 6 g
Cholesterin 186 mg

I Zwiebel • I Möhre
1/1 Knollensellerie • Knochen vom Hasenrücken
2 TL Butterschmalz • I TL Tomatenmark
1/8 l Rotwein • 250 g Wildhasenrücken
Jodsalz • Pfeffer aus der Mühle • 180 g Bandnudeln
I EL frisch gehackte Kräuter (Petersilie, Thymian, Rosmarin)

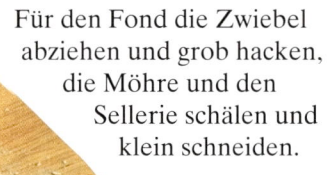

1 Für den Fond die Zwiebel abziehen und grob hacken, die Möhre und den Sellerie schälen und klein schneiden.

2 Die Knochen in 1 Teelöffel Butterschmalz bei starker Hitze anbraten. Nach und nach das vorbereitete Gemüse dazugeben und 10 Minuten mitbraten. Das Tomatenmark untermischen. Knochen und Gemüse mit dem Rotwein ablöschen. Die Flüssigkeit 5 Minuten offen einkochen lassen. Gemüse und Knochen mit 1/2 Liter Wasser aufgießen, aufkochen und etwa 1 Stunde offen bei schwacher Hitze um die Hälfte einkochen lassen.

3 Das Wildhasenfleisch waschen, mit Küchenpapier trockentupfen und schnetzeln. In einer Pfanne das restliche Butterschmalz erhitzen und das klein geschnittene Fleisch von allen Seiten 3 Minuten anbraten. Mit Jodsalz und Pfeffer aus der Mühle würzen und von der Kochstelle nehmen.

4 Die Bandnudeln in Salzwasser bissfest garen.

5 Inzwischen den fertigen Fond durch ein Sieb streichen. Die Kräuter waschen, trockentupfen, fein hacken und in die Sauce einrühren. Mit Jodsalz und Pfeffer aus der Mühle abschmecken. Das gebratene Hasenfleisch in die Sauce geben. Die Bandnudeln in ein Sieb abgießen und ebenfalls in die Sauce geben.

Beilagenempfehlung: Salat

Tipp: Sollten Sie den Hasenrücken nicht von Ihrem Metzger oder Wildhändler ausgelöst bekommen, dann gehen Sie folgendermaßen vor: Entlang des Rückgrats das Fleisch ausschneiden und mit einem Ausbeinmesser von den Rippen lösen. Mit der Hautseite nach unten auf eine glatte Arbeitsfläche legen und mit leichter Schrägstellung des Messers das Fleisch von der Haut schneiden. Die Rückenknochen für den Fond etwas klein hacken.

Geschmorter Kaninchenrücken in Cranberrysauce

Für 2 Portionen

1 Kaninchenrücken
Jodsalz • weißer Pfeffer aus der Mühle
2 Zwiebeln • 1 TL Butterschmalz
100 ml trockener Weißwein • 150 g Sahne
2 Wacholderbeeren • 1 Lorbeerblatt
1/2 TL Kümmel • 1/2 Knollensellerie
80 g frische Cranberrys • etwas Zucker nach Geschmack
einige Stängel glatte Petersilie

1 Den Kaninchenrücken unter fließendem, kaltem Wasser gründlich abspülen, trockentupfen und häuten. Das Fleisch mit Jodsalz und Pfeffer aus der Mühle würzen. Die Zwiebeln abziehen und in Spalten schneiden.

2 Das Butterschmalz in einem großen Bratentopf erhitzen. Den Kaninchenrücken rundherum braun anbraten, die Zwiebelspalten dazugeben. Das Fleisch mit dem Wein, der Sahne und 1/4 Liter Wasser aufgießen und aufkochen lassen. Wacholderbeeren, Lorbeerblatt und Kümmel in den Topf geben.

3 Den Sellerie waschen, schälen, grob würfeln und mit den Cranberrys zum Kaninchenrücken geben. Das Gericht bei mittlerer Hitze zugedeckt etwa 45 Minuten schmoren.

4 Den Kaninchenrücken aus dem Topf herausnehmen und die Sauce mit dem Mixstab pürieren; mit Jodsalz, Pfeffer aus der Mühle und etwas Zucker mild abschmecken. Die Petersilie waschen, fein hacken und unterrühren. Die Sauce getrennt zum Kaninchenrücken servieren.

Beilagenempfehlung: Spätzle

Pro Portion:
kJ/kcal 2902/694
Eiweiß 45 g, Fett 43 g
Kohlenhydrate 12 g
Ballaststoffe 4 g
Cholesterin 234 mg

Info: Die meisten Kaninchen, die im Handel angeboten werden, sind Hauskaninchen und stammen aus Tierhaltungen in Polen und Ungarn. In einem guten Wild- und Geflügelgeschäft gibt es aber auch Tiere von heimischen Bauern, die besser gefüttert werden und deshalb aromatischer schmecken. Das Fleisch von Hasen schmeckt streng und sollte vor der Zubereitung gebeizt werden. Beizen und Marinaden mildern den sehr intensiven, manchmal an Fäulnis erinnernden Geschmack. Als Gewürze eignen sich Kümmel, Rosmarin, Wacholderbeeren und Lorbeerblätter. Zum Zubereiten von Wild sind neben Cranberrys und Preiselbeeren Backpflaumen besonders schmackhaft.

Süßspeisen

Süßspeisen enthalten oft fettreiche Milchprodukte, sind damit schwer verdaulich und führen zu einer Übersäuerung des Magens. Deshalb haben sie einen etwas zweifelhaften Ruf, wenn auf eine gesunde Ernährung besonders geachtet wird. Bei einem bewussten und gezielten Umgang mit den Zutaten ist es aber kein Problem, ein attraktives Dessert mit reizstoffarmer Ernährung zu verbinden.

Herbstfrüchtekompott mit Quark

Für 2 Portionen

1 reife Quitte • 5 EL Apfelsaft • 1 Apfel
1 TL Zitronensaft • 80 g Magerquark
1 EL Milch • 1 Päckchen Vanillezucker • 1 EL Honig
50 g Brombeeren • 2 kleine Zweige Zitronenmelisse

Pro Portion:
kJ/kcal 719/172
Eiweiß 6 g, Fett 1 g
Kohlenhydrate 31 g
Ballaststoffe 8 g
Cholesterin 1 mg

1 Die Quitte schälen, halbieren, entkernen und das Fruchtfleisch in kleine Würfel schneiden. Die Fruchtwürfel im Apfelsaft bei schwacher Hitze weich dünsten.

2 Inzwischen den Apfel schälen, entkernen, das Fruchtfleisch würfeln und mit dem Zitronensaft beträufeln.

3 Das Quittenkompott in ein grobes Sieb schütten. Die Apfelwürfel in die abgetropfte Flüssigkeit geben und darin bissfest dünsten. Das Quittenkompott mit dem Apfelkompott mischen und abkühlen lassen.

4 Den Magerquark mit der Milch glatt rühren, mit Vanillezucker und Honig süßen.

5 Das Kompott in Dessertgläser füllen, mit den Brombeeren und den Zitronenmelisseblättern garnieren. Den Quark getrennt dazu reichen.

Buttermilchmousse mit Waldbeeren

Für 2 Portionen

1/2 Bund frische Pfefferminze • 1 Päckchen Vanillezucker
1/8 l Buttermilch • 2 Blatt weiße Gelatine
50 g Dickmilch (1,5% Fett) • 1 EL Honig
1 Eiweiß • 1 Messerspitze Salz
100 g Waldbeeren (Himbeeren, Brombeeren, Heidelbeeren)

1 Die Pfefferminze waschen und trocknen. 2 Pfefferminzspitzen beiseite legen. Die restlichen Minzeblätter fein hacken, mit dem Vanillezucker in die Buttermilch geben und 20 Minuten ziehen lassen.

2 Inzwischen die Gelatine in etwas kaltem Wasser 5 Minuten einweichen. Die Buttermilch durch ein feines Sieb gießen, 3 Esslöffel davon erwärmen und die ausgedrückte Gelatine darin auflösen. Die Dickmilch, den Honig und die übrige Buttermilch dazugeben. Die Masse im kalten Wasserbad abkühlen lassen, dabei mehrmals umrühren.

3 Wenn die Creme zu stocken beginnt, das Eiweiß mit etwas Salz sehr steif schlagen und unter die Creme ziehen. In kalt ausgespülte Förmchen füllen und im Kühlschrank mindestens 2 Stunden fest werden lassen.

4 Die Buttermilchmousse aus den Förmchen auf zwei Teller stürzen. Das Dessert mit den Waldbeeren und den Pfefferminzzweigen garnieren.

Pro Portion:
kJ/kcal 435/104
Eiweiß 5 g, Fett 1 g
Kohlenhydrate 17 g
Ballaststoffe 4 g
Cholesterin 4 mg

Info: Die Verwendung von Waldbeeren macht dieses Dessert zu einem zusätzlichen Lieferanten wichtiger Inhaltsstoffe, wobei sich die verschiedenen Beerensorten gut ergänzen und so eine breite Palette an Mineralstoffen und Vitaminen abdecken.
Himbeeren enthalten Vitamin A, Vitamin B1, B2 und Vitamin C. Des Weiteren sind an Mineralstoffen und Spurenelementen Kalium, Kalzium, Phosphor, Eisen und Magnesium zu erwähnen. Himbeeren sind leicht verdaulich, wirken sich positiv auf den gesamten Magen-Darm-Bereich aus, lindern Sodbrennen und sorgen durch ihre schweißtreibende Wirkung für Erleichterung bei fiebrigen Erkältungen.
Brombeeren bringen einen großen Anteil an Provitamin A, sie sind der größte Lieferant unter den Beerenfrüchten. Zudem enthalten sie Kupfer, das die Blutbildung unterstützt. Außerdem ergänzen sie den Gehalt an Vitamin C und Magnesium.
Heidelbeeren sind reich an Fruchtsäuren, vor allem Apfel- und Zitronensäure. Auch sie enthalten viel Vitamin C, Kalzium, Phosphor und Eisen, helfen bei Blähungen und wirken darmreinigend.

Birnensalat mit Feigen

Für 2 Portionen

2 getrocknete Feigen • 2 EL Orangensaft
1 TL Mandelblättchen • 1 Orange
1 Birne • einige Tropfen Zitronensaft
1 Becher Joghurt • 1 EL Honig

Pro Portion:
kJ/kcal 865/207
Eiweiß 5 g, Fett 5 g
Kohlenhydrate 33 g
Ballaststoffe 5 g
Cholesterin 10 mg

1 Die Feigen in Streifen schneiden und im Orangensaft 10 Minuten einweichen.

2 Die Mandelblättchen in einer ungefetteten Pfanne bei schwacher Hitze anrösten.

3 Inzwischen die Orange schälen, dabei die weiße Haut sorgfältig von den einzelnen Fruchtschnitzen entfernen. Das Fruchtfleisch halbieren und in dünne Scheiben schneiden.

4 Die Birne waschen, schälen, halbieren, entkernen, in Scheiben schneiden und mit Zitronensaft beträufeln.

5 Einige Feigenstreifen zum Garnieren beiseite legen. Die restlichen Fruchtstreifen mit dem Joghurt pürieren und mit etwas Honig abschmecken. Die Sauce auf zwei Teller verteilen. Orangen- und Birnenscheiben auf die Sauce setzen, mit den Mandelblättchen und Feigen garnieren.

Tipp: Getrocknete Feigen sind einige Monate haltbar, aber nicht so unempfindlich wie andere Trockenfrüchte. Sie müssen bei einer Temperatur von ca. 7 °C und 60 Prozent Luftfeuchtigkeit gelagert werden. Wenn Sie frische Früchte verwenden, sollten Sie diese nur maximal zwei Tage im Kühlschrank aufbewahren.

Frische Feigen auf Mandelsauce

Für 2 Portionen

10 geschälte Mandeln • 75 g Naturjoghurt
1 TL Honig • 1 Päckchen Vanillezucker
2 frische, reife Feigen

Pro Portion:
kJ/kcal 631/151
Eiweiß 4 g, Fett 7 g
Kohlenhydrate 16 g
Ballaststoffe 2 g
Cholesterin 5 mg

1 Die Mandeln in einer ungefetteten Pfanne leicht bräunen, abkühlen lassen und fein hacken.

2 Joghurt mit Mandeln verrühren und mit Honig und Vanillezucker abschmecken. Die Mandelsauce auf zwei Teller verteilen.

3 Die gewaschenen Feigen eventuell schälen, in Spalten schneiden und auf die Mandelsauce setzen.

Knuspriger Birnenauflauf

Für 2 Portionen

3 Birnen • 1 unbehandelte Zitrone
3 EL Zucker • 1 Päckchen Vanillemark
100 g Butterkekse • 2 EL Quittengelee
100 ml Birnensaft • 1/8 l Milch
1 Eigelb • 1 TL Butter

1 Die Birnen schälen, entkernen und das Fruchtfleisch in Spalten schneiden. Eine kleine runde Auflaufform damit auslegen.

2 Die Zitrone unter heißem Wasser abwaschen, die Schale abreiben und beiseite stellen. Die Zitrone auspressen und die Birnenspalten mit der Hälfte des Zitronensafts beträufeln. Den Zucker mit dem Vanillemark mischen und die Birnen damit bestreuen.

3 Die Butterkekse zerbröseln, mit dem Quittengelee mischen und auf die Birnen verteilen. Den Backofen auf 200 °C (Gas Stufe 3–4) vorheizen.

4 Den Birnensaft mit dem restlichen Zitronensaft mischen. Die Keksbrösel damit beträufeln.

5 Die Milch mit dem Eigelb verquirlen und die abgeriebene Zitronenschale darunter rühren. Diese Mischung auf die Keksbrösel gießen.

6 Die Butter in Flöckchen auf die Birnenspalten und Kekse verteilen. Den Auflauf im Ofen zunächst mit einem hitzebeständigen Deckel oder mit Alufolie zugedeckt, 15 Minuten backen. Danach weitere 10 Minuten offen überbacken.

Pro Portion:
kJ/kcal 2529/605
Eiweiß 10 g, Fett 17 g
Kohlenhydrate 94 g
Ballaststoffe 7 g
Cholesterin 196 mg

Variante: Für diesen schnell zubereiteten Auflauf, der auch gut vorbereitet werden kann, eignen sich auch andere Obstsorten. Die Birnen können durch Aprikosen, Pfirsiche oder auch Äpfel ersetzt werden. Für eine etwas exotischere Variante bieten sich Mangos an. Das verwendete Gelee muss dabei eventuell der Geschmacksrichtung der verwendeten Früchte angepasst werden.

Info: Bemerkenswert bei Birnen ist ihr verhältnismäßig geringer Gehalt an Fruchtsäuren. Bei gleichem Zuckergehalt wie etwa Äpfel schmecken sie deshalb besonders süß und sind auch für säureempfindliche Menschen sehr bekömmlich. Besonders wertvoll macht sie ihr hoher Wasseranteil, daher sind sie für Menschen mit einem großen und vermehrten Flüssigkeitsbedarf bestens geeignet. Ein weiterer Vorteil besteht, damit verbunden, in der kurzen Verdauungsphase im Magen. Die gelösten Nährstoffe gelangen schnell in den Darm und damit in den Körper. Birnen wirken dadurch darmreinigend und verdauungsfördernd.

Pikantes Kürbiskompott

Für 2 Portionen

Pro Portion:
kJ/kcal 531/127
Eiweiß 2 g, Fett 0 g
Kohlenhydrate 20 g
Ballaststoffe 1 g
Cholesterin 0 mg

500 g Kürbis (ca. 350 g Fruchtfleisch) • 2 cl Apfelessig

100 ml Weißwein • 2 EL Honig

1/2 Zitrone • 1/2 Zimtstange • 4 Gewürznelken

1 Den Kürbis schälen, Faserteil und Kerne entfernen, das Fruchtfleisch klein würfeln, in eine Schüssel geben, mit dem Apfelessig beträufeln und über Nacht zugedeckt ziehen lassen.

2 Die Kürbiswürfel abtropfen lassen.

3 Weißwein mit 200 Milliliter Wasser und Honig 5 Minuten kochen lassen. Die Kürbisstücke dazugeben und in etwa 10 Minuten bissfest garen.

4 Die Zitrone unter heißem Wasser abwaschen und in dünne Scheiben schneiden. Diese nochmals vierteln. Zitronenstückchen, Zimtstange und Gewürznelken zum Kürbis geben. Nochmals aufkochen, abkühlen lassen und in Kompottschälchen füllen.

Frisch-fruchtige Joghurtschnitten

Für 2 Portionen

250 g Erdbeeren • 300 g Trinkjoghurt (Himbeer-Zitrone)

2 EL Honig • 100 g Sahne • einige Minzeblättchen zum Garnieren

Pro Portion:
kJ/kcal 1725/412
Eiweiß 8 g, Fett 21 g
Kohlenhydrate 45 g
Ballaststoffe 3 g
Cholesterin 72 mg

1 Die Erdbeeren waschen, putzen und in kleine Stücke schneiden.

2 Den Trinkjoghurt mit 1 Esslöffel Honig verrühren.

3 Die Sahne steif schlagen, unter den Joghurt heben und die Hälfte der Erdbeeren untermischen.

4 Eine Form mit kaltem Wasser ausspülen. Die Masse einfüllen und für 4 Stunden in das Tiefkühlgerät stellen. Nach etwa 30 Minuten, wenn die Masse beginnt fest zu werden, einmal durchrühren, damit sich die Früchte gleichmäßig darin verteilen.

5 Die restlichen Erdbeeren pürieren und mit 1 Esslöffel Honig süßen. Das Erdbeermark kühl stellen.

6 Die Form mit dem Erdbeerjoghurt vor dem Servieren kurz in heißes Wasser tauchen. Die feste Masse auf eine Platte stürzen, in Scheiben schneiden, zusammen mit dem Erdbeermark auf zwei Tellern anrichten und mit einigen Minzeblättchen garnieren.

Birnen-Buttermilch-Creme

Für 2 Portionen

3 Birnen • Saft von 1 Zitrone
2 EL Honig • 1/2 Zimtstange
2 TL Agar-Agar • 100 g Sahne
200 g Buttermilch • 1/2 TL Zimtpulver
1 TL Kakaopulver • 50 g Walnüsse

1 Die Birnen schälen und entkernen. Das Fruchtfleisch in Würfel schneiden und mit 200 Milliliter Wasser, Zitronensaft, 1 Esslöffel Honig und 1/2 Zimtstange bei mittlerer Hitze in etwa 10 Minuten bissfest garen.

2 Die Zimtstange aus dem Birnenkompott nehmen und die Hälfte der Birnenwürfel beiseite stellen. Die restlichen Obststücke pürieren. Den Agar-Agar in das Birnenpüree einrühren und alles nochmals aufkochen. Den verbliebenen Honig unter die Birnenmasse rühren und etwas abkühlen lassen.

3 Inzwischen die Sahne steif schlagen.

4 Buttermilch, Zimtpulver und Kakaopulver mit der pürierten Birnenmasse verrühren. Die Sahne vorsichtig darunter heben und die Creme für etwa 1 Stunde kühl stellen.

5 Die Walnüsse hacken. Von der Birnen-Buttermilch-Creme mit einem Esslöffel Nocken abstechen. Diese auf zwei Teller verteilen, mit den Walnüssen bestreuen und mit den restlichen Birnenwürfeln garnieren.

Pro Portion:
kJ/kcal 1735/415
Eiweiß 9 g, Fett 21 g
Kohlenhydrate 42 g
Ballaststoffe 6 g
Cholesterin 57 mg

Tipp: Als fruchtige Beigabe kann eine Mango-Kumquat-Sauce zur Birnen-Buttermilch-Creme gereicht werden. 2 Mangos schälen, das Fruchtfleisch von den Kernen schneiden, zerkleinern und in eine Rührschüssel geben. 1 Orange und 1/2 kleinere Zitrone auspressen, den Saft der Zitrusfrüchte, 3 Esslöffel Wasser und 30 Gramm Puderzucker zugeben und mit einem Mixer pürieren. Wenn die Sauce zu dickflüssig ist, noch etwas Wasser oder Orangensaft einrühren. 100 Gramm Kumquats waschen, in Scheiben schneiden, eventuell entkernen und mit der Mangosauce vermischen. In die Mitte des Tellers geben und die Buttermilch-Creme-Nocken dekorativ darauf setzen.

► Für eine etwas weniger aufwändige Sauce mit Schokoladengeschmack können Sie einfach kurz vor dem Servieren der Creme 2 Kugeln Schokoladeneis mit 2 Esslöffeln Sahne und 1 Esslöffel Rum mixen.

Grütze von roten Beeren mit Likörsahne

Für 2 Portionen

Pro Portion:
kJ/kcal 1108/265
Eiweiß 3 g, Fett 9 g
Kohlenhydrate 33 g
Ballaststoffe 10 g
Cholesterin 39 mg

I TL Speisestärke • 80 ml schwarzer Johannisbeersaft
50 ml dunkler Kirschsaft • I EL Zucker
250 g Beeren (Himbeeren, Erdbeeren, Johannisbeeren, Brombeeren, Heidelbeeren)
2 cl Cassislikör • 50 g Schlagsahne
I Päckchen Vanillezucker • I EL Eierlikör

1 Die Speisestärke mit etwas kaltem Fruchtsaft anrühren. Die restlichen Säfte mischen und mit dem Zucker aufkochen. Die Stärke dazugeben und 2 Minuten unter ständigem Rühren kochen lassen. Von der Kochstelle nehmen, Beeren und Cassislikör untermischen und etwa 10 Minuten durchziehen lassen.

2 Inzwischen Sahne mit Vanillezucker steif schlagen. Den Eierlikör unterrühren. Die Rote Grütze in Gläser füllen und mit der Eierlikörsahne garnieren.

Honig-Limetten-Parfait

Für 2 Portionen

150 g Sahne • 50 g Joghurt • 2 Eigelbe • 40 g Honig
2 kleine, unbehandelte Limetten

Pro Portion:
kJ/kcal 1802/431
Eiweiß 7 g, Fett 33 g
Kohlenhydrate 21 g
Ballaststoffe 1 g
Cholesterin 400 mg

1 Die Sahne steif schlagen, Joghurt zugeben und gut miteinander verrühren.

2 Die Eigelbe mit Honig schaumig schlagen.

3 Die Schale einer Limette abreiben, die der anderen dünn abschneiden. Limettensaft auspressen und mit der abgeriebenen Schale unter die Eigelbmasse mischen.

4 Die Masse über einem Wasserbad aufschlagen. Dabei darauf achten, dass sie nicht zu heiß wird, da sonst das Eigelb gerinnt. Wenn die Masse dickcremig ist, die Schüssel in Eiswasser kühlen, die Creme dabei weiter schlagen.

5 Die Sahne-Joghurt-Mischung unter die Creme ziehen und in Portionsförmchen füllen. Diese mit Frischhaltefolie abdecken und für etwa 4 Stunden in das Gefrierfach stellen.

6 1/2 Stunde vor dem Servieren stürzen und im Kühlschrank antauen lassen. Mit Limettenschalen dekorieren.

Heidelbeerterrine mit Birnen

Für 2 Portionen

---

4 Blatt Gelatine • 2 mittelgroße, reife Birnen

Saft von 1/2 Zitrone • 1/2 l Traubensaft

1 EL Weinbrand • 200 g Heidelbeeren (frisch oder tiefgekühlt)

2 EL Puderzucker • gemahlener Zimt

etwas frische Zitronenmelisse

---

1 Die Gelatineblätter in etwas kaltem Wasser einweichen.

2 Die Birnen schälen, in Spalten schneiden und entkernen.

3 Zitronen- und Traubensaft vermischen und erhitzen. Die Obstspalten etwa 1 Minute im Fruchtsaft dünsten und herausnehmen. Den Saft mit dem Weinbrand abschmecken.

4 Die Heidelbeeren verlesen, abspülen (oder auftauen lassen), einige Beeren zum Dekorieren beiseite stellen. Die restlichen Beeren zum Saft geben und pürieren. Das Heidelbeermus mit Puderzucker und Zimt abschmecken. Nochmals kurz erhitzen.

5 Die Gelatineblätter ausdrücken und im heißen Mus auflösen.

6 Die Zitronenmelisse abbrausen und die Blättchen abzupfen.

7 In eine längliche Porzellanform ca. 1 Zentimeter hoch Heidelbeermus füllen, darauf Birnenspalten und Melisseblättchen schichten und mit dem restlichen Mus bedecken. Die Masse im Kühlschrank mindestens 4 Stunden, am besten über Nacht fest werden lassen.

8 Mit einem spitzen Messer das Gelee von der Terrinenwand lösen und auf eine Platte stürzen, in Scheiben schneiden und mit Heidelbeeren und Melisseblättchen dekorieren.

Pro Portion:
kJ/kcal 1254/300
Eiweiß 6 g, Fett 1 g
Kohlenhydrate 60 g
Ballaststoffe 10 g
Cholesterin 0 mg

Variante: Wenn Sie die Terrine etwas bunter gestalten möchten, wählen Sie eine Mischung von verschiedenen Beeren, z.B. Stachelbeeren, Heidelbeeren und Himbeeren, die im Ganzen belassen werden. Dieses Rezept ist etwas arbeitsaufwändiger, aber das Ergebnis sehr dekorativ. Für das Gelee 1/2 Liter Flüssigkeit, halb heller Fruchtsaft, halb Zuckerwasser, kurz aufkochen, 1 Esslöffel Weinbrand zufügen und 4 Blatt eingeweichte, ausgedrückte Gelatine darin auflösen. Eine 1 Zentimeter dicke Schicht in eine Kastenform gießen, etwas fest werden lassen, die Hälfte von 200 Gramm verlesenen Beeren darauf verteilen, mit der Gelierflüssigkeit begießen und wieder fest werden lassen. Auf diese Weise noch eine Schicht mit Birnen und Melisse und eine weitere Beerenschicht herstellen.

Buchweizenblinis mit Himbeeren

Für 2 Portionen

80 g Buchweizenmehl • I EL Zucker • Jodsalz
abgeriebene Schale von 1/4 unbehandelten Zitrone • 10 g frische Hefe
100 ml lauwarme Milch • I Eigelb • 200 g Himbeeren
2 Fl Himbeergeist • I EL Honig • 2 EL Butter
etwas frische Zitronenmelisse zum Garnieren

Pro Portion:
kJ/kcal 1909/456
Eiweiß 8 g, Fett 19 g
Kohlenhydrate 52 g
Ballaststoffe 8 g
Cholesterin 199 mg

1 Mehl, Zucker, Salz und Zitronenschale mischen. In die Mitte eine Mulde drücken und die Hefe hineinbröckeln. Mit 4 Esslöffeln Milch und etwas Mehl vom Rand vermischen. Den Teig zugedeckt 10 Minuten gehen lassen.

2 Die restliche Milch und das Eigelb zum Teig geben und zu einer glatten Masse verrühren. Zugedeckt an einem warmen Ort weitere 20 Minuten gehen lassen.

3 Die Himbeeren verlesen, Himbeergeist und Honig verrühren, Himbeeren damit beträufeln und ca. 15 Minuten ziehen lassen.

4 Die Butter portionsweise in einer beschichteten Pfanne erhitzen. Aus dem bereitgestellten Teig nacheinander kleine Pfannkuchen formen und backen. Die Blinis mit Himbeeren und Zitronenmelisseblättchen auf zwei Tellern anrichten.

Reife Honigmelonen sind sehr süß und saftig. Wer unter akuten Leberbeschwerden leidet, sollte hier jedoch den Rum weglassen.

Kompott von frischen Aprikosen

Für 2 Portionen

300 g Aprikosen • 100 ml Apfelsaft
Saft und Schale von 1/2 unbehandelten Zitrone • 1 TL Speisestärke
1 Päckchen Vanillezucker • 100 g Sahne
1 TL Puderzucker • gemahlener Zimt

1 Die Aprikosen mit kochendem Wasser überbrühen, häuten, halbieren und entkernen.

2 Die Aprikosenhälften, Apfelsaft, Zitronensaft und -schale zusammen aufkochen.

3 Die Stärke mit etwas Wasser glatt rühren, zum Aprikosenkompott geben und kurz aufkochen, bis es andickt. Mit Vanillezucker abschmecken, dann abkühlen lassen.

4 Die Sahne mit Puderzucker und Zimt halbsteif schlagen.

5 Kompott und Zimtsahne auf Desserttellern anrichten und etwas Zimt darüber stäuben.

Pro Portion:
kJ/kcal 1244/297
Eiweiß 5 g, Fett 16 g
Kohlenhydrate 33 g
Ballaststoffe 4 g
Cholesterin 55 mg

Honigmelone mit karamellisierten Walnüssen

Für 2 Portionen

1 EL Zucker • 1 EL Mineralwasser • 6 Walnusshälften
etwas Sonnenblumenöl zum Bestreichen • 1 Honigmelone
1 EL brauner Zucker • 1 EL Rum • 1 EL Zitronensaft
einige Pfefferminzblättchen

1 Den Zucker mit dem Mineralwasser in einer Pfanne bei mittlerer Hitze unter ständigem Rühren hellbraun karamellisieren lassen.

2 Die Walnusshälften in der Karamellmasse schwenken und auf einem dünn mit Öl bestrichenen Teller auskühlen lassen.

3 Die Melone vierteln, schälen und entkernen. Das Fruchtfleisch in 1 Zentimeter dicke Spalten schneiden und auf zwei Tellern fächerförmig anrichten.

4 Braunen Zucker, Rum und Zitronensaft verrühren, bis sich der Zucker gelöst hat.

5 Die Minzeblättchen abbrausen, abtropfen lassen, in feine Streifen schneiden und unter die Sauce rühren. Die Melone damit beträufeln und mit den Walnusshälften garnieren.

Pro Portion:
kJ/kcal 959/230
Eiweiß 4 g, Fett 5 g
Kohlenhydrate 38 g
Ballaststoffe 4 g
Cholesterin 0 mg

Quarkspeise mit frischen Pfirsichen

Für 2 Portionen

Pro Portion:
kJ/kcal 1973/472
Eiweiß 16 g, Fett 16 g
Kohlenhydrate 55 g
Ballaststoffe 4 g
Cholesterin 55 mg

4 Pfirsiche • 4 frische Pfefferminzblättchen
2 cl Pfirsichlikör • 1 Päckchen Vanillezucker
2 EL Zucker • 200 g Magerquark
etwas Vollmilch • 100 g Sahne

1 Die Pfirsiche mit kochendem Wasser überbrühen, häuten und entkernen. Das Fruchtfleisch in Spalten schneiden.

2 Die Pfefferminzblättchen abbrausen, in feine Streifen schneiden und mit dem Pfirsichlikör vermischen. Die Pfirsiche damit beträufeln.

3 Vanillezucker, Zucker und Magerquark mit der Vollmilch zu einer glatten Creme verrühren.

4 Die Sahne steif schlagen und unter den Quark ziehen. Die Masse in einen Spritzbeutel mit großer Sterntülle füllen und auf die zwei Teller dressieren. Mit den vorbereiteten Pfirsichen belegen.

Info: Quark, wie auch andere weiterverarbeitete Milchprodukte, wird von vielen Menschen, die unter Milchunverträglichkeit leiden, vertragen. Die unbehandelte Frischmilch, der Milchsäurebakterien zugesetzt werden, wird durch diese dahin gehend verändert.

Waldbeer-Joghurt-Kaltschale

Für 2 Portionen

1/2 l Trinkjoghurt (Himbeer-Zitrone) • 2 EL Zucker
1 EL Honig • 2 Stängel Pfefferminze
200 g Waldbeeren (Heidelbeeren, Brombeeren, Himbeeren)

Pro Portion:
kJ/kcal 1915/458
Eiweiß 10 g, Fett 9 g
Kohlenhydrate 81 g
Ballaststoffe 6 g
Cholesterin 29 mg

1 Den Trinkjoghurt in eine Schüssel geben, mit Zucker und Honig süßen.

2 Einige Minzeblättchen beiseite legen, die restlichen Blättchen waschen, trockenschütteln, abzupfen, in feine Streifen schneiden und unter den Trinkjoghurt rühren. Den Joghurt zugedeckt ungefähr 30 Minuten kalt stellen.

3 Die frischen Waldbeeren verlesen, bei Bedarf vorsichtig abspülen, eventuell kurz im Gefrierfach anfrieren lassen. Tiefkühlbeeren einige Zeit zugedeckt antauen lassen.

4 Die Joghurtkaltschale zusammen mit den Beeren in tiefen Tellern anrichten und mit Minzeblättchen dekorieren.

Marinierte Erdbeeren mit Rhabarberkompott

Für 2 Portionen

2 Blatt Gelatine • 300 g Rhabarber • 3 EL Puderzucker
1 Päckchen Vanillezucker • Saft von 1 Orange
200 g Erdbeeren • 1 TL Cointreau
einige Blättchen Zitronenmelisse zum Garnieren

1 Die Gelatineblätter in etwas kaltem Wasser einweichen.

2 Den Rhabarber putzen, waschen, die Haut abziehen und die Stangen in etwa 2 Zentimeter lange Abschnitte schneiden. Die Stücke in einen Topf geben, mit 2 Esslöffeln Zucker und dem Vanillezucker vermischen.

3 Die Orange auspressen und den Saft zu den Rhabarberstückchen geben. Alles aufkochen und ungefähr 2 Minuten kochen lassen.

4 Die Gelatineblätter ausdrücken und langsam im heißen Kompott auflösen. Den Rhabarber abkühlen lassen.

5 Die Erdbeeren waschen, abtropfen lassen und putzen. Das Obst mit 1 Esslöffel Puderzucker und dem Cointreau mischen.

6 Das Rhabarberkompott und die Erdbeeren auf zwei Tellern anrichten und mit Zitronenmelisseblättern garnieren.

Pro Portion:
kJ/kcal 744/178
Eiweiß 2 g, Fett 1 g
Kohlenhydrate 38 g
Ballaststoffe 7 g
Cholesterin 0 mg

Info: Rhabarber blickt auf eine lange Geschichte als gesundes Nahrungsmittel zurück. Schon vor 2 700 Jahren, nach anderen Quellen sogar schon vor 5 000 Jahren, wurden seine Wurzeln in China medizinisch genutzt. Sie wurden als leichtes Abführmittel und sogar zur Vorbeugung vor Pest eingesetzt. Die abführende Wirkung beruht darauf, dass Rhabarber die Darmeigenbewegung anregt. Zusammen mit seiner blutreinigenden Wirkung und dem erfrischenden, belebenden Geschmack, für den die enthaltene Apfelsäure verantwortlich ist, eignet er sich deshalb ausgezeichnet für eine entschlackende Frühjahrskur. Neben Apfel- und Zitronensäure finden sich auch geringe Spuren von Oxalsäure im Rhabarber, die in den Stängeln nur bis zu 0,8 Prozent betragen. Die Blätter sind aber wegen ihres höheren Gehalts nicht genießbar. Grundsätzlich sehr gesund, kann es für Menschen mit Nieren- und Gallenblasenleiden, Diabetiker, Rheuma- und Gichtkranke deshalb sinnvoll sein, Rhabarber vor der Weiterverwendung in Wasser, dem 0,3 Gramm kohlensaurer Kalk (in Apotheken erhältlich) pro 100 Gramm Rhabarber zugefügt wurde, zu blanchieren. Der Kalk verbindet sich mit der Oxalsäure zu unschädlichem Kalziumoxalat.

259

Buttermilchcreme mit Kiwi

Für 2 Portionen

4 Blatt weiße Gelatine • 100 ml frisch gepresster Orangensaft
Saft von 1 Zitrone • 2 EL Zucker
1 Stängel Zitronenmelisse • 1/2 l Buttermilch
80 g Sahne • 1 Kiwi zum Garnieren

Pro Portion:
kJ/kcal 1355/324
Eiweiß 11 g, Fett 14 g
Kohlenhydrate 35 g
Ballaststoffe 2 g
Cholesterin 51 mg

1 Die Gelatineblätter in kaltem Wasser einweichen.

2 Den Orangen- und Zitronensaft mit dem Zucker verrühren und tropfenweise in die Buttermilch rühren.

3 Die Zitronenmelisse kurz abbrausen, Blättchen vom Stiel zupfen, in feine Streifen schneiden und unter die Buttermilch rühren.

4 Die Gelatineblätter ausdrücken, in etwas Wasser erhitzen, auflösen, unter die Buttermilch rühren und kalt stellen.

5 In der Zwischenzeit die Sahne steif schlagen und unter die Buttermilch ziehen, sobald diese zu gelieren beginnt.

6 Die Buttermilchcreme in Dessertförmchen füllen und mindestens 4 Stunden im Kühlschrank kalt stellen.

7 Die Kiwi schälen und das Fruchtfleisch in dünne Scheiben schneiden.

8 Die Buttermilchcreme auf zwei Teller stürzen und mit den Kiwischeiben garnieren.

Variante: Ausgezeichnet zu dieser Buttermilchcreme passt auch ein Melonen-Litschi-Salat. Dafür 1 kleine Dose Litschis von 150 Gramm abtropfen lassen. Die Flüssigkeit mit 50 Milliliter Weißwein, 1 Esslöffel Zucker, 1/2 Päckchen Vanillezucker, 1 Messerspitze gemahlenem Kardamom und 1 Esslöffel Zitronensaft aufkochen, bei mittlerer Hitze 5 Minuten einreduzieren und abkühlen lassen. 1 Netzmelone vierteln und die Kerne herausschaben. 1 Scheibe Wassermelone von 200 Gramm entkernen. Entweder aus dem Fruchtfleisch Kugeln ausstechen oder die Melonenstücke schälen und würfeln. 1/2 Limette abwaschen und in hauchdünne Scheiben schneiden. 25 Gramm Mandelstifte oder Pinienkerne in einer ungefetteten Pfanne goldbraun anrösten. Melonenkugeln, Litschis, Limette und Mandeln vermischen, den Sirup unterheben und den Fruchtsalat 30 Minuten im Kühlschrank marinieren. Die Buttermilchcreme auf zwei Teller stürzen, den Melonen-Litschi-Salat rundherum verteilen und mit einigen frisch geschälten Litschis garnieren.

Zwetschgenknödel

Für 2 Portionen

200 g mehlig kochende Kartoffeln • 50 g Weizenmehl
2 EL Weizengrieß • 10 g weiche Butter
1 Eigelb • 2 EL Zucker • Salz • 4 reife Zwetschgen
4 Stück Würfelzucker • 20 g Butter
50 g Semmelbrösel • 2 EL Puderzucker

1 Die Kartoffeln waschen und in der Schale in etwas Wasser weich kochen. Danach abgießen, ausdämpfen lassen, schälen, noch heiß durch die Kartoffelpresse drücken und erkalten lassen.

2 Mehl, Grieß, Butter, Eigelb, Zucker und Salz unter die Kartoffelmasse geben. Den Teig 15 Minuten ruhen lassen.

3 In der Zwischenzeit die Zwetschgen waschen, längs einschneiden und öffnen, aber nicht voneinander trennen. Das Obst entkernen und in die Mitte statt des Kerns jeweils 1 Stück Würfelzucker geben.

4 In einem großen Topf reichlich Wasser mit 1 Teelöffel Salz zum Kochen bringen.

5 Auf einer bemehlten Arbeitsfläche den Kartoffelteig zu einer etwa 5 Zentimeter dicken Rolle formen. Diese in 4 Scheiben schneiden. Die Scheiben etwas flach drücken. Auf jede Scheibe 1 Zwetschge legen, die Ränder darüber falten und zu kleinen Knödeln rollen. Im siedenden Wasser 15 bis 20 Minuten ziehen lassen (Garprobe machen).

6 Die Butter erhitzen und die Semmelbrösel darin bei mittlerer Hitze goldbraun braten.

7 Die fertigen Knödel mit einer Schaumkelle aus dem Kochwasser heben und gut abtropfen lassen. In der Bröselbutter wälzen, auf zwei Tellern anrichten und mit dem Puderzucker bestäuben.

Pro Portion:
kJ/kcal 2776/664
Eiweiß 11 g, Fett 17 g
Kohlenhydrate 109 g
Ballaststoffe 5 g
Cholesterin 193 mg

Variante: Neben Zwetschgen können auch Mirabellen, Reneclauden oder Aprikosen für diese Knödel verwendet werden. Die Aprikosen werden am besten in der Mitte bis zum Kern eingeschnitten, die Hälften getrennt, der Kern durch ein Stück Würfelzucker ausgetauscht und die Aprikose wieder zusammengesetzt. Diese Variante ist als Marillenknödel insbesondere in Österreich beliebt. Zwetschgenknödel können auch als süßes Hauptgericht serviert werden.

Info: Auch Menschen, die einen empfindlichen Magen-Darm-Trakt haben und Zwetschgen nicht in großen Mengen zu sich nehmen sollten, brauchen bei diesen Knödeln keine Bedenken haben und können ihre positiven Auswirkungen auf die allgemeine Leistungsfähigkeit nutzen.

Schokoladenmousse

Für 2 Portionen

Pro Portion:
kJ/kcal 2057/492
Eiweiß 12 g, Fett 32 g
Kohlenhydrate 33 g
Ballaststoffe 4 g
Cholesterin 283 mg

80 g Zartbitterschokolade • 1 TL Weinbrand • 1 TL Kaffeepulver
1 Messerspitze gemahlener Zimt • 2 Eier
2 EL Staubzucker • 80 g Sahne

1 Die Schokolade zerbröckeln und mit Weinbrand, Kaffee und Zimt in einem Topf bei mittlerer Hitze schmelzen lassen.

2 Die Eier trennen. Eigelbe unter die flüssige Schokolade rühren. Eiweiß sehr steif schlagen, dabei den Staubzucker einrieseln lassen. Die Sahne ebenfalls steif schlagen. Beides unter die Schokomasse heben. In ein Gefäß füllen und etwa 3 Stunden im Kühlschrank kalt stellen. Einen Esslöffel in heißes Wasser tauchen und Nocken abstechen.

Teecreme mit marinierten Himbeeren

Für 2 Portionen

2 EL schwarze Teeblätter • 4 Blatt weiße Gelatine
2 Eigelbe • 2 EL Staubzucker • 1 EL Weinbrand
100 g Sahne • 2 Eiweiße • 100 g frische Himbeeren
2 cl Himbeergeist • 1 EL Staubzucker • 2 Stängel Zitronenmelisse

Pro Portion:
kJ/kcal 1702/407
Eiweiß 9 g, Fett 24 g
Kohlenhydrate 27 g
Ballaststoffe 3 g
Cholesterin 370 mg

1 Tee mit 1/2 Liter kochendem Wasser aufgießen, 3 Minuten ziehen lassen und abseihen.

2 Die Gelatineblätter in etwas kaltem Wasser einweichen.

3 Die Eigelbe mit dem Staubzucker schaumig schlagen, Tee und Weinbrand zufügen und im heißen Wasserbad zu einer dicken Creme rühren.

4 Die Gelatineblätter ausdrücken und in der Teecreme vollständig auflösen.

5 Sahne und Eiweiß getrennt steif schlagen, beides unter die gelierende Creme heben. Diese in Dessertförmchen füllen und im Kühlschrank erkalten lassen.

6 Die Himbeeren verlesen, waschen und trockentupfen. Himbeergeist und Staubzucker verrühren und die Himbeeren damit marinieren.

7 Die Teecreme auf Dessertteller stürzen und mit den Himbeeren anrichten. Mit frischer Zitronenmelisse garnieren.

Grießtörtchen mit Erdbeercreme

Für 2 Portionen

1/4 l Milch • 1 EL Zucker • 1 Vanilleschote
30 g Hartweizengrieß • 20 g Zucker • 1 Ei
Schale von 1/2 Zitrone • 100 g Sahne • 3 Blatt weiße Gelatine
200 g Erdbeeren • 1 EL gehobelte Mandeln

1 Milch, Zucker und Vanilleschotenmark aufkochen. Den Grieß unter ständigem Rühren einrieseln lassen. Bei schwacher Hitze etwa 5 Minuten ziehen, dann auskühlen lassen.

2 Zucker und Ei mit der abgeriebenen Zitronenschale schaumig schlagen und unter den kalten Grießbrei geben.

3 Die Sahne halbsteif schlagen. Die Gelatine in etwas kaltem Wasser einweichen, ausdrücken, mit Wasser erhitzen und darin unter Rühren auflösen. In die Grießmasse einrühren. Die Sahne darunter heben.

4 Dessertförmchen mit kaltem Wasser ausspülen und mit der Grießmasse füllen. Die Erdbeeren putzen und auf der Creme verteilen. Mit gehobelten Mandeln bestreuen und in mindestens 4 bis 5 Stunden, am besten über Nacht im Kühlschrank fest werden lassen.

Pro Portion:
kJ/kcal 1986/475
Eiweiß 12 g, Fett 26 g
Kohlenhydrate 42 g
Ballaststoffe 3 g
Cholesterin 189 mg

Himbeerkaltschale mit Schneeklößchen

Für 2 Portionen

200 g Himbeeren • 1/8 l Apfelsaft • 1 TL Speisestärke
2 EL Zucker • 1 Eiweiß • 1 EL Staubzucker

1 Die Himbeeren verlesen. 2 Esslöffel Apfelsaft beiseite stellen, den Rest mit den Himbeeren aufkochen. Die Beeren pürieren und durch ein Sieb streichen.

2 Die Speisestärke mit dem restlichen Apfelsaft glatt rühren.

3 Das Himbeermus aufkochen, mit der Stärke binden, mit Zucker abschmecken und in zwei tiefen Tellern erkalten lassen.

4 Das Eiweiß mit dem Staubzucker steif schlagen. In einem großen Topf Wasser zum Kochen bringen. Mit einem Teelöffel Eiweißklößchen abstechen und zugedeckt 5 Minuten ziehen lassen. Die Schneeklößchen auf der Himbeerkaltschale anrichten.

Pro Portion:
kJ/kcal 1396/334
Eiweiß 3 g, Fett 0 g
Kohlenhydrate 36 g
Ballaststoffe 8 g
Cholesterin 0 mg

Gebäck, Kuchen und Kleingebäck

Ob zum Frühstück, zum Tee oder Kaffee, als Nachspeise oder einfach schnell zwischendurch zum Naschen – etwas Selbstgebackenes erfreut immer. Auch bei der Verwendung von Vollwertprodukten ist es kein Problem, köstliche Rezepte für Kekse, Frühstücksbrötchen, süßes und pikantes Gebäck sowie für Kuchen und Torten in allen Variationen zu finden.

Vollkornvanillekipferl

Für 40 Stück

120 g Butter • 80 g Honig
1 Päckchen Vanillezucker • Salz
220 g Weizenvollkornmehl • 50 g gemahlene Mandeln

Pro Stück:
kJ/kcal 237/57
Eiweiß 1 g, Fett 3 g
Kohlenhydrate 5 g
Ballaststoffe 1 g
Cholesterin 7 mg

1 Die Butter mit dem Honig schaumig schlagen. Vanillezucker und etwas Salz darunter rühren.

2 Das Weizenvollkornmehl mit den Mandeln mischen und nach und nach unter die Buttermasse rühren. Den Teig zu einer 4 Zentimeter dicken Rolle formen, in Alufolie wickeln und 1 Stunde im Kühlschrank kalt stellen.

3 Den Backofen auf 180 °C (Gas Stufe 2–3) vorheizen.

4 Inzwischen die Teigrolle in 40 gleich große Stücke schneiden, diese aufrollen und zu kleinen Hörnchen (Kipferln) biegen. Die Kipferl auf ein mit Backpapier ausgelegtes Backblech setzen und auf der mittleren Schiene 15 bis 20 Minuten backen.

Vollkornplätzchen Heidesand

Für 30 Stück

120 g Butter • 80 g Honig
1 EL Milch • 1 Päckchen Vanillezucker
180 g Weizenvollkornmehl • 1/2 TL Backpulver

1 Die Butter mit dem Honig schaumig schlagen. Milch und Vanillezucker darunter rühren.

2 Das Weizenvollkornmehl sieben, mit dem Backpulver mischen und alles zu einem glatten Teig verkneten.

3 Aus dem Teig Rollen von ca. 4 Zentimeter Durchmesser formen. Diese in Alufolie wickeln und mindestens 1 Stunde im Kühlschrank kalt stellen.

4 Den Backofen auf 180 °C (Gas Stufe 2–3) vorheizen. Ein Backblech mit Backpapier auslegen.

5 Die Teigrolle in 30 Scheiben schneiden und mit etwas Abstand zueinander auf das Blech legen. Die Plätzchen in etwa 15 bis 20 Minuten goldgelb backen.

Pro Stück:
kJ/kcal 255/61
Eiweiß 1 g, Fett 3 g
Kohlenhydrate 6 g
Ballaststoffe 1 g
Cholesterin 10 mg

Tipp: In der Vollwertküche wird gerne auf Honig zum Süßen von Speisen zurückgegriffen, da er – im Gegensatz zu raffiniertem Zucker – einen ca. sechsprozentigen Anteil an hochwertigen Eiweiß- und Mineralstoffen hat. Honig süßt doppelt so stark wie Zucker, deshalb reicht dabei die Hälfte der sonst verwendeten Zuckermenge aus.

Haferflockenplätzchen

Für 30 Stück

150 g Haferflocken • 150 g Leinsamen • 2 EL Sojamehl
4 EL Keimöl • 2 EL Zucker • 2 EL Milchzucker
1 Ei • 1 TL Zimt • 2 EL Mineralwasser

1 Den Backofen auf 200 °C (Gas Stufe 3–4) vorheizen.

2 Alle Zutaten in eine Schüssel geben. Kaltes Mineralwasser zufügen und mit den Knethaken des Handrührgeräts zu einem glatten Teig verrühren.

3 Mit 2 Teelöffeln kleine Teighäufchen aus der Masse abstechen und nebeneinander auf ein mit Backpapier belegtes Blech setzen.

4 Die Plätzchen im Backofen bei 200 °C (Gas Stufe 3–4) 10 bis 15 Minuten backen.

Pro Stück:
kJ/kcal 294/70
Eiweiß 3 g, Fett 3 g
Kohlenhydrate 6 g
Ballaststoffe 1 g
Cholesterin 80 mg

Frühstücksbrioches

Für 16 Stück

500 g Weizenmehl • 42 g Hefe (1 Würfel)
60 g Zucker • 100 ml lauwarme Milch
1/2 TL Salz • 3 Eier
250 g kalte Butter • Butter für die Förmchen
1 Ei • 2 EL Mineralwasser
16 Förmchen

Pro Stück:
kJ/kcal 1168/279
Eiweiß 6 g, Fett 15 g
Kohlenhydrate 27 g
Ballaststoffe 1 g
Cholesterin 98 mg

1 Das Mehl in eine Schüssel sieben und eine Mulde hineindrücken. In einer Tasse die Hefe und den Zucker in der Milch auflösen und in die Mulde gießen. Das Salz auf den Rand streuen. Die Eier verquirlen und auf die Hefe geben. Alle Zutaten unter das Mehl arbeiten. Den Teig mit den Händen kräftig kneten. Die Schüssel mit Folie bedeckt 2 Stunden an einem warmen Ort gehen lassen.

2 Den Teig erneut kräftig durchkneten. Die Butter in dünne Scheiben schneiden und nach und nach unter den Teig arbeiten. Diesen für 1 weitere Stunde in den Kühlschrank stellen und danach wieder kräftig durchkneten. Dann 12 Stunden über Nacht im Kühlschrank ruhen lassen.

3 Am nächsten Morgen die Briocheförmchen mit zerlassener Butter auspinseln. Den Teig auf der leicht bemehlten Arbeitsfläche erst zu einer Kugel, dann zu einer langen Rolle formen und in 16 gleich große Stücke teilen.

4 Den Backofen auf 200 °C (Gas Stufe 3–4) vorheizen. Von jedem Teigstück etwa ein Fünftel abnehmen. Aus jeder größeren Portion eine Kugel formen, in die Briocheförmchen setzen und mit dem Zeigefinger eine Vertiefung eindrücken.

5 Das Ei mit dem Mineralwasser verquirlen und die Vertiefungen damit einpinseln. Die kleinen Teigstücke ebenfalls zu Kugeln formen und jeweils in die Vertiefungen hineinsetzen.

6 Die Brioches zugedeckt 15 Minuten an einem warmen Ort gehen lassen, dann im Backofen etwa 20 bis 25 Minuten goldgelb backen.

Info: Brioches sind sozusagen ein Stück französische Lebensart. Wenn man an ein typisch französisches Frühstück denkt, gibt es nur zwei Alternativen: Croissants oder Brioches. Sie sind aber auch als eine Art zweites Frühstück oder Snack zwischendurch in Cafés und Bars sehr beliebt.

Rosinenbrötchen

Für 12 Stück

50 g Rosinen • 50 g Haselnüsse
21 g Hefe (1/2 Würfel) • 1 Tasse Buttermilch
2 Eier • 1 TL Jodsalz
1 Prise Zimt • 1 TL Waldhonig
250 g Weizenvollkornmehl • 2 EL Keimöl
Butter für das Blech

1 Die Rosinen waschen und abtropfen lassen. Die Haselnüsse mit einem Messer grob hacken. Die Hefe zerbröckeln und in 2 Esslöffeln lauwarmem Wasser auflösen. In einer Rührschüssel mit 2 weiteren Esslöffeln Wasser, Buttermilch, Eiern, Salz, Zimt und Honig vermischen. Mit dem Weizenvollkornmehl, den gehackten Nüssen und den Rosinen verkneten. Den Teig zugedeckt bei Zimmertemperatur 1 Stunde gehen lassen.

2 Den Teig noch einmal kräftig durchkneten und das Keimöl einarbeiten. Eine Rolle formen, in 12 gleich große Teile schneiden und aus diesen runde Brötchen formen. Ein Backblech mit Butter einfetten und die Brötchen darauf setzen. Das Gebäck kreuzweise einschneiden und zugedeckt nochmals an einem warmen Ort 10 bis 20 Minuten gehen lassen.

3 Inzwischen den Backofen auf 260 °C (Gas Stufe 6–7) vorheizen. Eine feuerfeste Schale mit kochend heißem Wasser in den Backofen stellen. Die Brötchen mit Wasser bepinseln. Die Backtemperatur auf 240 °C (Gas Stufe 5–6) reduzieren und das Gebäck 20 bis 30 Minuten goldgelb backen.

4 Die fertigen Rosinenbrötchen auf einem Kuchengitter abkühlen lassen.

Pro Stück:
kJ/kcal 625/150
Eiweiß 5 g, Fett 6 g
Kohlenhydrate 17 g
Ballaststoffe 3 g
Cholesterin 40 mg

Info: Rosinen sind getrocknete Weinbeeren, für die verschiedene Rebsorten verwendet werden. Zu ihrer Gewinnung bleiben die Trauben bis zur Überreife am Rebstock und werden nach der Lese getrocknet. Mit Ausnahme der Traubenrosinen werden die Beeren dafür von den Trauben abgestreift. Wie bzw. wo sie getrocknet werden, ob in der Sonne, im Schatten oder in speziellen Trockenanlagen, beeinflusst wie die Rebsorte auch den Geschmack.
Der Name »Rosinen« wird meist als Überbegriff oder Synonym für Korinthen und Sultaninen verwendet. Korinthen sind etwa erbsengroß, kernlos und haben eine schwarzviolette bis braunschwarze, matte Farbe. Sie haben einen ausgeprägten süßsäuerlichen Geschmack. Sultaninen sind etwas größer und rund bis leicht oval. Ihre goldgelbe bis rötlichbraune Farbe deutet schon auf ihren honigsüßen Geschmack hin.

Sesam-Kürbiskern-Schnecken

Für 8 Stück

400 g Weizenmehl (Type 550) • 21 g Hefe (1/2 Würfel)
1 TL Zucker • 50 g Haferschmelzflocken
1 TL Salz • 1 Ei • 100 g Naturjoghurt
60 g weiche Butter • 5 EL Mineralwasser
1 TL Salz • 2 EL Sesam • 4 EL Kürbiskerne

Pro Stück:
kJ/kcal 1406/336
Eiweiß 10 g, Fett 12 g
Kohlenhydrate 43 g
Ballaststoffe 2 g
Cholesterin 50 mg

1 Das Mehl in eine Schüssel sieben und eine Mulde hineindrücken. Die Hefe in die Mulde bröckeln und mit dem Zucker und etwas lauwarmem Wasser verrühren. Den Teig leicht mit Mehl bestäuben und zugedeckt an einem warmen Ort etwa 10 Minuten gehen lassen.

2 1/8 Liter Wasser, Haferschmelzflocken, Salz, Ei, Joghurt und Butter dazugeben und alles zu einem glatten Teig verkneten. Zugedeckt an einem warmen Ort 30 Minuten ruhen lassen.

3 Den Teig noch einmal durchkneten, in 8 gleich große Portionen teilen. Jedes Stück auf der leicht bemehlten Arbeitsfläche zu einem etwa 40 Zentimeter langen Strang rollen, diesen locker zu einer Schnecke zusammenlegen und auf ein mit Backpapier belegtes Blech setzen. Zugedeckt noch einmal 30 Minuten an einem warmen Ort gehen lassen.

4 Den Backofen auf 200 °C (Gas Stufe 3–4) vorheizen. Das Mineralwasser mit dem Teelöffel Salz verrühren. Die Schnecken damit bepinseln, mit Sesam und Kürbiskernen bestreuen und im Backofen etwa 15 bis 20 Minuten backen. Das Gebäck auf dem Blech auskühlen lassen.

Variante: Wenn Ihnen der Hefeteig mit Haferschmelzflocken zu neutral ist und Sie ein etwas pikanteres Gebäck wünschen, können Sie auch eine charaktervollere Ergänzung wählen. Am besten eignen sich dafür geriebene Haselnüsse, Rosinen oder auch Mohn. An Nüssen benötigt man 50 bis 100 Gramm, während bei Mohn und Rosinen 50 Gramm ausreichen. Anstatt der Sesam- und Kürbiskerne können Sonnenblumenkerne verwendet werden. Auch die Form kann variiert werden, kleine Zöpfe oder Hörnchen sind aus diesem Teig ebenfalls herzustellen.

Info: Sesamsamen, die es weiß und schwarz, je nach Sorte gibt, und Kürbiskerne dienen hauptsächlich der Dekoration und der Abrundung des Geschmacks. Leicht geröstet entfalten sie ihr Aroma am besten. Sie sind aber auch reich an Nährstoffen. Beide enthalten verhältnismäßig viel Zink und Eisen, Sesam ist zudem noch reich an Niazin. Auch Sonnenblumenkerne sind eine gute Alternative, sie enthalten Vitamin B1, B6 und Kalium.

Buttermilchzöpfchen

Für 8 Stück

500 g Weizenmehl
21 g Hefe (1/2 Würfel) • 1 TL Zucker
150 g Buttermilch • 60 g weiche Butter
1 TL Salz • 1 Eigelb zum Bestreichen

1 Das Weizenmehl in eine Schüssel sieben und eine Mulde hineindrücken. Die Hefe in die Mulde bröckeln und mit dem Zucker und der lauwarmen Buttermilch verkneten. Den Teig leicht mit Mehl bestäuben und zugedeckt an einem warmen Ort etwa 10 Minuten gehen lassen.

2 Den Teig auf der leicht bemehlten Arbeitsfläche noch einmal durchkneten und in 8 gleich große Portionen teilen. Jede Portion dritteln und jedes Drittel zu einer ungefähr 20 Zentimeter langen Rolle formen. Je 3 Rollen zu einem Zopf flechten und auf ein mit Backpapier belegtes Blech setzen. Die Zöpfe zugedeckt noch 30 Minuten ruhen lassen.

3 Inzwischen den Backofen auf 200 °C (Gas Stufe 3–4) vorheizen. Die Zöpfchen mit verquirltem Eigelb bestreichen und im Backofen in etwa 20 Minuten goldgelb backen.

Pro Stück:
kJ/kcal 1310/313
Eiweiß 8 g, Fett 8 g
Kohlenhydrate 48 g
Ballaststoffe 1 g
Cholesterin 58 mg

Noch warme, selbst gemachte Buttermilchzöpfchen sind ein ideales Sonntagsfrühstück.

269

Müsli-Nuss-Brötchen

Für 12 Stück

400 g Weizenvollkornmehl • 42 g Hefe (1 Würfel)
6 EL lauwarme Milch • 2 EL Zuckerrübensirup
5 Korianderkörner • 1/2 TL gemahlener Zimt • 200 g lauwarme saure Sahne
2 Eier • 1/2 TL Meersalz • 100 g kernige Müslimischung
1 TL Butter für das Backblech • 1 Eigelb zum Bestreichen
2 EL Mineralwasser • 20 g gehackte Haselnüsse zum Bestreuen

Pro Stück:
kJ/kcal 927/222
Eiweiß 8 g, Fett 7 g
Kohlenhydrate 28 g
Ballaststoffe 4 g
Cholesterin 15 mg

1 Das Mehl in eine Schüssel sieben und eine Mulde hineindrücken. Die Hefe hineinbröckeln, mit lauwarmer Milch, etwas Mehl und 1 Esslöffel Zuckerrübensirup glatt rühren. Den Vorteig an einem warmen Ort zugedeckt 20 Minuten gehen lassen.

2 Die Korianderkörner zerstoßen, mit Zimt, saurer Sahne, Eiern, dem übrigen Sirup, Salz und der Müslimischung zum Teig geben, gut verkneten und nochmals zugedeckt 30 Minuten gehen lassen.

3 Ein Backblech mit Butter bestreichen. Den Teig nochmals durchkneten, zu einer Rolle formen, in 12 gleich große Scheiben schneiden und aus diesen Brötchen formen.

4 Die Brötchen auf das Blech setzen. Mit Eigelb und Mineralwasser bestreichen. Die gehackten Nüsse darüber streuen und leicht andrücken. 10 Minuten zugedeckt gehen lassen.

5 Den Backofen auf 200 °C (Gas Stufe 3–4) vorheizen und die Brötchen 25 bis 30 Minuten goldbraun backen.

Walnusskuchen

Für 12 Stücke

250 g Butter • 200 g Rapshonig • Jodsalz
4 Eier • 250 g Weizenvollkornmehl • 1/2 TL Backpulver
200 g gemahlene Walnüsse • Butter für die Form

Pro Stück:
kJ/kcal 1520/364
Eiweiß 8 g, Fett 23 g
Kohlenhydrate 28 g
Ballaststoffe 3 g
Cholesterin 130 mg

1 Butter mit Honig und Jodsalz schaumig schlagen und nach und nach die Eier dazugeben.

2 Das Weizenvollkornmehl mit dem Backpulver und den Wal-nüssen mischen und unter die Buttermasse ziehen.

3 Den Teig in eine Kastenform füllen und bei 180 °C (Gas Stufe 2–3) 60 Minuten backen.

Nussiger Möhrenkuchen

Für 12 Stücke

5 Eier • 120 g Honig • 1 Messerspitze gemahlene Nelken
1 Messerspitze gemahlener Zimt • 4 cl Kirschwasser
4 Möhren • 250 g gemahlene Haselnüsse
80 g Weizenmehl • Butter für die Form

1 Die Eier trennen. Die Eigelbe und den Honig zusammen mit Nelken, Zimt und Kirschwasser schaumig schlagen.

2 Den Backofen auf 200 °C (Gas Stufe 3–4) vorheizen.

3 Die Möhren putzen, waschen, schälen und fein raspeln. Mit den geriebenen Haselnüssen vermischen und unter die Eimasse heben. Anschließend das Mehl ebenfalls dazugeben.

4 Eiweiß steif schlagen und locker unter die Eigelbmasse heben. Den Teig in eine ausgebutterte Springform geben. Die Torte etwa 40 Minuten backen.

Pro Stück:
kJ/kcal 959/229
Eiweiß 5 g, Fett 14 g
Kohlenhydrate 16 g
Ballaststoffe 2 g
Cholesterin 42 mg

Linzer Torte

Für 14 Stücke

100 g Kleehonig • 125 g Butter • 2 Eier
1 EL gemahlener Zimt • 1 Messerspitze gemahlene Nelken
Schale von 1 Zitrone • 4 cl Himbeergeist
120 g gemahlene Haselnüsse • 1 TL Backpulver
300 g Weizenvollkornmehl • Butter für die Form
100 g Himbeermarmelade • 1 Eigelb

1 Den Kleehonig, die Butter und die Eier schaumig schlagen. Die Gewürze, den Himbeergeist und die Haselnüsse dazugeben. Zum Schluss mit Backpulver und Vollkornmehl verkneten. Den Teig 30 Minuten kalt stellen.

2 Den Backofen auf 200 °C (Gas Stufe 3–4) vorheizen.

3 2/3 des Teigs ausrollen und in eine gebutterte Springform legen.

Den restlichen Teig zu einer 5 Millimeter dicken Platte ausrollen und kühl stellen.

4 Den Teigboden mit der Himbeermarmelade bestreichen. Die gekühlte Teigplatte mit einem Rädchen in Streifen schneiden. Mit einem Teil einen Rand formen. Die restlichen Streifen gitterförmig auf die Torte legen und mit dem verquirlten Eigelb bepinseln. Die Torte 30 bis 40 Minuten backen.

Pro Stück:
kJ/kcal 1119/268
Eiweiß 5 g, Fett 15 g
Kohlenhydrate 24 g
Ballaststoffe 3 g
Cholesterin 78 mg

Es muss nicht immer Sahne sein – Frischkäse ist ein guter Ersatz als Windbeutelfüllung.

Erdnusstaler

Für 30 Stück

120 g Erdnusskerne • 250 g Weizenmehl (Type 1050)	
1/2 TL Jodsalz • 100 g Butter • 1 Ei • 2 EL saure Sahne	
1 Eigelb zum Bestreichen • 1 EL Mineralwasser	

Pro Stück:
kJ/kcal 365/87
Eiweiß 3 g, Fett 5 g
Kohlenhydrate 6 g
Ballaststoffe 1 g
Cholesterin 27 mg

1 50 Gramm der Erdnusskerne hacken. Diese mit Weizenmehl, Jodsalz, kalter Butter, Ei und saurer Sahne zu einem glatten Teig verarbeiten. Den Teig zu einer Kugel formen, in Folie wickeln und 30 Minuten in den Kühlschrank stellen.

2 Den Teig nochmals durchkneten und auf einer bemehlten Fläche etwa 3 Millimeter dick ausrollen. Kreise von 5 Zentimeter Durchmesser ausstechen und auf ein mit Backpapier ausgelegtes Backblech setzen. Eigelb und Mineralwasser verquirlen, die Plätzchen damit bestreichen. Die restlichen Erdnusskerne grob hacken und die Kekse damit bestreuen.

3 Die Plätzchen im Backofen bei 220 °C (Gas Stufe 4–5) etwa 12 bis 15 Minuten backen, bis sie leicht gebräunt sind. Die Erdnusstaler sofort nach dem Backen vom Backblech nehmen und auf einem Kuchengitter auskühlen lassen.

Hausgemachte Rumkugeln

Für 30 Stück

---

50 g weiche Butter • 250 g Zartbitterschokolade

100 g Sahne • 4 cl Rum

gemahlener Zimt • 80 g Schokoraspeln

---

1 Die Butter weich werden lassen. Die Schokolade in kleinere Stücke brechen. Sahne mit Rum und Zimt aufkochen und die Schokolade in der Sahne schmelzen lassen. Die Masse darf jetzt nicht mehr kochen. Alles abkühlen lassen.

2 Die weiche Butter in kleinen Flöckchen über die Schokoladenmasse verteilen, mit den Quirlen des Handrührgeräts schaumig schlagen, in Folie einpacken und im Kühlschrank etwa 4 Stunden kalt stellen.

3 Die Pralinenmasse zu einer Rolle formen und in 30 gleich große Stücke teilen. Anschließend zu Kugeln drehen und in den Schokoraspeln wälzen. Die Rumkugeln in Pralinenmanschetten setzen und kühl lagern.

Pro Stück:

kJ/kcal 338/81
Eiweiß 1 g, Fett 5 g
Kohlenhydrate 5 g
Ballaststoffe 1 g
Cholesterin 8 mg

Beerenwindbeutel

Für 8 Stück

1/4 l Milch • 50 ml Keimöl • Salz • 150 g Mehl

4 Eier • 200 g Erdbeeren • 250 g körniger Frischkäse

2 EL Staubzucker

---

1 Milch, Keimöl und Salz zum Kochen bringen. Das Mehl hineinrühren und so lange rühren (abbrennen), bis sich die Masse als Kloß vom Topfboden löst. Den Topf vom Herd nehmen und den Teig in eine Schüssel geben.

2 Den Teig etwas auskühlen lassen. Nach und nach die Eier unterrühren.

3 Den Teig in einen Spritzbeutel mit Sterntülle füllen und auf ein mit Backpapier ausgelegtes Blech 8 Rosetten in ausreichendem Abstand spritzen.

4 Die Windbeutel im auf 220 °C (Gas Stufe 4–5) vorgeheizten Backofen etwa 25 bis 30 Minuten backen, sofort halbieren und auskühlen lassen.

5 Die Erdbeeren putzen, waschen, in kleine Stücke schneiden, mit dem Frischkäse vermengen und mit Zucker süßen. Die Erdbeer-Frischkäse-Masse in die Windbeutel füllen.

Pro Stück:

kJ/kcal 1048/251
Eiweiß 11 g, Fett 12 g
Kohlenhydrate 20 g
Ballaststoffe 2 g
Cholesterin 128 mg

Tortelets

Für 8 Stück

150 g Weizenmehl (Type 405)
1/4 TL Backpulver • 50 g Zucker
Jodsalz • 1 Ei • 50 g Butter

Pro Stück:
kJ/kcal 643/154
Eiweiß 3 g, Fett 6 g
Kohlenhydrate 20 g
Ballaststoffe 1 g
Cholesterin 45 mg

1 Das Mehl mit dem Backpulver auf ein Brett sieben und mit Zucker, Salz, Ei und Butterflöckchen rasch zu einem glatten Teig verkneten. In Folie wickeln und etwa 1 Stunde in den Kühlschrank stellen.

2 Den Backofen auf 170 °C (Gas Stufe 2) vorheizen.

3 Den Teig in 8 Tortelettförmchen drücken, überstehende Ränder abschneiden. Die Törtchen im Backofen bei 170 °C (Gas Stufe 2) 10 bis 15 Minuten backen.

4 Die Tortelets vorsichtig aus den Formen lösen. Nach dem Erkalten noch warm nach Belieben füllen.

Tipp: Diese Tortelets sind ideal für Füllungen aller Art. Frische Beeren mit Sahne, marinierte Früchte aller Art, kalte Kompotts und feine Cremes finden in ihnen die passende Präsentation. Sie können z.B. eine Creme aus 125 Gramm Mascarpone, der mit 2 Esslöffeln geschlagener Sahne, 1 Eigelb, 1/2 Päckchen Vanillezucker, 40 Gramm Zucker und etwas Zitronensaft glatt gerührt wurde, verwenden.

Haselnusskuchen

Für 12 Stücke

80 g Butter • 120 g Zucker • 2 Eier • Salz
1 EL Rum • 100 g gemahlene Haselnüsse
3 EL Milch • 200 g Mehl
1/2 Päckchen Backpulver • 1 TL Butter zum Einfetten

Pro Stück:
kJ/kcal 963/230
Eiweiß 4 g, Fett 13 g
Kohlenhydrate 22 g
Ballaststoffe 2 g
Cholesterin 58 mg

1 Den Backofen auf 170 °C (Gas Stufe 2) vorheizen.

2 Butter und Zucker schaumig schlagen. Die Eier nach und nach dazugeben. Salz und Rum unter die Mischung rühren. Haselnüsse und Milch unter den Teig ziehen.

3 Das Mehl mit Backpulver mischen, auf den Teig sieben und unterrühren.

4 Den Teig in eine gefettete Kastenform füllen und im Backofen bei 170 °C (Gas Stufe 2) etwa 40 bis 45 Minuten backen.

Kümmelstangen

Für 30 Stück

300 g Mehl • 1 TL Backpulver • 200 g Butter
2 EL Crème fraîche • 1 TL Jodsalz
1 Eigelb • 2 TL Kümmel (ganz)

Pro Stück:
kJ/kcal 383/92
Eiweiß 1 g, Fett 6 g
Kohlenhydrate 7 g
Ballaststoffe 1 g
Cholesterin 27 mg

1 Das Mehl mit dem Backpulver mischen und in eine Schüssel sieben. Butter, Crème fraîche und Jodsalz dazugeben und alles zu einem glatten Teig verarbeiten; diesen in Folie wickeln und 30 Minuten in den Kühlschrank stellen.

2 Den Backofen auf 200 °C (Gas Stufe 3–4) vorheizen.

3 Den Teig auf einer bemehlten Arbeitsfläche zunächst zu einer langen Rolle formen, diese in 30 gleich große Stücke teilen und die Portionen in lange Röllchen drehen.

4 Die Teigstangen vorsichtig auf ein mit Backpapier ausgelegtes Blech geben, mit Eigelb bestreichen und mit Kümmel bestreuen. Die Kümmelstangen im vorgeheizten Backofen bei 200 °C (Gas Stufe 3–4) etwa 12 bis 15 Minuten backen.

Gedrehte Käsestangen

Für 30 Stück

21 g Hefe (1/2 Würfel) • 1 Tasse lauwarme Milch
300 g Mehl • 1/2 TL Jodsalz
50 ml Rapsöl • 220 g geriebener Emmentaler
2 Eigelbe • 15 g Leinsamen (ganz)

Pro Stück:
kJ/kcal 327/78
Eiweiß 3 g, Fett 4 g
Kohlenhydrate 7 g
Ballaststoffe 1 g
Cholesterin 25 mg

1 Die Hefe zerbröckeln und mit der lauwarmen Milch verrühren, bis sich alle Klümpchen gelöst haben. Mit Mehl, Jodsalz und Rapsöl zu einem glatten Teig verkneten und gehen lassen, bis sich das Volumen verdoppelt hat.

2 Den Backofen auf 220 °C (Gas Stufe 4–5) vorheizen.

3 Den Teig etwa 4 Millimeter dick ausrollen und in zwei Hälften schneiden. Eine Hälfte mit Eigelb bestreichen und den geriebenen Käse darauf streuen. Die andere Teighälfte auflegen. Erneut 4 Millimeter dick ausrollen, in 2,5 Zentimeter breite und 15 Zentimeter lange Stücke schneiden, mit Eigelb bestreichen und mit Leinsamen bestreuen. Die Streifen einmal um die eigene Achse drehen, auf ein Blech legen und im Backofen bei 220 °C (Gas Stufe 4–5) 20 Minuten backen.

Blätterteigtorte
mit Joghurt-Erdbeer-Füllung

Für 16 Stücke

400 g Blätterteig (4 Platten) • 1 Eigelb • 6 Blatt weiße Gelatine
500 g Erdbeeren oder andere Beeren der Saison
500 g Naturjoghurt (oder Fruchtjoghurt) • Mark von 1 Vanilleschote
2 EL Zitronensaft • 100 g Fruchtzucker
300 g Sahne • 100 g Sahne zur Dekoration

Pro Stück:
kJ/kcal 1069/256
Eiweiß 5 g, Fett 24 g
Kohlenhydrate 23 g
Ballaststoffe 1 g
Cholesterin 99 mg

1 Den Backofen auf 200 °C (Gas Stufe 3–4) vorheizen.

2 Die Blätterteigplatten auftauen und leicht ausrollen. Mit einem Springformrand 4 Böden ausstechen, diese mit verquirltem Eigelb bestreichen und bei 200 °C (Gas Stufe 3–4) etwa 12 bis 15 Minuten goldgelb backen. Die Blätterteigböden auf ein Kuchengitter legen und auskühlen lassen.

3 Die Gelatineblätter in etwas kaltem Wasser einweichen, ausdrücken, in frischem Wasser erhitzen und darin unter Rühren auflösen. Die Erdbeeren putzen und waschen.

4 Für die Füllung den Joghurt mit Vanillemark, Zitronensaft und dem Fruchtzucker mischen. Die Gelatine unter die Joghurtmasse rühren. Die Sahne steif schlagen und unter die Füllung heben, sobald der Joghurt zu gelieren beginnt.

5 In eine Springform einen Blätterteigboden einsetzen, dann 1/3 der Füllung auf den Boden verteilen und die Hälfte der Erdbeeren darüber streuen. Es folgen wieder ein Blätterteigboden, das nächste Drittel der Joghurtmasse und die restlichen Erdbeeren. Zum Schluss noch einen Blätterteigboden auf die Erdbeerschicht setzen und die restliche Füllung darauf glatt streichen.

6 Die Torte im Kühlschrank etwa 4 bis 5 Stunden durchkühlen lassen und mit etwas geschlagener Sahne und dem in Fächer geschnittenen, letzten Blätterteigboden garnieren.

Info: Für einen Blätterteig werden zwei verschiedene Teige miteinander verarbeitet. Ein Teig besteht aus Mehl und Wasser, der andere aus einem Fettstoff, z. B. Butter oder Margarine, dem nur zur besseren Verarbeitung etwas Mehl zugefügt wird.
Beim deutschen Blätterteig wird der Fetteig in den Mehlteig eingeschlagen, beim französischem ist es genau andersherum. Durch wiederholtes Ausrollen und Übereinanderschlagen des Teigs entsteht eine feine Teig-Fett-Schichtung. Das Fett trennt die einzelnen Teigschichten. Darum kann der während des Backens entstehende Wasserdampf Schicht um Schicht etwas anheben.

Eierlikörkuchen

Für 12 Stücke

200 g Butter • 200 g Zucker
4 Eier • 1 Päckchen Vanillezucker
Salz • 1 TL Zitronensaft
1 Vanilleschote • 100 ml Eierlikör • 200 g Mehl
80 g Weizenstärke • 1 Päckchen Backpulver
Butter und Mehl für die Form

1 Die weiche Butter mit Zucker, Eiern, Vanillezucker, Salz und etwas Zitronensaft leicht schaumig rühren. Die Vanilleschote halbieren, das Mark herauskratzen und mit dem Eierlikör dazugeben.

2 Den Backofen auf 180 °C (Gas Stufe 2–3) vorheizen.

3 Das Mehl, die Weizenstärke und das Backpulver vermischen und in eine Schüssel sieben. Das Mehlgemisch unter die Eiermasse rühren, bis ein glatter Teig entstanden ist.

4 Eine Kuchenform ausbuttern und mit Mehl bestäuben. Den Teig in die Form füllen und im Backofen bei 180 °C (Gas Stufe 2–3) etwa 40 bis 50 Minuten backen. Den Kuchen aus der Form stürzen und auskühlen lassen.

Pro Stück:
kJ/kcal 1403/336
Eiweiß 5 g, Fett 17 g
Kohlenhydrate 36 g
Ballaststoffe 2 g
Cholesterin 132 mg

Leichte Köstlichkeit aus dem Kühlschrank; dennoch sollte ein Stück der Blätterteigtorte wegen der Sahne eher die Ausnahme bleiben.

277

Snacks und kleine Gerichte für abends

Besuch am Abend, der kleine Appetit nach einem anstren-
genden Tag oder einfach die Lust auf einen Snack –
in diesem Kapitel finden Sie Rezepte, wie Sie
solchen Situationen gerecht werden können.
Sie belasten den Magen nicht mehr
sonderlich, kommen aber den
lukullischen Bedürfnissen auf das
Angenehmste nach.

Geräucherte Entenbrust an Rohkostsalat

Für 2 Portionen

1 Birne • 80 g Zucchini • 2 Möhren
Saft von 1/2 Zitrone • 4 EL Gemüsebrühe
2 EL Olivenöl • 1 TL Honig
Jodsalz • Pfeffer aus der Mühle
220 g geräucherte Entenbrust • 1 EL Kürbiskerne

Pro Portion:
kJ/kcal 1885/451
Eiweiß 23 g, Fett 32 g
Kohlenhydrate 12 g
Ballaststoffe 4 g
Cholesterin 88 mg

1 Die Birnen waschen und entkernen. Die Zucchini waschen. Die
Möhren schälen. Möhren, Birnen
und Zucchini in dünne Streifen
schneiden.

2 Zitronensaft, Gemüsebrühe und
Olivenöl miteinander verrühren.
Die Marinade mit Honig, Jodsalz
und Pfeffer aus der Mühle würzen.
Den Salat damit anmachen, abschmecken und auf zwei Teller verteilen, so dass jeweils eine Hälfte
bedeckt ist.

3 Die Entenbrust in dünne Scheiben schneiden und fächerförmig an
den Salat legen.

4 Die Kürbiskerne ohne Fettzugabe in einer Pfanne anrösten und
über das Gericht streuen.

Gebratene Poulardenbrust mit Avocado

Für 2 Portionen

220 g Poulardenbrust • 1 Rosmarinzweig • Jodsalz
Pfeffer aus der Mühle • 1 EL Keimöl zum Braten
2 reife Avocados • 200 g Kirschtomaten
1/2 Zwiebel • 60 g Frischkäse
Saft von 1/2 Zitrone • 8 EL Gemüsebrühe

1 Die Poulardenbrust mit dem Rosmarin spicken, indem man mit einem Löffelstiel die Haut vom Fleisch löst und den Rosmarinzweig darunter schiebt. Die Poulardenbrust mit Jodsalz und Pfeffer von beiden Seiten würzen.

2 Das Keimöl erhitzen, die Poulardenbrust auf der Hautseite langsam anbraten lassen, wenden und in etwa 10 Minuten auf den Punkt braten.

3 Inzwischen die beiden Avocados schälen, längs halbieren und die Kerne entfernen. Eine Hälfte zur Seite legen, den Rest in etwa 1/2 Zentimeter dicke Streifen schneiden. Die Kirschtomaten waschen, den Stielansatz entfernen und die Tomaten je nach Größe halbieren oder vierteln.

4 Die Zwiebel abziehen, fein würfeln und mit den Kirschtomaten und Avocadostreifen mischen. Mit etwas Jodsalz und Pfeffer aus der Mühle würzen.

5 Mit einer Gabel die restliche 1/2 Avocado zusammen mit dem Frischkäse zerdrücken und mit dem Zitronensaft glatt rühren. Die Gemüsebrühe hinzufügen und zu einer sämigen Sauce verrühren. Mit Jodsalz und Pfeffer aus der Mühle pikant abschmecken.

6 Den Rosmarinzweig aus der Poulardenbrust entfernen.

7 Den Avocado-Kirschtomaten-Salat auf zwei Teller verteilen und die Sauce darüber träufeln.

8 Die Poulardenbrust in etwa 1 Zentimeter dicke Scheiben schneiden und fächerförmig auf den Salat legen.

Pro Portion:
kJ/kcal 3516/841
Eiweiß 37 g, Fett 65 g
Kohlenhydrate 15 g
Ballaststoffe 8 g
Cholesterin 77 mg

Info: Zwar hat die Avocado für eine Frucht einen außergewöhnlich hohen Fettgehalt, nämlich 20 Prozent, wovon ein großer Teil die essenziellen Fettsäuren Linol- und Linolensäure sind. Da die Frucht auch zahlreiche Enzyme enthält, die die Fettaufspaltung erleichtern, ist sie dennoch leicht verdaulich. Avocados besitzen zudem einen relativ hohen Eiweißgehalt und viel Vitamin C und B6.

Rosa gebratenes Lammfilet an Apfel-Gurken-Rohkost

Für 2 Portionen

100 g Gurke • 1 Apfel • 2 frische Dillzweige
2 Knoblauchzehen • 60 g Naturjoghurt • Jodsalz
Pfeffer aus der Mühle • Zucker • 260 g Lammfilet
1 Bund Bohnenkraut • 1 EL Butterschmalz zum Braten

Pro Portion:
kJ/kcal 1379/330
Eiweiß 18 g, Fett 21 g
Kohlenhydrate 13 g
Ballaststoffe 2 g
Cholesterin 88 mg

1 Die Gurke schälen, halbieren, entkernen und in dünne Scheiben schneiden. Den Apfel waschen, schälen, vierteln und entkernen. Das Fruchtfleisch würfeln und mit den Gurkenscheiben vermischen.

2 Dillspitzen von den Zweigen zupfen, einige zum Garnieren zur Seite legen, den Rest fein hacken.

3 1 Knoblauchzehe abziehen, klein würfeln und mit dem Naturjoghurt verrühren. Dill dazugeben und mit Jodsalz, Pfeffer und Zucker mild abschmecken.

4 Die Lammfilets salzen, pfeffern, mit dem gehackten Bohnenkraut und 1 zerdrückten Knoblauchzehe würzen und in Butterschmalz rundherum anbraten. In etwa 8 Minuten rosa braten.

5 Den Gurken-Apfel-Salat auf zwei Teller geben, die Lammfilets aufschneiden, dazulegen und mit Dillspitzen garnieren.

Tomaten-Zucchini-Bruschetta

Für 2 Portionen

1 Fleischtomate • 1 Zucchini • 1 Knoblauchzehe
1 EL Olivenöl • Jodsalz • Pfeffer aus der Mühle
einige Basilikumblätter • 8 Scheiben Baguette

Pro Portion:
kJ/kcal 1103/264
Eiweiß 7 g, Fett 6 g
Kohlenhydrate 42 g
Ballaststoffe 3 g
Cholesterin 0 mg

1 Die Tomate blanchieren, abziehen und entkernen. Das Tomatenfruchtfleisch und die Zucchini in kleine Würfel schneiden. Die Knoblauchzehe abziehen und fein hacken.

2 Die Zucchiniwürfel und den Knoblauch in Olivenöl andünsten. Die Tomatenwürfel zugeben und mit Jodsalz und Pfeffer würzen.

3 Die Basilikumblätter in Streifen schneiden und untermischen.

4 Die Baguettescheiben goldbraun rösten und mit dem warmen Gemüse bestreichen.

Gebratenes Kalbscarpaccio in Apfelbalsamico

Für 2 Portionen

200 g Kalbsfilet • I TL Butterschmalz
2 EL Kalbsfond • I TL Waldhonig
I EL Balsamicoessig • 2 EL Olivenöl • Jodsalz
I TL rosa Beeren • 1/2 Apfel
Pfeffer aus der Mühle • scharfer Senf nach Geschmack

1 Das Kalbsfilet im Gefrierfach leicht anfrosten.

2 Das Butterschmalz in einer Pfanne erhitzen. Das Kalbsfilet in dünne Scheiben schneiden, von beiden Seiten anbraten und auf zwei flache Teller verteilen.

3 In der Zwischenzeit den Kalbsfond zusammen mit dem Honig leicht erwärmen, Balsamicoessig und Olivenöl dazugeben, mit einem Schneebesen zu einer Sauce verrühren und mit Jodsalz und rosa Beeren würzen.

4 Den Apfel schälen, vierteln, entkernen und das Fruchtfleisch in kleine Würfel schneiden. Das Dressing über die Apfelstückchen geben und mit Jodsalz, etwas Senf und Pfeffer abschmecken. Die Fruchtwürfel auf das gebratene Kalbscarpaccio verteilen.

Pro Portion:
kJ/kcal 635/152
Eiweiß 0 g, Fett 14 g
Kohlenhydrate 6 g
Ballaststoffe 1 g
Cholesterin 10 mg

Lunchsandwich

Für 2 Portionen

I Stange Staudensellerie • 60 g Ananasfruchtfleisch
2 EL Salatmayonnaise
2 TL Mangochutney (Fertigprodukt)
4 Scheiben Weizenbrot • 4 Scheiben Geflügelaufschnitt
Pfeffer aus der Mühle • I TL Kürbiskerne

1 Den Staudensellerie putzen, waschen und in feine Scheiben schneiden. Das Ananasfruchtfleisch klein schneiden.

2 Mayonnaise und Mangochutney verrühren und mit Pfeffer aus der Mühle würzen.

3 2 Brotscheiben mit der Mayonnaise bestreichen und mit Sellerie, Ananasstückchen und Geflügelaufschnitt belegen. Mit frisch gemahlenem Pfeffer und Kürbiskernen bestreuen. Die belegten Brote mit jeweils 1 Scheibe Brot zu Sandwiches zusammenklappen.

Pro Portion:
kJ/kcal 2324/556
Eiweiß 22 g, Fett 21 g
Kohlenhydrate 61 g
Ballaststoffe 4 g
Cholesterin 58 mg

281

Lauwarme Miesmuscheln

Für 2 Portionen

1 Fenchelknolle • 2 Möhren • 50 g Feldsalat
Saft von 1/2 Zitrone • 2 EL Keimöl • 1 EL Rosinen • 1 TL Kapern
Jodsalz • Pfeffer aus der Mühle • Zucker
100 g ausgelöste Miesmuscheln (aus der Dose)

Pro Portion:
kJ/kcal 1212/290
Eiweiß 7 g, Fett 21 g
Kohlenhydrate 14 g
Ballaststoffe 4 g
Cholesterin 42 mg

1 Die Fenchelknolle waschen, putzen und achteln. Das Fenchelgrün aufbewahren. Die Möhren schälen und längs in dünne Scheiben schneiden. Den Feldsalat putzen, waschen und in einer Salatschleuder trocknen.

2 Das Gemüse in leicht gesalzenem Wasser 1 bis 2 Minuten blanchieren und in einem Sieb abtropfen lassen. Das Kochwasser auffangen.

3 4 Esslöffel der Kochbrühe mit Zitronensaft, Keimöl, Rosinen und klein gehackten Kapern verrühren.

Mit Jodsalz, Pfeffer aus der Mühle und etwas Zucker würzen.

4 Die Muscheln mit kaltem Wasser abspülen und abtropfen lassen.

5 Die Gemüsebrühe erhitzen, bis sie lauwarm ist, und die Muscheln einlegen.

6 Die Fenchel- und Möhrenscheiben auf zwei Teller verteilen, den Feldsalat dazugeben, die Marinade mit den Miesmuscheln darüber verteilen und mit dem klein geschnittenen Fenchelgrün bestreut servieren.

Info: Direkt an der Küste erhalten Sie Miesmuscheln manchmal zwar auch im Sommer, Hauptsaison haben die Muscheln aber genau wie zu Großmutters Zeiten immer noch in den Monaten, die sich mit einem »r« schreiben. Das hängt damit zusammen, dass Muscheln während der warmen Jahreszeit laichen, ihr Fleisch in diesen Monaten also nicht so prall und aromatisch ist. Der Hauptgrund für den Verzicht auf Muscheln im Sommer waren früher allerdings vor allem Transportprobleme. Bevor die hoch empfindlichen Tiere im Binnenland ankamen, waren sie bei warmem Wetter oft schon verdorben. Dieses Problem besteht heute zwar nicht mehr, wurde aber von einem neuen ersetzt. In unseren überdüngten Küstengewässern, dem Lebensraum der Miesmuscheln, kommt es während der warmen Jahreszeit zu verstärkter Algenbildung. Dabei kann es vor allem in südeuropäischen Regionen dazu kommen, dass Muscheln auch Algen in sich aufnehmen. Deshalb werden sie auch heute noch in den meisten Ländern überwiegend erst ab September geerntet.

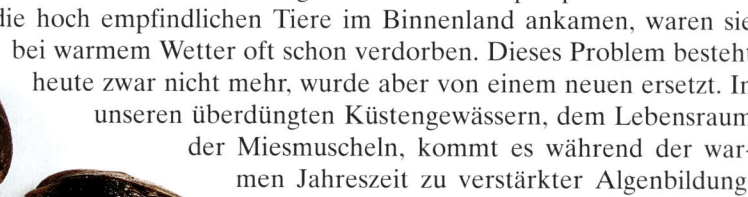

Vollkornsandwich mit Truthahnbrust

Für 2 Portionen

1 Ei • 3 EL Salatmayonnaise • Jodsalz • Currypulver
weißer Pfeffer • 2 Blätter Eisbergsalat
6 Radieschen • 4 Scheiben Vollkornbrot
4 Scheiben gekochte Truthahnbrust

Pro Portion:
kJ/kcal 1963/470
Eiweiß 27 g, Fett 18 g
Kohlenhydrate 43 g
Ballaststoffe 9 g
Cholesterin 169 mg

1 Das Ei hart kochen, abschrecken, pellen und in Scheiben schneiden.

2 Die Mayonnaise mit Jodsalz, Currypulver und weißem Pfeffer abschmecken.

3 Den Eisbergsalat waschen und gut abtropfen lassen. Die Radieschen putzen, waschen und in Scheiben schneiden.

4 Die Brotscheiben mit der Currymayonnaise bestreichen. 2 davon mit Salatblättern, Eischeiben, Truthahnbrust und Radieschenscheiben belegen. Die Brote zu Sandwiches zusammenklappen.

Mozzarellasandwich

Für 2 Portionen

125 g Mozzarella • 1 rote Zwiebel • 2 Eiertomaten
2 Blätter Kopfsalat • Basilikum
2 EL Speisequark • 1 EL Mineralwasser
Jodsalz • Pfeffer aus der Mühle • 4 Scheiben Roggenmischbrot

Pro Portion:
kJ/kcal 2078/497
Eiweiß 21 g, Fett 18 g
Kohlenhydrate 55 g
Ballaststoffe 8 g
Cholesterin 33 mg

1 Den Mozzarellakäse abtropfen lassen.

2 Die Zwiebel abziehen und in feine Ringe schneiden. Die Tomaten waschen und die Stielansätze entfernen. Mozzarella und Tomaten in Scheiben schneiden.

3 Den Salat und das Basilikum waschen und in einer Salatschleuder trocknen. Basilikum abzupfen und einige Blätter zum Garnieren beiseite legen. Die restlichen grob hacken.

4 Speisequark mit Mineralwasser glatt rühren und mit Jodsalz und Pfeffer aus der Mühle würzen. Den Quark mit dem Basilikum pikant abschmecken.

5 Die Brotscheiben mit dem Quark bestreichen, mit den übrigen Zutaten belegen und zu Sandwiches zusammenklappen.

283

Kartoffelplätzchen mit Räucherlachsscheiben

Für 2 Portionen

2 Kartoffeln • I Ei • I EL gehackter Kerbel
2 EL Schnittlauchröllchen
Jodsalz • Pfeffer aus der Mühle • I EL Butterschmalz
100 g Räucherlachs in Scheiben

Pro Portion:
kJ/kcal 1367/327
Eiweiß 19 g, Fett 21 g
Kohlenhydrate 10 g
Ballaststoffe 1 g
Cholesterin 164 mg

1 Die Kartoffeln schälen, waschen und abtrocknen.

2 Das Ei in einer Schüssel verquirlen.

3 Die Kartoffeln fein raspeln und sofort mit dem Ei vermischen. Kerbel und 1 Esslöffel Schnittlauchröllchen unterrühren. Mit Jodsalz und Pfeffer aus der Mühle würzen.

4 Aus der Kartoffelmasse mit einem Esslöffel kleine Plätzchen formen und in erhitztes Butterschmalz legen, etwas verstreichen und von beiden Seiten bei mittlerer Hitze in je 3 bis 4 Minuten knusprig braten.

5 Die Plätzchen auf flache Teller geben, mit den Lachsscheiben belegen und mit den übrigen Schnittlauchröllchen garnieren.

Kartoffelplätzchen schmecken auch sehr fein mit einem frisch angemachten Kräuterquark.

Salat mit warmen Austernpilzen

Für 2 Portionen

1 Knoblauchzehe • 1 kleine Zwiebel • 1 EL Olivenöl	
100 g Austernpilze • 1 EL Weißwein	
100 g gemischte Blattsalate (Radicchio, Friséesalat, Feldsalat)	
1 EL Rotweinessig • 1 EL Keimöl • Jodsalz	
Pfeffer aus der Mühle • 2 EL Crème fraîche	
Saft von 1/2 Zitrone • gemahlene Muskatnuss	
1 EL Schnittlauchröllchen • 1 EL Petersilie	
1 EL grob gehackte Walnüsse	

1 Die Knoblauchzehe und die Zwiebel abziehen, fein hacken und in Olivenöl in einer Pfanne anbraten. Die Austernpilze putzen, waschen, eventuell klein schneiden, mit dazugeben und kurz anbraten. Mit Weißwein ablöschen und bei schwacher Hitze 5 bis 10 Minuten dünsten.

2 Die Blattsalate putzen, waschen, trocknen, in mundgerechte Stücke zerpflücken und auf zwei Teller verteilen.

3 Aus Rotweinessig, Keimöl, Jodsalz und Pfeffer aus der Mühle eine Marinade herstellen und über den Salat geben.

4 Die Crème fraîche unter die Pilze ziehen und bei starker Hitze zu einer sämigen Sauce einkochen lassen. Mit Zitronensaft und gemahlener Muskatnuss würzen.

5 Die fein gehackten Kräuter zum Pilzgemüse geben, mit Jodsalz kräftig würzen und leicht abkühlen lassen.

6 Die Austernpilze in die Mitte des Salats setzen und mit Walnüssen bestreuen.

Pro Portion:
kJ/kcal 757/181
Eiweiß 3 g, Fett 16 g
Kohlenhydrate 4 g
Ballaststoffe 3 g
Cholesterin 4 mg

Varianten: Frische Blattsalate und gebratene Austernpilze, auch Austernseitling oder Kalbfleischpilz genannt, gehen eine sehr harmonische Beziehung ein. Deshalb bieten sich auch noch andere Möglichkeiten an, die Austernpilze zuzubereiten.

▶ Anstatt der Crème fraîche kann die Sauce mit 50 Gramm Ziegenfrischkäse und 2 Esslöffeln Sahne abgerundet werden. Als Gewürze eignen sich Rosmarin und etwas edelsüßes Paprikapulver für dieses Rezept.

▶ Eine andere Alternative ist, die Austernpilze vorzubereiten wie im Rezept beschrieben, sie mit den Zwiebeln anzubraten, mit 1 Esslöffel Sherry und dem Saft von 1 Zitrone abzulöschen und mit Estragon, gemahlenem Koriander, Salz und weißem Pfeffer abzuschmecken.

▶ Eine sehr einfache, aber nicht minder schmackhafte Variante erhält man, wenn man die Austernpilze im Ganzen brät und sie mit grob geriebenem Parmesan oder Pecorino bestreut. Bei einem jungen Pecorino können die Austernpilze auch damit überbacken werden.

285

Brötchen mit Möhren-Apfel-Rohkost

Für 2 Portionen

1 EL Senfsamen • 1 EL Weißweinessig
2 TL weiche Butter • 2 Möhren
1 Apfel • 1 EL saure Sahne
gemahlene Muskatnuss • weißer Pfeffer
Jodsalz • 1 EL frisch gehackte Petersilie • 2 Brötchen

Pro Portion:
kJ/kcal 1212/290
Eiweiß 7 g, Fett 9 g
Kohlenhydrate 41 g
Ballaststoffe 5 g
Cholesterin 21 mg

1 Die Senfsamen im Mörser fein zerstoßen, mit Essig mischen und zugedeckt über Nacht stehen lassen.

2 Die Butter mit den Senfsamen verrühren. Die Möhren schälen, waschen, trocknen und reiben. Den Apfel vierteln, schälen, entkernen und das Fruchtfleisch raspeln. Die Möhren und Äpfel mit der sauren Sahne mischen und mit Muskatnuss, weißem Pfeffer und Jodsalz abschmecken.

3 Die Petersilie waschen, trocknen und fein hacken.

4 Die Brötchen halbieren und jede Hälfte mit der Senfbutter bestreichen. Die Rohkost auf die Brötchenhälften verteilen, mit der Petersilie bestreuen und sofort servieren.

Krabbentoast mit Rührei und Spargel

Für 2 Portionen

2 Eier • 2 EL Milch • Jodsalz • Pfeffer aus der Mühle
80 g weißer Spargel (Glas) • 100 g Nordseekrabbenfleisch
1 TL Keimöl • 4 Scheiben Toastbrot • 1 TL Butter
1 EL fein geschnittener Dill

1 Die Eier mit der Milch verquirlen und mit Jodsalz und Pfeffer aus der Mühle würzen.

2 Den Spargel abtropfen lassen und in kleine Stücke schneiden.

Pro Portion:
kJ/kcal 1789/428
Eiweiß 23 g, Fett 16 g
Kohlenhydrate 41 g
Ballaststoffe 7 g
Cholesterin 331 mg

3 Das Krabbenfleisch und den Spargel unter die Eimasse geben.

4 Das Keimöl in einer beschichteten Pfanne erhitzen, die Eimasse zugeben und unter Rühren stocken lassen.

5 In der Zwischenzeit die Brotscheiben im Toaster rösten, mit etwas Butter bestreichen und die Ei-Krabben-Masse gleichmäßig darauf verteilen.

6 Den Dill waschen, trocknen und fein hacken. Das Rührei mit dem Dill bestreuen.

Sprottenbrötchen

Für 2 Portionen

2 Baguettebrötchen • 2 TL Crème fraîche
2 Kopfsalatblätter • 1 Tomate
80 g geräucherte Kieler Sprotten • 1 EL gehackter Dill
1 EL Apfelessig • Jodsalz • Pfeffer aus der Mühle

Pro Portion:
kJ/kcal 1789/286
Eiweiß 12 g, Fett 9 g
Kohlenhydrate 34 g
Ballaststoffe 2 g
Cholesterin 32 mg

1 Die Baguettebrötchen halbieren und die unteren Hälften sorgfältig mit Crème fraîche bestreichen.

2 Den Salat waschen, trocknen und auf die Baguettebrötchen legen. Die Tomate waschen, den Stielansatz entfernen, das Fruchtfleisch in dünne Scheiben schneiden und auf den Salatblättern anrichten.

3 Die Sprotten je zur Hälfte darauf verteilen.

4 Den Dill waschen, trocknen, fein hacken und für das Dressing mit Apfelessig, Jodsalz und Pfeffer aus der Mühle vermengen. Das Dressing leicht säuerlich abschmecken.

5 Die Sprottenbrötchen mit dem Dressing beträufeln und mit der oberen Hälfte der Baguettebrötchen abdecken.

Baguettebrötchen mit Camembert

Für 2 Portionen

2 Baguettebrötchen • 2 TL Crème fraîche
4 Kopfsalatblätter • 100 g Camembert
30 g Preiselbeeren (Glas)

1 Die Baguettebrötchen halbieren. Die untere Hälfte mit Crème fraîche bestreichen.

2 Die Salatblätter waschen, trocknen und auf die Baguettebrötchen legen.

3 Den Camembert in dünne Scheiben schneiden und auf die Salatblätter verteilen. Die Preiselbeeren darüber geben.

4 Die belegten Brötchen mit der oberen Brötchenhälfte bedecken.

Pro Portion:
kJ/kcal 1555/372
Eiweiß 15 g, Fett 15 g
Kohlenhydrate 38 g
Ballaststoffe 2 g
Cholesterin 37 mg

287

Brötchen mit Schillerlocke und Muscheln

Für 2 Portionen

Pro Portion:
kJ/kcal 1764/422
Eiweiß 16 g, Fett 17 g
Kohlenhydrate 45 g
Ballaststoffe 5 g
Cholesterin 76 mg

1 kleine rote Zwiebel • 4 Salatblätter
50 g Miesmuschelfleisch (Glas) • 4 EL Tomatenketchup
2 Roggenbrötchen • 100 g Schillerlocken
50 g Mixed Pickles (Glas)

1 Die Zwiebel abziehen und in feine Ringe schneiden. Die Salatblätter waschen und trocknen.

2 Das Miesmuschelfleisch mit dem Ketchup vermischen.

3 Die Brötchen halbieren. Die jeweils unteren Hälften mit den Salatblättern und den Zwiebelringen belegen. Auf die beiden anderen Hälften die Muscheln mit dem Ketchup streichen.

4 Die Schillerlocken in schräge Scheiben schneiden und auf den Salatblättern und Zwiebelringen anrichten. Die Brötchen zusammenklappen und mit den Mixed Pickles servieren.

Baguette mit Tomaten und Mozzarella

Für 2 Portionen

2 Baguettebrötchen • 2 EL Kräuterfrischkäse
2 Tomaten • 125 g Mozzarella
4 grüne, gefüllte Oliven • Basilikumblätter zum Garnieren
Jodsalz • Pfeffer aus der Mühle
1 TL Balsamicoessig

1 Die Brötchen halbieren und die unteren Hälften mit Kräuterfrischkäse bestreichen.

Pro Portion:
kJ/kcal 1593/381
Eiweiß 19 g, Fett 15 g
Kohlenhydrate 36 g
Ballaststoffe 3 g
Cholesterin 32 mg

2 Die Tomaten waschen, den Strunk entfernen und das Fruchtfleisch in Scheiben schneiden.

3 Den Mozzarella in Scheiben schneiden und dachziegelartig abwechselnd mit den Tomaten auf den beiden unteren Brötchenhälften anrichten.

4 Oliven und Basilikumblätter klein schneiden und über den Käse streuen. Mit Jodsalz und Pfeffer würzen, mit etwas Balsamicoessig beträufeln und mit den oberen Brötchenhälften bedecken.

Roggenbrötchen mit Frischkäse

Für 2 Portionen

2 Roggenbrötchen • 4 Kopfsalatblätter
frische Kresse zum Garnieren • 1 TL Crème fraîche
2 TL Kräuterfrischkäse • 30 g Schmelzkäse
60 g Magerquark • 2 Scheiben Gouda
Jodsalz • Pfeffer aus der Mühle

1 Die Roggenbrötchen halbieren. Salatblätter und die Kresse waschen. Die unteren Hälften mit Crème fraîche bestreichen und mit Salatblättern belegen.

2 Den Kräuterfrischkäse mit Schmelzkäse und Quark verrühren. Den Gouda in kleine Würfel schneiden und unter die Käsemasse geben. Mit Jodsalz und Pfeffer abschmecken. Die Masse auf die unteren Brötchenhälften verteilen.

3 Den Käse mit frischer Kresse bestreuen und die oberen Brötchenhälften darauf legen.

Pro Portion:
kJ/kcal 1436/343
Eiweiß 19 g, Fett 13 g
Kohlenhydrate 32 g
Ballaststoffe 3 g
Cholesterin 29 mg

Bunter Salat mit Joghurtdressing

Für 2 Portionen

2 Eier • 80 g Blattsalate (Kopfsalat, Radicchio, Feldsalat)
50 g Champignons • 1 Tomate
80 g gekochter Schinken • 60 g Edamer
1 Knoblauchzehe • 80 g Naturjoghurt • 1 EL Tomatenmark
1 EL Apfelessig • Jodsalz • Pfeffer aus der Mühle

Pro Portion:
kJ/kcal 1350/323
Eiweiß 28 g, Fett 19 g
Kohlenhydrate 6 g
Ballaststoffe 2 g
Cholesterin 290 mg

1 Die Eier hart kochen, kalt abschrecken, pellen und vierteln.

2 Die Blattsalate putzen, waschen, in kleine Stücke zupfen und auf zwei Teller verteilen. Die Champignons putzen, waschen und in feine Scheiben schneiden. Die Tomate waschen und achteln.

3 Schinken und Edamer in Streifen schneiden, mit Eiern, Champignons und Tomaten auf den Salaten anrichten.

4 Die Knoblauchzehe abziehen, zerdrücken, mit Naturjoghurt, Tomatenmark und Apfelessig verrühren. Das Dressing mit Jodsalz und Pfeffer aus der Mühle abschmecken und über den Salat gießen.

289

Lachsbrötchen mit Eisberg-Ananas-Salat

Für 2 Portionen

2 Roggenbrötchen • 4 TL Crème fraîche
1 TL geriebener Meerrettich (Glas)
80 g Eisbergsalat • 60 g Räucherlachsscheiben
100 g Ananasfruchtfleisch (Dose) • 2 EL Ananassaft
2 EL saure Sahne • Jodsalz • Pfeffer aus der Mühle
Zitronenmelisseblättchen zum Garnieren

Pro Portion:
kJ/kcal 1467/351
Eiweiß 15 g, Fett 13 g
Kohlenhydrate 39 g
Ballaststoffe 5 g
Cholesterin 24 mg

1 Die Brötchen halbieren. Crème fraîche mit Meerrettich verrühren und 2 Hälften damit bestreichen. Den Salat waschen und trocknen.

2 Die mit Meerrettichcreme bestrichenen Brötchenhälften mit einem Teil der Eisbergsalatblätter und dem Räucherlachs belegen. Die oberen Brötchenhälften auflegen.

3 Das Ananasfruchtfleisch und den restlichen Eisbergsalat vermischen.

4 Für die Marinade Ananassaft und saure Sahne verrühren, mit Jodsalz und Pfeffer aus der Mühle abschmecken und über die Salatzutaten geben. Den Ananassalat auf zwei flache Teller verteilen, mit Zitronenmelisse garnieren und zu den Lachsbrötchen reichen.

Bismarckheringbrötchen

Für 2 Portionen

2 Baguettebrötchen • 2 Kopfsalatblätter
2 TL Crème fraîche • 1 kleine rote Zwiebel
100 g Gewürzgurken • 160 g Bismarckheringsfilet

Pro Portion:
kJ/kcal 1421/340
Eiweiß 16 g, Fett 11 g
Kohlenhydrate 38 g
Ballaststoffe 3 g
Cholesterin 47 mg

1 Die Baguettebrötchen der Länge nach einschneiden, nicht durchschneiden, und auseinander biegen, so dass eine Öffnung entsteht.

2 Den Kopfsalat waschen und trocknen.

3 Die unteren Brötchenhälften mit Crème fraîche bestreichen und mit Salatblättern belegen.

4 Die Zwiebel abziehen und in feine Ringe schneiden.

5 Die Gewürzgurken abtropfen lassen und in dünne Scheiben schneiden.

6 Die Bismarckheringsfilets häuten. Heringsfilets, Zwiebelringe und Gurkenscheiben in die Brötchenöffnung geben.

Schinkenbrötchen mit Sauerkrautsalat

Für 2 Portionen

2 Roggenbrötchen • 2 Salatblätter • 2 TL Crème fraîche
120 g gekochter Schinken • 100 g Ananasfruchtfleisch (Dose)
80 g Emmentaler • 80 g Sauerkraut
40 g Joghurt • Honig nach Geschmack • Pfeffer aus der Mühle

1 Die Brötchen halbieren. Den Salat waschen und trocknen. Die Brötchenhälften gleichmäßig mit Crème fraîche bestreichen. Die unteren Hälften mit den Salatblättern und den Schinkenscheiben belegen.

2 Das Ananasfruchtfleisch und den Emmentaler in kleine Würfel schneiden.

3 Das Sauerkraut mit einer Gabel auflockern und mit Frucht- und Käsewürfeln mischen.

4 Joghurt mit Honig verrühren und unter den Sauerkrautsalat heben. Mit Pfeffer aus der Mühle abschmecken. Den Sauerkrautsalat auf den Schinken verteilen und die unteren Brötchenhälften mit den oberen abdecken.

Pro Portion:
kJ/kcal 2178/521
Eiweiß 30 g, Fett 24 g
Kohlenhydrate 39 g
Ballaststoffe 5 g
Cholesterin 92 mg

Fenchel-Orangen-Salat mit Walnüssen

Für 2 Portionen

1 große Fenchelknolle • 2 Orangen
50 g Walnüsse • 80 g Naturjoghurt
1 EL Orangensaft
Jodsalz • Pfeffer aus der Mühle

1 Das Fenchelgrün abzupfen, hacken und beiseite stellen. Die Fenchelknolle halbieren, vom Strunk befreien und in feine Streifen schneiden.

2 Die Orangen schälen, filetieren und die Filets halbieren. Die Walnüsse grob hacken und mit den Gemüsestreifen und den Orangenfilets vermischen.

3 Den Naturjoghurt mit Orangensaft verrühren und mit Jodsalz und Pfeffer aus der Mühle abschmecken. Das Dressing über den Salat geben und mit Fenchelgrün bestreuen.

Pro Portion:
kJ/kcal 719/172
Eiweiß 8 g, Fett 7 g
Kohlenhydrate 17 g
Ballaststoffe 6 g
Cholesterin 5 mg

291

Kürbis-Apfel-Salat mit Avocado

Für 2 Portionen

2 EL Naturjoghurt • Zitronensaft nach Geschmack
I kleiner Apfel • 50 g Kürbis (Glas) • I EL Sojasauce
Pfeffer aus der Mühle • Jodsalz • 2 Blätter Radicchiosalat
I Avocado • I EL Kürbiskernkeimlinge

Pro Portion:
kJ/kcal 1313/314
Eiweiß 5 g, Fett 26 g
Kohlenhydrate 12 g
Ballaststoffe 4 g
Cholesterin 2 mg

1 Den Naturjoghurt mit etwas Zitronensaft verrühren.

2 Den Apfel schälen, vierteln und entkernen. Das Apfelfruchtfleisch in feine Streifen schneiden und sofort unter den Joghurt mischen. Den eingelegten Kürbis abtropfen lassen, in kleine Würfel schneiden und in den Joghurt geben.

3 Den Salat mit Sojasauce, Pfeffer und Jodsalz würzen.

4 Den Radicchiosalat waschen, trocknen, in mundgerechte Stücke zupfen und auf zwei Teller verteilen.

5 Den Kürbis-Apfel-Salat abschmecken und auf die Radicchioblätter geben.

6 Die Avocado schälen, halbieren und den Kern entfernen. Das Fruchtfleisch mit Zitronensaft beträufeln, in Scheiben schneiden und den Salat damit garnieren.

7 Die Kürbiskernkeimlinge waschen, abtropfen lassen und über den Salat streuen.

Bierschinkensalat

Für 2 Portionen

300 g Bierschinken (Scheiben) • I kleine rote Zwiebel
100 g Gewürzgurken • 2 EL Balsamicoessig
3 EL Mineralwasser • I EL Rapsöl
Jodsalz • Pfeffer aus der Mühle • frische Kresse zum Garnieren

Pro Portion:
kJ/kcal 1334/319
Eiweiß 29 g, Fett 19 g
Kohlenhydrate 2 g
Ballaststoffe 1 g
Cholesterin 88 mg

1 Den Bierschinken in Streifen schneiden.

2 Die Zwiebel abziehen und in dünne Ringe schneiden oder hobeln. Die Gewürzgurken der Länge nach in Scheiben, dann in Streifen schneiden und mit Bierschinken und Zwiebeln mischen.

3 Für die Marinade Balsamicoessig, Mineralwasser und Rapsöl miteinander verrühren, mit Jodsalz und Pfeffer abschmecken und über den Wurstsalat geben. Auf zwei Teller verteilen.

4 Die Kresse waschen und darüber streuen.

292

*Eine sehr pikante Salat-
mischung, die auch optisch
auftrumpfen kann.*

Hering in Gelee
mit Rote-Bete-Salat

Für 2 Portionen

1 Apfel • 100 g eingelegte Rote Bete
60 g Senfgurken • 60 g Joghurt
1 EL Gurkenfond • Jodsalz • Pfeffer aus der Mühle
2 Portionen Hering in Gelee

1 Den Apfel schälen, vierteln, entkernen und das Fruchtfleisch in dünne Scheiben schneiden.

2 Die eingelegte Rote Bete und die Senfgurken abtropfen lassen. Beides in dünne Scheiben schneiden.

3 Den Joghurt mit 1 Esslöffel des Essiggurkenfonds vermischen und mit Jodsalz und Pfeffer aus der Mühle würzen.

4 Die Salatzutaten mit der Marinade anmachen und nochmals mit Jodsalz und Pfeffer aus der Mühle abschmecken.

5 Die Heringe in Gelee auf zwei flache Teller stürzen und den Rote-Bete-Salat dazu anrichten.

Pro Portion:
kJ/kcal 1727/413
Eiweiß 16 g, Fett 32 g
Kohlenhydrate 9 g
Ballaststoffe 3 g
Cholesterin 69 mg

293

Gefüllter Fenchel

Für 2 Portionen

1 große Fenchelknolle • Jodsalz
1 TL frisch gehackte Petersilie • 1 EL Sherryessig
1 EL Distelöl • Pfeffer aus der Mühle
1 Zwiebel • 2 kleine Möhren
50 g Magerquark • 30 g Kräuterfrischkäse
Radicchioblätter zum Garnieren

1 Von der Fenchelknolle 4 Schalen ablösen und in kochendem, gesalzenem Wasser bissfest blanchieren. Sofort in Eiswasser abkühlen lassen und trockentupfen. Etwas Fenchelgrün fein hacken. Die Petersilie waschen, trocknen und fein hacken.

2 Für die Vinaigrette etwas Jodsalz in Sherryessig auflösen. Das Distelöl dazurühren und alles mit Pfeffer würzen.

3 Die Zwiebel abziehen und fein würfeln. Die Möhren schälen und mit dem restlichen Fenchel in kleine Würfel schneiden. Das Gemüse mit der Vinaigrette anmachen und mit Jodsalz und Pfeffer aus der Mühle abschmecken.

4 Die Fenchelschalen mit Jodsalz würzen.

5 Den Magerquark mit dem Frischkäse und dem Fenchelgrün verrühren und auf die Fenchelschalen geben.

6 Die Radicchioblätter waschen, in der Salatschleuder trocknen und auf zwei Teller verteilen.

7 Die Fenchelschalen auf den Salatblättern anrichten und mit dem Gemüsesalat füllen. Mit der gehackten Petersilie bestreut servieren.

Pro Portion:
kJ/kcal 523/125
Eiweiß 8 g, Fett 6 g
Kohlenhydrate 7 g
Ballaststoffe 4 g
Cholesterin 4 mg

Info: Auch wenn Fenchel wegen seines anisartigen Geschmacks nicht jedermanns Sache ist, stellt er dennoch eine äußerst gesunde Bereicherung des Speiseplans dar. Er enthält doppelt so viel Vitamin C wie Orangen. Eine Portion Fenchel von 200 Gramm hat so viel Kalzium wie ein Glas Milch. Ihr Gehalt an Eisen, Kalium und Magnesium decken ein Viertel bis die Hälfte des Tagesbedarfs. Des Weiteren finden sich Beta-Karotin, Folsäure und die Vitamine B1, B2 und B6 im Fenchel.
Die ätherischen Öle Athenol und Fenchem, die ihm auch seinen typischen Geschmack verleihen, haben eine anregende Wirkung auf alle Schleimhautdrüsen, was sich besonders vorteilhaft auf die Regenerierung und Aktivierung der Schleimhäute im Magen-Darm-Trakt und im Atmungsbereich auswirkt. Der hohe Gehalt an Vitamin B1 ist vor allem für gestresste Personen wichtig, da dieser Stoff die Entspannung des Nervensystems bei großer Belastung beschleunigt.

Baguette mit hausgemachter Forellencreme

Für 2 Portionen

60 g Magerquark • 1 TL Zitronensaft
1 TL geriebener Meerrettich (Glas)
200 g geräuchertes Forellenfilet • Jodsalz
Pfeffer aus der Mühle • 2 Baguettebrötchen
1 kleine rote Zwiebel • 6 Kirschtomaten • 2 Dillzweige

1 Den Magerquark mit Zitronensaft und Meerrettich verrühren.

2 Das Forellenfilet häuten, im Mixer oder mit einem Küchenmesser sehr fein hacken und unter die Quarkmasse mischen. Mit Jodsalz und Pfeffer abschmecken.

3 Die Baguettebrötchen halbieren, die Forellencreme gleichmäßig auf alle 4 Hälften verteilen und bestreichen.

4 Die Zwiebel abziehen und in feine Ringe schneiden. Die Kirschtomaten waschen, Stielansatz entfernen und halbieren.

5 Die Brötchen mit Zwiebelringen, Tomatenhälften und kleinen Dillzweigen garnieren.

Pro Portion:
kJ/kcal 916/219
Eiweiß 10 g, Fett 1 g
Kohlenhydrate 39 g
Ballaststoffe 5 g
Cholesterin 0 mg

Zucchini-Kartoffel-Puffer

Für 2 Portionen

2 Zucchini • 3 Kartoffeln
1 Ei • 1 EL Weizenmehl
Jodsalz • Pfeffer aus der Mühle
geriebene Muskatnuss
1 EL Butterschmalz zum Braten

Pro Portion:
kJ/kcal 1129/270
Eiweiß 9 g, Fett 11 g
Kohlenhydrate 29 g
Ballaststoffe 4 g
Cholesterin 141 mg

1 Die Zucchini waschen, putzen und grob raspeln. Die Kartoffeln schälen, waschen und fein reiben. Zusammen mit Ei und Weizenmehl verrühren. Mit Jodsalz, Pfeffer und Muskat würzen.

2 Puffer aus jeweils 1 Esslöffel der Masse formen, in erhitztes Butterschmalz legen, glatt streichen und von jeder Seite bei mittlerer Hitze 4 bis 5 Minuten braten.

Wichtige Adressen

Hier finden Sie Adressen von staatlichen Institutionen, Organisationen, Vereinen und Verbänden, die sich mit Ernährung befassen. Viele von ihnen halten zu verschiedenen Themen (zum Teil kostenlose) Broschüren bereit.

Arbeitskreis der Pankreatektomierten e.V. (AdP)
Krefelder Straße 52
41539 Dormagen

Auswertung- und Informationsdienst für Ernährung, Landwirtschaft und Forsten e.V. (AID)
Konstantinstraße 124
53179 Bonn

Bundesanstalt für Fleischforschung
E.-C.-Baumann-Straße 20
95326 Kulmbach

Bundeszentrale für gesundheitliche Aufklärung (BZgA)
Ostmerheimer Straße 200
51109 Köln

Deutsche Gesellschaft für Ernährungsmedizin
PF 52 40
79019 Freiburg

Deutsche Leberhilfe e.V.
PF 242
49303 Melle

Deutsche Morbus Crohn/Colitis ulcerosa-Vereinigung (DCCV e.V.)
Paracelsus-Straße 15
51375 Leverkusen

Deutsche Zöliakie-Gesellschaft e.V.
Filderhauptstraße 61
70599 Stuttgart

DVL – Vereinigung zur Förderung und Unterstützung chronisch Leberkranker e.V.
Vertha-von-Suttner-Straße 30
40595 Düsseldorf

Institut für Sporternährung e.V.
In der Aue
61231 Bad Nauheim

Impressum

Redaktion:
Anja Romaus,
Christine Waßmann
Rezepteredaktion:
Norbert Müller
Ökotrophologische Fachberatung:
Heidrun Fronek
Projektleitung:
Stephanie Wenzel
Redaktionsleitung:
Dr. med. Christiane Lentz
Bildredaktion:
Bettina Huber
Produktion:
Manfred Metzger
DTP:
Klaus-Manuel Rehfeld
Umschlag:
Till Eiden
Layout:
Manuela Hutschenreiter, München

Printed in Italy

ISBN 3-517-07553-1

Über den Autor

Armin Roßmeier ist gelernter Koch, Konditor und Küchenmeister. Sein fundiertes Fachwissen und seine raffinierten Rezeptideen gibt er neben seinen Buchveröffentlichungen auch im Fernsehen bei ZDF und SAT 1 weiter.

Ernährungswissenschaftliche Beratung und Berechnung

Infothek Ernährung, München
Walter A. Drößler, Dipl. oec. troph. Heidrun Fronek

Literaturnachweis

CPC Deutschland GmbH (Hrsg.): Leichte Vollkost – Rezepte und Tips für den Alltag. Heilbronn 1996
Deutsche Gesellschaft für Ernährung e.V. (Hrsg.): Leichte Vollkost. Stuttgart 1993
Kasper, Prof. Dr. med. Heinrich: Ernährungsmedizin und Diätetik. Urban & Schwarzenberg. München 1996
Kasper, Prof. Dr. med. Heinrich: Diät heute. Falken-Verlag. Niedernhausen 1998
Kovács, Dr. med. Heike/Preuk, Monika: Die natürliche Darmsanierung. Südwest Verlag. München 1997
Roßmeier, Armin: Fit und gesund durch fettarme Küche. Südwest Verlag. München 1997

Hinweis

Bildnachweis

Alle Bildmotive stammen vom Südwest Verlag, München (Karl Newedel) mit Ausnahme von: Bilderberg, Hamburg: Titel (Einklinker o.) (W. Reinhardt); Rees Peter, Köln: 8, 13, 14, 31, 32, 35, 38, 43, 44, 52, 64, 69, 71, 76, 89, 95, 96, 100, 106, 114, 124, 133, 137, 143, 145, 152, 158, 161, 168, 170, 171, 178, 189, 190, 199, 200, 202, 204, 205, 210, 213, 221, 226, 230, 232, 239, 241, 242, 245, 248, 256, 269, 271, 272, 277, 278, 283, 284, 289, 290, 293; The Image Bank, München: U4 (Nino Mascardi)

Rezepteregister

Sachregister